John Pearson

ALLES
GELD
DER
WELT

Aus dem Englischen von
Claudia Heuer

Harper
Collins

HarperCollins®
Band 100165

1. Auflage: Februar 2018
Deutsche Erstausgabe
Copyright © 2018 für die deutsche Ausgabe by HarperCollins
in der HarperCollins Germany GmbH, Hamburg

© 1995, 2017 by John Pearson
Originaltitel: »All The Money In The World«
erschienen bei: Macmillan, 1995,
unter dem Titel »Painfully Rich«,
erweiterte Neuausgabe William Collins, 2017

Published by arrangement with William Collins,
an imprint of HarperCollins *Publishers* Ltd., London

Umschlaggestaltung: HarperCollins Germany / Deborah Kuschel
Umschlagabbildung: Motion Picture Artwork
© 2017 Columbia Tristar Marketing Group, Inc. All Rights Reserved
Satz: GGP Media GmbH, Pößneck
Printed in Germany
Dieses Buch wurde auf FSC®-zertifiziertem Papier gedruckt.
ISBN 978-3-95967-219-1

www.harpercollins.de

Werden Sie Fan von HarperCollins Germany auf Facebook!

Für meine Frau Lynette, deren Liebe mir mehr bedeutet als alles Geld der Welt.

Geld wird niemals gebändigt werden. Solange es Menschen gibt, wird auch Geld existieren – oder der Mangel ebendessen. Geld beschäftigt den Geist immer, solange es einen vernünftigen Geist gibt.

Samuel Butler – die Notizbücher

INHALT

EINLEITUNG 15

1. TEIL

1. KAPITEL
VATER UND SOHN 31

2. KAPITEL
EINE EINSAME KINDHEIT 39

3. KAPITEL
DIE ERSTE MILLION 54

4. KAPITEL
HEIRATSFIEBER 62

5. KAPITEL
GETTYS GEHEIMNIS 73

6. KAPITEL
EIN MÜTTERLICHER TRUST 80

7. KAPITEL
ZEITEN DES AUFSCHWUNGS 95

8. KAPITEL
KRIEG UND NIEMANDSLAND 106

9. KAPITEL
VATERSCHAFT 122

2. TEIL

10. KAPITEL
DER REICHSTE LEBENDE AMERIKANER 141

11. KAPITEL
LA DOLCE VITA 155

12. KAPITEL
NEUANFÄNGE 172

13. KAPITEL
RÖMISCHE HOCHZEITEN 188

14. KAPITEL
TODESOPFER 203

15. KAPITEL
ENTFÜHRUNG UND LÖSEGELD 221

16. KAPITEL
DIE DYNASTIE 262

17. KAPITEL
POSTHUME FREUDEN 279

3. TEIL

18. KAPITEL
DROGEN UND KOMA 297

19. KAPITEL
GENESUNG 314

20. KAPITEL
GORDON DER FRIEDENSSTIFTER 324

21. KAPITEL
RITTERSCHLAG 340

22. KAPITEL
WORMSLEY 360

23. KAPITEL
AILEEN 374

24. KAPITEL
ÜBERLEBENDE 390

25. KAPITEL
DER KREIS SCHLIESST SICH 414

NACHSCHRIFT 424

NACHSCHRIFT ZUR NEUAUSGABE 427

DANKSAGUNG 431

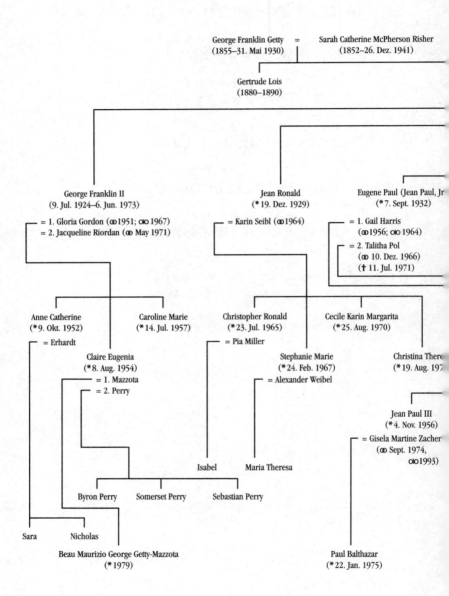

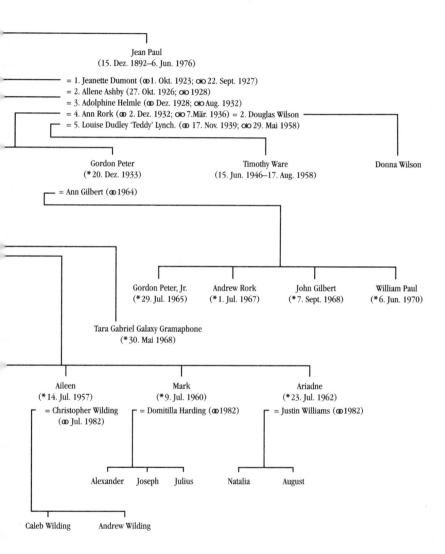

EINLEITUNG

Jean Paul Getty war dreiundachtzig und hatte drei Faceliftings hinter sich. Das erste hatte er mit sechzig machen lassen, doch das letzte war fehlgeschlagen, sodass er ungeheuer alt aussah. Es hieß, er sei der reichste noch lebende Amerikaner, aber seit Kurzem wollte er nur noch, dass Penelope ihm aus den viktorianischen Abenteuergeschichten für Jungen von G. A. Henty vorlas.

Penelope Kitson – er nannte sie Pen – war eine groß gewachsene, gut aussehende Frau, die seit über zwanzig Jahren als engste Freundin und Geliebte an seiner Seite stand. Sie konnte überaus angenehm vorlesen mit ihrer klaren Stimme, die zu der Engländerin aus der Oberschicht passte, die sie nun einmal war. Getty besaß eine umfangreiche Sammlung der Bücher von G. A. Henty. Wahrscheinlich erinnerten sie ihn an die aufregende Kindheit, die er nie gehabt hatte – und ein Leben voller körperlich anstrengender Abenteuer, das er gern gelebt hätte.

Getty glaubte an die Wiedergeburt, aber er fürchtete sich vor dem Tod. Er war davon überzeugt, dass er in einem früheren Leben der römische Kaiser Hadrian gewesen war, und weil er in diesem, seinem jetzigen Leben so viel Glück gehabt hatte, befürchtete er, dass er es beim dritten Mal nicht wieder so leicht haben würde.

Getty wiedergeboren als Kuli, als Slum-Kind in Kalkutta? Könnte Gott einen so verqueren Sinn für Humor besitzen? Das erschien ihm als wahrscheinlich, und diese Aussicht erschreckte ihn.

Sein jüngster noch lebender Sohn war in Begleitung seiner Frau von Kalifornien nach London geflogen und hatte sich für mehrere Tage bei ihm einquartiert, um ihn dazu zu überreden, mit ihm in der gecharterten Boeing »zurück nach Hause« zu kommen. »Zu Hause«, damit war Gettys Ranch in Malibu gemeint, von der aus man den Pazifik sehen konnte. Doch der alte Mann litt unter großer Flugangst und hatte Malibu – oder die USA, seine Heimat – seit über zwanzig Jahren nicht gesehen. Was für ein Zuhause konnte das noch sein?

»Weißt du was, Pen? Sie wollen mich mitnehmen, weil sie glauben, dass ich bald sterben muss.« Diesen Fakt verkündete er im ausdruckslosen Tonfall des Mittleren Westens, der so klang, als würde er jede Silbe einzeln abwägen – damit schloss er das Thema wie ein Buchhalter ein Konto, das abgerechnet war. Der Milliardär J. Paul Getty blieb, wo er war.

Er weigerte sich inzwischen auch, ins Bett zu gehen.

»Im Bett sterben die meisten Leute«, sagte er und machte so klar, dass er nicht die Absicht hatte, dasselbe zu tun, wenn er es irgendwie verhindern konnte. Er lebte seit Kurzem in seinem Lieblingssessel mit einer Wolldecke um seine Schultern.

Für die Reichen ist es schwerer, dem Tod ins Auge zu sehen, als für demütigere Sterbliche, weil die Reichen so viel mehr zu verlieren und zurückzulassen haben – dieses große zugige Haus zum Beispiel. Es war zwischen 1521 und 1530 von Sir Richard Weston erbaut worden, einem Höfling von Heinrich VIII. Sutton Place war eins von vielen guten Geschäften, die Jean Paul Getty abgeschlossen hatte, als er es 1959 einem in Geldnot geratenen schottischen Herzog (Sutherland) abgenommen hatte. Es war am ehesten von allen Häusern, die er je besessen hatte, so etwas wie ein Zuhause. Und trotz aller damit verbundenen

Unannehmlichkeiten und Umstände liebte er diesen Haufen roter Ziegel aus der Tudorzeit wirklich, mit all seinen siebenundzwanzig Schlafzimmern, mit seiner holzverkleideten Halle, die sogar eine Empore für eine Musikkapelle hatte, mit seiner eigenen Landwirtschaft und seinem eigenen Gespenst (Anne Boleyn natürlich, die zweite Ehefrau von Heinrich VIII., wer sonst?), alles in der exklusiven Gegend von Surrey gelegen, aber über die Autobahn nur dreißig Kilometer von London entfernt. Und dann war da natürlich noch Gettys Löwe Nero, der in seinem Käfig vor dem Haus knurrte. Der alte Mann liebte Nero so sehr, wie er es sich überhaupt gestattete, jemanden zu lieben, und weil er ihn höchstpersönlich fütterte, würde Nero ihn vermissen.

Gleich nach Nero kamen seine Frauen.

»Jean Paul Getty ist priapeisch«, hatte Lord Beaverbrook einmal warnend zu seiner Enkeltochter Lady Jean Campbell gesagt.

»Was soll das heißen, Großpapa?«, fragte sie ihn.

»Allzeit bereit«, antwortete er.

Das war immer schon so gewesen. Seit seiner Jugendzeit in Los Angeles waren Frauen der einzige Luxus, den ein alter Geizkragen wie er sich nie verwehrte. Und er hatte seine Zeit mit ihnen genossen! Jung und alt, dick und schlank, Trommelmajorinnen und Herzoginnen, Prostituierte, Stars und Prominente. Noch bis vor kurzer Zeit hatte er riesige Dosen Vitamine und die sogenannte Sexpille H3 geschluckt, um seine Potenz zu erhalten. Jetzt war das alles vorbei, und es war nicht mehr der Sex, sondern das Gerücht über sein baldiges Ableben, das seine Geliebten zum Sutton Place führte.

Er war ihnen gegenüber nicht besonders großzügig – nicht mehr, als er sich selbst zugestand. Er ging höflich mit Frauen um, aber normalerweise hielten seine Gefühle nicht lange an.

Hatte all das Geld ihn glücklich gemacht? Der Gedanke, dass die Superreichen sehr wenig Freude an ihrem Wohlstand haben, ist sicher beruhigend für viele, und ein großer Teil von Gettys Beliebtheit ist zweifellos auf den Ausdruck gequälter Niedergeschlagenheit zurückzuführen, den er sich antrainiert hatte, um der Welt zu begegnen.

Gettys ehemaliger persönlicher Assistent, der berühmte Claus von Bülow, hat es einmal so formuliert: »Er sah immer so aus, als wäre er auf seiner eigenen Beerdigung.« Der kluge Claus fügte jedoch sofort hinzu, dass sein Chef im Geheimen hinter seiner trüben Miene das Leben durchaus genoss und dass dieser Kontrast das bildete, was er die fundamentale Komik an Gettys ganzem Leben nannte. Von Bülow hatte womöglich einen sehr speziellen Sinn für Humor, aber wenn man ihm glauben durfte, war Getty dazu in der Lage, in allem, was passierte, eine komische Seite zu erkennen.

Vielleicht stimmte das, und wir werden nie erfahren, was für ein lachhaftes Vergnügen der alte nachtaktive Spaßvogel in der Stille der Nacht von Surrey mit einem Rechnungsabschluss hatte.

Gettys Vermögen hatte surreale Ausmaße angenommen, und da das meiste davon sorgfältig angelegt war und dadurch ständig noch mehr Geld erzeugte, wusste nicht einmal Jean Paul Getty selbst, wie reich er wirklich war. Es sei nur so viel gesagt, dass sein Vermögen beinahe so groß war wie der damalige Jahreshaushalt der Provinz Nordirland, aus der seine Vorfahren stammten. Er besaß mehr, als er in einem Leben voller extravaganter Bedürfnisse hätte ausgeben können. Er hätte jedem Mann, jeder Frau und jedem Kind in den Vereinigten Staaten einen Zehn-Dollar-Schein geben können und wäre trotzdem immer noch reich gewesen.

Natürlich gab es wenig, was unwahrscheinlicher gewesen wäre, denn im Gegensatz etwa zu John D. Rockefeller, der die Angewohnheit hatte, an jedes Kind, das er traf, ein frisch geprägtes Zehn-Cent-Stück zu verteilen, neigte Jean Paul nicht zu beliebiger Großzügigkeit. Tatsächlich war er Großzügigkeit abgeneigt, Punkt. Doch seine berühmte Knauserigkeit war nicht das, wonach sie vielleicht aussah. »Das ist der Grund, wieso er so reich ist«, sagten die Leute. Aber sie irrten sich. Habsucht allein hätte niemals auch nur zu dem Bruchteil eines Vermögens wie dem seinen geführt. Gettys Geiz war weniger der Grund für seinen übertriebenen Reichtum als vielmehr ein Symptom für etwas bedeutend Interessanteres.

Die Wahrheit war, dass Jean Paul Getty ein leidenschaftlicher Mensch war, der es geschafft hatte, diese Leidenschaft vollständig der Anhäufung seines riesigen Vermögens zu widmen, genauso wie ein großer Komponist seine Seele in eine Symphonie steckt. Seine wahre Liebe galt nicht den Frauen, die waren zufällige Begegnungen, sondern dem Geld, das nichts Zufälliges hatte. Er bewies sich als treuer und romantischer Partner in seiner lebenslangen Liebesaffäre mit dem Reichtum. Er wachte eifersüchtig über sein Geld und sorgte über einen Zeitraum von mehr als sechzig Jahren dafür, dass es sich in riesigen Mengen vermehrte.

Seine Habsucht war ein zufälliges Nebenprodukt dieser Liebe. Wie könnte es jemand ertragen, das Objekt seiner Bewunderung zu verschwenden? Wie hätte er diese wunderbare Substanz vergeuden können, die ihm die größte Hoffnung auf Unsterblichkeit bot, als der Tod immer näher rückte?

Riesengroßer Reichtum umgab Jean Paul Getty wie ein Heiligenschein, der göttliche Eigenschaften ausstrahlte, die ärmeren Sterblichen nicht gewährt waren. Mit seinem Geld hielt er eine ständige Bewegung rund um die Welt in Gang, von den Sicherheitskräften mit ihren grimmigen Schäferhunden, die in der Dunkelheit um sein Haus umhertappten, über seine Ölraffinerien, die rund um die Uhr arbeiteten, und seine Tanker, die durch ferne Meere pflügten, bis hin zu seinen Ölquellen, die Reichtum aus der Tiefe des Meeresbodens und aus den entlegensten Weiten der Wüste pumpten.

Aber selbst die gottgleiche Macht, die sterblichen Milliardären durch ihren Reichtum verliehen wird, hat ihre Grenzen, und niemand konnte ihm den Schlussakt abnehmen, der von ihm gefordert wurde. Er war immer ein ruhiger, einsamer Mann gewesen, und in der Nacht des 6. Juni 1976 starb er ruhig und einsam, während er in seinem Lieblingssessel saß.

Der Tod stutzt jeden zurecht, und es war merkwürdig, wie unbedeutend Amerikas reichster Mann erschien, nachdem er einmal gestorben war. Seinem eigenen Wunsch gemäß wurde seine Leiche mit allen Ehren in der großen Halle von Sutton Place aufgebahrt, als wäre er ein Adliger aus der Tudorzeit. »Er hat sich immer gerne vorgestellt, dass er Herzog John von Sutton Place ist«, bemerkte eine seiner Geliebten. Die Herzogswürde war jedoch eins der wenigen Dinge, die er sich selbst mit seinem enormen Vermögen nicht kaufen konnte, und die einzigen Trauergäste, die an seiner Bahre Wache hielten, waren die Sicherheitskräfte, die selbst jetzt dafür sorgten, dass seine Leiche nicht gekidnappt wurde.

Später, ebenfalls seinem eigenen Wunsch gemäß, gab es einen Trauergottesdienst in der vornehmen anglikanischen Kirche von Saint Mark's in der North Audley Street in Mayfair. Dieses Ereignis passte auf seltsame Art und Weise zu seinem Charakter. Ein anderer Herzog (von Bedford dieses Mal) hielt die Trauerrede vor einer vornehmen Gemeinde, die keine Träne vergoss; nur einer von Gettys noch lebenden Söhnen schaffte es trotz der schwerwiegenden Folgen seiner Heroin- und Drogensucht, an der Trauerfeier teilzunehmen – und der Vikar wurde nie für seine Dienste bezahlt.

Natürlich konnte man Jean Paul daraus keinen Vorwurf machen. Er hatte in der Zwischenzeit die Reise angetreten, vor der er sich stets gefürchtet hatte – per Luftfracht in einem Sarg im Frachtraum einer Boeing auf dem Weg nach Kalifornien –, und danach residierte er in einer Leichenhalle auf dem Forest-

Lawn-Friedhof in Los Angeles, während sich die Familie mit den Behörden darüber stritt, wo man ihn bestatten sollte.

Doch es gab einen Bereich, in dem die Lebenskraft dieses unergründlichen alten Mannes lebendig blieb – in seinem Letzten Willen und Testament, das von seinen Londoner Rechtsanwälten ordnungsgemäß veröffentlicht wurde. Es war ein faszinierendes Dokument – sowohl hinsichtlich dessen, was nicht in ihm erwähnt wurde, als auch hinsichtlich seines Inhalts –, und es verstärkte das Geheimnis um die ganze undurchsichtige Beziehung zwischen dem Toten, seinem gigantischen Vermögen und den verschiedenen Mitgliedern seiner weit verstreuten Familie.

In einem Testament kann man denen, die man liebt, noch ein letztes Urteil mit auf den Weg geben, bevor man sich seinem eigenen stellen muss. Es war eine Gelegenheit, die Jean Paul sich nicht entgehen ließ – er selbst hatte ein Leben im Schatten des Testaments geführt, das sein eigener Vater vor einem halben Jahrhundert aufgesetzt hatte. Und genau wie Papa nutzte er die Gelegenheit voll aus.

Während der letzten zehn Jahre hatte Getty jedes Mal eine Änderung an dem gefürchteten Schriftstück verlangt, wenn sein Anwalt, der energische weißhaarige Lansing Hays, aus Los Angeles eingeflogen war, um ihn zu treffen. Jedes Mal wurde jemand der Liste der Begünstigten hinzugefügt – oder wütend von ihr gestrichen. Getty legte großen Wert auf Genauigkeit, und sein Testament wurde so mit der Zeit zu einem fein abgestimmten Ausdruck seiner Wünsche.

Er hatte sich nie übermäßig für einfache Leute interessiert, und die einfachen Leute, die zu seinem Leben gehörten, bekamen nur kärgliche Krümel von Amerikas reichstem Tisch. Léon Turrou, sein zuverlässiger Sicherheitsberater, und Tom Smith, der Masseur, der zur Hälfte amerikanischer Ureinwohner war und der in Gettys letzten Lebensjahren dafür gesorgt hatte, dass seine Schmerzen nicht überhandnahmen, sagten beide, dass er ihnen versprochen hätte, sich an sie zu erinnern, und es war bitter für alle beide, als sie herausfinden mussten, dass sie vergessen worden waren. Die Gärtner von Sutton Place bekamen drei Monatslöhne; der Butler, der ewig missgelaunte Bullimore, sechs, und sogar Gettys treue Sekretärin Barbara Wallace, die ihn seit gut zwanzig Jahren wie eine Glucke behütet hatte, konnte sich glücklich schätzen, dass sie 5000 Dollar erbte.

Wenn sie über ihn spricht, ist sie großzügiger ihm gegenüber, als er es jemals zu ihr gewesen ist. »So war er eben«, sagt sie. »Ich mochte ihn sehr gern, und was für mich zählte, war nicht das Geld, sondern die Erinnerung daran, für einen der außergewöhnlichsten Menschen gearbeitet zu haben, die ich je kennengelernt habe.«

Andere waren da weniger gnädig, denn er nutzte sein Testament auch, um deutlich zu machen, wie er über die Frauen in seinem Leben dachte. Seine Rechtsberaterin, die tugendhafte Miss Lund, bekam 200 Dollar im Monat – wahrscheinlich, damit es einen Nachweis dafür gab, was er von Tugendhaftigkeit hielt. Andererseits erging es der alles andere als tugendhaften Nicaraguanerin Mrs. Rosabella Burch wenig besser, also hatte er vielleicht auch ganz andere Gründe.

Die einzige Freundin, die wirklich von seinem Tod profitierte, war Mrs. Kitson, die etwa 850 000 Dollar in Aktien von Getty Oil erhielt. In den frühen 1980er-Jahren verdoppelte sich der Wert der Getty-Oil-Aktie, sodass sie schließlich die einzige Frau, sogar der einzige Mensch der Welt war, die Dollar-Millionärin wurde, indem sie G. A. Hentys Werke vorlas.

Um es noch einmal zu betonen: Die Kargheit dieser persönlichen Zuwendungen passte voll und ganz zu seinem Charakter und sollte wahrscheinlich die Überraschung über dieses Dokument noch verstärken, über das so viel spekuliert worden war. Jean Paul Getty hatte nämlich in einer einzigen untypisch großen Geste beschlossen, sein persönliches Vermögen als Ganzes wegzugeben, ohne dass er daran weitere Bedingungen knüpfte und ohne den kleinsten Vorbehalt.

Er war immer schon ein Mann der hinterhältigen Überraschungen gewesen, und abgesehen von Lansing Hays hatte er niemandem auch nur den kleinsten Hinweis darauf gegeben, dass er die Fluttore zu seinem unermesslichen Geldreichtum einem völlig unvorbereiteten Erben zu öffnen gedachte – dem bescheidenen J. Paul Getty Museum in Malibu, das er ohne viel Aufsehen auf dem Grundstück aufgebaut hatte, auf dem seine Ranch stand, das er aber nie zu besuchen gewagt hatte. Für ein Museum war die Erbschaft von Getty eine enorme Summe. Zum Zeitpunkt seines Todes wurde sein persönliches Vermögen mit einer Milliarde Dollar berechnet (heute zwei Milliarden, wenn man die darauffolgende Inflation miteinbezieht). Durch dieses Geld wurde das seltsame Museum, das er akribisch im Stil einer antiken römischen Villa am Strand des Pazifischen Ozeans erbaut hatte, über Nacht zu einer der reichsten Institutionen seiner Art in der Neuzeit.

Norris Bramlett, der persönliche Assistent des alten Mannes, stellte fest: »Das hier war seine Hoffnung auf Unsterblichkeit. Er wollte, dass man sich an den Namen Getty erinnert, solange unsere Zivilisation besteht.«

Diese Erbschaft war ebenso, und das wusste er genau, ein steuerlich ausgesprochen günstiger Weg, um eine große Summe Kapital abzutreten. In Kalifornien galt das Museum als gemeinnützig, und sofern die Museumsleitung jährlich mindestens vier Prozent des Kapitals in Neuerwerbungen investierte, würde die Bundessteuerbehörde der USA keine Steuern darauf erheben. Getty war immer instinktiv dagegen gewesen, Steuern zu zahlen – und im Gegensatz zu einfacheren Bürgern, denen es genauso ging, tat er das auch kaum.

Von diesen Umständen abgesehen gibt es jedoch keine Erklärung dafür, weshalb er sein Geld auf diese Weise hinterlassen hat und wieso den Kuratoren des Museums keinerlei Bedingungen für die Verwendung des Geldes auferlegt wurden. Als Armand Hammer, Gettys Konkurrent im Ölgeschäft, sein eigenes, viel kleineres Museum in Los Angeles baute, legte er alles bis ins Detail fest. Der Stahlbaron Henry Clay Frick sorgte dafür, dass es rechtlich so gut wie unmöglich war, in der Eingangshalle der Frick Collection in New York auch nur eine der Schusterpalmen auszutauschen – geschweige denn eins der Gemälde. Falls es den Kuratoren des J. Paul Getty Museums jedoch in ihrer Weisheit plötzlich einfallen sollte, die gesamte Sammlung zu verkaufen, um mit den Mitteln eine Sammlung von Fahrrädern anzulegen, wird das J. Paul Getty Museum unwiderruflich zu einem Fahrradmuseum.

Genau wie das Testament an sich wenig Licht auf die Gründe des alten Mannes für die Regelung seiner Hinterlassenschaften wirft, bleibt auch ein noch faszinierenderes Rätsel ungelöst: Was wird finanziell gesehen aus den Mitgliedern seiner Familie oder, wie er gerne sagte, der »Getty-Dynastie« – den Kindern und den Enkelkindern aus drei seiner fünf gescheiterten Ehen? Im Testament werden sie so gut wie gar nicht erwähnt; was also ist mit ihrer Zukunft? Hat er sie einfach vergessen, oder sind sie alle zusammen enterbt worden?

Als Archäologen die Gräber einiger der reichsten Pharaonen entdeckten, haben sie hinter der Begräbniskammer manchmal eine zusätzliche verborgene Kammer gefunden, die mit prächtigen Artefakten gefüllt war und in der der Geist der Verstorbenen wohnen sollte. Mit dem Geld, das Jean Paul Getty hinterlassen hatte, war etwas Ähnliches passiert. Es war typisch für die geheimnistuerische Vorgehensweise des alten Mannes, dass er im Versteck hinter seinem persönlichen Vermögen, das er dem Museum hinterließ, allmählich ein zweites, sogar noch größeres Vermögen aufgebaut hatte, das ein Trust verwaltete, der in seinem Testament nicht erwähnt wurde.

Dieser schwerreiche Trust war immer sauber von Gettys persönlichem Vermögen getrennt gewesen und war durch die

Gewinne aus einem geheimen Spiel angewachsen, das er über vierzig Jahre lang mit der Welt gespielt hatte. Hier bewahrte er die ungeheuren Geldmengen auf, die gemäß den komplizierten Regeln, nach denen dieses Spiel gespielt wurde, an einige seiner Nachkommen weitergegeben wurden – und an andere mit Nachdruck eben nicht.

Der Trust war ursprünglich einmal gegründet worden, um seine furchterregende Mutter Sarah zu besänftigen, die ihn gut genug kannte, um zu wissen, dass er zweifelhafte Motive hatte. Später erfüllte er für Jean Paul Getty den Zweck einer ungeheuren steuerfreien Spardose. Seine Mutter bestand Mitte der 1930er-Jahre darauf, dass dieser Trust gegründet wurde, um die wirtschaftlichen Interessen ihrer Enkelkinder vor Gettys, wie sie fand, »verschwenderischen« Neigungen zu beschützen, und er trug passenderweise ihren Namen – der Sarah C. Getty Trust.

Es war schon merkwürdig, wenn der reichste Geizhals des ganzen Landes öffentlich als »Verschwender« bezeichnet wurde. Noch merkwürdiger war hingegen, dass er offensichtlich besessen davon war, das Trust-Vermögen immer weiter anwachsen zu lassen und so diesen erstaunlichen Berg von steuerfreiem Geld anzuhäufen. 1986, als das Vermögen schließlich zwischen seinen Begünstigten aufgeteilt wurde, belief sich der Wert des Trusts auf über vier Milliarden Dollar – seitdem hat sich das entstandene Kapital im Wert noch einmal mehr als verdoppelt.

Man hätte vielleicht denken können, so wie es offensichtlich Sarahs Absicht gewesen war, dass dieser Trust die Garantie dafür sein würde, dass ihre Nachkommen in den Genuss aller Vorteile und Annehmlichkeiten kamen, die Wohlstand jemandem bietet, der den steinigen Weg des Lebens noch vor sich hat: Freiheit von Angst und Sorgen, das Beste von allem, treue Freunde und – man mag es beinahe nicht mal flüstern – Glück.

Denken Sie lieber noch einmal nach!

Das große ungelöste Geheimnis von Gettys Vermögen ist, wieso es offensichtlich so viele seiner Nutznießer verschlungen hat. Weshalb wurde dieses riesengroße Reservoir an Reichtum nicht nur zum größten, sondern auch zum zerstörerischsten Großvermögen unserer Zeit? Und warum, wenn Millionen aufgrund von Geldmangel sterben müssen und unzählige Millionen schuften, betrügen, morden, leiden und sich unterjochen, nur um einen armseligen kurzen Blick auf das Zeug werfen zu können, sollte etwas so Angenehmes wie Geld so viel Elend und Zerstörung bringen, wie es bei den Getty-Erben geschehen ist?

Die Anhäufung menschlicher Trümmer im Umfeld seines Vermögens begann noch zu Lebzeiten des alten Mannes. Einer seiner Söhne nahm sich drei Jahre, bevor Getty starb, das Leben. Zu dieser Zeit schien es so, als hätte ein anderer Sohn so ziemlich dieselben Absichten, nur dass er sie mit Alkohol- und Heroinsucht verfolgte. Ein dritter Sohn wurde schon als Kind enterbt und verbitterte im Laufe seines Lebens immer mehr darüber, wie schlecht sein Vater ihn behandelt hatte. Nur der vierte und jüngste Sohn führte ein nach normalen Maßstäben einigermaßen erfülltes Leben – doch der Preis dafür war, dass er sich von allem, was mit Getty Oil oder den anderen Geschäften seines Vaters zusammenhing, streng fernhielt.

Nachdem der alte Mann verstorben war, begann die nächste Generation, unter der Geißel seines Reichtums zu leiden. Gettys ältester Enkelsohn war von der italienischen Mafia gekidnappt worden, hatte dabei sein rechtes Ohr verloren und führte von da an ein Leben mit Drogensucht, Alkohol und anderen Ausschweifungen, die ihn am Ende beinahe komplett zerstörten. Seine Schwester litt schließlich an Aids.

Tatsächlich gab es in den Jahren nach Jean Paul Gettys Tod Zeiten, in denen die Familie auf Selbstzerstörung aus zu sein schien, Brüder stritten sich durch alle Gerichtsinstanzen um die riesengroße vergiftete Erbschaft. Ein Journalist schrieb in den 1980er-Jahren, der Name Getty sei inzwischen »ein Synonym für gestörte Familienverhältnisse«.

Große Vermögen können offensichtlich verheerende Folgen für die Erben haben – normalerweise liegt das daran, dass Menschen in sehr jungen Jahren mit viel zu viel Geld überschüttet werden. In der Familie Getty war die uneingeschränkte Geldgier jedoch nie die Wurzel des Übels. Keiner von J. Paul Gettys Söhnen wuchs verwöhnt und im Luxus auf – nicht einmal mit der Aussicht auf das Erbe riesigen Reichtums, genauso wenig wie seine Enkelkinder. Ganz im Gegenteil.

Balzac, der große Vermögen und das Chaos faszinierend fand, das diese in den neureichen Familien des zweiten französischen Kaiserreichs auslösten, glaubte, dass, in seinen eigenen Worten, »hinter jedem großen Vermögen auch ein großes Verbrechen steht«.

Doch sogar in dieser Hinsicht hätte er über die Gettys gestaunt. Denn auch wenn es bei der Entstehung von Gettys Vermögen ein Minimum an schmutzigen Geschäften und Betrügereien gegeben haben soll, gab es kein Verbrechen, das man wirklich als solches hätte benennen können – und schon gar kein »großes«.

Es stand allerdings etwas viel Faszinierenderes dahinter, das Balzac sicher gefallen hätte – die unendlich komplexe Persönlichkeit von Getty selbst. Die Geschichte seines Vermögens ist im Kern die Geschichte seines Lebens; die Widersprüche und Besessenheiten dieses extrem exzentrischen Kaliforniers waren immer der Schlüssel zu allen seinen Erfolgen. Sie waren sogar noch wichtiger für das mit Problemen belastete Vermächtnis, das er hinterlassen hat. Das geht sogar so weit, dass man die Dinge, die seinen Kindern und den Kindern seiner Kinder zugestoßen sind, als Teil von Jean Paul Gettys Vermächtnis betrachten muss. Einige seiner Nachfahren wurden von ihm zerstört; andere trugen zwar schlimme Narben davon, haben sich aber letztendlich mit ihm arrangiert; und einige Mitglieder der jüngeren Generation, denen sehr bewusst ist, was geschehen ist, versuchen noch immer, die Gefahren für ihre Zukunft auszugleichen.

Wie es dazu kommen konnte, ist eine außergewöhnliche Aneinanderreihung von Auswirkungen, die große Mengen Geld auf eine Gruppe von sehr verletzlichen Menschen haben können. Um sie zu verstehen, muss man mit der merkwürdigen Entstehung des Vermögens beginnen und mit dem Charakter eines einzelgängerischen, furchtsamen, puritanischen Frauenhelden, der sich selbst zum reichsten Mann von Amerika gemacht hat.

1. TEIL

1. KAPITEL

VATER UND SOHN

Ein großes Vermögen und die Probleme, die es für seine Besitzer mit sich bringen konnte, waren nichts Neues für Jean Paul Getty. Er war bereits in der zweiten Generation Millionär – sein Vater George Franklin Getty hatte mit den Einnahmen aus dem Ölboom von 1903 in Oklahoma begonnen, das Familienvermögen aufzubauen. Aber genau, wie es bei einem großen Baum schwierig ist, sich den Schössling vorzustellen, aus dem er ursprünglich einmal gewachsen ist, verdeckt die Größe von Jean Paul Gettys Vermögen das viel kleinere Vermögen, aus dem es hervorgegangen ist, beinahe vollständig. Es verdeckt außerdem die Tatsache, dass Gettys Milliarden ohne seinen Vater und dessen Reichtum niemals möglich gewesen wären.

Als Jean Paul schon über sechzig war, reich wie Krösus und außerordentlich stolz darauf, dass er mit einer Herzogin, mit der Schwester eines Herzogs und mit einer entfernten Cousine des russischen Zaren schlief, hatte er die merkwürdige Angewohnheit, vor Menschen, die er besonders beeindrucken wollte, Teile aus Lincolns Gettysburg-Rede zu zitieren, die er auswendig kannte. Wenn er damit fertig war, erwähnte er beiläufig, dass Gettysburg ganz zufällig nach einem seiner Vorfahren benannt sei, einem gewissen James Getty, der William Penn persönlich das Land abgekauft hatte, auf dem die historische Stadt stand, und ihr dann seinen Namen gegeben hatte.

Es mag vielleicht seltsam klingen, dass der reichste Amerikaner den Drang verspürte, auf seine durch die eigenen Vorfahren begründete Kreditwürdigkeit hinzuweisen. Noch viel seltsamer ist jedoch, dass diese Geschichte gänzlich unwahr ist. Gettysburg wurde zwar nach einer Familie Getty benannt, doch Jean Pauls Vorfahren hatten keinerlei Verbindungen dorthin.

Noch wichtiger für unser Thema ist aber, dass die Geschichte seines Vaters solche erdachten Verbesserungen, derer der englische Hochadel sich zuweilen gern bediente, absolut nicht nötig hatte. Es war nämlich die Geschichte eines großen Erfolges, auf die ein Sohn, insbesondere ein Amerikaner, mit Recht sehr stolz hätte sein können. Andererseits hatte Jean Paul ganz persönliche Gründe für seine gemischten Gefühle seinem Vater gegenüber – und der Rolle, die ihre merkwürdige Beziehung für den aberwitzigen Erwerb des Vermögens gespielt hat.

Jean Paul wurde 1892 in Minneapolis geboren. Sein Vater George, ein mächtiger, gottesfürchtiger Mann, war zu diesem Zeitpunkt siebenunddreißig Jahre alt. Seine Mutter Sarah, geborene Risher – dunkle Augen, fest hochgestecktes Haar und ihrem unzufriedenen Charakter entsprechend heruntergezogene Mundwinkel – war drei Jahre älter. Sie hatte wohl holländische und schottische Vorfahren.

Die Gettys stammten ursprünglich aus Nordirland und kamen Ende des achtzehnten Jahrhunderts nach Amerika, wo sie die Schmelztiegel-Erfahrungen der Amerika-Einwanderer durchlebten. George begann sein Leben deshalb als Kind armer Bauern in Maryland. Sein Vater starb, als er sechs Jahre alt war, sodass der Junge mit seiner Mutter zusammen auf dem Feld arbeiten musste, bis ihn sein Onkel Joseph Getty, der in der Gegend ein berühmter Prediger von Mäßigung und Höllenfeuer war, nach Ohio zur Schule schickte.

George war ein kräftiger, hart arbeitender Junge und die Not, die auf den Tod seines Vaters folgte, weckte bei ihm den eisernen Willen, sich aus der Armut herauszuarbeiten. Gleichzeitig übernahm er von seinem Onkel Joe die strengen Gebote eines fundamentalistischen Christentums, ebenso wie einen lebenslangen Hass auf den Teufel Alkohol und den unerschütterlichen Glauben an eine erlösende Gnade Gottes, die die Menschheit aus Armut und Sünde zu retten vermag.

An der Universität von Ohio, wo er studierte, um Lehrer zu werden, traf er Sarah Risher zum ersten Mal. Sie hatte keinerlei Absicht, ihr Leben als Ehefrau eines Schulmeisters zu verbringen, deshalb rang sie George das Versprechen ab, Anwalt zu werden – und bot ihm an, von dem Geld aus ihrer Mitgift sein Jurastudium zu finanzieren.

Es ist angemessen, dass Sarah Gettys Name im riesengroßen Trust-Vermögen bewahrt wird, das das Schicksal ihrer Familie bestimmen sollte, denn während ihrer Ehe war es die scharfsichtige Sarah, die ihrem pflichtbewussten, hart arbeitenden jüngeren Partner immer wieder den Anstoß zum Geldverdienen und zum Erfolg gab.

1879, noch im ersten Jahr ihrer Ehe, legte George bereits sein Juraexamen an der Universität von Michigan ab, und Sarah drängte darauf, dass sie nach Minneapolis umzogen – wo ihr Ehemann seine juristischen Fähigkeiten dem Versicherungsgeschäft widmete und schnell vorankam. Als sie beide gerade über dreißig waren, besaßen George und Sarah ihr eigenes Haus im vornehmsten Viertel von Minneapolis, fuhren eine zweispännige Kutsche und galten in der boomenden Hauptstadt im Stern des Nordens, wie sich Minnesota nannte, als wohlhabende, einflussreiche Bürger mit einer vielversprechenden Zukunft.

Dieser Erfolg schwächte ihre puritanischen Überzeugungen keineswegs, sondern bestärkte die beiden Gettys noch mehr in ihrem Glauben. George hatte von seinem puritanischen Onkel

Joe eine calvinistische Vorstellung von Gut und Böse übernommen, sodass er weltlichen Reichtum als Beweis für himmlische Gnade betrachtete. Gott belohnte gemäß der Überzeugungen dieses pragmatischen Glaubens diejenigen, die seinem Wort gehorchten – und zog diejenigen vor, die mit ihrem Lebenswandel dem Teufel und seinem Wirken abgeschworen hatten.

Als strenggläubige Methodisten waren George und Sarah ernsthafte Menschen, die sich und ihre Bedürfnisse verleugneten. George hatte mit Anfang zwanzig ein entsprechendes Gelöbnis abgelegt und blieb bis zum Ende seines Lebens strikter Antialkoholiker. Bis zu seinem fünfunddreißigsten Lebensjahr erschien sein Leben wie ein Lehrbuchbeispiel für die Vorteile einer christlichen Lebensführung. Er hatte auf Gottes Wort gehört. Er hatte im Weinberg des Herrn geschuftet. Jetzt war es für George so weit, sich, wie Hiob, einer Zeit der Prüfungen zu stellen.

Als man ihn zum reichsten Menschen seines Landes ausrief, war das Sepia-Foto eines kleinen Mädchens, dem er nie begegnet war, eins der wenigen Besitztümer, die Jean Paul Getty wirklich hoch schätzte. Das Mädchen hatte Korkenzieherlocken, eine große Schleife im Haar und einen seelenvollen Blick.

Es handelte sich um seine Schwester Gertrude Lois Getty, die 1880 geboren wurde, kurz nach der Heirat von George und Sarah, die jedoch während der Typhusepidemie im Winter 1890 in Minnesota gestorben war. Sarah hatte sich ebenfalls mit dieser schrecklichen Krankheit angesteckt, und obwohl sie wieder gesund wurde, litt sie danach unter beginnender Taubheit, die stetig schlimmer wurde, bis sie mit fünfzig schließlich stocktaub war.

Dass ihnen ihr einziges Kind, der »Sonnenschein der Familie«, genommen wurde, war für George und Sarah ein so schwerer Verlust, dass er ihren christlichen Glauben auf die Probe stellte. George war anscheinend derjenige der beiden, der stärker davon mitgenommen war, und er wandte sich eine Zeit lang dem Spiritismus zu, weil er seine Tochter wiederfinden wollte. Er steckte in einer schweren Glaubenskrise.

Als er diese schließlich überstanden hatte, waren seine religiösen Überzeugungen stärker als jemals zuvor, und er gab sogar den Methodismus auf, um sich zum weit strengeren Glauben der Christlichen Wissenschaft zu bekennen. Ihren Prinzipien folgte er bis zu seinem Lebensende. Kurz danach erhielt George ein Zeichen, das zu bestätigen schien, dass Gott den Wechsel seiner Überzeugungen guthieß. Obwohl Sarah schon vierzig war und vorher nur ein einziges Mal empfangen hatte, bemerkte sie, dass sie schwanger war. Am 15. Dezember 1892 bekamen sie gleichsam als verfrühtes Weihnachtsgeschenk, das ihre Tochter ersetzen sollte, ihren Sohn.

Wie hätten die Gettys in all ihrer Dankbarkeit gegen Gott so ein Kind nicht liebevoll behüten können? George hatte außerdem noch weitere Gründe, sich über den neugeborenen Jean Paul Getty zu freuen. Er hatte in ihm schließlich einen Nachfolger, der den Namen weitertragen und die Mittel erben konnte, die er im lukrativen Versicherungsgeschäft in den blühenden Städten des Mittleren Westens ständig weiter ansammelte.

Sarah nannte ihr Kind John nach einem Cousin ihres Mannes aus der Familie Getty, doch es passte zu ihr, dass sie außerdem versuchte, dem Kind einen Hauch europäischer Kultiviertheit mitzugeben, indem sie es nicht John rief, sondern eben Jean. Mit der Zeit wurde dieser Name zum Initial J. zusammengestaucht, in J. Paul Getty. Innerhalb der Familie wurde sein Träger normalerweise mit Paul angesprochen. Es lag aber auch etwas Prophetisches darin, dass Sarah ihrem Kind diese persönliche Verbindung zu Europa mitgab, das sie nicht hätte erahnen können. Europa und seine Kultur zogen Sarahs Sohn

35

ebenso magisch an wie viele andere Mitglieder der Familie in den Jahren, die noch vor ihnen lagen.

Die Gettys waren zwar eine wohlhabende Familie der Mittelschicht, doch das Leben mit zwei alternden, sittenstrengen Eltern, das vom Verlust ihrer Tochter überschattet wurde, bot wenig Geselligkeit oder Heiterkeit. Paul wurde verhätschelt und behütet, hatte jedoch eine einsame und lieblose Kindheit. Seine Mutter hielt ihn vom Kontakt mit anderen Kindern fern, weil sie sich vor neuen Infektionskrankheiten fürchtete. Außerdem behandelte sie ihren Sohn zwar überfürsorglich, achtete aber dennoch streng darauf, ihm nicht allzu viel Liebe zu schenken, für den Fall, dass sie ihn genauso verlieren sollte wie seine Schwester.

Jahre später erzählte Paul seiner Frau, dass er als Kind nie umarmt worden war – es hatte auch keine Geburtstagsfeiern oder Weihnachtsbäume gegeben. Sein einziges Interesse galt seiner Briefmarkensammlung, und sein bester Freund war ein Mischlingshund mit dem Namen Jip.

Diese klaustrophobische Kindheit hinterließ zweifellos ihre Spuren bei ihm. Er blieb für immer ein Einzelgänger, misstraute seinen Mitmenschen und behielt seine Gedanken und Gefühle für sich.

»Ich bin schon seit langer Zeit in der Lage, den Ausdruck meiner Gefühle umfassend zu kontrollieren«, schrieb er voller Stolz, als er bereits über achtzig war.

In seiner Kindheit beeinflusste ihn die Eintönigkeit des Lebens in dieser steifen kleinen Familie jedoch auch noch anderweitig. Er konnte die grauen Aussichten des puritanischen Amerikas im 19. Jahrhundert nicht passiv hinnehmen, sondern rebellierte im Geheimen. Sein ganzes Leben lang gab es immer einen Teil von ihm, der der Langeweile und den Einschränkungen eines häuslichen Alltags zu entkommen versuchte. Er fühlte sich nie ganz und gar wohl in der Familie. Stattdessen blieb er ständig in Bewegung und ließ sich bis ins hohe Alter nirgendwo dauerhaft nieder. Wenn er allein auf sich gestellt gewesen wäre, wäre Paul Getty vielleicht ein Herumtreiber geworden.

George Franklin Getty hatte allen Grund, glücklich zu sein, da sein Geschäft florierte, Gott besänftigt und sein Haus in Minneapolis in Ordnung war – vor allem, nachdem er plötzlich ein weiteres Zeichen himmlischen Wohlwollens erhalten hatte. 1903, als Paul zehn Jahre alt war, führte der Herr George nach Bartlesville, eine winzige Stadt, in der es nur ein Pferd gab und die rechtlich gesehen damals auf dem Land amerikanischer Ureinwohner in Oklahoma lag, wo er einen Versicherungsanspruch regeln sollte. Er konnte zu diesem Zeitpunkt nicht ahnen, welche überwältigenden Folgen diese wenig aufregende Reise haben würde. Dank der überraschenden Ölfunde in Oklahoma befand sich Bartlesville am Beginn eines immensen Geschäftstreibens. Unter der unfruchtbaren Erde lagen einige der größten Ölvorkommen der gesamten Vereinigten Staaten. George war genau zur richtigen Zeit dort hingekommen, um davon profitieren zu können.

»Es gibt Männer«, schrieb sein Sohn, »die anscheinend ein beinahe unheimliches Gespür für natürliche Ölvorkommen haben. Ich bin geneigt zu glauben, dass mein Vater dazugehört hat.«

Vielleicht tat er das, aber zunächst war es nicht mehr als eine flüchtige Vermutung, die George dazu verleitete, 500 Dollar in ›Parzelle 50‹ zu investieren – die Pacht für die Ölförderrechte auf 1100 Morgen unberührter Prärie außerhalb von Bartlesville.

Doch der Herr hatte George genau an den richtigen Ort geführt. Als im Oktober desselben Jahres auf ›Parzelle 50‹ nach Öl gebohrt wurde, stieß man beinahe sofort auf das erste Vorkommen, und ein Jahr später sprudelten bereits sechs Ölquellen auf Georges Besitz. Der Preis für den Rohstoff lag zu der

Zeit bei 52 Cent pro Barrel, und ›Parzelle 50‹ produzierte im Schnitt 100 000 Barrel im Monat.

Abgesehen von der göttlichen Führung gab es noch einige weltlichere Faktoren für die schnelle Anhäufung von Georges Vermögen. Er verfügte bereits über erhebliche Kapitalreserven aus dem Versicherungsgeschäft; er kannte sich mit den Gesetzen aus, und er führte seine Geschäfte ehrlich und aufopferungsvoll.

In den nächsten drei geschäftigen Jahren machte George seine Firma, die er Minnehoma Oil nannte, zu einem florierenden Geschäft. (Der Name stammte nicht von einer romantisierten Jungfrau der amerikanischen Ureinwohner, sondern war schlicht die geschäftsmäßige Zusammenziehung der Worte Minnesota und Oklahoma.) 1906 war George Getty Millionär.

2. KAPITEL

EINE EINSAME KINDHEIT

Paul war zehn, als er nach Bartlesville kam und zum ersten Mal einen Blick auf Georges berühmte Ölquelle auf ›Parzelle 50‹ warf. Er war zutiefst enttäuscht. Da er wusste, dass Bartlesville auf dem Land amerikanischer Ureinwohner lag, hatte er erwartet, auf Ureinwohner in ihren Zeltstädten zu treffen. Stattdessen kam er in eine improvisierte Stadt, die nach Öl stank und von Männern in schmierigen Overalls bewohnt wurde.

Aber es ist wohl eine prägende Erfahrung für jeden Jungen, wenn er dabei zusehen kann, wie sein Vater so leicht zu Reichtum kommt, und etwas, das er nicht wieder vergisst. Durch seinen ganz persönlichen Zugang zum Ölgeschäft wäre es Paul sicherlich nicht schwergefallen, es ihm gleichzutun – falls das jemals nötig geworden wäre. George hatte es von der Gründung von Minnehoma an als selbstverständlich betrachtet, dass sein Sohn in sein Geschäft eintreten und ihm letztlich in der Firmenleitung nachfolgen würde. Er legte seinem kleinen Sohn sogar nahe, mit seinem Taschengeld zwei Aktien von Minnehoma zu kaufen.

»Von jetzt an arbeite ich für dich«, erklärte er ihm, als er ihm die Aktienurkunden überreichte. Es war eine Angewohnheit von George, hausgemachte Weisheiten weiterzugeben. »Ein Geschäftsmann kann immer nur so gut sein wie die Informationen, die er bekommt«, war eine davon. »Lass deine Taten lauter sprechen als deine Worte« eine andere.

Aber während seiner Kindheit und Jugendzeit weigerte sich Paul, sich von den Worten seines Vaters begeistern zu lassen – oder vom Ölgeschäft, denn er hatte eigene Interessen, die seine Zeit vollkommen in Anspruch nahmen.

Später in seinem Leben sprach er von George immer mit einigem Respekt und mit Ehrfurcht. »Er war ein großer Mann und ein richtiggehender Philosoph«, erklärte er feierlich. »Er hat mir alles beigebracht, was ich weiß.«

Tatsächlich brachte Paul sich alles selber bei, was er wissen musste, und Vater und Sohn gerieten häufig aneinander. Sein Cousin Hal Seymour beobachtete: »Paul und sein Vater waren sich offenbar ständig im Weg, wenn sie beide zu Hause waren.«

Charakterlich war Paul seiner Mutter wesentlich ähnlicher als dem soliden George. Er hatte von ihr die herabhängenden Mundwinkel geerbt, genau wie ihre Rastlosigkeit und ihre verschlossene Natur; als er älter wurde, zeigte sich noch eine weitere Ähnlichkeit zwischen den beiden. Aufgrund ihrer Taubheit war Sarah besonders isoliert von der Außenwelt, und Paul folgte ihrem Beispiel, indem er mehr und mehr zu einem Einzelgänger wurde. Sogar im Klang seiner Stimme konnte man Spuren ihrer engen Beziehung erkennen. Die gemessene Ausdrucksweise, die eine Art Markenzeichen der Gettys war, eignete er sich in den Gesprächen mit seiner Mutter an, die schwerhörig war. Und genau wie seiner Mutter war ihm seine eigene Gesellschaft immer öfter genug. Cousin Hal erinnert sich aus dieser Zeit an ihn als »ausgesprochen eigenbrötlerisch, selbst für ein Einzelkind«.

Im Gegensatz zu seinen Eltern hielt er nicht besonders viel vom Christentum; seine einzige wahre Leidenschaft galt dem Lesen. Im Alter von zehn Jahren hatte er die Bücher von G. A. Henty für sich entdeckt, die ihm noch mit über achtzig so viel Spaß machen sollten.

Henty hatte als Autor von Abenteuergeschichten für Jungen eine ganze Generation von viktorianischen Schulkindern begeistert, indem er sie aus der Langeweile ihrer verstaubten Klassenzimmer in die farbenfrohesten Epochen der Geschichte entführte. Seine Geschichten wurden von den aufregendsten Figuren bevölkert. *Under Drake's Flag, With Clive in India, With Moore at Corunna:* Selbst die Titel waren eine Einladung an ein einsames Kind, seinem isolierten, christlichen Elternhaus in Minnesota zu entfliehen und die abwechslungsreichere, viel aufregendere Welt dort draußen zu entdecken.

Nun, da George so schnell immer reicher wurde und oft auf Reisen in Oklahoma war, beschloss Sarah, dass es an der Zeit sei, noch einmal umzuziehen – von den weiten Feldern und eiskalten Wintern von Minnesota ins sonnige Kalifornien. Sie behauptete, dass sie gesundheitlich angeschlagen sei und deshalb Wärme und einen Tapetenwechsel brauche. Wie üblich stimmte George ihr zu.

Nachdem sie San Diego besucht und für provinziell befunden hatten, beschlossen die Gettys, ein Grundstück am gerade erst neu erschlossenen South Kingsley Drive zu kaufen, direkt an der Kreuzung zum Wilshire Boulevard, der noch nicht gepflastert war und außerhalb der Stadtgrenze von Los Angeles lag. Dort bauten sie ein Haus für sich.

Als Familie hatten die Gettys nur wenige enge Freunde, und dieser Umzug schnitt sie auch von denen ab. Sie tranken nicht und hatten keine Laster – und Sarahs weiter fortschreitende Taubheit trug dazu bei, dass die Familie sich isoliert vorkam. Es gab zu dieser Zeit noch keine leistungsfähigen Hörhilfen, und so war es schwer für eine Familie, in der die Mutter an einer so antisozialen Beeinträchtigung litt, ihrem Umfeld offen und freundlich entgegenzutreten. Also mussten sich die Gettys mehr als je zuvor auf sich selbst verlassen. Sie waren selbstgenügsame und zurückgezogen lebende Leute. Paul lernte diese

Gewohnheiten früh, pflegte sie sein Leben lang und gab sie sogar an seine eigenen Kinder weiter.

George versuchte, mit seinem Sohn ebenso streng zu sein wie mit sich selbst, aber je anspruchsvoller George wurde, desto widerspenstiger reagierte sein Sohn. Er war eigensinnig, wie es häufig bei einsamen Kindern vorkommt, und George bildete sich wie so viele Eltern ein, dass die Lösung dieses Problems in mehr Disziplin zu suchen war. Deshalb wurde Paul, kurz nachdem sie nach Los Angeles gezogen waren, als Tagesschüler auf eine Militärschule in der Umgebung geschickt – die er unweigerlich hasste. Der Drill, das Marschieren, die Uniformen und die Disziplin waren nichts für ihn. Er blieb beinahe vier Jahre dort, schloss wenige Freundschaften, zeigte keinerlei Neigung für eine militärische Laufbahn und war dankbar für den Frieden und die Privatsphäre seines eigenen Zimmers im Haus am South Kingsley Drive, als er schließlich entkam.

Es war früher eine allgemein akzeptierte Tatsache der Erziehungswissenschaft, dass Jungen, die zu viel lasen und sich selbst überlassen blieben, der sexuellen Versuchung in besonderem Maße ausgesetzt waren. Auf Paul traf das sicherlich zu, und auch die grobe Disziplinierung in der Militärschule heilte ihn davon nicht. Er war so etwas wie ein Bücherwurm – seine Klassenkameraden nannten ihn *Getty, das Wörterbuch* –, und er weigerte sich so gut er konnte, an ordentlichen Gruppenaktivitäten wie Marschieren, Ausflügen in die Natur und jeder Form von Mannschaftssport teilzunehmen. Das Ergebnis war vorhersehbar. Mit seiner Liebe zu Büchern ging eine Besessenheit vom anderen Geschlecht einher, die er sein Leben lang nicht loswurde. Mit den sexuellen Affären hatte er endlich etwas gefunden, worin er gut war.

Vielleicht war es seine Art, mit dem anderen Geschlecht umzugehen, die immer ritterlich und charmant war. (Jemand sagte einmal, dass Paul niemals Nein zu einer Frau und niemals Ja zu einem Mann gesagt hätte.)

Oder vielleicht lag es auch daran, dass er einfach wusste, was er wollte, und was einen, wenn es um Sex und um Geschäfte geht, häufig ans Ziel bringt. Auf jeden Fall brüstete sich Paul offensichtlich schon vor seinem vierzehnten Geburtstag damit, dass er keine Jungfrau mehr war.

Falls das stimmte, war das eine größere Leistung für einen Jungen aus einer reichen, christlichen Familie in Kalifornien, als es heutzutage der Fall wäre. Nach den Maßstäben der Gettys war es außerdem eine ernst zu nehmende Sünde, die ihn auf Kollisionskurs mit allen brachte, die sich strikt an die puritanischen Glaubensregeln hielten, wie George und Sarah sie als richtig erachteten.

Paul ging seinem Vater zunehmend auf die Nerven – und umgekehrt. Eine Zeit lang studierte er Wirtschaftswissenschaften an der Universität von Südkalifornien in Los Angeles, und danach sollte er eigentlich Jura in Berkeley studieren. Doch Universitäten waren offensichtlich nichts für ihn, und so kehrte er als von Grund auf unzufriedener Siebzehnjähriger an den South Kingsley Drive zurück.

Paul war in der Zwischenzeit zu Sarahs heiß geliebtem einzigem Kind geworden, ein Geschenk Gottes und ein Trost für ihre Taubheit und ihr zunehmendes Alter. Um ihn also nicht ganz zu verlieren, bemühte sie sich, seine Fehler zu ignorieren, und neigte dazu, in Auseinandersetzungen mit seinem Vater seine Partei zu ergreifen.

Als eine Art Köder – und eine Methode, ihn bei sich zu Hause zu behalten – sorgte Sarah dafür, dass er einen eigenen Eingang zu seinem Zimmer bekam, zu dem nur er selbst einen Schlüssel hatte. Es war typisch für Sarah, dass sie, nachdem sie das getan hatte, trotzdem etwas gegen die Freunde hatte, die er mit nach Hause brachte, aber es gab kaum etwas, das sie dagegen hätte tun können – ebenso wenig, wie sie und George nichts gegen das wachsende Interesse ihres Sohnes am Nachtleben von Los Angeles ausrichten konnten.

Ohne ihnen etwas davon zu sagen, lieh Paul sich immer öfter das Auto seines Vaters aus, einen eindrucksvollen, viertürigen, offenen Chadwick, den er lautlos aus der Garage rollte, sobald seine Eltern schliefen, und dazu benutzte, um mit seinen Freunden zusammen die Nachtlokale in der Gegend zu besuchen und Mädchen aufzugabeln.

Eines Abends, nachdem Paul mit Begleitern, die Sarah gar nicht gefallen hätten, eine Kneipe besucht hatte – und dort Mädchen kennengelernt hatte, die ihr noch weniger gefallen hätten –, kam es zu einer Katastrophe. Eins der Mädchen verschüttete Rotwein auf den Polstern der Autositze, und obwohl sie sich große Mühe gaben, alles wieder aufzuwischen, konnten sie gegen die Flecken nichts ausrichten.

Als George sah, was passiert war, muss ihm klar geworden sein, was los war – dass Paul sich die Familienkutsche nicht nur auslieh, um seinen nächtlichen Vergnügungen nachzugehen, sondern dass er außerdem noch seinem Lieblingsfeind, dem Teufel Alkohol, selbst zugesprochen hatte. Georges Reaktion auf diese Erkenntnis bestimmte den Tonfall der zukünftigen Beziehungen in der Familie Getty. Niemals störte väterliches Wutgebrüll den Frieden im South Kingsley Drive. Wie immer, wenn es um Paul ging, hielt Sarah ihn auch jetzt zurück, und es wurde kein einziges Wort über den Vorfall verloren.

Doch George hatte andere Wege, um seinem väterlichen Missfallen Geltung zu verschaffen. Das nächste Mal, als Paul versuchte, sich das Auto auszuleihen, nachdem seine Eltern zu Bett gegangen waren, musste er feststellen, dass eins der Hinterräder fest an einen in den Boden der Garage zementierten Ring gekettet war.

Als Sarah die Familie dazu überredete, die 3 200 Kilometer nach
Südwesten vom eisigen Minneapolis ins strahlende Los Angeles zu ziehen, war dieser Teil von Südkalifornien noch nicht
das überbevölkerte Paradies am Ende des großen amerikanischen Regenbogens, das es heute ist. Seine goldenen Landschaften waren noch unberührt, sein Meer nicht verschmutzt, und
das perfekte Klima, das hier das ganze Jahr herrschte, wurde
noch nicht von den Produkten der Ölindustrie beeinflusst, die
George sein Vermögen eingebracht hatten.

Die Gettys waren frühe Einwanderer aus dem Osten auf
der Suche nach Glück – doch selbst hier wollte sich das Glück
nicht einstellen. Das Naturvergnügen des Goldenen Staates
war nichts für George und Sarah. Soweit es George, den engagierten Ölindustriellen, betraf, drehte sich das Leben noch
immer um die Ölfelder über 1 500 Eisenbahn-Kilometer öst-
lich entfernt in Oklahoma. Sarah bedauerte, wie wenig Kultur
und sonstige Vergnügungen Los Angeles zu bieten hatte. Dazu
passte, dass das Haus, das das Paar gebaut hatte, eher einer Re-
miniszenz an die Alte Welt glich, anstatt ihrer Begeisterung für
die Neue Welt Ausdruck zu verleihen.

Erst mit Mitte sechzig würde Paul sich dazu entschließen,
einen eigenen dauerhaften Wohnsitz zu erwerben – den hochherrschaftlichen Tudorpalast Sutton Place. Und hier, zwischen
den Orangenhainen des ländlichen Wilshire Boulevards, stand
mit Sicherheit deren Vorgänger – ein Anwesen im Tudorstil,
das Sprossenfenster, kitschige Giebel und frisch gebeizte elisa-
bethanische Balken hatte. Es war ein Haus, wie es einem ausge-
dachten Vorfahren der Gettys hätte gehört haben können. Das
bestimmende Grundelement seiner Architektur war Nostalgie.

Wenige Jahre nach ihrem Umzug, als George das Gefühl
hatte, reich genug zu sein, um mit Paul und Sarah zu ihrer ersten längere Ferienreise aufzubrechen, fuhren sie nach Europa.
Es war eine Epoche, in der die Helden und Heldinnen in den
Romanen von Henry James und Edith Wharton noch in der

45

Überzeugung lebten, dass es nur in Europa wirklich zivilisiertes Leben zu entdecken gab. Europa war in diesen lange vergangenen Tagen für die amerikanische Elite die Urquelle von Geschichte, Kunst und echter Kultiviertheit.

Die Besessenheit von Europa war jedoch weit typischer für Millionäre von der Ostküste als für kalifornische Neureiche wie George und Sarah. Es ist auch interessant, dass die Gettys sich ausgerechnet zu dem Zeitpunkt auf die beschwerliche Reise nach New York und von dort weiter nach Europa machten, wo sie eine sorgfältig geplante, dreimonatige Rundreise durch alle wichtigen Hauptstädte vor sich hatten, als ehemals New Yorker Filmemacher damit begannen, die Straße hinauf in den Hollywood Hills eine Gegenkultur zu errichten, die Europa mit ihrer hausgemachten Vision von Amerika erobern sollte. Doch von diesem Augenblick an war es die Alte Welt und nicht die Neue, die die Fantasie von Paul Getty beflügelte.

Wie so häufig in dieser Familie ging die Initiative zu dieser Reise von Sarah aus. Wenn man George sich selbst überlassen hätte, wäre er damit zufrieden gewesen, sich um seinen Laden in Oklahoma zu kümmern. Sarah bestand jedoch darauf, und so machten sie sich auf den Weg – den berühmten offenen Chadwick nahmen sie mit aufs Schiff. Sie heuerten in Liverpool einen Chauffeur an, dessen Akzent sie kaum verstanden, und machten sich so schnell es ging auf den Weg nach Frankreich, entschlossen, so viel wie möglich zu erleben und zu sehen.

Die Reise der Gettys war eher dynamisch als genussorientiert – noch etwas, dessen Beispiel ihr Sohn später folgen sollte. In Paris wohnten sie vierzehn Tage lang im Hôtel Continentale – Lieblingsplatz von Handlungsreisenden und Geschäftsleuten aus der Mittelschicht – und nicht im Ritz, obwohl George sich dies mit Leichtigkeit hätte leisten können. Dann ging es weiter die staubigen Straßen entlang nach Monte Carlo, nach Rom, Genf und Amsterdam, ehe sie sich wieder auf den Weg zum Ärmelkanal machten, um sich London anzusehen und anschließend mit dem Linienkreuzer *Aquitania* nach New York zurückzukehren.

Für den jungen Paul mit dem lockigen Haar und den für jedes Mädchen, das er zu Gesicht bekam, geübten hellblauen Augen war diese holprige Reise eine prägende Erfahrung. Er liebte das Reisen, und er genoss besonders den Aufenthalt in Hotels. Den Reichtum und die Möglichkeit, in den europäischen Städten ein Abenteuer zu erleben, fand er aufregend. Aber die Anwesenheit seiner alten Eltern, die eine strenge Methodistin mit Hörproblemen, der andere ein antialkoholischer, moralinsaurer wiedergeborener Christlicher Wissenschaftler, muss ihn gehemmt haben. Der achtzehnjährige Paul Getty konnte es kaum erwarten, dorthin zurückzukehren und alle diese beeindruckenden Orte für sich allein zu erkunden.

Zurück im South Kingsley Drive, freute Sarah sich darüber, dass ihr rastloser Sohn sich für europäische Kultur interessierte, und es scheint so, als hätte sie trotz ihrer Angst, ihn zu verlieren, sein Bestreben, nach Europa zurückzukehren, unterstützt, nachdem er ihr erzählt hatte, dass er in Oxford studieren wollte. George war weniger begeistert. Oxfords verträumte Giebel waren nichts für ihn, aber Sarah überredete ihn dazu, Paul eine angemessene Zuwendung zu geben – in Form eines Bankschecks in Höhe von 200 Dollar im Monat –, und im August 1912, nach einer kurzen Reise nach Japan, überquerte ihr zwanzig Jahre alter Sohn und Erbe noch einmal den Atlantik, diesmal allein.

Er reiste aufwendig, denn es handelte sich hier schließlich um die Fahrt eines verwöhnten Sprösslings aus einer amerikanischen Millionärsfamilie, die, wenn auch nur entfernt, an die großen Europareisen englischer Aristokratensöhne erinnerte, auf denen diese sich ein wenig Kultur und Wissen aneignen sollten, ehe sie nach Hause zu ihrer Erbschaft zurückkehrten. Diese Europareise sollte ihre ganz eigene, tief gehende Wirkung auf Paul entfalten – allerdings nicht in der Art und Weise, wie seine Eltern sich das vorgestellt hatten.

Es war von Anfang an ein beachtliches Unternehmen für einen eigenbrötlerischen, mehr oder weniger spießbürgerlichen jungen Amerikaner, allein auf eine solche Reise zu gehen. Doch genau wie mit seinen Frauen war Paul auch hier äußerst bewandert und selbstsicher, wenn es darum ging, zu bekommen, was er wollte. Er hatte George bereits dazu überredet, ihm ein Empfehlungsschreiben von einem seiner früheren Rechtsanwaltskollegen, William Howard Taft, zu erbitten, der zu der Zeit zufällig der republikanische Präsident der USA war. Und einmal in Europa angekommen, beschaffte er sich sofort einen gebrauchten Mercedes, bestellte sich bei einem Maßschneider in der Savile Row mehrere Anzüge und machte sich anschließend auf den Weg zum unwahrscheinlichen Ziel seiner Reise – der Universität von Oxford. Er kam im November dort an, als das Semester bereits begonnen hatte.

Oxford war vor dem Ersten Weltkrieg eine mehr oder weniger geschlossene Gesellschaft, und dieser unbekannte junge Amerikaner ohne gesellschaftliche Verbindungen brachte, nachdem er weder seine Studien in Los Angeles noch die in Berkeley abgeschlossen hatte, wenig Wissen und geordnete Bildung mit, nichts, was eine Empfehlung für ihn hätte sein können.

Glücklicherweise kam es darauf kaum an, da der Bildungsstandard von Studienanfängern in Oxford zu dieser Zeit beklagenswert niedrig war, und Paul war ohnehin nicht nach Oxford gekommen, um sich zu bilden. Genau wie Jay Gatsby wollte er etwas ganz anderes – das Recht, sich als Oxford-Absolvent zu bezeichnen, ein Ziel, das er mit seiner charakteristischen Zielstrebigkeit auch mehr oder weniger erreichte.

Dank des Briefs vom Präsidenten der USA wurde er zum Präsidenten des vornehmen Magdalen Colleges vorgelassen, dem gemütlichen Altphilologen Dr. Herbert Warren, der einige

Zeit mit diesem beherrschten jungen Kalifornier verbrachte und ihm letzten Endes jemanden an seinem College als »Tutor« in Wirtschaftswissenschaften empfahl. Paul wurde ebenfalls nichtakademisches Mitglied der St. Catherine's Society, die noch kein voll akkreditiertes Oxford-College war, ihm aber gestattete, die Vorlesungen zu besuchen, die ihn interessierten – etwas, was die Mehrheit der Studenten zu dieser Zeit kaum jemals tat. Eine Unterkunft in der Stadt zu finden war für ihn kein Problem.

Obwohl er später behauptete, er hätte zu seiner Zeit in Oxford »mehr oder weniger im Magdalen College gewohnt«, und darauf bestand, dass »die Männer im Magdalen College mich als einen der ihren angesehen haben«, war er weder Mitglied des Magdalen College noch der Universität Oxford. Das hielt ihn natürlich nie davon ab, stillschweigend anzudeuten, dass es so gewesen sei – und in späteren Jahren machte er einiges Aufhebens darum, dass seine Zeit am vornehmen Magdalen College ihm den heimlichen Aufstieg in den Schoß der britischen Oberklasse ermöglicht hatte.

»Der erste gute Freund, den ich am Magdalen hatte«, sollte er sich später mit Wehmut erinnern, »war der Bruder des derzeitigen Earl von Portarlington, George Dawson-Damer.« George wurde jedoch auf den goldenen zweiten Platz vertrieben von »seiner Königlichen Hoheit, dem Prinzen von Wales«, der zufällig auch gerade am Magdalen studierte. »Wir«, pflegte Getty beiläufig zu sagen, »haben einander David und Paul genannt, und uns verband eine enge, herzliche Freundschaft, die fast ein halbes Jahrhundert lang gehalten hat.«

Es ist nie völlig klar geworden, wie lange Paul in Oxford gewesen ist oder ob er das »Diplom« wirklich gemacht hat, wie er behauptete – und auch nicht, wie »eng und herzlich« seine lebenslange Freundschaft mit dem späteren König von England tatsächlich gewesen ist –, aber darauf kam es auch nicht an. Wichtig war, dass Paul in Oxford endlich eine Welt zu sehen bekam, die er ernsthaft bewunderte und beneidete. Einige seiner Freunde aus dem Magdalen College luden den reichen, jungen Kalifornier zu sich nach Hause ein, um gemeinsam mit ihm das moderne Freizeitvergnügen dieser Zeit zu genießen, das Edwardianische Wochenende, wofür sich alle Teilnehmer im Stil dieses Zeitalters verkleideten. Später sollte er voller Nostalgie darüber schreiben, dass die Häuser, die er auf diese Weise besucht hatte, »häufig hochherrschaftliche Landsitze waren, die in den letzten Zügen der Edwardianischen Ära gerade noch ihre Glanzzeit erlebten«.

In scharfem Kontrast zum einfachen, sonnigen Kalifornien und den schmierigen Ölquellen von Oklahoma gab es hier eine Welt voller Titel tragender Aristokraten, hochherrschaftlicher Häuser, großartiger Kunst – und wunderbar kultivierter Frauen. Dies war eine Welt, die für den Rest seines Lebens in seinem Kopf herumspuken sollte.

Es gibt im Grunde genommen nur zwei Arten von Snobs – Insider, die versuchen, die einfachen Leute »draußen« zu halten, und verzückte Außenseiter, die sich selbst einzureden versuchen, dass sie dazugehören. Paul gehörte mit Sicherheit zur zweiten Kategorie – und von nun an war es ein wichtiges Ziel seines Ehrgeizes, in dieser trügerischen, aber geweihten Welt der Titel, der Ehrerbietung, des alten Reichtums und der europäischen Königshäuser, auf die er am Magdalen einen kurzen Blick hatte werfen können, ehe es über ganz Europa dunkel wurde, sein Territorium abzustecken.

Nach seiner Zeit in Oxford hatte Paul es nicht besonders eilig, nach Kalifornien zurückzukehren. Er wurde zu einem zwanghaften Reisenden, bemühte sich ernsthaft um seine Flucht. Anstatt sich von der Eintönigkeit des Lebens im South Kingsley Drive herunterziehen zu lassen, setzte er sich lieber an das Steuer seines Mercedes und machte sich auf den Weg in die Stadt, die er zu seiner Lieblingsstadt erklärt hatte: nach Paris.

Den Sommer verbrachte er in Russland, den Herbst in Berlin, und kurz vor Weihnachten war er in Wien, wo er den Jahresbeginn 1914 verbringen wollte, ehe er sich auf den Weg nach Ägypten machte.

Doch inzwischen war Geld zu einem Problem geworden – und das brachte ihn unweigerlich in einen Konflikt mit seinem Vater. Zweihundert Dollar im Monat bedeuteten, dass er nur mit sehr einfachen Mitteln reisen konnte, und auf jede Bitte um eine Erhöhung reagierte George ausgesprochen säuerlich, denn er war mittlerweile ziemlich verärgert über seinen missratenen Sohn, der sich in Europa »herumtrieb«.

Pauls Flucht dauerte jetzt schon über ein Jahr, und es war am Vorabend seines einundzwanzigsten Geburtstages – den er auf einem rostigen alten Kahn auf dem Weg nach Alexandria verbrachte –, dass sich seine Bitten um mehr Geld zu einem bitteren Streit mit seinem Vater auswuchsen.

George war ernsthaft empört über die, wie er es sah, »fortgesetzte Extravaganz und Genusssucht« seines Sohnes, deshalb setzte er ihn davon in Kenntnis, dass er die 15 000 Aktien von Minnehoma Oil, die er auf Pauls Namen hatte ausstellen lassen, zurückziehen würde. Daraufhin erfolgte eine giftige Antwort von Paul, die einiges von der Wut und dem Unmut verriet, die er gegen seinen Vater empfinden konnte, wenn der ihm einen Strich durch die Rechnung machte.

Nachdem Paul in scharfem Ton verlangt hatte, die Aktien behalten zu dürfen, griff er George wegen seiner Knauserigkeit seinem einzigen Sohn gegenüber an – er erinnerte ihn daran, dass der Vater von William Randolph Hearst dem sogar den *San Francisco Examiner* überschrieben und ihm noch dazu das Gebäude des Zeitungsverlages geschenkt hatte, das mindestens drei Millionen Dollar wert war, als dieser einundzwanzig geworden war.

Verbittert fuhr er fort, dass er nicht vorhätte, sich »um sein Geburtsrecht betrügen« zu lassen, und stellte schließlich fest,

51

dass die Haltung seines Vaters ihm keine Alternative ließe, »außer mit der ganzen Sache so umzugehen, wie ich mit einem Konkurrenten umgehen würde«.

Es sieht so aus, als hätte Sarah die Angelegenheit wieder einmal ausgebügelt. Schon bald darauf schrieb sie einen liebevollen Brief an Paul, in dem sie sagte, wie gern sie »fliegen würde, um ihn zu sehen«, und im Frühsommer hatte sie George bereits dazu überredet, noch einmal den Atlantik zu überqueren, um ihren nichtsnutzigen Sohn in Paris zu treffen, das Wiedersehen zu genießen und gemeinsam zurück nach Hause zu reisen.

Im Juni 1914 waren die Gettys wiedervereint und wohnten erneut im Hôtel Continentale; hier war es auch, dass Paul ihnen seine wahren Pläne für seine Zukunft eröffnete. Da er vorhatte, weiterhin zu reisen und die Vorzüge der kosmopolitischen Gesellschaft zu genießen, wollte er Diplomat werden – oder, falls ihm das nicht gelingen sollte, Schriftsteller.

Sarah hat ihn anscheinend unterstützt. George sagte gar nichts.

Auch wenn er seine Grenzen hatte, George Getty war keinesfalls dumm, und auf gewisse Weise verstand er seinen Sohn weit besser, als Paul sich selbst verstand.

Anstatt wertvolle Zeit und Geld zu verschwenden, indem er durch Europa reiste, sollte sein Sohn sich lieber sicher an dem einen Ort niederlassen, an den Paul ganz offensichtlich hingehörte – im Familienunternehmen, wo er das Geschäft kennenlernen, Entscheidungen treffen und zu seinem Nachfolger herangezogen werden sollte.

Die großen historischen Ereignisse kamen George zu Hilfe. In Frankreich und Deutschland stand der Ausbruch eines Krieges unmittelbar bevor, sodass Paul nicht im Herbst 1914 nach Europa zurückkehren konnte, wie er gehofft hatte, um Französisch und Deutsch für den diplomatischen Dienst zu lernen.

52

Dadurch bekam George die Gelegenheit, ihm ein Angebot zu machen, von dem er wusste, dass Paul es nicht ablehnen konnte. Es war ein Geschäftsvorhaben ohne Schnörkel, ein Kapitalanteil von 10.000 Dollar für Paul, mit dem der auf den Ölfeldern von Oklahoma sein Glück machen konnte, genau, wie er selbst es elf Jahre zuvor getan hatte. George betonte, dass es sich nicht um ein Geschenk handelte, sondern um eine Investition von Minnehoma Oil. Jeglicher Profit ginge direkt an das Unternehmen, aber Paul sollte dreißig Prozent Umsatzbeteiligung bekommen. Paul stimmte zu.

Die Bedingungen waren schwieriger geworden als damals, als George nach Bartlesville gekommen und gleichsam über den Ölreichtum von Oklahoma gestolpert war. Der Wettbewerb war härter, große Firmen wie Standard Oil waren dazugekommen, und es war viel schwerer für den einzelnen Glückssucher, eine Parzelle mit einem reichen Ölvorkommen zu finden, die Abbaurechte zu pachten und ein Vermögen zu machen. Aber da Oklahoma ein so ausgedehntes Gebiet umfasste, auf dem sich eines der größten natürlichen Ölfelder der USA befand, gab es noch immer neue Funde – und Vermögen – zu machen, falls jemand die nötige Entschlossenheit dafür mitbrachte. George war sich sicher, dass er Paul am Haken haben würde, sobald der einmal wirklich von Geld und Erfolg gekostet hatte.

3. KAPITEL

DIE ERSTE MILLION

Für einen jungen Mann mit skrupellosem Naturell, mit ein wenig Kapital und einer widerstandsfähigen Gesundheit war die Ölindustrie das Schnäppchenparadies des 20. Jahrhunderts. Die Ford-Werke sollten bis Ende 1914 ihr einmillionstes Auto bauen, und durch den Krieg in Europa stieg die Nachfrage nach Öl dramatisch an. Im weiteren Verlauf des Jahrhunderts sollte Amerikas Durst nach Erdöl noch weiter anwachsen – und die Ölindustrie wuchs unweigerlich mit.

Im Spätherbst 1914 kam Paul nach Tulsa in das Herz von Oklahomas ölreichster Gegend, um sein Glück zu versuchen. Der Oxford-Student aus Kalifornien war mit seinem hellgrauen Anzug, seinem gestärkten Kragen, seinem Filzhut und seiner ruhigen Stimme wohl eine Ausnahmeerscheinung unter den Spekulanten, Bohrarbeitern, Ingenieuren und Herumtreibern, die sich in der Lobby des gerade frisch erbauten Hotels in Tulsa drängten.

Trotz seiner Manieren und seiner Erscheinung war Paul weder so weich noch so überkultiviert, wie es vielleicht den Anschein hatte. Mit zweiundzwanzig war er einen Meter und achtundsiebzig groß und war ausgesprochen stark und körperbewusst. Als Einzelgänger hatte er seine Abneigung gegen Mannschaftssport nie abgelegt, aber er war besessen davon, seine Körperkraft zu stärken. Er ging viel schwimmen, trainierte mit Gewichten und Hanteln, um seine Muskeln aufzubauen, trainierte Judo und war zu diesem Zeitpunkt stark genug als Boxer, um gegen seinen Freund, den späteren Schwergewichtsweltmeister Jack Dempsey, über mehrere Runden in den Ring zu steigen.

Schwergewichtsboxer trainieren gern mit leichteren Kämpfern, um ihre Geschwindigkeit zu verbessern, und Dempseys Urteil lautete, Paul sei »gut gebaut, von Natur aus kampflustig und schnell. Ich habe noch nie jemanden mit einer solchen Konzentrationsfähigkeit und Willenskraft kennengelernt – er hat vielleicht mehr davon, als gut für ihn ist«.

In diesem Winter und im Frühjahr 1915 konnte Paul all diese Fähigkeiten gut gebrauchen, während er in seinem heruntergekommenen Ford durch Oklahoma fuhr und nach einem ölreichen Stück Land suchte, mit dem er sein Vermögen machen konnte. Er verfügte über große Entschlossenheit, befeuert von seinem Wunsch, der ursprünglichen Leistung seines Vaters etwas entgegenzusetzen.

Es dauerte beinahe ein Jahr, bis er Erfolg hatte. Im August 1915, nachdem er mehrere andere mögliche Käufer in die Irre geführt hatte, sicherte er sich für einen Tiefstpreis von 500 Dollar seine erste Fördergenehmigung. Sein Glück blieb ihm treu. Seine Quelle auf der sogenannten *Nancy Taylor Pacht* produzierte schon bald über 1000 Barrel am Tag, und da der Rohölpreis im Spätherbst inzwischen drei Dollar pro Barrel betrug, wuchs sein Kapital weiter an. Von diesem Erfolg ermutigt, begann er damit, weitere Pachten zu erwerben, die sogar noch ertragreicher waren, und im Sommer des Jahres 1916 überschritt sein Anteil am Profit, den er für Minnehoma Oil erwirtschaftet hatte, die magische Grenze von einer Million Dollar.

Er war gerade einmal dreiundzwanzig – und Millionär. Da er überzeugt davon war, dass es im Leben Wichtigeres gab als Öl, beschloss er, sich zur Ruhe zu setzen.

Dies hätte der Moment sein sollen, auf den er gewartet hatte – die kostbare Zeit, in der er seine wirklichen Ziele umsetzen konnte. Hätte es den Krieg nicht gegeben, wäre es vielleicht auch dazu gekommen, dann wäre er nach Europa gefahren, und die Geschichte der Gettys hätte ein anderes Ende genommen.

Der Krieg machte Europa jedoch unzugänglich. Paul behauptete stets, dass er sich etwa zu diesem Zeitpunkt freiwillig als Pilot gemeldet hatte. Und während er darauf wartete, dass seine Papiere ankamen (was sie niemals taten), konnte er nicht anders, als in den South Kingsley Drive zurückzukehren. Sein altes Zimmer mit dem eigenen Eingang wartete auf ihn, vollgestopft mit seinen persönlichen Sachen und liebevoll behütet von seiner Mutter. Es kam für ihn selbst überraschend, aber er freute sich darüber, wieder zu Hause zu sein.

Später schrieb er: »Südkalifornien war der ideale Ort für jeden, der sich amüsieren wollte. Es hatte ein wunderbares Klima, spektakuläre Landschaften, und außerdem gab es, wie später auch, unzählige ausgesprochen attraktive, meist ungebundene junge Frauen.«

Diese »meist ungebundenen jungen Frauen« fand er besonders anziehend, und im Sommer 1916, mit einer Million Dollar auf der Bank, konnte er ihre Gesellschaft voll auskosten.

»Nach meiner Erfahrung«, pflegte er zu sagen, »ist Geld das sicherste Aphrodisiakum« – aber ein schickes Auto war ebenfalls hilfreich, und er kaufte gleich eine ganze Reihe davon; ein Cadillac-Cabriolet, einen der frühen Chrysler, einen leuchtend roten Duesenberg.

Im Haus am South Kingsley Drive konnte er mit seinem eigenen Schlüssel kommen und gehen, wie er wollte, und manchmal brachte er für eine Nacht eine Frau mit nach Hause.

Die berühmte Schauspielerin Mrs. Patrick Campbell, die oft Anlass für pikante Spekulationen in der Londoner Gesellschaft war, hätte vielleicht gesagt: »besser das *tiefe, tiefe Glück* eines

Doppelbetts im South Kingsley Drive als der *Tumult* auf dem Rücksitz eines Duesenbergs«.

George und Sarah müssen gewusst haben, was los war; gemessen an ihren eigenen streng christlichen Prinzipien war ihr Sohn zu einem hoffnungslos verlorenen Sünder geworden. Aber wenn sie ihm das gesagt hätten, wären sie Gefahr gelaufen, ihn zu verlieren – und darüber wollte Sarah nicht einmal nachdenken. Also behielten George und Sarah ihre Gefühle für sich, und Paul ging weiter den Weg der Sünde – und im South Kingsley Drive herrschten Ruhe und Harmonie.

Ein Aspekt an seiner augenblicklich angenehmen Lage war für Paul noch wichtiger als alles andere: die Tatsache, dass er sich selbst zum Millionär gemacht hatte. Mit seinem Geld war er außerdem völlig unabhängig geworden, und George hatte gewissermaßen jede Macht verloren, ihm zu sagen, was er tun und lassen sollte. Das bedeutete, dass Paul das Leben mit Anfang zwanzig genießen konnte wie eine endlos fortgesetzte verwöhnte Kindheit, verhätschelt von seiner Mutter, toleriert von seinem Vater und mit allen Annehmlichkeiten, die einem reichen und vollkommen emanzipierten modernen Jugendlichen zur Verfügung standen.

Es war eine Lektion in moralischer Macht des Geldes, die in Zukunft eine entscheidende Wirkung auf Paul und seine Eltern haben sollte. Mit Geld werden gewissermaßen alle moralischen Verpflichtungen des täglichen Lebens beseitigt, und dank seines Geldes konnte Paul ein richtiggehendes Doppelleben führen – was ihm ganz offensichtlich gut gefiel.

Er brauchte sich nicht mehr gegen seinen puritanischen Papa zu behaupten, und zudem würde er niemals aufhören, zumindest theoretisch, das anhängliche einzige Kind seiner »geliebten Mama« zu sein. Ohne die Notwendigkeit, erwachsen zu werden, beteuerte er bis zu dem Tag, an dem sie starben, auf gefühlvolle Weise seine Liebe zu ihnen beiden. Doch zur gleichen Zeit konnte er auch ein verbriefter Puritaner sein und trotzdem die meisten Dinge genießen, die seine Eltern ablehnten – schnelle Autos und leichtlebige Frauen, Nachtklubs und schwarz gebrannten Gin, Ausschweifungen und fragwürdige Gesellschaft. Im Ergebnis kam es zu merkwürdigen Widersprüchen innerhalb von Paul Gettys Moralempfinden, denn er ging gleich mehrere Wege des geringsten Widerstandes – freiheitsliebend und trotzdem ängstlich um die Liebe seiner Eltern bemüht, probierte er alle möglichen Fluchtwege aus, kehrte aber wie ein missratenes Kind immer wieder in das Haus am South Kingsley Drive zurück.

Als guter Christ verließ George sich wahrscheinlich darauf, dass das unerfreuliche, sündhafte Leben seines Sohnes nicht ewig so weitergehen würde. Es war eine Zeit der christlichen Duldsamkeit. Gott würde in seiner Weisheit schon dafür sorgen, dass sein Wirken nicht vergessen wurde, genau, wie er es mit dem Apostel Paulus auf dem Weg nach Damaskus gemacht hatte. Wenn es so weit war, würde sein gottverlassener Sohn einsehen, dass er auf einem Irrweg war, in Jesus Christus wiedergeboren werden, und er und Sarah würden erneut frohlocken können, weil wieder ein Sünder gerettet war.

So weit seine optimistische Theorie, die bis zu einem gewissen Grad sogar funktionierte. Paul konnte sein faules, hedonistisches Leben nicht länger weiterführen. Irgendetwas musste passieren, um es zu beenden. Doch als es geschah, war es nicht gerade das, womit George gerechnet hatte – und Paul reagierte völlig anders, als seine Eltern Gott in ihren Gebeten angefleht hatten.

Der Name des Mädchens war Elsie Eckstrom, und sie behauptete vor Gericht, dass sie Jungfrau gewesen sei, bevor Paul sie mit Alkohol gefügig gemacht, mit ihr nach Hause gefahren und sie dann im South Kingsley Drive mit Gewalt entjungfert hatte.

Pauls Anwalt hielt dem entgegen, dass Elsie keine Jungfrau war, sondern vielmehr gewohnheitsmäßig in Kneipen und Nachtklubs verkehrte, wo sie trank und tanzte und mit allen möglichen Männern ins Bett ging, sodass sie bekommen hätte, was sie verdiente.

Die Wahrheit über Elsie ist nicht mehr wirklich wichtig – aber was vor Gericht niemand abgestritten hat, ist, dass es unter dem Dach des elterlichen Hauses bei den Gettys zum Geschlechtsverkehr gekommen war, aus dem, 1917 geboren, eine kleine Tochter hervorging, die auf den Namen Paula getauft wurde.

Es gab im September 1917 jede Menge ungewollte Publicity mit riesengroßen Schlagzeilen in der *Los Angeles Times*, woraufhin Paul widerwillig 10 000 Dollar für Miss Eckstrom und das Baby bereitstellte. Danach verschwand der wahrscheinlich erste Nachkomme des Mannes, der der reichste Bürger des Landes werden sollte, von der Bildfläche und mit ihm jeder weitere Skandal. Bis zu diesem Tag hat die Familie Getty nie wieder von ihr gehört.

Erstaunlich war allerdings, dass es, wie in der Sherlock-Holmes-Geschichte mit dem Hund, der in der Nacht nicht gebellt hat, keinen Wutausbruch, keinen Widerspruch, überhaupt gar keine sichtbare Reaktion von der Familie Getty gab. Kurz danach gab Paul jedoch sein Leben im Müßiggang in Kalifornien auf und arbeitete wieder für Minnehoma auf den Ölfeldern von Oklahoma.

George Getty tröstete sich mit dem Gedanken, dass sein Sohn zwar ein Sünder war, sich aber wenigstens engagiert dem Familienunternehmen widmete und ein außerordentliches Händchen für das Ölgeschäft hatte. Paul hatte Kraft, Ehrgeiz und Weitblick, er war ein härterer Geschäftsmann, als er selbst es je gewesen war, und würde ein hervorragender Nachfolger in der Leitung von Minnehoma werden, wenn George sich einmal entschloss, sich zur Ruhe zu setzen.

Tatsächlich sah es bereits so aus, als wollte Paul die Führung bei Minnehoma übernehmen. 1919 weitete die Firma ihre Tätigkeit auf sein Betreiben hin über Oklahoma hinweg aus und investierte in die gerade entdeckten Ölvorkommen an der Küste von Kalifornien. Ursprünglich war George von der Idee nicht begeistert, doch Paul bestand darauf, und der kalifornische Geschäftszweig von Minnehoma erwies sich als äußerst profitabel, sodass sich der Wert des Unternehmens verdoppelte (was außerdem zu einer Umstrukturierung von Minnehoma unter dem neuen Namen George Getty Incorporated führte).

Etwa zur gleichen Zeit zeigte Paul Anzeichen dafür, dass er das Leben auf den Ölfeldern genoss – er eignete sich die Kenntnisse eines Ölbohringenieurs an, konnte es bei der Tätigkeit auf den Bohrtürmen mit den härtesten Arbeitern aufnehmen, trank und hurte abends mit ihnen und verteidigte sich wenn nötig mit den Fäusten. Es war das Leben eines Mannes, und dieser ehemalige Möchtegernintellektuelle musste feststellen, dass es ihm Spaß machte. Er sagte kein Wort mehr über Literatur oder Diplomatie. »Nichts«, so schrieb Paul später, »kann die Gefühle und den Triumph angemessen ausdrücken, den man empfindet, wenn man [sic] seine erste ergiebige Ölquelle erschließt.«

Trotz allem war George überhaupt nicht glücklich über seinen Sohn. Paul hatte seine Sünden nicht bereut – und zeigte auch keinerlei Neigung, dies irgendwann einmal zu tun. George hatte außerdem so seine Zweifel an seiner Redlichkeit, wenn er Paul dabei zusah, wie er Risiken einging und Geschäfte abschloss, die er persönlich niemals gutgeheißen hätte. Vielleicht lag auch eine Spur Neid darin; der berufliche Neid eines älteren Mannes, der befürchten muss, dass er von seinem Sohn ersetzt wird, und der sexuelle Neid eines alternden Puritaners, der durch das Verhalten seines Sohnes einen Eindruck von dem Spaß bekommt, den er im Leben hätte haben können.

Als der Krieg in Europa zu Ende ging, wurde Paul rastlos und hatte damit begonnen, längere Urlaubsreisen zu unternehmen und ins Ausland zu fahren – zunächst nach Mexiko und dann auch in sein geliebtes Europa. Es war nicht schwer, sich auszumalen, worauf es Paul auf seinen Reisen abgesehen hatte, und George und Sarah hatten sicherlich das Gefühl, dass es die letzte Chance ihres Sohnes auf Erlösung war, wenn er eine gute Ehefrau fand, sich in Kalifornien niederließ und eine Familie gründete.

4. KAPITEL

HEIRATSFIEBER

Junge Frauen, die gerade ihre Teenagerzeit hinter sich haben, besitzen eine ganz besondere Art von Schönheit, und auch wenn sie nicht länger Kinder sind, so unterliegen sie doch noch nicht den Anforderungen, die das Erwachsensein so schnell nach sich zieht. Paul Getty fand diese zerbrechliche, im Übergang befindliche Art der Weiblichkeit in seinen Dreißigern offensichtlich extrem anziehend.

Er mochte jüngere Jungfrauen nicht nur, sondern konnte sie sich auch leisten, weil er sehr reich war. Sie schmeichelten seinem Ego, hielten ihn jung und stellten noch nicht so viele Ansprüche an ihn wie ältere Frauen. Er lebte sein Leben genau so, wie er wollte, und kümmerte sich nie besonders viel um die emotionalen Bedürfnisse von anderen.

Seine Vorliebe für lolitaeske Kindfrauen war zwar ein wichtiger Bestandteil seiner Sexualität, aber auch die Quelle für viele Dramen und Katastrophen innerhalb der Familie, die noch kommen sollten. Für ihn bedeutete sie fünf gescheiterte Ehen, allesamt mit Frauen, die jung genug waren, um seine Töchter zu sein.

Die erste ging er 1923 ein, als er mit dreißig plötzlich der siebzehnjährigen Jeanette Dumont einen Heiratsantrag machte. Sie war eine dunkeläugige Highschool-Schönheit mit polnischen Wurzeln. Er benahm sich selbst gewissermaßen wie ein ängstlicher Halbwüchsiger, indem er diese Romanze vor seinen Eltern geheim hielt, und eröffnete ihnen die Neuigkeit, dass er verheiratet war, erst nachdem er und seine kindliche Braut von ihrer heimlichen Hochzeit in Aventura in Mexiko nach Los Angeles zurückgekehrt waren.

Sie waren jedoch begeistert und schlossen das Schulmädchen, das ihre Schwiegertochter war, schnell ins Herz. Sie halfen den Jungvermählten dabei, eine Wohnung in der Nähe des South Kingsley Drive zu finden, und als Jeanette feststellte, dass sie schwanger war, taten sie alles, was in ihrer Macht stand, damit ihr Sohn mit der Aussicht auf seine eigene Familie glücklich war.

Doch eine Familie war das Letzte, was Paul sich gewünscht hatte. Außerdem fand er Jeanette nicht mehr attraktiv, sobald sie keine jungfräuliche Braut mehr war, sondern eine schwangere und von ihm abhängige Ehefrau. Es lag ihm fern, seiner Vaterschaft freudig entgegenzusehen, deshalb wich er bockig aus und versuchte, sich allem zu entziehen, wie das verwöhnte Einzelkind, das er nun einmal war.

Da seine frühere Freiheit bedroht war, kam nun die aggressivere Seite von Gettys Persönlichkeit zum Vorschein. Die schwangere Jeanette wurde grausam vernachlässigt, während er sich wieder dem Nachtleben von Los Angeles zuwandte, wo er ansprechendere Partnerinnen fand. Wenn Jeanette sich darüber beklagte, gab es fürchterliche Streitereien.

Gemäß der späteren Aussage vor dem Scheidungsgericht kam es so weit, dass er sie anschrie: »Ich habe dich so satt, ich habe es so satt, verheiratet zu sein.«

Gemäß derselben Quelle schlug er sie daraufhin grün und blau und drohte ihr sogar damit, sie umzubringen. Dann verließ er sie.

Es war auf gewisse Weise typisch für Paul, dass er trotz dieses Krawalls den Sohn, von dem er nicht gewollt hatte, dass er am 9. Juli 1924 geboren wurde, voller Stolz George Franklin Getty II. nannte – zu Ehren seines Vaters.

George ging es in der Zwischenzeit alles andere als gut. Anfang 1923, im Alter von achtundsechzig Jahren, erlitt er einen schweren Schlaganfall auf dem Brentwood-Golfplatz in Los Angeles, der seine Sprachfähigkeit und seine rechte Körperhälfte in Mitleidenschaft zog.

Da sein Vater außer Gefecht gesetzt war, übernahm Paul die Verantwortung in der Firma. Er sollte später behaupten, dass die George Getty Incorporated zu dieser Zeit tatsächlich aufgrund von schlechter Geschäftsführung und Kapitalverschwendung ein Verlustgeschäft war. Indem er das sagte und sich darum bemühte, die Effizienz zu erhöhen, machte er sich wenig Freunde in den alten Rängen des Unternehmens. Als sein Vater sechs Wochen später tapfer zurück an die Arbeit ging, wurde er von Mitgliedern der alten Belegschaft, die wütend über die Art und Weise waren, wie sie in seiner Abwesenheit behandelt wurden, mit einer Reihe von Beschwerden über »den Jungen« begrüßt.

Während er für das Familienunternehmen verantwortlich war, hatte Paul auch über die Zukunft nachgedacht – und sich vorgestellt, dass die George Getty Incorporated von einer relativ einfachen Ölfördergesellschaft zu einem Ölkonzern heranwachsen könnte, der eine ganze Reihe von Rohölprodukten raffinieren und auf dem nach wie vor schnell wachsenden amerikanischen Markt vertreiben konnte. Dort lag eindeutig die Zukunft – aber weder sein Vater noch die älteren leitenden Angestellten wollten irgendetwas davon wissen.

Schließlich wurde Georges zunehmender Unmut zu Wut, als ihm die Leute zu allem anderen Übel auch noch erzählten, wie Paul sich Jeanette gegenüber verhalten hatte.

»Der Junge verdient eine Tracht Prügel«, war seine merkwürdige Reaktion. Denn George konnte sich mithilfe eines Gehstocks gerade mal im Schneckentempo durch die Firma bewegen, ganz zu schweigen von einer »Tracht Prügel«, die er seinem kräftigen Sohn hätte verpassen wollen. Doch das hinderte seine Wut nicht daran, sich weiter zu steigern, als er erfuhr, dass Paul, nachdem er seine Frau mit dem Baby sitzen gelassen hatte, kurz vor einem Scheidungsskandal stand.

Selbst Sarah konnte nicht mehr länger zu ihm halten und vertraute einer Freundin an, dass sie allen Ernstes glaubte, dass Paul »vom Teufel besessen« sei.

Jeanette und all der Ärger, der auf die Ehe mit ihr gefolgt war, kurierten Paul jedoch nicht von etwas, das er später als »Heiratsfieber« bezeichnete. Wie bei einem Alkoholiker auf Sauftour war seine Begeisterung für den Ehestand größer als je zuvor. Die Wahrheit war, dass er es liebte zu heiraten, aber die Ehe hasste. Heiraten war aufregend und romantisch, die Ehe dagegen brachte Verpflichtungen und die Einschränkungen eines Familienlebens mit sich, und er hatte sich vor Verpflichtungen und Einschränkungen schon beinahe sein ganzes Leben lang erfolgreich gedrückt. Doch keine dieser Überlegungen hinderte ihn daran, sich noch einmal fest zu verstricken – und das sogar noch, ehe die Verstrickung mit Jeanette rechtskräftig gelöst war.

Anfang 1926 befand er sich mit seinem roten Duesenberg wieder in Mexiko auf einer aufregenden Jagd nach Öllizenzen im Golf von Mexiko und studierte Spanisch an der Universität von Mexiko City, wenn er Zeit fand.

An der Universität lernte er zwei hübsche Studentinnen kennen, Belene und Allene Ashby, die Töchter eines Ranchbesitzers aus Texas, und fing, amourös wie eh und je, mit beiden eine Liebesaffäre an. Belene war zwar hübscher, aber Allene war erst siebzehn, und der Gelegenheit, wieder eine solche Kindfrau zu heiraten, konnte Paul Getty nicht widerstehen.

Im Oktober desselben Jahres fuhren er und Allene Ashby also in seinem Duesenberg nach Cuernavaca, um dort zu heiraten. Er scheint in seiner Begeisterung vergessen zu haben, dass er sich, da seine Scheidung von Jeanette noch nicht rechtskräftig war, nicht nur in eine neue Ehe hineingestürzt, sondern auch der Bigamie schuldig gemacht hatte.

In Mexiko wurde dies jedoch nicht weiter erwähnt, und es schien auch niemand bemerkt zu haben. Ganz im Gegensatz zu ihrer Vorgängerin vermied Allene es nicht nur, schwanger zu werden, sie entschied sich außerdem auch bald dagegen, Mrs. J. Paul Getty zu sein. Paul hatte selbst kalte Füße bekommen, und so trennten sie sich schnell, schmerzlos und ziemlich freundschaftlich voneinander.

Doch Paul war inzwischen zu bekannt geworden, als dass er unbemerkt hätte heiraten können – nicht einmal in Cuernavaca in Mexiko. Irgendwie drang die Nachricht bis in den South Kingsley Drive durch, und Anfang Dezember desselben Jahres rief George Franklin Getty seinen Anwalt an.

Einer der Charakterzüge, die George Getty und Paul gemeinsam hatten, war ihre außerordentliche Fähigkeit, ihre Gefühle zu verbergen. Trotz seiner geschwächten Gesundheit hatte George es die ganze Zeit geschafft, seinen Ärger über das Benehmen seines Sohnes für sich zu behalten, und es schien so, als wäre die Harmonie in der Familie Getty wiederhergestellt, sogar so weit, dass es Paul so vorkam, als ob ihm vergeben worden wäre, nachdem er sich von Jeanette getrennt hatte.

Doch je schwächer seine Gesundheit wurde, desto mehr verhärteten sich Georges religiöse Überzeugungen. 1913 war er aus der Dritten Kirche der Christlichen Wissenschaft in Los Angeles ausgetreten und hatte sich der weltweiten Organisation der Mutterkirche der Christlichen Wissenschaft in Boston, Massachusetts, angeschlossen. Die Krankheit hatte offensichtlich dafür gesorgt, dass er die Lehren seiner Kirche ernster nahm als je zuvor, denn in diesem Herbst schrieb er sich als Student der Christlichen Wissenschaften ein und nahm an einem zweiwöchigen Einführungsseminar über die Botschaft der Gründerin der Christlichen Wissenschaft, Mrs. Mary Baker

Eddy, teil. George musste feststellen, dass zu den Lehren dieser furchterregenden Dame auch die schärfstmögliche Verurteilung des Verhaltens seines Sohnes gehörte.

»Untreue dem Bund der Ehe gegenüber ist die Geißel unserer Gesellschaft«, schrieb Mrs. Baker Eddy. »Sie ist die Pestilenz, die in der Dunkelheit umgeht, die Zerstörung, die im Licht des Mittags alles verdirbt.«

»Das Gebot, du sollst nicht ehebrechen«, fügte sie hinzu, »ist nicht weniger zwingend als *du sollst nicht töten*«.

Starke Worte. Für den frommen Christlichen Wissenschaftler gab es keinen Weg um sie herum. Und George war vor Kurzem ein noch ergebenerer Gläubiger geworden.

Er muss diese Gefühle jedoch für sich behalten und sie nur seinem Anwalt anvertraut haben. Vor allem kritisierte er Paul nicht öffentlich, und das Jahr 1927 begann für die Gettys scheinbar in familiärer Einigkeit, sodass Paul und seine Eltern gemeinsam zu einer Reise auf den Kontinent Europa aufbrachen.

Auch 1927 war es schon ungewöhnlich für einen bereits zweimal verheirateten Mann, der über fünfunddreißig Jahre alt war, mit beiden alternden Elternteilen eine ausgedehnte Urlaubsreise nach Europa zu machen, doch trotz all seiner Flirts war das Verhältnis zwischen Paul und ihnen so eng wie immer. Er war der pflichtbewusste, aufmerksame Sohn, der vor dem Krieg mit ihnen in den Urlaub gefahren war, und das seltsame Trio scheint sich amüsiert zu haben.

Sie besuchten Rom, reisten dann weiter in die Schweiz und nach Paris – sie übernachteten sogar treu im Hôtel Continentale. Wie gewöhnlich freute Sarah sich darüber, wieder in Europa zu sein, aber Georges angeschlagene Gesundheit hat sie anscheinend dazu gezwungen, früher als geplant die Rückreise auf einem Liniendampfer anzutreten.

Da er selbst es nicht eilig hatte, nach Hause zurückzukehren, brachte Paul sie zum Hafen, mietete sich dann eine Wohnung in der Nähe des Eiffelturms und blieb vorerst in Paris. Der liebevolle Sohn hatte seine Aufgabe erledigt. Der kultivierte Genussmensch konnte übernehmen.

Man kann sich die Erleichterung vorstellen, mit der er Europa von Neuem genoss, jetzt, da er frei war zu reisen, es sich gut gehen zu lassen und jeder Liebesaffäre nachzugehen, wie es ihm gefiel. Dies wurde zu seiner bevorzugten Form der körperlichen Ertüchtigung und der Entspannung, und von Paris aus setzte er seine Reise nach Berlin fort, wo das Nachtleben ihm besonders gut gefiel. Er hatte angefangen, Deutsch zu lernen, und es gab nicht wenige schöne Frauen, die dazu bereit waren, dem reichen Ausländer mit ihrer Muttersprache behilflich zu sein. Doch die Geschäfte verlangten, dass er nach Kalifornien zurückkehrte. Sein Vater kam in der Firma nicht mehr alleine zurecht, und Paul wurde gebraucht, um die Probleme zu lösen und die Produktion auf den verschiedenen Liegenschaften der Gettys in Kalifornien in Schwung zu bringen. Es war eine anspruchsvolle Aufgabe, und George räumte das im Prinzip auch ein, indem er ihm ein Drittel des Kapitals der George Getty Incorporated für eine Million Dollar anbot. Es wirkt vielleicht seltsam, dass ein Vater seinem Sohn einen Teil einer Firma verkaufen will, die dieser ohnehin einmal erben sollte, aber es gab zweifellos Steuervorteile bei einem Verkauf. Paul schien dieses Arrangement jedenfalls nichts auszumachen, vor allem weil George ihm gestattete, ein Viertel des Preises in bar zu bezahlen und den Rest in Schuldscheinen.

Da er so viel zu tun hatte, dauerte es bis in den Frühsommer hinein, ehe Paul wieder nach Europa fliehen konnte. Sein erstes Ziel waren die Olympischen Spiele 1928 in Amsterdam, wo er zusah, wie der finnische Mittelstreckenläufer Nurmi einen neuen olympischen Rekord über 10 000 Meter aufstellte. Dann war es Zeit für ganz andere Spiele.

Paul hatte Wien immer gemocht, aber jetzt erkannte er die Stadt von vor dem Krieg kaum noch wieder. Doch auch wenn der alte Wohlstand zerstört war, beruhigte es ihn, als er feststellte, dass zumindest im Grand Hotel »die Bedienung, das Essen, der Wein und das Mobiliar nach wie vor so ausgezeichnet waren, wie sie vor dem Krieg gewesen waren«. Er hatte gerade damit angefangen, das alles voll auszukosten, als er einen neuen, ziemlich schweren Anfall von Heiratsfieber bekam.

Wieder war es eine Siebzehnjährige – eine auffallend hübsche blauäugige Blondine diesmal –, und er sah sie beim Abendessen im Hotelrestaurant mit einem älteren Ehepaar. Gleich danach versuchte er sein Glück und schickte ihr eine Einladung, mit ihm zwei Tage später zu Abend zu essen. Da sie jung und dumm war, nahm sie seine Einladung an.

Er musste schnell feststellen, dass die junge Frau nicht so leicht zu haben war, wie er erwartet hatte. Sie war ein Schulmädchen, das gerade erst aus einem norddeutschen Kloster gekommen war und ihren Urlaub mit ihren Eltern und einer Freundin in Wien verbrachte. Ihr Vater, der Herr Dr. Otto Helmle, war der reiche und mächtige Chef des Industriekonzerns Badenwerk in Karlsruhe. Sie hieß Adolphine – aber alle nannten sie Fini.

Paul war jetzt sechsunddreißig, und nach den vielen Jahren, in denen er seine Methode, mit der er junge Mädchen umwarb, perfektioniert hatte, stellte er fest, dass sie noch immer genauso gut funktionierte. Er gab sich keine Mühe, sein Alter zu verbergen, sondern spielte stattdessen den kultivierten, mitfühlenden, älteren Mann. Und er sprach Deutsch mit einem Akzent, der sie amüsierte.

Fini war fasziniert von ihm. Ihr Bewunderer war, was sein Alter betraf, ihrem Vater näher als ihr, aber er war so viel höflicher und kultivierter als alle jungen Männer, die sie bis dahin kennengelernt hatte. Da er so amüsant und so aufmerksam war, konnte sie kaum Nein sagen, als er sie bat, sie erneut treffen zu dürfen. Er war hartnäckig – und bald darauf konnte sie zu anderen Dingen auch kaum Nein sagen. Sie wurden ein Liebespaar, und als sie nach Karlsruhe zurückkehrte, folgte er ihr. Als er anfing, von einer Hochzeit zu reden, bestand sie darauf, dass er das mit ihrem Vater besprach – und in Finis Vater fand Paul Getty einen ernsthaften Gegner.

Dr. Helmle war ein aufrechter, altmodischer deutscher Katholik, der seine Familie liebte und alle bürgerlichen Tugenden verkörperte, und es scheint, dass er augenblicklich etwas gegen Paul hatte – und umgekehrt. Als er diesem geschiedenen Amerikaner gegenüberstand, der offensichtlich seine geliebte Fini verhext hatte, verweigerte der Herr Doktor entrüstet seine Erlaubnis zu ihrer Hochzeit – und von diesem Zeitpunkt an wurde die Romanze von einer Liebesaffäre zwischen Paul und Fini zu einer geistigen Auseinandersetzung zwischen Paul und Dr. Helmle.

Wie es seine Natur war, setzte Paul sich in den Kopf, den Kampf zu gewinnen – und es gelang ihm schließlich, indem er die verliebte Fini dazu überredete, die Wünsche ihres Vaters zu missachten und mit ihm nach Kuba durchzubrennen. Um den guten Ruf ihrer Tochter zu retten, begleitete Frau Helmle sie, und Paul und Fini heirateten ordnungsgemäß im Dezember 1928, ein paar Tage nachdem seine Scheidung von Allene Ashby rechtmäßig geworden war. Von Kuba aus fuhren sie weiter nach Los Angeles, wo Paul seine neueste Ehefrau George und Sarah vorstellte.

In der Hoffnung, dass Paul jetzt endlich sesshaft werden würde, empfingen sie Fini mit offenen Armen und freuten sich darüber, dass sie eine nahe gelegene Wohnung bezogen. Aber genau wie bei Jeanette fand Paul die Realität des Ehelebens abstoßend, sobald seine Frau schwanger war. Er blieb immer häufiger weg, und sie war unglücklich und einsam. Schon bald kam die morgendliche Übelkeit dazu, dann das Heimweh. Als ihre Eltern ihr in einem Brief vorschlugen, sie solle nach Deutschland zurückkehren, um das Baby dort zu bekommen, unternahm Paul nichts, um sie von dieser Reise abzuhalten. Er wollte aber auch nicht mitkommen.

Stattdessen bestand er darauf, nach New York zu fahren, und erlebte dort 1929 den Wall-Street-Crash aus erster Hand mit. Dieses Erlebnis hinterließ einen tiefen Eindruck bei ihm, weil er es als Totenglocke einer ganzen Ära des Finanzwesens betrachtete. Er machte sich auf den Weg nach Deutschland und grübelte dabei über die Zukunft nach. Er kam gerade noch rechtzeitig in Berlin an, um bei Fini zu sein, als sie ihr Baby bekam. Anfangs war er liebevoll ihr gegenüber, und es sah so aus, als könnte diese Ehe Bestand haben. Sie gaben ihrem Kind den Namen Ronald, und Paul schien einige Tage lang begeistert von der Aussicht, einen zweiten Sohn zu haben.

Seine Begeisterung hielt jedoch nicht lange an. Fini wollte das Kind mitnehmen und ihre Eltern zu Hause in Karlsruhe besuchen. Paul weigerte sich, sie zu begleiten – und damit war ihre Ehe im Grunde genommen zu Ende.

Dr. Helmle stürzte sich nämlich wieder ins Kampfgetümmel, indem er darauf bestand, dass seine Tochter in Karlsruhe blieb und die Scheidung einreichte. Paul hatte nichts dagegen, weil er in einem Berliner Ballhaus ein hübsches Mädchen kennengelernt und sie zu sich in seine Wohnung geholt hatte. Dr. Helmle erwies sich als ebenso kompromisslos wie sein Schwiegersohn und stellte mithilfe eines der besten Scheidungsanwälte bald hohe Schadensersatzforderungen für seine Tochter.

Zu diesem Zeitpunkt entschied Paul, dass es klüger war, seine Ehe zu retten. Es gab tatsächlich ein Wiedersehen mit Fini in Montreux, doch noch während sie versuchten, ihrer Ehe neues Leben einzuhauchen, erhielt er am 22. April eine Nachricht, die ihn eilig nach Kalifornien zurückkehren ließ. George hatte einen zweiten Schlaganfall erlitten und lag im Sterben.

Es dauerte ganze neun Tage, bis Paul mit dem Zug und dem Atlantikdampfer im South Kingsley Drive ankam. Bei seiner

Ankunft war sein Vater gerade noch am Leben, aber seine taube Mutter war so verzweifelt, dass sie nur imstande war, schriftlich mit ihm zu kommunizieren. Als frommer Christlicher Wissenschaftler weigerte George sich, einen Arzt zurate zu ziehen, und sein Totenbett war in einem erbärmlichen Zustand. Dieses Leiden zumindest konnte Paul lindern. Er beruhigte seine Mutter, bestand darauf, einen Arzt kommen zu lassen, und saß dann dreißig Tage lang Wache am Bett des kranken Mannes.

George starb am 31. Mai 1930 mit Paul und Sarah an seiner Seite. Alle beide wurden von ihrer Trauer überwältigt. Es war, wie Paul schrieb, »der schwerste Schlag, der größte Verlust, den ich in meinem ganzen Leben erlebt hatte«. Aber es sollte noch schlimmer kommen. Am nächsten Tag bei der Testamentseröffnung musste Paul feststellen, dass sein Vater sein Vermögen nicht ihm hinterlassen hatte, sondern seiner Mutter Sarah.

Die Verfügungsgewalt über die wichtigen Beteiligungen von Getty Oil ging auf die Testamentsvollstrecker über. Pauls Sohn, der dreijährige George F. Getty II., bekam 350 000 Dollar. Und auch wenn Paul mit lachhaften 250 000 Dollar »bedacht« wurde, hatte sein Vater ihn praktisch enterbt.

5. KAPITEL

GETTYS GEHEIMNIS

Wie von einem Mann zu erwarten, der sein Leben damit verbracht hat, sich die undurchdringliche Miene eines chinesischen Pokerspielers anzueignen, ließ Paul sich äußerlich nichts von seinem Unglück anmerken. Deshalb blieb es immer ein Geheimnis, wie er tatsächlich über die Art und Weise empfand, mit der sein Vater ihn behandelt hatte.

Nach außen hin gab er sich vollkommen unbeeindruckt, er benahm sich beinahe so, als hätte es dieses Testament nie gegeben. Er stand seinen beiden Elternteilen so nahe, wie hätte sich also jetzt etwas daran ändern sollen? Sein geliebter Papa hatte ihn geliebt, und Paul hatte ihn ebenfalls geliebt. Darauf kam es an, und das sollte sich auch nicht ändern.

Zwei Tage nach Georges Tod schrieb Paul einen hingebungsvollen Brief an die Presse, in dem er die Tugenden seines Vaters lobte. »Seine liebevolle Freundlichkeit und sein großes Herz zusammen mit der charmanten Einfachheit seines Benehmens machten George F. Getty zu einem Vorbild für alle, die ihn kannten. Seine geistigen Fähigkeiten waren bis zuletzt herausragend. Ich, sein Sohn und Nachfolger, kann nur nach bestem Wissen und Gewissen versuchen, die Arbeit eines fähigeren Mannes, als ich es bin, fortzusetzen.«

Es gibt keinen Grund, an der Aufrichtigkeit zu zweifeln, mit der er dies geschrieben hat. Vierzig Jahre später sollte er noch immer andächtig darauf bestehen, dass »die Liebe, der Respekt und die Bewunderung, die ich für meinen Vater empfunden habe, grenzenlos waren. Sein Tod war ein Schlag, der mit den Jahren, die inzwischen vergangen sind, nur betäubt wurde«. Aber dieser »Schlag« war ernster als einfache Trauer um einen geliebten Menschen. Das Testament hatte ihm eine schmerzhafte wirtschaftliche Verletzung zugefügt – und es war ein schwerer Rückschlag für seinen persönlichen Ehrgeiz.

Noch dazu kam es völlig überraschend. Bis zu dem Augenblick, in dem das Testament verlesen wurde, hatte Paul sich als den naturgemäßen Nachfolger seines Vaters betrachtet – und das aus gutem Grund. Jahrelang hatte er dazu beigetragen, dass das Familienunternehmen immer reicher wurde. Er hatte den Anstoß zu einigen ihrer erfolgreichsten Unternehmungen gegeben, und schon bevor er sein Drittel ihres Kapitals für eine Million Dollar gekauft hatte, hatte er zugelassen, dass Geld, das eigentlich ihm gehört hätte, in die George Getty Incorporated zurückgepumpt worden war. Er muss fest damit gerechnet haben, dass ihm das alles eines Tages gehören würde.

Auf diese Weise hatte George F. Getty seinem Sohn eine schwere Strafe auferlegt – und ganz gleich, wie gelassen er in der Öffentlichkeit wirkte, es lag nicht in Pauls Charakter, eine Strafe einfach so hinzunehmen, egal, von wem.

Er war vielmehr zutiefst verärgert über die Art und Weise, wie er behandelt worden war. Viele Jahre später erzählte Gettys damaliger Buchhalter, der ihm zu dieser Zeit nahestand, seinem Biografen Ralph Hewins, dass »Paul sich, nachdem sein Vater gestorben war, betrogen und verletzt gefühlt und seitdem einen Schutzschild um sich herum aufgebaut« habe. Claus von Bülow, der später Gettys persönlicher Assistent wurde, hat sich ähnlich geäußert. Er nimmt an, dass Getty den Rest seines Lebens nach Georges Tod damit verbracht hat, sich gegen das Urteil seines Vaters zur Wehr zu setzen. »Sein Vater sollte seine

Worte bereuen. Und wenn das deine Einstellung ist«, fügte er hinzu,»wird sie zur Besessenheit«.

Aber wenn Getty unter dieser tiefen Besessenheit litt, warum hat er dann immer wieder gesagt, wie sehr er seinen Vater geliebt hat?

In den Tagen direkt nach Georges Tod musste sich Paul offensichtlich damit auseinandersetzen, dass er niemals öffentlich zugeben konnte, dass sein Vater mehr getan hatte, als ihn einfach nur zu enterben.

In all diesen Jahren voller Affären und Pauls gescheiterter Ehen hatten Vater und Sohn es sorgfältig vermieden, dass es zum Streit über das allersensibelste Thema kam – Pauls eklatante»Immoralität«. Doch plötzlich war es mit der Heuchelei vorbei. In seinem Testament hatte George schließlich getan, was er von Angesicht zu Angesicht nicht gewagt hatte – seinen Sohn mit den schärfsten Mitteln, die ihm zur Verfügung standen, zu verurteilen. Mrs. Baker Eddy hatte Unkeuschheit und den Bruch eines Ehebundes mit Mord gleichgesetzt. Nun, indem er seinen einzigen Sohn und Nachkommen enterbte, wies George ihn ebenso streng zurück, wie er es vielleicht mit einem Mörder getan hätte.

Für Paul richtete sich diese Zurückweisung gegen das Fundament des wundervoll verführerischen Lebenswandels, den er seit seinem zwanzigsten Lebensjahr ständig weiter perfektioniert hatte. Mithilfe seines eigenen frühzeitig erworbenen Vermögens war es ihm gelungen, ein verwöhntes Kind zu bleiben, das immun gegen Kritik und elterlichen Druck war. In seiner Rolle als verwöhnter einziger Sohn konnte er sich sicher sein, dass er – egal, wie er sich benahm – immer auf die Zuneigung und Nachsicht seiner Eltern zählen durfte. Doch damit war es jetzt vorbei. Indem George ihn enterbt hatte, hatte er klargemacht, dass er ihm nicht verziehen hatte – das stellte Paul vor ein ernstes Dilemma.

Gleichgültigkeit hätte die logische Reaktion für ihn sein können. George war tot, Paul war noch relativ jung und außerordentlich reich, und er konnte sein Leben genau so führen, wie er wollte. Warum sollte er sich über die Meinung seines verstorbenen Vaters den Kopf zerbrechen? Von jemandem, der so kalt und rücksichtslos wirkte, hätte man so etwas erwarten können – aber es kam anders. George würde immer viel zu viel für Paul bedeuten, um ihn zu vergessen. Sein »liebster Papa« sollte für immer sein Gewissen bleiben.

Damit eröffnete sich für Paul nun eine weitere Möglichkeit: Er musste tun, was sein Vater ganz offensichtlich von ihm erwartet hatte – alles bereuen, Läuterung suchen und sich für ein gottesfürchtiges, moralisches Leben wie das von George und Sarah entscheiden. Doch das war genauso unmöglich. Paul ging auf die vierzig zu und war somit bei Weitem zu alt, um die harmlosen Vergnügungen aufzugeben, die sein Leben seit zwanzig Jahren lebenswert machten.

Es gab jedoch noch eine dritte Lösung. Wenn er das Urteil seines Vaters aufheben und dafür sorgen konnte, dass der posthum »seine Worte bereute«, waren seine Probleme gelöst. Er wäre befreit und könnte so weiterleben, wie er wollte, reisen, wie er es früher getan hatte, sich an seinen Frauen erfreuen, seine Ehefrauen und seine Kinder so behandeln, wie es ihm passte, und sich weiterhin weigern, sich irgendwo niederzulassen.

Der einzige Weg, um das zu erreichen, war, ein so großes Vermögen zu machen, dass er damit Georges offensichtliche Überzeugung außer Kraft setzen würde, dass seine mangelnde Moral ihn unfähig machte, die Geschäfte von George Getty Incorporated zu führen. Für einen Puritaner wie George F. Getty waren Gottesfurcht und Kreditwürdigkeit eng miteinander verbunden, so, wie es ein Zeichen von Tugendhaftigkeit war, wenn man viel Geld verdiente. Also konnte Paul sich selbst erlösen, indem er einen finanziellen Sieg errang – hierin lag der

Ursprung der fortdauernden Besessenheit, die von Bülow dreißig Jahre später bemerken sollte. Von nun an war es diese Besessenheit, die ihn antrieb, bis es ihm schließlich gelang, das größte
Vermögen von ganz Amerika anzuhäufen.

Hier zeigt sich noch einmal die Einzigartigkeit von Paul Getty,
sowohl als Geschäftsmann als auch als Mensch. Ganz gleich,
nach welchen Maßstäben man ihn beurteilte, er war so etwas
wie ein Sonderling, eine abschreckende Kombination, ein unermüdlich gewinnsüchtiger, genialer Geschäftsmann mit der
emotionalen Entwicklung eines sexbesessenen Halbwüchsigen.
Von nun an lief der Geschäftsmann in ihm auf Hochtouren.
Er versuchte ständig, die Geldreserven zu vermehren, die dem
Halbwüchsigen in ihm vor seinen Eltern als Rechtfertigung
dienten. Als Geschäftsmann verfügte er über außerordentliche
Fähigkeiten – Originalität, Willensstärke und eine an Besessenheit grenzende Detailverliebtheit.

Jetzt, da er alle diese Fähigkeiten gnadenlos auf das Ziel ausgerichtet hatte, das vor ihm lag, begann er tatsächlich damit,
seine eigenen Ausgaben streng unter Kontrolle zu halten. Er war
niemals besonders großzügig sich selbst gegenüber gewesen –
anderen gegenüber noch weniger –, aber nun hatte jede noch
so kleine Knauserigkeit eine tiefere Bedeutung bekommen: Sie
sollte, ganz gleich wie wenig, zur über alle Maßen wichtigen
Masse seines Vermögens beitragen und sein geisterhaftes Gewissen schweigend darüber informieren, dass er nicht der un-
moralische Verschwender war, den sein Vater verstoßen hatte.

In diesem Sinne wurden alle Entscheidungen über persönliche Anschaffungen von nun an streng profitorientiert getroffen. Als guter Puritaner war George F. Getty hingebungsvoll
darin gewesen, seine eigenen Bedürfnisse zurückzustellen; und
nun machte Paul sich daran, ihn auch hierin zu übertreffen. Er
sollte sich selbst keinerlei Luxus mehr erlauben, wenn es darum ging, eine Unterkunft zu finden, ein Kunstwerk zu kaufen,

nicht einmal bei einem Möbelstück, wenn er sich nicht selbst davon überzeugen konnte, dass dessen Wert in Zukunft steigen würde.

Das Ergebnis war sein merkwürdig streng dem wirtschaftlichen Erfolg gewidmetes Leben, in dem alles einem einzigen übergeordneten Zweck diente: der Anhäufung von immer größeren Mengen an Kapital. Denn dann, und nur dann, konnte er es dem Halbwüchsigen in sich gestatten, so weiterzumachen, wie er es vor Papas Ableben getan hatte – jungen Mädchen nachsteigen, sich weigern, als Ehemann oder Vater wirkliche Verantwortung zu übernehmen, immer auf dem Sprung und immer bereit zu glauben, dass er sich auf die Liebe seiner Eltern verlassen konnte.

Paul Gettys System war nicht gerade als Rezept für Lebensglück geeignet, aber soweit es seine Geschäfte betraf, war seine seltsam verdrehte Psyche eine echte Quelle der Kraft, die ihn schon bald erfolgreicher als die Reihen glücklicher anderer enorm erfolgreicher Multimillionäre machte. Denn ab einem gewissen Punkt müssen sich alle Menschen, die ein großes Vermögen gemacht haben, mit dem Problem auseinandersetzen, wie sie ihre Motivation aufrechterhalten sollen. Warum weitermachen? Warum sich Mühe geben, noch mehr Geld zu verdienen, wenn man bereits alle impressionistischen Gemälde, alle Privatjets und alle Anwesen an der Park Lane besitzt, mit denen man leben kann?

Es kommt unweigerlich der Zeitpunkt, an dem selbst der ehrgeizigste Erwerber von Reichtum einen Grund von außerhalb braucht, wenn er weitermachen soll – politische Macht kaufen, eine Kunstsammlung aufbauen, einen großen Familiensitz bauen oder sogar, falls alles das nichts nützt, das Geld für wohltätige Zwecke verwenden.

Als scharfer Kritiker der Gesellschaft hat Thorstein Veblen in seinem Klassiker *Theorie der feinen Leute* einen Begriff geprägt, mit dem sich die Art und Weise beschreiben lässt, wie die großen amerikanischen Neureichen des 19. Jahrhunderts wie die Vanderbilts oder die Rockefellers früher im gegenseitigen Wettstreit ihr Übermaß an Wohlstand zur Schau gestellt haben. Er nennt dies »Geltungskonsum«: riesige Anwesen auf Rhode Island erbauen, die meist leer stehen, riesengroße Abendgesellschaften geben, wie sie nur die widerlich Reichen veranstalten können. Getrieben von diesem Luxuswettbewerb kamen sie manchmal an einen Punkt, den Veblen als »demonstrative Verschwendung« bezeichnet – sehr große Summen aufwenden, die keinem anderen Zweck dienen, als ihre Rivalen in diesem Krieg sinnloser Prachtentfaltung auszustechen.

Solche Schwierigkeiten hatte Paul Getty nie. Er interessierte sich nicht für die Außenwelt, denn er hatte das perfekte System besessener Motivation bereits eingebaut. Geld wurde ihm einfach nie langweilig – je mehr er davon hatte, desto tiefer wurde seine Befriedigung darüber. Er hätte den Gedanken an Geltungskonsum von vornherein als undenkbar abgelehnt, demonstrative Verschwendung wäre ihm als ekelhafte Obszönität erschienen.

Er brauchte kein äußeres Drum und Dran als Beweis für seinen Erfolg. Ganz im Gegenteil, er schätzte seine Privatsphäre und die Ruhe, um sich dem einsamen Spiel zu widmen, das er spielte. Wie er keine anderen Menschen brauchte, damit sie ihn beneideten und bejubelten, so empfand er es nicht als seine Pflicht, irgendeinen Teil seines Gewinns mit den Massen zu teilen. Er war vollkommen von sich selbst besessen und autark. Alles, was er brauchte, um sicherzustellen, dass sein Vater »seine Worte bereute«, war Geld – und davon so viel wie möglich. Solange er immer noch mehr davon verdiente, konnte er sein Leben so weiterleben, wie er wollte. Solange er dafür sorgte, dass Papa weiter schwieg, würde sein Geld seinen wichtigsten Zweck erfüllen.

6. KAPITEL

EIN MÜTTERLICHER TRUST

Die Direktoren von George Getty Incorporated ernannten Paul zu ihrem Präsidenten. Sie glaubten offensichtlich, dass er als Minderheitenaktionär, der nur ein Drittel des Firmenkapitals besaß, ohnehin nicht die Macht hätte, wichtige Entscheidungen zu treffen. Dank des Testaments seines Vaters war der Chef des Unternehmens, der zwei Drittel des Kapitals hielt, achtzig Jahre alt, stocktaub, übergewichtig und einsam – seine Mutter Sarah.

Zum Glück für Paul liebte sie ihn von ganzem Herzen – und er setzte alles daran, ihre Liebe zu erhalten. Sie nannte ihn nach wie vor ihr »liebstes Kind«, so, wie er sie immer noch als seine »geliebte Mama« bezeichnete. Er hatte es sich zur Gewohnheit gemacht, sie zweimal, manchmal sogar dreimal die Woche in ihrem Haus am South Kingsley Drive zu besuchen und sie auszuführen. Sie konnte inzwischen kaum noch gehen. Es war ein Fahrstuhl eingebaut worden, damit sie in ihr Schlafzimmer kam, und sie musste sich auf zwei Dienstboten stützen, um zu seinem Cadillac zu gelangen. Manchmal fuhr er mit ihr durch die Ausläufer der Santa Monica Hills, aber am meisten Spaß machte es ihr, die Seelöwen zu füttern, die sich damals noch am Strand von Malibu sonnten.

Es muss ein seltsamer Anblick gewesen sein – Seelöwen, die am Wassersaum bellten, eine übergewichtige Witwe in Schwarz und ihr Sohn in einem sauberen Anzug, der den Tieren nach ihren Anweisungen Heringe zuwarf.

Doch ihre Unterhaltungen waren zweifellos noch viel merkwürdiger, denn die Seelöwen gaben Paul die ideale Gelegenheit, Einfluss auf seine Mutter zu nehmen und sie dazu zu überreden, ihre Entscheidungsbefugnisse in der Firma auf ihn zu übertragen.

Wahrscheinlich war die Versuchung für eine müde alte Dame groß, ihm einfach zuzustimmen. Sie verfügte schließlich über wenig Erfahrung im Geschäftsleben. Sie konnte kaum noch laufen und war sehr alt, und Paul entwickelte eine erstaunliche Überzeugungskraft, wenn es darum ging, dass er bekam, was er wollte.

Sarah war jedoch von Natur aus starrköpfig, und trotz aller guten Gründe, die Paul anführte, hielt etwas sie zurück. In erster Linie glaubte sie, dass Georges Wünsche respektiert werden sollten. Wenn er es für richtig gehalten hatte, sie mit dieser Verantwortung zu betrauen, war es ihre Pflicht, sie zu übernehmen. Zweitens kannte sie ihren Sohn. Sie liebte ihn von ganzem Herzen. Er war alles, was sie hatte, aber sie wusste auch, wie voreilig und verrückt er sein konnte, und in wirtschaftlich so gefährlichen Zeiten wie den frühen Dreißigerjahren konnte jede Unüberlegtheit ein Unternehmen wie die George Getty Incorporated in die Katastrophe führen.

Noch schlimmer, wenn sie ihn richtig verstand, bedeutete das, was Paul vorschlug, die völlige Umkehr von allem, wofür der liebe Papa gestanden hatte. Papa hatte die Firma aufgebaut, indem er Öl gefunden, die Abbaurechte gekauft und es dann gefördert hatte. Er war ein Ölmann, kein kluger Finanzjongleur, und er glaubte daran, dass man bei dem bleiben sollte, was die Firma am besten konnte. Er hatte sein Leben lang aufrichtige christliche Furcht vor Schulden. Sie konnte quasi hören, was er gesagt hätte: »Das Letzte, was man tut, ist Geld leihen. Das Erste ist immer, seine Schulden zurückzuzahlen.«

Über diesen Punkt gerieten Paul und sie wiederholt in Streit. Paul hatte es sich in den Kopf gesetzt zu expandieren, um die

81

Firma in alle Zweige der Ölindustrie hinein zu erweitern – Raffinerie, Vermarktung und schließlich die Errichtung eines Netzes von Tankstellen, die die Produkte von Getty landesweit verkaufen sollten. Wenn sie ihn fragte, woher sie das Geld dafür nehmen sollten, antwortete er, dass die Firma Kapitalreserven habe und dass er außerdem sofort bereit sei, sich noch etwas zu leihen, falls es nötig wurde. Er hatte sogar seinen eigenen Slogan entwickelt, den er immer aufs Neue wiederholte, wenn sie die Furcht seines Vaters vor Schulden erwähnte: »Kaufen, wenn alle anderen verkaufen, und halten, bis alle anderen kaufen wollen.«

Er war sogar davon überzeugt, dass der Wall-Street-Crash von 1929 gar keine unheilvolle Warnung gewesen war, sondern der George Getty Incorporated vielmehr die Gelegenheit ihres Lebens bot, indem er die wirtschaftliche Landschaft in der Ölindustrie verändert hatte. Da die Ölaktien an der New Yorker Börse im Wert abgestürzt waren, war es jetzt an der Zeit, zu kaufen und so mittels der unterbewerteten Aktien zu einem Spottpreis an Ölreserven zu gelangen.

Diese Strategie erschien Paul sinnvoller, als weiter selbst neue Ölfelder zu erschließen, wie er es in der Vergangenheit getan hatte. Außerdem bekam er so die einzigartige Gelegenheit, seinen Ehrgeiz zu befriedigen. Indem er sorgfältig Aktien von öffentlich notierten Ölgesellschaften aufkaufte, brachte er diese Firmen langsam unter seine Kontrolle. Einige von ihnen waren sehr verwundbar, und er hatte sich bereits eine Strategie für die Unternehmen zurechtgelegt, die ihn besonders interessierten. Es war Zeit zu handeln, ehe es mit den guten Geschäften wieder vorbei war.

Wenn er seiner Mutter diese Zusammenhänge erklärte, regte sie sich manchmal sehr auf, aber er wusste, was er tun musste, um sie zu beruhigen.

»Die Zeiten ändern sich, und wenn der liebe Papa jetzt hier wäre, dann würde er genau dasselbe tun«, sagte er zu ihr.

Am Ende stimmte Sarah ihm normalerweise zu – aber sie war nie vollkommen davon überzeugt, dass er recht hatte.

Während der nächsten drei Jahre verfolgte Paul seine Ankaufstrategie mit der Energie und dem Geschick eines Generals in der Schlacht, der es auf Plünderung abgesehen hat. Ängstlich darum bemüht zu beweisen, dass sein Vater unrecht hatte, wurde er zu einem geschickten Finanzfachmann. Er war geduldig, furchtlos und außergewöhnlich klug, aber hinter jeder Operation verbarg sich die Gründlichkeit, mit der er sich darauf vorbereitete. Alles war genau überprüft und durchdacht. Es wurde nichts dem Zufall überlassen.

Dennoch endete sein erstes großes Börsengeschäft in einer Katastrophe. Im September 1930 konnte er endlich die noch immer zögernde Sarah dazu überreden, dass sie einem Kredit bei der Security First National Bank für den Kauf von Aktien der Mexican Seaboard im Wert von drei Millionen Dollar zustimmte, einer kalifornischen Firma mit Abbaurechten in den ölreichen Kettleman Hills, die er für unterbewertet hielt.

Nach Abschluss dieses Geschäfts musste Paul in großer Eile nach Europa reisen und konnte deshalb nichts gegen die Panik ausrichten, die entstand, als die Aktie weiter fiel. Wenn er vor Ort gewesen wäre, hätte er seine Direktoren dazu gedrängt abzuwarten – wie sie es hätten tun sollen –, in seiner Abwesenheit bestand die Bank darauf, dass die Aktien verkauft wurden, damit die Firma den Kredit zurückzahlen konnte, ehe sie noch weiter sanken – auf diese Weise machte er fast eine Million Dollar Verlust.

Als er zurückkam, fand Paul die Atmosphäre in der Vorstandssitzung »eindeutig eisig«, wie er es formulierte, und fügte hinzu, dass zumindest Mutter »recht behalten hatte«.

Näher kam Paul einer echten Katastrophe nie. Es war eine ernüchternde Lektion, die ihn daran erinnerte, dass er alles verlieren würde, wenn er jetzt versagte und damit beweisen würde,

83

dass sein Vater recht gehabt hatte. Er hatte keine andere Wahl, er musste weitermachen, auch wenn das bedeutete, jeden Penny zu riskieren, den er besaß, und jeden Kredit aufzunehmen, den er bekommen konnte.

Wie üblich erhöhte er in diesem Augenblick den Einsatz, anstatt auf Nummer sicher zu gehen. Er nahm seine ganze Kraft und alles, was wer besaß, zusammen und bot auf Pacific Western, einen der größten Ölproduzenten Kaliforniens, dessen Aktien in den vorangegangenen zwölf Monaten von siebzehn auf drei Dollar gefallen waren.

Dieses Mal hatte er Erfolg. Ende 1931 war er so gut wie bankrott – aber er hatte Pacific Western unter seine Kontrolle gebracht. Seine Pläne waren aufgegangen, und der nächste Punkt in seinem Feldzug war Amerikas neuntgrößtes Ölunternehmen, die 200 Millionen Dollar schwere Tide Water Oil Company. Sie zu übernehmen war eine unheimliche Vorstellung für einen kleinen, unbekannten Außenseiter – er brauchte jedoch etwas hinreichend Großes, um sich vor seinem Vater zu rechtfertigen, selbst wenn es ihm einen Konflikt mit seiner Mutter einbrachte.

Am Anfang war sie noch nachgiebig, und er konnte das Ölfeld der George Getty Incorporated im San Joaquin Valley ohne größeren Widerstand für 4,5 Millionen Dollar verkaufen. Das sollte seine Kriegskasse sein, mit der er seinen weiteren Feldzug finanzieren wollte.

Im März 1932 waren die Aktien von Tide Water auf ein Rekordtief von zwei Dollar und fünfzig Cent pro Aktie abgesackt. Doch Paul wusste, dass übereilte Käufe den Aktienpreis in die Höhe treiben und die Geschäftsführung von Tide Water vor der Bedrohung warnen würden, die er für sie bedeutete. Jetzt war es an der Zeit, vorsichtig zu sein und anonym zu bleiben – Fähigkeiten, die er immer besessen hatte. Bis Ende März hatte Paul es irgendwie geschafft, einen erheblichen Anteil von Tide Water aufzukaufen, ohne dass irgendjemand in dem Unternehmen wusste, wer der Käufer war, oder sonst etwas Ungewöhnliches bemerkt hätte.

Während der Zeit nach dem Tod seines Vaters blieb Pauls finanzielle Situation eng mit seinem Privatleben verzahnt. Hätte er zusammen mit der Million Dollar im Mexican-Seaboard-Handel die Nerven verloren, hätte er stillschweigend zugeben müssen, dass sein Vater recht gehabt hatte, als er ihn enterbte. Doch da er so fest an seine Zukunft glaubte und da seine Pläne immer weiter heranreiften, brauchte er sich über Kritik an seiner fehlenden Moral aus dem Grab seines Vaters keine Sorgen zu machen.

Deshalb konnte Paul auch in der Zeit nach dem Tod seines Vaters sexuell so abenteuerlustig sein wie eh und je, und schließlich fing er sich einen neuen Anfall seines alten Leidens ein – Heiratsfieber.

Dieses Mal war der Grund dafür ein wenig älter als früher. Ann Rork hatte sich mit einundzwanzig, als Paul sich im Herbst 1930 mit ihr einließ, kaum verändert. Sie war noch immer die Kindfrau mit Grübchen, die sie fast acht Jahre zuvor mit vierzehn gewesen war, als Paul schon einmal versucht hatte, sie zu verführen. Sie muss ein ziemlich frühreifer Teenager gewesen sein, denn Paul war mit ihr damals in Bars und Nachtklubs gegangen – zumindest, bis er wütend von Sam Rork verjagt wurde, Anns äußerst eifersüchtigem Vater, dem Paul Gettys Ruf zu Ohren gekommen war.

Rork war ein Hollywood-Produzent der alten Garde, ein wenig berühmt als Entdecker von Clara Bow, dem Star des Stummfilms und Mutter aller »Vamps«. Er vergötterte seine scharfzüngige Tochter und förderte sie in ihrem Ehrgeiz, ein Star zu werden, indem er ihr die jugendliche Hauptrolle in *The Blonde Saint* gab, einem romantischen Drama, das man getrost vergessen kann, an der Seite von Gilbert Roland, dem Idol der Vormittagsvorstellung. Doch 1930 war Rork, den die

Große Depression schwer getroffen hatte, wesentlich zugänglicher, als der Multimillionär, der seine Tochter bewunderte, wieder damit begann, sie anzurufen – obwohl der inzwischen siebenunddreißig war und drei gescheiterte Ehen hinter sich hatte.

Paul musste ihre Romanze im Herbst 1930 beenden und so schnell es ging nach Deutschland fahren, um sich am Scheidungskrieg von Fini zu beteiligen. Die Anwälte ihres Vaters in Berlin versuchten noch immer, Schadensersatzzahlungen herauszuholen, und so war Paul entschlossen, persönlich vor Gericht auszusagen, doch sein Erscheinen machte so gut wie keinen Unterschied. Helmle gestaltete die ganze Sache so schwierig wie möglich. Seine Detektive präsentierten neue Beweismittel dafür, dass in Pauls Zeit in Berlin eine andere Frau mit ihm zusammengelebt hatte, und da es nicht zu der Regelung kam, die er wünschte, wollte Dr. Helmle die Verhandlungen so lange hinauszögern, bis Paul sich einverstanden erklärte. Da Paul gar nicht daran dachte, sich einverstanden zu erklären, konnte er nicht anders und musste nach Amerika zurückkehren, obwohl er noch immer an Fini als seine Ehefrau gebunden war.

Also musste eine Ehe mit der dunkeläugigen Ann Rork mit dem Kindergesicht noch warten. Das schien allerdings niemandem wirklich etwas auszumachen. Ann war ihrem reichen Beschützer dankbar, und da er beteuerte, dass er sie liebte, war sie absolut bereit zu warten.

Im August 1931 zog Paul mit ihr in ein Apartment im Plaza in New York, sagte ihr, dass er sie gern heiraten wollte, und fragte sie, ob sie seine Gefühle erwiderte. Als sie nickte, sagte er:»Schön. Dann heiraten wir hier. Wir lieben uns ja, deshalb brauchen wir niemand anderen und auch keine Lizenz oder eine Zeremonie.«

Es scheint so, als ob die Sache damit erledigt war. Viele Jahre später hat Ann seinem Biografen Robert Lenzner erzählt:»Ich habe Paul wirklich für Gott gehalten. Es war so beeindruckend, was er alles wusste. Er war«, fügte sie hinzu, »mein erster Liebhaber, und was das anging, war er sehr rücksichtsvoll. Er hat mir alles beigebracht. Und ich hoffe, dass ich ihn befriedigen konnte.«

Es hat den Anschein, dass sie es gekonnt hat, denn in den nächsten Monaten sah man sie häufig gemeinsam, erst in Deutschland und im Frühjahr 1932 in Paris, wo sie in Pauls alter Junggesellenwohnung in der Nähe des Eiffelturms wohnten. Aber sobald Ann feststellte, dass sie schwanger war, war es mit der Idylle vorbei, und er benahm sich wie immer, wenn es so aussah, als sollte er eine Familie haben.

Vier Jahre später wurde in Anns Aussage vor dem Scheidungsgericht die gleiche Liste von Klagen festgehalten, die alle seine anderen Ehefrauen zuvor schon zu Protokoll gegeben hatten – Vernachlässigung, Misshandlung und die Gelegenheiten, zu denen er sie allein gelassen hatte, um mit anderen Frauen auszugehen. Sie behauptete, dass sie manchmal so unglücklich war, dass sie sogar versucht hatte, sich das Leben zu nehmen, indem sie Jod schluckte – damit verbrannte sie sich zwar den Rachen, richtete aber keinen anderweitigen Schaden an.

Da diese beiden unglücklichen Liebenden noch immer nicht verheiratet waren – außer vor den Augen von Paul Gettys ganz privater Gottheit –, wäre ihre Beziehung womöglich hier und jetzt beendet gewesen, wenn sie nicht mit seinem Kind schwanger gewesen wäre. Denn genau wie bei seinen anderen Kindern, George und Ronald, hatte Paul, der Familie hasste, einen abergläubischen Sinn für die Bedeutung seiner Nachkommen. Das bedeutete allerdings nicht, dass er so etwas wie väterliche Gefühle entwickelt hätte oder ein instinktives Bedürfnis, seine Kinder in seiner Nähe zu haben – ganz im Gegenteil.

Bei einem Besuch in San Simeon hatte William Randolph Hearst ihm einen Vortrag darüber gehalten, dass es seine Verantwortung sei, mehrere Erben zu zeugen, um eine Dynastie

zu errichten. Die Vorstellung von einer Dynastie gefiel Paul,
Hearsts Worte haben offenbar bleibenden Eindruck bei ihm
hinterlassen.

Mit Ann gab es trotzdem Probleme. Ein Erbe musste ehelich
geboren sein, und auch wenn er durchaus dazu bereit war, sie
zu heiraten, war er noch immer rechtlich an Fini gebunden, und
er wurde langsam zu alt für einen weiteren Fall von Bigamie.
Als der Sommer zu Ende ging, waren Paul und Ann im Urlaub in Italien, sie hochschwanger und er zwanghaft untreu. In
Rom frequentierte er die Nachtklubs, und in Neapel schleppte
er Ann, obwohl sie keuchte und protestierte, zum Kraterrand
des Vesuvs hinauf. Dann ging es mit dem Schiff zurück nach
Genua. Sie waren noch immer auf See, als Ann am 7. September den dritten Sohn für ihren Liebhaber gebar. Das Kind war
eine Frühgeburt, extrem klein, und als das Schiff den Hafen
von La Spezia erreichte, wurde es auf den Namen Eugene Paul
Getty registriert.

Paul und Ann kehrten nach Kalifornien zurück und zogen in
eine Wohnung in den Hügeln von Santa Monica. Anfangs
fürchtete Paul sich noch davor, Ann seiner Mutter als seine
Ehefrau vorzustellen – zum Teil, weil sie es in Wirklichkeit
nicht war, und zum Teil, weil Fini der Liebling von Sarah war.
Pauls Scheidung von Fini wurde erst im August desselben Jahres rechtskräftig – mit einer hohen Schadensersatzzahlung –,
und Fini bekam das Sorgerecht für den zweijährigen Ronald,
der die nächsten Jahre mit ihr zusammen in der Schweiz verbringen sollte. Paul war sehr aufgebracht über die, wie er
meinte, schwere Ungerechtigkeit und fürchterliche Verschwendung von Geld. Und soweit es Dr. Helmle betraf, würde er ihm
niemals vergeben – und schon gar nicht vergessen, was geschehen war.

Doch es bedeutete immerhin auch, dass er und Ann ihr Kind
durch eine Eheschließung legitimieren konnten – was sie im

88

Dezember 1932 in Pauls Lieblingshochzeitsnest Cuernavaca taten. Es bedeutete außerdem, dass Ann endlich seine Mutter kennenlernen durfte. Es ist vielleicht verständlich, dass die beiden Frauen einander nie besonders gut leiden konnten, und Ann machte in späteren Jahren Sarah für den Bruch ihrer Ehe verantwortlich. In der Zwischenzeit hatte Paul etwas gemacht, das er nie zuvor getan hatte. Er hatte ein Strandhaus in Malibu gekauft, in dem er mit seiner Familie glücklich hätte leben können. Leider funktionierte das nicht. Paul war nach wie vor eng an seine Mutter gebunden und hatte noch immer Kleidung und anderen Besitz in seinem Zimmer im South Kingsley Drive – zusätzlich zu seinem sogenannten Liebesnest oben in Santa Monica, wohin er seine Frauen brachte. Ann war einsam und fühlte sich vernachlässigt, während sie aufs Meer hinausschaute.

»Warum musst du eigentlich arbeiten, wenn du so reich bist?«, fragte sie ihn – er ließ sich zu keiner Antwort auf diese Frage herab. Als ihr zweiter Sohn Gordon im Dezember 1933 auf die Welt kam, redeten die beiden kaum noch miteinander.

Der Legende nach soll Paul ins Krankenhaus gekommen sein, um seine Frau und das Neugeborene zu besuchen, einen Blick auf das Baby geworfen und gemurmelt haben:»Oh, oh, es sieht aus wie du«, und schnell wieder verschwunden sein.

Paul musste über wichtigere Dinge nachdenken als Babys, denn er war inzwischen wie besessen mit nur einer einzigen Sache beschäftigt – der Schlacht um Tide Water Oil. Dieser angeschlagene Riese schien für einen einzelnen Angreifer wie ihn unerreichbar zu sein, und während er ihm nachjagte, zeigten sich eine ganze Reihe von Fähigkeiten, die ihm am Ende zum Erfolg verhalfen: volle Konzentration, ein Auge für jedes Detail der komplizierten Geschäfte, die dafür notwendig waren, Risikofreude und die Fähigkeit, mit kühlem Kopf jede Gelegenheit beim Schopfe zu packen, die sich ihm bot. Er verfolgte noch immer sein merkwürdiges einsames Spiel, das nur jemand mit vollkommener Hingabe gewinnen konnte.

Er wusste, dass er die eine Sache brauchte, die sein Vater ihm absichtlich verweigert hatte, wenn er es gewinnen wollte – volle finanzielle Kontrolle über George Getty Incorporated. Bevor er nicht zusätzlich zu seinem eigenen auch Sarahs gesamtes Kapital in den Händen hatte, konnte er keinen Kredit in dem Umfang aufnehmen, der dafür nötig war. Wenn das zu weiteren Auseinandersetzungen mit seiner »liebsten Mama« führen würde, dann sollte es eben so sein.

Inzwischen bedurfte es mehr als einen Besuch bei den Seelöwen, um sie zu überzeugen, und sie führte ein langes Verzögerungsgefecht mit ihm. Er gewann schließlich, indem er einen endlosen Streit mit ihr führte, und zu Weihnachten 1933 gab sie ihm als Geschenk nahezu alles, was er sich die ganze Zeit gewünscht hatte. Wenn es um Verhandlungen ging, war sie ihm, wenn es darauf ankam, fast ebenbürtig, und sie bot ihm ein Geschäft an, bei dem sie festlegte, dass es nur gültig war, »wenn du es schriftlich bis zum 30. Dezember angenommen hast«. Sie verkaufte ihm ihre zwei Drittel der Aktien des Familienunternehmens. Im Gegenzug sollte Paul ihr einen Schuldbrief über 4,6 Millionen Dollar ausstellen mit einem festen Ertrag von 3,5 Prozent pro Jahr. Geschäftsmäßig wie immer unterschrieb sie ihr Angebot mit den Worten: »Hochachtungsvoll, Sarah C. Getty«.

Diesen Ertrag, den ihr Sohn ihr zahlen sollte, hatte sie als ihre Witwenrente vorgesehen. Um ihm die Sache zu versüßen, bot sie Paul noch ein weiteres vorzeitiges Weihnachtsgeschenk an – 850 000 Dollar für ihn, wenn er einverstanden war.

Er hatte keine Wahl, denn in der Zwischenzeit fand sein Kampf um Tide Water in der Öffentlichkeit statt, und er sah sich einem ebenso entschlossenen Konkurrenten gegenüber – der mächtigen Standard Oil Company aus New Jersey, die bereits die Mehrheit der Aktien an Tide Water hielt. Doch wieder einmal hatte Paul Glück. Ein Bundesgesetz gegen Kartellbildung sorgte dafür, dass Standard seine Anteile abgeben musste – was dazu führte, dass sie eine brandneue Firma gründeten, die Mission Corporation, auf die ihre Anteile übergingen.

In diesem Schachspiel um Millionen von Dollar war Pauls nächster Zug notwendigerweise der Kauf aller Anteile von Mission, die er in die Finger bekam, um damit seinen Anteil an Tide Water zu vergrößern. Doch wieder setzte seine Mutter ihn matt.

Er hatte sie noch immer nicht davon überzeugen können, dass es weise war, wenn die George Getty Incorporated Aktien von Tide Water kaufte, und indem sie seinen Schuldbrief über 4,5 Millionen Dollar vorlegte, konnte sie das verhindern. Denn wie Paul schnell feststellte, war keine Bank bereit, ihm in dem Umfang Geld zu leihen, wie er es gern gehabt hätte, nachdem sie erfuhr, dass er mit viereinhalb Millionen Dollar in der Kreide stand – nicht einmal, obwohl seine Mutter die Gläubigerin war.

So begann die letzte Runde in diesem seltsamen Wettstreit zwischen der »geliebten Mama« und ihrem »liebsten Kind«. Um sich weiterhin in die Mission Corporation einkaufen zu können, war es für Paul unerlässlich, dass sie seine Schulden ihr gegenüber liquidierte. Er erinnerte sie daran, dass sie die 140 000 Dollar, die er ihr im Jahr dafür an Zinsen auszahlte, gar nicht nötig hatte, weil ihre jährlichen Ausgaben nie über 30 000 Dollar lagen.

Es scheint so, als ob sie zugestimmt hätte, doch als kluge Verhandlungsführerin, die sie nun einmal war, drehte sie sein Argument um. Was ihr am meisten Sorge bereitete, so sagte sie, war nicht sie selbst, sondern zukünftige Generationen von Gettys. Paul könnte recht haben. Die Zeit würde es zeigen. Aber als Papa ihr sein ganzes Geld hinterlassen hatte, vertraute er es ihr in Wirklichkeit an, damit sie es für die Enkelkinder aufbewahrte und für all die ungeborenen Gettys, die noch folgen würden. Sie konnte den Gedanken nicht ertragen, dass sie zukünftige Generationen um ihr väterliches Erbe brachte, wenn sie Paul seinen Willen ließ.

Sie hatte diese Angelegenheit offensichtlich mit ihren Anwälten besprochen, denn sie hatte eine geniale Lösung für das Problem. Sie würde einen »unauflöslichen Verschwender-Trust« gründen, um die Interessen seiner Kinder gegen seine geschäftlichen Spekulationen abzusichern, und eine erste Zahlung von 2,5 Millionen Dollar aus ihrem eigenen Vermögen dazu beitragen. Indem sie das Familienvermögen in einen Trust überführte, wurde das Geld vor Pauls angeblichen »verschwenderischen« Neigungen geschützt und gleichzeitig auch vor einem möglichen Bankrott seinerseits.

Er stimmte zu und steuerte einige der überbewerteten Aktien von George Getty Incorporated bei, die er besaß, sodass der Trust am Ende des Jahres 1934 mit einem Kapital von 3,368 Millionen Dollar die Arbeit aufnehmen konnte.

Dies war die Gründung des berühmten Sarah C. Getty Trusts, der die familiäre Finanzlage viele Jahre lang entscheidend prägen sollte.

Finanziell kam diese Regelung Paul durchaus entgegen, denn er wurde zum Haupttreuhänder ernannt und hatte nach eigenem Gutdünken volle Verfügungsgewalt über das Trust-Kapital und alle Transaktionen, was das Ölgeschäft der Familie beinhaltete – etwa den Erwerb von weiteren Aktien der Mission Corporation oder von Tide Water.

Das kam Sarah ebenfalls entgegen, denn es beruhigte ihr Gewissen hinsichtlich ihrer Pflichten dem Familienvermögen und den ansonsten völlig schutzlosen Enkelkindern gegenüber.

Soweit es die Nutznießer des Trusts betraf, waren die Bedingungen einfach. Um Sarahs hauptsächliche Sorge auszuräumen, ihr Sohn könnte seinen Verpflichtungen als Vater nicht nachkommen, traf sie angemessene Vorkehrungen für seine Frau Ann und seine vier Kinder, den zehnjährigen George II., den vierjährigen Ronald, den zweijährigen Paul junior und den ein Jahr alten Gordon. Solange sie mit Paul verheiratet blieb, sollte Ann jährlich zehn Prozent vom Gewinn des Trusts erhalten, doch die Zahlungen an die Kinder waren sehr unterschiedlich. 1934 wurden die 21 000 Dollar, die nach Auszahlung von Anns Anteil noch vom Gewinn des Trusts übrig waren, wie folgt verteilt: Paul junior und Gordon bekamen jeweils 9 000 Dollar. George II bekam gar nichts, weil er bereits von den 300 000 Dollar profitiert hatte, die sein Großvater, der verstorbene George Getty, ihm hinterlassen hatte, und der Anteil von Ronald belief sich auf gerade einmal 3 000 Dollar.

Dieser Nachteil wurde Ronald deshalb zugemutet, weil sein Vater Sarah davon überzeugt zu haben scheint, dass Ronald eine ansehnliche Summe aus dem Testament seines Großvaters mütterlicherseits, Dr. Helmle, zu erwarten hatte. Es war ein Nachteil, der Ronald in Zukunft noch schwer belasten sollte, nachdem der Trust dramatisch an Wert gewann. Die weiteren Bedingungen des Vertrages legten fest, dass der zusätzliche Gewinn unter George, Paul junior und Gordon aufgeteilt werden sollte, sofern der Gewinn 21 000 Dollar im Jahr überstieg. Ronald hingegen wurde ausdrücklich von höheren Auszahlungen als 3 000 Dollar im Jahr ausgeschlossen.

Eine weitere wichtige Klausel, die in den folgenden Jahren noch einigen Ärger verursachen sollte, legte fest, dass Paul als Haupttreuhänder entschied, wie alle zukünftigen Auszahlungen abgewickelt wurden – entweder in Form von Barausschüttungen oder in Form von Anteilen am Trust-Vermögen.

Soweit es die zukünftigen Begünstigten des Trusts betraf, Pauls noch ungeborene Enkelkinder, wollten er und Sarah sicherstellen, dass sie ihren eigenen Lebensunterhalt verdienten, ehe sie aus dem Trust-Vermögen erbten. Es wurde festgelegt, dass die Enkelkinder ihren Kapitalanteil nicht ausgezahlt bekamen, bevor nicht auch der letzte von Pauls vier Söhnen gestorben war. Obwohl Ronalds Erbe so streng limitiert war, gab es für seine Kinder keine solchen Beschränkungen. Sie sollten genauso behandelt werden wie ihre Cousins und Cousinen. Die Gründung des Sarah C. Getty Trusts sollte sich noch als historischer Augenblick für die Gettys erweisen. Denn der Trust wurde rasch zu einem entscheidenden Faktor ihrer finanziellen Zukunft – indem er praktisch über das schnell expandierende Vermögen der Familie wachte. Was niemand zunächst hätte vorhersehen können, auch Paul nicht, war, wie unermüdlich der legendäre Trust anwachsen sollte. Nicht nur, dass er ihn, seinen Haupttreuhänder, mit dem versorgte, was er brauchte – eine Kapitalquelle, die er immer dann und auf genau die Art und Weise einsetzen konnte, die für seine geschäftlichen Aktivitäten nötig war –, sie war auch hervorragend dazu geeignet, seiner Besessenheit von der Anhäufung immer größerer Geldbeträge für seine Familie nachzugehen, um sein Gewissen zu beruhigen.

Ein Trust wie dieser war ideal, um ein großes Vermögen anzuhäufen, wie er es sich vorstellte. Er war sicher vor Besteuerung, Bankrott und persönlicher Extravaganz, und so half der Trust, der den Namen von Jean Paul Gettys Mutter trug, dabei, das größte Vermögen in Amerika zu errichten.

7. KAPITEL

ZEITEN DES AUFSCHWUNGS

Ganz gleich, wie hart die Dreißiger für Amerika und den Rest der Welt waren, sie waren ungewöhnlich sanft zu Paul Getty. Wie 1930 der Tod seines Vaters dafür gesorgt hatte, dass er sich mit neuem Elan dem Geldverdienen widmete, so bedeutete die Gründung des Sarah C. Getty Trusts und die damit einhergehende volle Kontrolle über das Familiengeschäft, dass seine Kampagne, sich Tide Water Oil einzuverleiben, jetzt mit neuem Ernst fortgesetzt werden konnte. Oberflächlich betrachtet hatte er nur wenig Aussicht auf Erfolg. 1935 machte Tide Water einen Jahresumsatz von annähernd 100 Millionen Dollar. Dem standen 1,5 Millionen Dollar gegenüber, die die George Getty Incorporated jährlich umsetzte, und mittlerweile war die Führung von Tide Water sehr genau darüber im Bilde, welche Bedrohung Paul für sie bedeutete, und setzte alles daran, ihn fernzuhalten.

Pauls entscheidender Vorteil war, dass er ein kleiner und zu allem entschlossener Marktteilnehmer war – Geschwindigkeit, das Überraschungsmoment und die Herausforderungen einer persönlichen Begegnung waren sein Vorteil; außerdem hatte die Gründung des Sarah C. Getty Trusts ihm die finanzielle Waffe in die Hand gegeben, die er brauchte. Er durfte sich zwar mit Hilfe des Trusts kein Geld leihen, aber als einziger Treuhänder konnte er das Vermögen völlig frei dazu verwenden, die Ölaktien zu kaufen, die er kaufen wollte.

Genau wie ein Tycoon, der heutzutage eine Übernahme

95

plant, hatte er es auf Tide Water als Ganzes abgesehen mit allen seinen Vermögenswerten – Raffinerien, Lagerkapazitäten und das Vertriebsnetzwerk, mithilfe dessen er seine eigenen Ölprodukte verkaufen wollte. Eine Übernahme von Tide Water war seine beste Chance auf den Erwerb eines vollwertigen Ölkonzerns, wie er ihn sich vorgestellt hatte.

Bereits zu Anfang dieser Schlacht machte er den klugen Schachzug, David Hecht anzuheuern, einen cleveren, jungen Anwalt für Gesellschaftsrecht. Mit Hecht an seiner Seite schob und handelte er sich immer näher an den Ankauf der wichtigen Anteile heran, die er dringend brauchte. Er hatte auch hin und wieder eine Glückssträhne – wie etwa 1935 bei einer Silvesterfeier mit Randolph Hearst, auf der er erfuhr, dass die Rockefellers ihren Anteil von zwanzig Prozent an der Mission Corporation abstoßen wollten, und mit Hechts Hilfe verleibte er sich ihre Anteile sofort ein. Doch insgesamt betrachtet war der Ankauf von Aktien eine mühsame Arbeit, die volle Konzentration verlangte und die nur jemand, der so ehrgeizig und mit solcher Hingabe bei der Sache war wie Paul, erfolgreich zum Abschluss bringen konnte.

Er arbeitete unaufhaltsam, und 1936 hatte er schließlich genügend Aktienkapital innerhalb der Mission Corporation zusammen, sodass er fünfundzwanzig Prozent der Anteile an Tide Water hielt. Damit begann ein Grabenkrieg zwischen ihm und den Direktoren von Tide Water. Aufgrund seiner extremen Zielstrebigkeit war Paul gut darin, und als 1939 der Krieg ausbrach, war er praktisch am Ziel.

Inzwischen hatte der lang ersehnte Aufschwung in der Ölindustrie begonnen. Der Automobilbesitz und mit ihm der Ölverbrauch in den USA nahm schon seit 1936 trotz der Großen Depression ständig zu, sodass die Tide-Water-Aktien, die er für zwei Dollar und fünfzig Cent gekauft hatte, als der Aktienmarkt 1930 am Boden war, 1938 schon wieder bei siebzehn Dollar standen.

Er machte spektakuläre Fortschritte, was bedeutete, dass seine Aktienankaufsoperationen ihn nicht nur der Kontrolle über Tide Water immer näher brachten, sondern ihn auch sehr reich machten. Sein persönliches Vermögen als Eigentümer der George Getty Incorporated belief sich 1938 auf zwölf Millionen Dollar, und genau, wie er es seiner Mutter versprochen hatte, hatte er auch den Sarah C. Getty Trust noch reicher gemacht. Der Trust, der 1934 mit 3,5 Millionen Dollar die Arbeit aufgenommen hatte, war in der Zwischenzeit 18. Millionen Dollar wert.

Das Geld aus dem Sarah C. Getty Trust war der Kern des riesigen Vermögens, dessen Anhäufung er noch vor sich hatte, wenn er wirklich dafür sorgen wollte, dass »Papa seine Worte bereute«. Es war ein wichtiger Teil seiner Finanzstrategie, alle Gewinne zurück in den Trust zu schaufeln und auf diese Weise sicherzustellen, dass sein Kapital ständig anwuchs, ohne dass etwas davon ausgegeben oder besteuert worden wäre. Das war es, was Mama gewollt hatte, und da das Kapital des Trusts seinen Kindern und seinen noch ungeborenen Kindeskindern zugutekommen würde, konnte er vor sich selbst behaupten, dass dieses Geld ihn nun vor jeglicher Kritik an seinem Lebenswandel schützte.

Der Trust war inzwischen seine Rechtfertigung dafür, dass er sein Leben so lebte, wie er wollte, und das zu einer Zeit, da er das Familienleben schärfer ablehnte als je zuvor, weil er es als fürchterliches Hindernis für seinen Erfolg betrachtete. Sogar im Alter bestand er noch darauf, dass ein Leben als normaler Ehemann ihn zurückgehalten und damit seinen Erfolg verhindert hätte – denn eine Familie hätte seine Aufmerksamkeit auf andere Dinge gelenkt, seine wertvolle Zeit mit Beschlag belegt und seine Konzentrationsfähigkeit gestört. In einem Moment großer Verzweiflung formulierte er es folgendermaßen: »Eine dauerhafte Beziehung zu einer Frau ist nur möglich, wenn man geschäftlich ein Versager ist.«

Doch auch wenn Paul Getty seinen Ehefrauen und seinen Kindern weder seine Gesellschaft noch seine Liebe geben konnte, erlaubte ihm sein Erfolg zumindest, ihnen etwas zu geben, das er selbst für wichtiger hielt – große Geldbeträge, um ihre Zukunft abzusichern. Indem so viel Geld sicher im Sarah C. Getty Trust steckte, war er frei, seine ganze Aufmerksamkeit auf die Perfektionierung seines außerordentlichen Lebensstils zu richten.

Er war nach wie vor von zwei Bedürfnissen getrieben, die alles andere überschatteten – dem nach sexuellen Abenteuern, vorzugsweise im Ausland, und dem, sich große Geldbeträge zu sichern. Um diese beiden Interessen erfolgreich miteinander zu verbinden, musste er einen Weg finden, wie er seine geschäftlichen Interessen, darunter die Geschäftsführung der George Getty Incorporated und die Schlacht um Tide Water, auch während seiner langen Auslandsreisen nach Europa vertreten konnte.

Da er die Anonymität liebte und ein großer Teil seines Vergnügens am Reisen sexueller Natur war, konnte Paul keinen großen Stab von Angestellten und Assistenten um sich herum gebrauchen. Ihnen vertraute er die Büros von Getty in Los Angeles an, und sich selbst brachte er alles bei, was er wissen musste, um allein oder mithilfe einer einzelnen Sekretärin zu arbeiten, indem er alle Informationen, die er brauchte, in seinem Kopf hatte. Er glaubte ohnehin, dass die Geschäftswelt zu viel Zeit mit Papierkram, Sitzungen und Besprechungen verschwendete. Er vergaß nie etwas, und alles, was nicht unbedingt erforderlich war, delegierte er. Damit wurde er zu einem wichtigen Vertreter einer Denkweise, die die Rolle des Kapitalisten als die eines selbstgenügsamen Einmannbetriebes verstand, der dazu in der Lage war, detaillierte Entscheidungen mit einem Minimum an bürokratischem Aufwand zu treffen.

Victor Hugo hat Alfred Nobel, den Erfinder des Dynamits, der ebenfalls am liebsten in Hotels wohnte und Familie hasste, einmal als »den vagabundierenden Millionär von Europa« bezeichnet. Paul Getty, der Nobel in dieser Hinsicht sehr ähnlich war, wurde immer mehr zu dessen Nachfolger.

Briefe beantwortete er am liebsten, indem er deren Ränder bekritzelte und sie eigenhändig in dem Umschlag zurückschickte, in dem sie gekommen waren, nachdem er ihn neu adressiert hatte. Er war besessen davon, Briefpapier und vor allem die teuren Packpapierumschläge zu sparen, die er aufhob und sorgfältig wiederverwendete. Alle Unterlagen, die er brauchte, bewahrte er in einem altmodischen Überseekoffer auf, der ihn überallhin begleitete. Ein kleines schwarzes Buch, das er immer bei sich trug, war ein entscheidender Teil seines geschäftlichen Waffenarsenals. Darin standen nicht nur die Telefonnummern seiner zahllosen Freundinnen, sondern auch die der Schlüsselpersonen seiner Kontakte auf der ganzen Welt, mit denen er alle seine Geschäfte persönlich abwickelte.

Das entscheidende Werkzeug, ohne das seine Lebensweise nicht funktioniert hätte, war das Telefon. Der transatlantische Telefonservice wurde während der Dreißigerjahre ständig verbessert. Zudem wurden die Zeitspannen, die er in Europa verbrachte, immer länger. Es war das Telefon, das es ihm schließlich möglich machte, Amerika für immer zu verlassen.

Solange die transatlantischen Telefonleitungen zwischen Europa und Amerika funktionierten, konnte Paul ohne Einschränkungen arbeiten – ganz gleich, was er zufällig sonst gerade tat. Die acht Stunden Zeitverschiebung zwischen Europa und Kalifornien kamen ihm sogar zugute, weil sie es ihm erlaubten, sich mit einer Frau zu treffen, sie zum Essen auszuführen und Spaß mit ihr zu haben, aber trotzdem wieder am Telefon zu sein, ehe die Büros in Los Angeles für den Abend geschlossen wurden.

Die Kombination aus einem durchorganisierten Liebesleben und einer ansonsten puritanischen Haltung seiner Existenz gegenüber war nicht so scheinheilig, wie sie klang. Seine Begründung war, dass Promiskuität für einen Geschäftsmann bei Weitem weniger schlecht war als ein eheliches Sexleben. Sie kostete weniger Zeit und Geld, war wesentlich weniger anspruchsvoll und förderte sogar die Geschäftstüchtigkeit. Er drückte es einmal so aus: »Geschäftlicher Erfolg führt zu einem gesteigerten Sexualtrieb, und der Sexualtrieb fördert das Geschäft.« Für Paul war der Punkt, dass Geld und Erfolg immer der sicherste Beweis für einen tugendhaften Lebenswandel blieben, und gemäß den sehr strengen Regeln, nach denen er sein Leben führte, verhielt er sich daher niemals lasterhaft oder unvorsichtig.

Er war dazu gezwungen, in guten Hotels zu wohnen, wenn er sich im Ausland aufhielt, das lag vor allem daran, dass nur die guten Hotels verlässliche Telefonzentralen hatten. Und sogar in seinem Lieblingshotel, dem George V in Paris, verhandelte er bei jedem Aufenthalt um den besten Preis für eine Suite. Er verschwendete nichts, aß sparsam und trug jede Taxifahrt mit dem exakten Betrag, den er dafür bezahlt hatte, in seinen Kalender ein. Er konnte herumhuren, aber nicht verschwenden.

Der Sex förderte das Geschäft, das im Gegenzug noch mehr Geld zur Gewissensberuhigung in die heiligen Truhen des Sarah C. Getty Trusts spülte.

Es ist unter diesen Umständen nicht weiter verwunderlich, dass seine vierte Ehe zerbrach wie die anderen; der einzige Unterschied lag darin, dass Ann Rork Getty härtere Bandagen anlegte als ihre Vorgängerinnen. Mit dieser geschwätzigen Möchtegernschauspielerin hatte Paul eine mehr als ebenbürtige Gegnerin auf dem Heiratsmarkt gefunden.

Sie selbst sollte viermal heiraten, und selbst beim ersten Mal stellte sie gleich klar, dass sie nicht vorhatte, die Schürzenjägerei und die Schikanen ihres Mannes ewig zu ertragen. Sie war gesellig und beliebt, und anstatt aus dem Fenster des Strandhauses traurig auf das Meer hinauszuschauen, lud sie schon bald

Freunde aus Hollywood ein, sie zu besuchen. Wenn Paul nach Hause kam, fand er dort also häufig eine Schar von Gästen seiner Frau vor, die ihm kaum Respekt zollten. Manchmal hörte er sogar, wie Ann hinter seinem Rücken von ihnen aufgestachelt wurde.

»Er muss dir einen Rolls schenken, Liebes.«

»Er sollte dir einen Zobel kaufen, keinen Nerz.«

Da er ein solches Benehmen nicht ertragen konnte, blieb er immer häufiger fort – und nachdem er einmal besonders lange nicht nach Hause gekommen war, stellte einer ihrer Freunde aus Hollywood Ann den schärfsten Anwalt der ganzen Stadt vor, der das Verfahren zu dem eröffnete, was Paul »eine ungewöhnlich ungesunde Scheidung« nannte. *Ungesund* war seine Art und Weise, auszudrücken, dass er dazu gezwungen wurde, öffentlich schmutzige Wäsche zu waschen.

Auch wenn sie auf der Leinwand nicht sonderlich erfolgreich war, Ann Rork Getty wurde zum Star des Zeugenstands und holte alles aus der Horrorgeschichte über seine Werbung um sie und ihre Ehe mit Paul heraus – ihre Selbstmordversuche, sein Benehmen am Vesuv und seine unorthodoxe Vorstellung davon, was es bedeutete, Vater und Ehemann zu sein.

Sie verklagte ihn zunächst auf einen Anteil an seinem Vermögen, sodass er von Glück sagen konnte, dass der Staat Kalifornien noch keine so teuren Scheidungsvereinbarungen kannte wie heute. So, wie die Dinge standen, machte sie ihm viele Sorgen und großen Ärger, ehe sie endlich der, wie sie es nannte, »hübschen Vereinbarung« von 2 500 Dollar im Monat und je 1 000 Dollar für jedes der beiden Kinder zustimmte.

Obwohl er Vater von vier kleinen Söhnen war, interessierte er sich nicht im Mindesten für sie; und da die Zeitungen in Los Angeles sich reißerisch auf die Einzelheiten seiner Scheidung stürzten, beschloss er, nach New York zu fliehen, bevor er ins Ausland ging. Dank seines Gottes, dem Telefon, konnte er von dort aus seine Geschäfte ebenso gut führen wie von Los Angeles aus, und angesichts des Geldes, das er inzwischen verdiente, fand er es angemessen, dass er sich an einer der vornehmsten Adressen der Stadt niederließ.

Es wäre falsch anzunehmen, dass Paul Gettys frisch erworbener Wohlstand seine Lebensweise überhaupt nicht verändert hätte. Jetzt traten vielmehr eine ganze Reihe von wichtigen Veränderungen in seinem Verhalten ein. Aber sie alle unterlagen zwei entscheidenden Prinzipien – sie durften seine Rechnungsbücher nicht beeinflussen, und sie durften ihn nicht vom großen Finanzspiel abhalten, das er spielte. Davon abgesehen schien er bestrebt, sein Leben so auszustatten, dass es zu seinen Einnahmen passte.

In New York bezog er ein Haus, das durch einen merkwürdigen Zufall Sutton Place ähnelte, dem Tudoranwesen, auf dem er seinen Lebensabend verbringen sollte. Aber anstatt sich eine Wohnung in diesem vornehmen New Yorker Wohnblock am Fluss zu kaufen, mietete er lieber – was von der Steuer absetzbar war und nicht von der Firma bezahlt werden konnte. Die Wohnung gefiel auch dem Snob in ihm, weil sie der Ehefrau eines Cousins von Winston Churchill gehörte, der früheren Erbin Amy Phipps, zu dieser Zeit Mrs. Freddie Guest.

Mrs. Guests Gemälde und das französische Mobiliar aus dem 18. Jahrhundert gefielen ihm ebenfalls, so sehr, dass er darüber nachdachte, selbst mit dem Sammeln anzufangen – was er dann auch tat. Er begann, mit einigem Wissen und Erfolg zu kaufen. Geschäftsmäßig wie immer machte er sich durch Lektüre und Museumsbesuche zu einem richtiggehenden Experten für französische Möbel aus dem 18. Jahrhundert. Er stellte bald fest, dass die Große Depression die Preise gedrückt hatte, und so erstand er einige wichtige Stücke zu Schnäppchenpreisen.

Dieses Prinzip wendete er dann auch auf alle seine weiteren Sammleraktivitäten an. Vor allem musste alles, was er kaufte, ein gutes Geschäft sein – denn wenn er einen guten Preis bekam,

konnte er sich selbst einreden, dass er kein Geld verschwendete. Diese Regel galt für beinahe jede seiner Erwerbungen –
angefangen bei seinen Socken, für die er sich weigerte, mehr
als einen Dollar und fünfzig Cent pro Paar zu bezahlen, bis hin
zu seinem vielleicht größten Einzelgeschäft in dieser Zeit: dem
Pierre Hotel an der Ecke zwischen 5th Avenue und 61st Street
mit Blick auf den Central Park. 1930, als New Yorks exklusivs-
tes Luxushotel erbaut, hatte es mehr als sechs Millionen Dollar gekostet. Paul kaufte es für 2,35 Millionen und das aus dem
einfachen Grund, weil es ein solches Schnäppchen war, und er
wusste, dass er bei diesem Geschäft nicht verlieren konnte.

Pauls gesellschaftliche Bestrebungen zeigten sich in dieser Zeit
vor allem dann, wenn es um Sex ging. Es lag schon wieder
Hochzeitsfieber in der Luft, und es war ziemlich typisch für
ihn, dass er anfing, Louise »Teddy« Lynch zu umwerben – eine
dralle, dreiundzwanzigjährige Nachtklubsängerin. Doch Miss
Lynch war keine normale Nachtklubsängerin. Der Finanz-
investor Bernard Baruch, eine weitere Verbindung zu Churchill, war ihr Onkel, und Teddy hatte ernsthafte Ambitionen,
Opernsängerin zu werden.

Das Prestige, das eine so elegante Verlobte bedeutete, ließ
ihn erneut die Schrecken einer Ehe erwägen, denn er gab sich
außergewöhnliche Mühe, Teddys Mutter auf seine Seite zu ziehen, die offenbar keine Einwände gegen einen viermal verheirateten Vierundvierzigjährigen als möglichen Schwiegersohn
hatte. Doch weder er noch Teddy schienen es mit einer Hochzeit eilig zu haben, nachdem die Verlobung Ende 1936 verkündet worden war.

Sie war eine unabhängige junge Frau, die ihren Gesang per-
fektionieren wollte, und solange Paul ihre Gesangsstunden bezahlte, schien sie völlig zufrieden damit zu sein, ihn als so etwas
wie eine notgeile Onkelfigur zu behandeln, ohne große Ansprüche an seine Zeit oder seine Treue zu stellen.

Genau das war es, was er wollte, und seine Verlobung stand ihm bei seinen vielen Flirts in Europa nicht im Weg. Während er Helga und Trudi und Gretchen in Berlin den Hof machte, nahm Teddy zu Hause in London Gesangsstunden. Trotz des Ärgers mit Fini liebte Paul Berlin weiterhin und betrachtete die Stadt wie so viele Ausländer in dieser Zeit als sein persönliches Bordell. Wie die meisten ausländischen Geschäftsleute war auch er unkritisch den Nazis gegenüber eingestellt, und im Grunde bewunderte er sogar die Effizienz, mit der sie das Land zu regieren schienen.

Er war kein aktiver Sympathisant der Nazis, aber er hätte sich nur allzu leicht auf eine Weise mit ihnen einlassen können, die ihm für die Zukunft Scherereien eingebracht hätte, wenn Teddy sein Interesse und seine Aufmerksamkeit nicht abgelenkt und ihn somit in ein etwas sichereres Land geführt hätte. 1939 wollte sie Gesang in Italien studieren, und Paul begleitete sie, tolerant wie immer, nach Rom. Es war eine merkwürdige Zeit in ihrem Leben. Er war darauf bedacht, den Schein zu wahren, und schlug vor, in separaten Hotels zu wohnen; während sie sang, besuchte er gewissenhaft die Ruinen und die Museen von Rom.

Zu dieser Zeit verliebte er sich sowohl in Rom als auch in das faschistische Italien. Eines Abends nahm er Teddy mit in die Oper zu *Rigoletto* und bemerkte aufgeregt, dass Mussolini im Publikum saß. »Der größte Sohn Italiens seit dem Kaiser Augustus«, schrieb er danach in sein Tagebuch.

Aber ganz egal, wie sehr er Mussolini bewunderte, machte er sich doch große Sorgen um die Folgen, die der Krieg für seine persönliche Sicherheit haben würde, und hatte es eilig, nach Amerika zurückzukehren. Teddy wollte vor allem weiterhin singen. Keiner von beiden gab auch nur ein Stück nach, und so einigten sie sich auf den merkwürdigen Kompromiss von Pauls fünfter und letzter Ehe.

Um die Mittagszeit am 17. November 1939 trafen er und Teddy sich vor dem Bürgermeister von Rom auf dem historischen Kapitolsplatz und wurden zu Mann und Frau erklärt. Danach aßen sie in aller Stille im Ambassador Hotel zu Mittag und verabschiedeten sich voneinander. Er wartete nicht darauf, die Ehe vollziehen zu können, Paul musste den Nachmittagszug nach Neapel erreichen, wo er an Bord der *Conte di Savoia* ging, die nach New York fuhr. Teddy blieb in Rom.

8. KAPITEL

KRIEG UND NIEMANDSLAND

Amerikas Eintritt in den Zweiten Weltkrieg 1941 hatte eine seltsame Wirkung auf Paul Getty. Auch wenn er auf die fünfzig zuging, schrieb er wie ein Schuljunge in seinem Tagebuch darüber, seine Pflicht zu tun, damit »die liebste Mama und Papa stolz auf mich sein können«. Aber mit dem Alter machte er sich auch immer mehr Sorgen um seine eigene Sicherheit – und nach allem, was er in Europa gesehen hatte, war er besessen von der Macht Nazideutschlands.

Er meldete sich freiwillig zum aktiven Dienst in der US-Marine, aber er muss gewusst haben, dass er zu alt war, um aufgenommen zu werden. Nach seiner Ablehnung schloss er einen außerordentlichen Kompromiss zwischen dem Bedürfnis, seinen Beitrag zu leisten, und sich für die Dauer des Krieges so weit wie möglich von allen Gefahren fernzuhalten.

Zufällig gehörte zu den Vermögenswerten der Mission Corporation, die er inzwischen unter seiner Kontrolle hatte, die kleine, eigentlich dem Tod geweihte Spartan Aircraft Company in Tulsa, Oklahoma. Flugzeuge für den Kriegseinsatz zu bauen war eine patriotische Beschäftigung, in Tulsa kannte er sich bereits aus, und wenn er im Zweiten Weltkrieg irgendwo auf der Welt vor einer Bedrohung durch die deutsche Luftwaffe sicher war, dann musste das in Oklahoma sein.

Trotzdem behandelte Paul es als gefährlichen Kriegseinsatz,

106

als er selbst die Geschäfte von Spartan Aircraft übernahm, und baute sich einen bombensicheren Betonbunker mit vier Zimmern in der Nähe der Fabrik. Hier lebte er, und von hier aus führte er von 1942 bis zum Kriegsende persönlich die Geschäfte von Spartan Aircraft. Er hatte tatsächlich jede Menge Erfolg. Er war noch immer ein Workaholic und entpuppte sich als außergewöhnlich fähiger Fabrikmanager, der die Arbeiter hart antrieb, selbst bis spät in die Nacht hinein an den verschiedensten Problemen arbeitete und dafür sorgte, dass Spartan ein hervorragendes einmotoriges Schulflugzeug für die Air Force der US Army produzierte. Er war so begierig auf die Bestätigung durch seine Eltern, dass er fast seine ganze Zeit in der Fabrik in Tulsa verbrachte, und als Sarah Getty Ende 1941 im Alter von neunundachtzig Jahren verstarb, glich sein Tagebucheintrag dem eines kleinen Jungen, der um seine jugendliche Mutter trauert:»Gestern Nacht, sanft und friedlich, ist meine geliebte, geliebte Mami gestorben.«

In etwa zur selben Zeit, gleichsam als Wiedergutmachung für den Verlust seiner Mutter, kam Teddy, seine abenteuerlustige Frau, schließlich aus Italien zurück, wo sie von den Italienern in der Nähe von Siena interniert gewesen war. Weder sie noch ihr Ehemann schienen einander schmerzlich vermisst zu haben, aber sie verbrachten nun doch ihre lange aufgeschobene Hochzeitsnacht miteinander. Teddy wollte ihren Beruf als Sängerin unbedingt weiter ausüben, deshalb benahm sie sich nicht wie eine Klette, ein wenig Eheleben hätte sie wohl trotzdem gern gehabt; doch als sie Paul 1946 seinen fünften Sohn präsentierte, den sie Timothy getauft hatte, zog Paul seine Aufgaben in Tulsa dem Eheleben mit Teddy vor.

Timmy war ein kränkliches Kind.»Armer, armer Timmy« waren die Worte, die Paul zu seiner Geburt schrieb. Und während seines kurzen Lebens musste Timmy schrecklich leiden. Mit sechs Jahren erkrankte er an einem Gehirntumor, der langwierige Operationen nötig machte. Obwohl er immer wieder betonte, wie sehr ihn das Schicksal des »traurigen kleinen Timmy« bewegte, konnte Paul genauso wenig mit persönlichem Unglück umgehen wie bisher – oder mit dem Eheleben.

Teddy drängte häufig darauf, dass sie drei als Familie zusammenleben sollten, aber Paul blieb in Tulsa, wo er sich zur Entspannung mit Kellnerinnen, Verkäuferinnen oder Callgirls einließ – ihm war alles recht, solange er von den gefürchteten Armen der Ehe verschont blieb.

Als der Krieg endlich zu Ende war, hatte sich bei ihm eindeutig etwas verändert. Vielleicht waren es die ersten Anzeichen von männlichen Wechseljahren, doch einige glauben, dass seine Energie einfach früh erschöpft war. Möglicherweise verspürte er nicht mehr länger den Wunsch, dafür zu sorgen, dass sein lange verstorbener Vater »seine eigenen Worte bereute«, indem er große Geldbeträge verdiente. Ganz gleich, was die Ursache war, er blieb in Tulsa in seinem heiß geliebten Bunker, und anstatt ins Ölgeschäft zurückzukehren, kümmerte er sich darum, dass Spartan Aircraft den Bau von Flugzeugen einstellte und stattdessen anfing, Mobilheime zu fertigen.

Das war eine merkwürdige Beschäftigung für ein Finanzgenie wie Paul Getty. Aber die Herausforderungen, die die Produktion von Mobilheimen mit sich brachte, scheinen ihn fasziniert zu haben; er gab sich unendlich viel Mühe, alle Details von Bau und Vermarktung auszuarbeiten, und er war sehr stolz, als die Produktionszahl die Marke von 2 000 Stück überschritt.

Nach vier Jahren in seinem Bunker brauchte es offensichtlich etwas Aufregenderes als Mobilheime, um ihn zu fesseln. Da ihm so etwas fehlte, fing er bald an, davon zu reden, alles aufzugeben und sein Leben als Strandgutsammler fortzusetzen. Er ging sogar so weit, einen Teil seiner Anteile an der teuer erstandenen Western Pacific zu verkaufen – das einzige Mal, dass er so etwas getan hat –, sein Biograf Robert Lenzner ist überzeugt, dass er weitere Vermögenswerte veräußert hätte, wenn es nicht rechtliche Hindernisse dafür gegeben hätte, noch mehr Anteile im Sarah C. Getty Trust abzuladen. Damit hat die Familie Getty Glück gehabt. Denn er hatte somit keine andere Wahl, als im Ölgeschäft zu bleiben; und dies bedeutete umgekehrt, dass er 1948, als er die Gelegenheit von gleich mehreren Millionen Lebenszeiten erkannte, in der Lage war, sie zu ergreifen.

Wie so viele Dinge im Mittleren Osten, wo nur weniges so ist, wie es scheint, war die sogenannte Neutrale Zone zwischen Saudi-Arabien und Kuwait alles andere als neutral. Seit Jahrhunderten schon gab es zwischen den Saudis im Süden und den Kuwaitis im Norden Auseinandersetzungen darüber, wem dieser scheinbar wertlose Streifen Wüste gehörte, der zwischen den beiden Nachbarstaaten und dem Persischen Golf liegt. Die Angelegenheit wurde schließlich in einem typisch arabischen Kompromiss beigelegt.

Man ignorierte die nomadisch lebenden Beduinen, die einzigen Menschen, die arm genug waren, um sich dort hineinzuwagen, und erklärte das Gebiet zu einer Art Niemandsland, das man als Neutrale Zone bezeichnete. Die beiden Nachbarstaaten teilten sich die Hoheit – »ein ungeteilter Halbanspruch« – über das Einzige, was eines Tages einen Wert bekommen konnte, die Abbaurechte. Doch es gab jahrelang keine Interessenten.

Selbst als das größte Ölfeld der Welt, das riesige Burgan-Feld in Kuwait, in den Dreißigerjahren nur wenige Kilometer nördlich von den Grenzen des Niemandslandes entdeckt wurde, schreckte die Zone selbst mögliche Ölförderer ab, weil das Gebiet so unzugänglich war, das Klima von Gluthitze bestimmt und die Abbaurechte ein geopolitischer Sumpf.

Nachdem der Krieg in Europa zu Ende war, wurde deutlich, dass die amerikanischen Ölfelder bald nicht mehr ausreichen würden, um Amerikas boomende Automobilindustrie zu versorgen, und so wuchs das Interesse am Persischen Golf als

aussichtsreichster Alternative zu den heimischen Vorräten. Sogar die Neutrale Zone wurde trotz aller Schwierigkeiten »ver-
suchsweise« von den großen Ölgesellschaften diskutiert.

Es war unvermeidlich, dass Paul Getty davon erfuhr – doch
anders als die meisten Geschäftsführer von großen Ölgesellschaften war er kein Mann, der es bei Versuchen beließ. Er war
Realist. »Wenn man im weltweiten Ölgeschäft jemand sein will,
muss man im Mittleren Osten seine Interessen wahren«, sagte
er. Und da er beschlossen hatte, dass er im weltweiten Ölgeschäft unbedingt jemand sein wollte, traf er eine seiner genialen
Entscheidungen.

Ohne dass er sich ein Gutachten über die Gegend hätte erstellen lassen oder selbst auch nur einen Fuß in den Mittleren
Osten gesetzt hätte, beschloss er, dass er – und nur er allein –
von den Saudis die Konzession für die Neutrale Zone bekommen sollte.

Er war inzwischen mehr um seine Sicherheit besorgt als je
zuvor und hatte entschieden, niemals das Risiko einer Flug-
reise einzugehen. Somit würde er sich nicht persönlich in die
Neutrale Zone hineinwagen. Stattdessen hatte er das Glück,
in seiner eigenen Organisation den perfekten Vertreter zu finden – Paul Walton, einen jungen Geologen, der in den Dreißigerjahren in Saudi-Arabien gearbeitet hatte und zu dieser Zeit
die Erkundungen der Pacific Western Oil in den Rocky Moun-
tains leitete. Walton kannte den Persischen Golf. Er kannte die
Menschen dort und die Schwierigkeiten vor Ort. Er wollte außerdem gerne dorthin zurückkehren. Also lud Getty ihn nach
Paris ein und gab ihm den Auftrag für seine Mission.

Er ging dabei mit der für ihn typischen Detailbesessenheit vor
und verbrachte vier ganze Tage mit Walton im Hôtel George V,
bis schließlich alle Eventualitäten besprochen waren – der genaue Preis, den Walton zunächst für die Ölabbaurechte bieten sollte, das Tempo, mit dem er sich bewegen durfte, und die
Maximalsumme, auf die er erhöhen durfte.

Nachdem das zu seiner Zufriedenheit erledigt war, wartete Getty.

Er handelte rein instinktiv, denn zu diesem Zeitpunkt hatte er noch kein einziges Gutachten über die Neutrale Zone gesehen. Aber sein Instinkt war so zuverlässig wie immer. Als Walton sich per Flugzeug einen ersten Überblick über die Neutrale Zone verschaffte, fand er alles so vor, wie Paul angenommen hatte. Über die ganze Wüste verteilt gab es einige halbkugelförmige Sandhügel, die den Formationen auf Kuwaits Burgan-Ölfeld im Norden glichen.

Da man so beinahe sicher sein konnte, dass die Ölvorkommen sich bis in die Neutrale Zone hinein erstreckten, muss man es als übervorsichtig bezeichnen, dass Walton von einer Fünfzig-fünfzig-Chance für einen Ölfund in der Neutralen Zone berichtete. (Später hat er eingeräumt, dass er auch eine bessere Einschätzung hätte geben können, dass er aber in Saudi-Arabien bereits ebenso perfekte Gebiete gesehen hatte, die »verdammt trocken« gewesen waren, und die Aussichten nicht übertreiben wollte.)

Es war typisch für Pauls Misstrauen und seine Neigung zur Geheimniskrämerei, dass er Walton verboten hatte, ihm die Neuigkeiten per Telefon, Funk oder Telegramm zu übermitteln, die man jeweils hätte abfangen können. Stattdessen bestand er auf einen anonym aussehenden Luftpostbrief – der von Jiddah nach Paris volle neun Tage brauchte. Während der Wartezeit führte Paul mit ernstem Gesicht und der Selbstkontrolle eines Pokerspielers sein Leben weiter wie üblich, ohne auch nur im Mindesten zu verraten, was gerade vor sich ging.

Doch als er den Brief endlich in den Händen hielt, war er überglücklich. Eine fünfzigprozentige Chance muss im Ölgeschäft als gut gelten, und so machte er sein erstes Gebot für mögliche ertragreiche Ölfunde in der Neutralen Zone. Er war plötzlich bereit, sein gesamtes persönliches Vermögen, die Mittel aus dem Sarah C. Getty Trust und auch sonst alles einzu-

111

setzen, was er flüssigmachen konnte. Es war das größte Spiel seines Lebens.

Dass ein so ängstlicher Mann eine so mutige Entscheidung trifft und ein so knausriger Mann so viel riskiert, noch bevor die riesengroßen Probleme mit Transport, Raffinerie und Vermarktung des Öls geklärt waren, das er zu finden hoffte, zeigt vielleicht, wie wenig vorhersehbar sein komplizierter Charakter war. Es verwunderte und erstaunte sogar die, die ihn am besten kannten.

Noch merkwürdiger war, dass es in dem anonymen Leben, das er führte, nicht die kleinste Veränderung gab, während all das passierte. Jetzt, in seinen späten Fünfzigern, leitete er nach wie vor die Geschäfte seines viele Millionen Dollar schweren Firmenimperiums von Zimmer 801 des Hôtel George V in Paris aus, wo er auch mit seinen Frauen schlief, seine Socken wusch, Selbstlernschallplatten für Arabisch abspielte, als wären sie Hintergrundmusik, und jeden Abend pflichtbewusst die täglichen Ausgaben in seinen Kalender eintrug: »Taxi 5 Francs, Busfahrkarte 1 Franc, Zeitung – 10 Centimes«.

Und doch war dies derselbe Mann, der darüber verhandelte, dem König von Saudi-Arabien und dem Sultan von Kuwait jedes Jahr eine garantierte Million Dollar zu zahlen, selbst wenn niemals Öl gefunden wurde, dazu eine noch nie da gewesene Lizenzgebühr von vierzig Prozent auf jedes Barrel, das gefördert wurde – und außerdem eine Abschlagszahlung von zwanzig Millionen Dollar – alles dafür, ein vertrocknetes Stück Wüste 3000 Kilometer weit weg erschließen zu dürfen.

Der Erfolg in der Neutralen Zone war nicht leicht zu erreichen. Paul musste bald feststellen, dass die Aminoil-Firmengruppe, zu der auch Phillips Petroleum, eine der größten amerikanischen Ölfirmen, gehörte, ihm zuvorgekommen war und den Kuwaitis ebenfalls eine Konzession für die Neutrale Zone abgekauft hatte. Als Pauls Konzession von den Saudis bestätigt wurde, bedeutete das, dass er mit den Angestellten von Aminoil zusammenarbeiten musste – was unweigerlich zu Reibereien, Streit und schrecklichen Missverständnissen führte.

Außerdem war es auch nicht so einfach, hier eine Ölquelle zu finden – ganz gleich, wie überzeugt Paul vielleicht davon war, dass sie existierte und nur darauf wartete, entdeckt zu werden. Die Techniker seiner Pacific Western fanden erst im Frühjahr 1953, was sie gesucht hatten – sie stießen auf eine Ölquelle, die mit einem richtiggehenden unterirdischen Meer aus Öl verbunden war. Es war eine Entdeckung, die für die Ölindustrie in den Worten des *Fortune*-Magazins »irgendwo zwischen kolossal und geschichtsträchtig« war. Doch erst jetzt zeigten sich Pauls wahre Einzigartigkeit und sein Geschäftssinn, die das Getty-Vermögen weltumspannend machen sollten.

Das meiste Öl in der Neutralen Zone war billiges Öl von minderwertiger Qualität, die Art von Rohöl, die aus flachen Quellen gefördert wird, sodass es in der Produktion wenig kostet, nach dem es aber auch nur eine geringe Nachfrage gab. Paul erkannte jedoch sofort, dass moderne Raffinerien keine Schwierigkeiten damit haben würden, es für den ständig weiterwachsenden heimischen Markt aufzubereiten, falls es ihm gelang, dieses Öl in ausreichenden Mengen nach Amerika zu schaffen. Das Problem war der Transport, geeignete Raffinerien zu bauen, und die Vermarktung. Diese Probleme zu lösen war das ehrgeizigste Unternehmen seines Lebens und setzte Finanzierung und Planung in riesengroßem Umfang voraus.

Er wollte vermeiden, dass Schiffseigner so viel Macht über ihn bekamen, dass sie ihn in Zukunft erpressen konnten, deshalb entschloss er sich, seine eigene Flotte von Tankschiffen zu bauen – er gab über 200 Millionen Dollar für die riesigen Supertanker aus, die sein billiges Öl aus der Neutralen Zone hinausbringen sollten, nicht nur nach Amerika, sondern auch nach Europa und Japan. (Es war wiederum typisch für Paul, dass er es mithilfe seines hervorragend vernetzten Freundes, dem französischen Industriellen und früherem Fliegerass Kommandant Paul-Louis Weiller, schaffte, diese Tanker auf französischen Werften bauen zu lassen, wo er von der französischen Regierung zudem noch fünfunddreißig Prozent Subventionen erhielt – und anschließend den Ehrenorden für Verdienste um Frankreich verliehen bekam.)

Weitere zweihundert Millionen Dollar flossen in eine neue Raffinerie in Wilmington an Amerikas Ostküste und sechzig Millionen in die Modernisierung der alten Avon-Raffinerie in Kalifornien. Dies alles waren riesige Projekte. Der Fluss Delaware musste ausgebaggert und Hafenanlagen extra für Gettys Supertanker gebaut werden, damit diese bis nach Wilmington kamen. Die Zahl der Tide-Water-Tankstellen in Amerika wurde mehr als verdoppelt, um Verkaufsstellen für Gettys Benzin zu schaffen.

Die Ausgaben waren immens, aber die Profite übertrafen alles. Das Öl aus den flachen Quellen kostete in der Produktion so wenig, dass Löhne und Verwaltungskosten minimal gehalten werden konnten. Die weltweite Nachfrage nach Öl und Benzin stieg ständig an, und im Verlauf der nächsten zwölf Jahre erschloss Pacific Western fünfzehn weitere Ölquellen in der Neutralen Zone, die einen erheblichen Anteil an den amerikanischen Ölimporten aus dem Mittleren Osten ausmachten und Pacific Western zum siebtgrößten Erdölproduzenten in den USA aufsteigen ließen.

Seit Paul persönlich die Geschäftsführung in der Firma übernommen hatte und da er und der Sarah C. Getty Trust die Hauptaktionäre waren, hatten die Profite sowohl ihn als auch seine Erben erheblich reicher gemacht. Und 1956 änderte er dann den Namen des florierenden Unternehmens, um sicherzustellen, dass man sich in Zukunft an seinen Beitrag zur Getty-Dynastie erinnern sollte. Anstelle von Pacific Western sollte die Firma von nun an als Getty Oil Company bekannt sein.

Das Merkwürdige an dieser ganzen ausgeklügelten Operation war, dass Paul sich nach wie vor um jedes Detail persönlich kümmerte. Die Erschließung eines großen Ölfeldes, der Bau einer bedeutenden Tankerflotte und von Hafenanlagen und riesengroßen Raffinerien in Amerika, das alles entsprang den Überlegungen dieses einen außergewöhnlichen Menschen, der in aller Ruhe in Zimmer 801 im Hôtel George V in Paris saß. Er arbeitete oft die ganze Nacht hindurch und scherte sich nicht besonders ums Essen. Aber ansonsten änderte sich durch dieses erstaunliche Unternehmen fast gar nichts an seinem Privatleben.

Vorausgesetzt, er hatte immer ein Telefon in seiner Nähe, konnte er weiterhin reisen, Affären haben oder seinen persönlichen Interessen nachgehen, während selbst seine ehrgeizigsten geschäftlichen Abenteuer blieben, was sie stets gewesen waren: Teil des immerwährenden Spiels, das er zu seiner persönlichen Befriedigung mit dem Rest der Welt spielte.

Als Paul 1953 Penelope Kitson kennenlernte, war sie gerade erst einunddreißig, eine elegante, sehr beherrschte Engländerin aus der Oberschicht, die drei Kinder aus einer unbefriedigenden Ehe hatte. Sie wurden enge Freunde, und sie genoss seine Gesellschaft, fand ihn charmant, außerordentlich klug und war der Meinung, er besäße »den schärfsten Verstand von allen Menschen, die ich je kennengelernt habe«.

Er machte viel Aufhebens um sie und sagte, dass er sie liebe, aber ihr war von Anfang an klar, dass sie ihm völlig ausgeliefert gewesen wäre, wenn sie sich jemals in ihn verliebt hätte – also tat sie das nie. Als intelligente, weltgewandte Frau erkannte sie seine Einschränkungen nur allzu genau – dass er kein Mann zum Heiraten war, einer, dem sie nie erlauben durfte, Kontrolle über ihr Leben auszuüben, und dass sich hinter seinem ausschweifenden Sexualleben die Unfähigkeit verbarg, eine normale Bindung mit der Verantwortung, den Vergnügungen und den Schwierigkeiten zu ertragen, die eine Familie nun einmal mit sich brachte. Realistisch, wie sie war, gestattete sie sich nicht den Luxus zu glauben, dass sie ihn ändern konnte. Nicht dass sie das wirklich gewollt hätte, denn sie wusste, wenn sie es getan hätte, hätte das unweigerlich die Lebensweise zerstört, die er sich so sorgfältig aufgebaut hatte – und die umgekehrt seine geschäftlichen Unternehmungen möglich machte. Also beließen sie es bei einer Affäre, blieben gleichberechtigte Freunde und Partner.

Je besser sie Paul kennenlernte, desto mehr sah sie in ihm einen Mann mit außergewöhnlicher Konzentrationsfähigkeit und Willensstärke, und sie verstand, dass seine Haltung Frauen gegenüber (sie selbst eingeschlossen) Teil von etwas war, das sein Wesen im Kern bestimmte. Es kümmerte sie nicht besonders, dass er so sexbesessen war, dass »er einfach nicht die Finger von einer Frau lassen konnte, die in seine Nähe kam«. Sie behauptete, dass es an ihrem wenig eifersüchtigen Charakter gelegen habe, dass sexuelle Eifersucht nie ein Thema zwischen ihnen gewesen sei.

Aber sie spürte, dass er in der Tat ein sehr merkwürdiger Mensch war – dominant, klug, unabhängig, seinem Charakter fehlte jedoch ein entscheidender Zug. »Ich würde sagen, dass ein Teil von ihm wahrscheinlich nie erwachsen geworden ist.« Ein Teil von ihm blieb immer das selbstsüchtige, verwöhnte Einzelkind, demgegenüber George und Sarah stets nachsichtig gewesen waren. (Daher rührte ebenfalls der größte Teil seiner Schwierigkeiten mit seinen eigenen Kindern und seiner Familie.) »Aber er war immer sehr entschlossen, wenn er etwas erreichen wollte, und er hat nie irgendeine Aufgabe an jemand anderen übertragen, weil niemand es wirklich mit ihm aufnehmen konnte.«

Soweit es Penelope betraf, passte es ganz gut, dass sie ihre Unabhängigkeit behielt, vor allem weil sie spürte, dass Paul im Augenblick mehr in sie verliebt war als umgekehrt und dass sie ihn verlieren würde, sobald sich das änderte. Nach ihrer Scheidung kaufte sie ein Haus in Kensington, wo er häufig zu Besuch war, wenn er in London war, und da sie eine begabte Innenarchitektin war, gab er ihr den Auftrag, die Gästekabinen der Öltanker auszustatten, die er gerade baute.

Er entschuldigte sich dafür, dass er ihr keinen Heiratsantrag machte, indem er sagte, eine Wahrsagerin in New Orleans habe ihm vorausgesagt, dass er sterben würde, falls er ein sechstes Mal heiratete. (Das war wahrscheinlich eine Lüge. Er berief sich häufig auf Wahrsagerinnen, um sein Verhalten zu erklären oder zu entschuldigen.) Aber er sagte auch zu ihr: »Pen, du wirst immer meine Nummer eins sein.« Dieses Mal war das nicht gelogen, und bis zu seinem Tod blieb sie gleichsam der einzige Mensch, der ihm nahestand und sich nicht von seiner Art, seinem Ruf oder seinem Geld einschüchtern ließ – was auch der Grund war, weshalb er ihr vertraute.

In einem Bereich waren die Merkwürdigkeiten von Paul Gettys Charakter ganz besonders augenfällig, und zwar in seiner Rolle als Kunstsammler. Je mehr sein Wohlstand zunahm, desto ernsthafter beschäftigte er sich mit seiner Sammlung. Er hatte vor Kurzem das sogenannte Ranchhaus in Malibu gekauft – einen gemauerten Sommerwohnsitz in einer ausgezeichneten Gegend mit Blick auf den Pazifischen Ozean – und nutzte es als Bühne für die wertvollen französischen Möbelstücke aus dem 18. Jahrhundert, die er kurz vor dem Krieg zu Spottpreisen erworben hatte.

Seitdem hatte er mehrere gute Geschäfte gemacht – insbesondere das Rembrandt-Porträt des Kaufmanns Marten Looten, das er am Vorabend des Krieges einem verängstigten holländischen Geschäftsmann für 65 000 Dollar abgekauft hatte, und den exquisiten Ardabil-Teppich, den er zuvor für einen Tiefstpreis von 68 000 Dollar Lord Duveen, dem scharfsinnigsten international tätigen Händler, abgekauft hatte, als seine

Lordschaft auf dem Sterbebett lag. An einem schlechten Tag von Sotheby's hatte er sich für 200 Dollar ein Gemälde mit dem Titel *Die Madonna von Loreto* gesichert, von dem er sich einredete, dass es zumindest teilweise von Raffael stammte. In künstlerischen Belangen war sein alles überragendes Motiv noch immer, ein gutes Geschäft zu machen – was ihn davon abhielt, jemals ein richtiger Sammler zu werden. Sogar Penelope musste zugeben, dass »Paul wirklich zu gewöhnlich war, um sich selbst zu gestatten, eines der bedeutenden Bilder zu kaufen«.

Wichtiger war jedoch, dass er, weil er nicht emotional auf Kunst reagierte, auf gewisse Weise einem klugen Kind glich, das eine Menge weiß, allerdings keine ausgereiften ästhetischen Empfindungen besitzt. Das ist in dem kleinen Buch über sein Lieblingsthema augenfällig, das er zusammengestellt hat: über Frankreich im 18. Jahrhundert. Einiges von dem Wissen, das er hier gesammelt hat, stammt direkt aus Lexika, vieles davon könnte auch aus der Feder eines faktenbesessenen Zwölfjährigen stammen – doch als Schlüssel zu Paul Gettys Geist ist es sehr erhellend.

Beinahe alles in diesem Buch hat eine Beziehung zum Geld. Es werden einige wichtige Stücke seiner eigenen Sammlung beschrieben – aber immer hinsichtlich ihres Marktwerts, geschätztem Wert und wie viel er genau dafür ausgegeben hatte.

Das kann faszinierend sein. Wer außer Paul Getty hätte es geschafft, die zeitgenössischen Herstellungskosten für einen Boulle-Marketerie-Tisch herauszufinden und dann geschlussfolgert, dass ein französischer Adliger zu seiner Zeit 1760 etwas mehr dafür bezahlt hätte als den Preis für eine »Limousine in Topqualität« in den Fünfzigerjahren des 20. Jahrhunderts?

Er konnte sich mit dem gleichen Eifer in die Einzelheiten der Kennerschaft vertiefen – zum Beispiel ein spezielles Farbpigment, das in dem einen oder anderen seiner Gemälde verwendet worden war.

Er war jedoch ganz offensichtlich nicht dazu fähig, seinem eigenen emotionalen Urteil über irgendein Kunstwerk zu vertrauen, nur für den Fall, dass seine Gefühle mit ihm durchgehen sollten, sodass er in Wirklichkeit jemanden brauchte, auf dessen Geschmack er sich verlassen konnte, während er seine Sammlung aufbaute. Im September 1953 lernte er einen solchen Menschen kennen. Auf einer Italienreise mit einer weiteren seiner derzeitigen Geliebten, der exaltierten englischen Kunstkritikerin Ethel le Vane, traf er zufällig auf einem Korridor im Excelsior Hotel in Florenz auf einen der größten Kenner italienischer Malerei, Bernard Berenson, der ihn, ohne zu wissen, wer Paul war, zum Tee in das Allerheiligste der Kunstwelt einlud, seine Villa I Tatti in den Hügeln von Settignano nahe der französischen Grenze.

Es war eine merkwürdige Begegnung. Von Pauls Seite aus herrschte tiefe Ehrerbietung, mit der er den großen Kenner behandelte, der über ein solches Übermaß an den Fähigkeiten verfügte, die ihm fehlten: künstlerisches Urteilsvermögen, die Fähigkeit zur Differenzierung, Geschmack und Wissen. Auf Berensons Seite stand dem die völlige Ahnungslosigkeit gegenüber, dass es sich bei diesem sonderbaren Amerikaner mit der redseligen Freundin um den Mann handelte, der dabei war, der reichste Milliardär seines Landes zu werden.

So vieles im Leben hängt vom richtigen Zeitpunkt ab! Zwanzig Jahre zuvor hätte Berenson jemanden, der so reich war wie Getty, wohl nicht übersehen können. Und er und Joe Duveen hätten ihn gemeinsam mit Aufmerksamkeit überschüttet, seine schlafende Begeisterung für die Bilder geweckt, die sie ihm verkaufen wollten, und wahrscheinlich hätten sie ihm schließlich dabei geholfen, eine große Sammlung aufzubauen.

Stattdessen verging dieser Augenblick ungenutzt. Getty versprach ihm ein paar Fotos von seinen Marmorplastiken zu machen, und Berenson drückte seine Hoffnung aus, dass sie sich einmal wiedersehen würden, aber das taten sie nie. Berenson war alt und desillusioniert – nicht zuletzt von sich selbst. Getty fürchtete sich schrecklich davor, Geld zu verschwenden und/ oder betrogen zu werden; und er sollte erst nach seinem Tod anderen die Freude und Verantwortung zugestehen, auch nur einen Teil seines enormen Vermögens für Kunstwerke zu verwenden, die zu seiner Sammlung passten.

Offenbar hatte er in der Zwischenzeit ein Interesse an antiken Skulpturen entwickelt. Als geübter Geologe war ihm Marmor vertraut, und sein jüngster Erwerb römischer Plastiken führte zusammen mit einem Italienbesuch im Herbst zu ausgesprochen seltsamen und, wie sich noch herausstellen sollte, ziemlich weitreichenden Konsequenzen.

Eines der römischen Stücke aus der Sammlung von Lord Lansdowne, die er gekauft hatte, eine römische Statue, die Herkules darstellt, ließ ihn an den Ort reisen, an dem es entdeckt worden war – die Villa Adriana bei Tivoli vor den Toren von Rom. Obwohl dort nur wenige Ruinen erhalten sind, ist die Villa ein geschichtsträchtiger, atmosphärischer Ort, und Paul, der immer schon sehr beeinflussbar gewesen war, war scheinbar überwältigt von der Wahrnehmung ihres ehemaligen Besitzers, dem römischen Kaiser mit dem größten künstlerischen Schaffensdrang und der geheimnisvollsten Geschichte: Hadrian.

Déjà-vu-Erlebnisse kommen gar nicht so selten vor. Aber für einen reichen Selfmademan gibt es noch einen weiteren Grund, an die Wiedergeburt zu glauben – die Erklärung für seinen ansonsten unerklärlichen Erfolg, die in diesem Glauben steckt. Wie E. L. Doctorow in seinem gefeierten Roman *Ragtime* den Selfmademan Henry Ford zum Selfmademan Pierport Morgan sagen lässt:»Ich habe nur eine Erklärung für meine Genialität – einige von uns haben einfach häufiger gelebt als andere.«

Paul, der offenbar genauso empfunden hat, war vielleicht ebenfalls von Henry Millers Begründung für ebendiesen Glauben beeinflusst:»Sex ist einer von neun guten Gründen, an die Wiedergeburt zu glauben … die anderen acht sind unwichtig.«

Zumindest ist klar, dass sein Besuch in der Villa Adriana zu einer Zeit stattfand, als er leicht zu beeindrucken war, da ein plötzlicher Schwall von Reichtum und weltweit verstreute Unternehmungen so etwas wie ihr Echo in dem fanden, was er bereits über Hadrians Leben wusste. Genau wie der alternde Hadrian in seiner Villa geblieben war und von hier aus weiterhin Unternehmen und große Ereignisse in den entferntesten Ecken des Römischen Reiches angestoßen hatte, so hatte er dafür gesorgt, dass in den entferntesten Ecken von Gettys Reich große Dinge passierten. Hadrian war der reichste Mann der Welt gewesen, und Paul war gerade dabei, selbst auch so etwas zu werden. Zudem gefiel ihm der Gedanke, dass er ebenfalls eine im Sinne der Römer stoische Haltung dem Leben gegenüber hatte, und er fand, dass er einem römischen Kaiser gar nicht so unähnlich sah. Gab es schließlich für den wahren Snob – und es gab kaum jemanden, der mehr Snob war als Paul Getty – einen Stammbaum, der eventuell direkt zurück zum römischen Imperium führte?

Je länger Paul darüber nachdachte – und er scheint ziemlich gründlich darüber nachgedacht zu haben –, desto mehr Gemeinsamkeiten, Echos, Resonanzen zwischen dem lange gestorbenen Kaiser Hadrian und ihm selbst fielen ihm auf.

»Mir gefällt der Gedanke sehr gut, dass in mir der Geist von Hadrian wiedergeboren worden ist, und ich möchte seinem Beispiel so gut wie möglich folgen«, vertraute er einer Freundin in London an.

9. KAPITEL

VATERSCHAFT

Für einen Mann, dem Dynastien so wichtig waren, war Paul Gettys Abwesenheit als Vater sehr seltsam. Man fragt sich, ob er vielleicht ein wenig Zeit gefunden hätte, um sich um seine Kinder zu kümmern, die so weit weg von ihm aufwuchsen, wenn ihn die enorme Ausweitung seines Vermögens nicht so vollkommen mit Beschlag belegt hätte. Vermutlich nicht. Es lag nicht so sehr an einem Mangel an Zeit wie daran, dass er seine Kinder eindeutig als Bedrohung für die beiden Dinge betrachtete, die ihm am wichtigsten waren: Geldverdienen und das massive Streben nach seinem Vergnügen.

Nichtsdestotrotz nahm er gelegentlich Kontakt mit ihnen auf, wahrscheinlich aus reiner Neugier, wie ein Trappistenmönch, der einmal an der Fleischeslust schnuppert – nur um der Versuchung dann zu widerstehen. Wenn er diese Gelegenheiten in seinem Tagebuch beschreibt, stellt er sich immer als einen so liebevollen, hingebungsvollen Elternteil dar, dass es schwerfällt, nicht zu vergessen, dass seine Kinder ihn so gut wie nie gesehen haben. Der kleine Ronald wird als »klug und liebenswürdig« beschrieben, George ist »sehr reif, mit einem fähigen Geist und viel Persönlichkeit«, und Paul und Gordon werden jedes Mal als »meine beiden lieben Söhne« bezeichnet.

Das interessanteste von Gettys extrem seltenen Abenteuern im Reich der Vaterschaft ereignete sich am Weihnachtsabend

1939, als in Europa gerade der Krieg erklärt worden war, und es stellt die einzige Gelegenheit dar, bei der sich die vier »geliebten« Söhne tatsächlich zusammen im selben Raum befanden. Er war kürzlich von Neapel aus nach Los Angeles geeilt und hatte seine frisch angetraute Braut Teddy allein mit dem Krieg in Italien zurückgelassen. Zum ersten Mal muss er das Bedürfnis nach Trost durch die Familie empfunden haben, und er rief seine Exfrau Ann an, weil er den kleinen Paul und Gordon mit in ein Spielzeuggeschäft nehmen wollte, wo sie einen Pinguin bestaunten, der wie Donald Duck angezogen war, und wo er ihnen Weihnachtsgeschenke kaufte. Fini und Ronald waren kurz vor dem Krieg nach Los Angeles gezogen, und so wurden am Weihnachtstag »alle meine vier geliebten Söhne«, wie er sie weiterhin nannte – der fünfzehn Jahre alte George, der zehnjährige Ronald und die beiden Kleinen, Paul und Gordon, die gerade sechs und sieben waren –, in das Haus im South Kingsley Drive gebracht, damit sie ihrer siebenundachtzigjährigen Großmutter Sarah ihre Weihnachtswünsche überbrachten.

Getty muss dies eher aus der Achtung eines Sohnes heraus getan haben als aus väterlicher Zuneigung, denn es klingt wie ein unangenehmes Aufeinandertreffen – die stocktaube und lahme alte Dame, die vier unbekannten Jungen, die mit ihr blutsverwandt waren und miteinander so unbeholfen umgingen, und schließlich die Gegenwart dieses geheimnisvollen, reichen Vaters mit den herabhängenden Mundwinkeln, der ihnen wie ein völlig Fremder erschienen sein muss.

Doch auch hier stellt er das als fröhliche Party für eine sehr einige Familie dar, wenn er in seinem Tagebuch vom »wunderbaren Baum in Mutters Wohnzimmer« und den »Bergen« von Weihnachtsgeschenken spricht. »Mutter genoss das alles wie ein Kind«, versichert er uns. Er scheint lange genug geblieben zu sein, um seine Nachkommen zu begrüßen und seiner Mutter einen Kuss auf die Wange zu geben, ehe er sich aus dem Staub machte wie der Geist der Weihnacht.

Da Sarahs Gesundheitszustand danach immer schlechter wurde und sie zwei Jahre später starb, wurde diese Übung in weihnachtlicher Einigkeit nicht wiederholt. Es blieb über die ganze Kindheit der jungen Gettys hinweg ihr einziges Zusammentreffen, obwohl sie zu der Zeit alle in Kalifornien wohnten und auf ihren Schultern die Zukunft des größten Vermögens in Amerika lag.

Was aus Paul Getty einen so beunruhigenden und letztes Endes katastrophalen Vater machte, war die Art und Weise, mit der er sich während ihrer Kindheit und Jugend beinahe gänzlich von allen seinen Söhnen fernhielt, um später, als es ihm passte, die Beziehung wieder aufzunehmen, als wäre nichts Unpassendes geschehen, und zu versuchen, sie davon zu überzeugen, das fortzuführen, was er gern als die Getty-Dynastie bezeichnete.

Das konnte nicht gut gehen, denn da war der Schaden bereits angerichtet. Die Jungen hatten ihren Vater vermisst, als sie ihn brauchten, keiner von ihnen kannte ihn wirklich, und jeder hatte auf seine Weise Schäden davongetragen. Es war so gut wie unvermeidlich, dass die Jungen einander alle mit Eifersucht und Misstrauen betrachteten, sodass die »Dynastie« ihren Mitgliedern nicht dabei half, sich gegenseitig zu unterstützen, sondern vielmehr ängstliche Feindschaft verursachte. Eifersucht, Verbitterung und ständige Rechtsstreitigkeiten sollten die Folge der Probleme sein, die Paul Getty seinen Söhnen hinterließ, als er ihnen einen geisterhaften Milliardär als Vater gab.

Der Erstgeborene, George Getty II., sollte am wenigsten leiden. Er war noch viel zu jung, um sich an seinen Vater zu erinnern, als der die arme Jeanette 1927 verließ, und sie heiratete bald wieder – einen gut situierten, liebevollen Börsenmakler aus Los Angeles, Bill Jones, der den kleinen George wie seinen eigenen Sohn behandelte, ihn auf eine Privatschule in Los Angeles und anschließend nach Princeton schickte, wo er Jura studieren wollte.

George hatte während seiner Kindheit nur minimalen Kontakt zu seinem leiblichen Vater, aber Jeanette besuchte mit ihm regelmäßig Großmutter Getty, die stets eine Schwäche für ihren erstgeborenen Enkelsohn hatte. Der Junge trug nicht nur den kostbaren Namen ihres Ehemannes, den sie sehr vermisste, sondern George Getty senior hatte ihm in seinem Testament 300 000 Dollar hinterlassen. Dieses Geld wurde von seinem Stiefvater klug investiert, und so wuchs die Summe, und zusammen mit den immer größer werdenden Einkünften aus dem Sarah C. Getty Trust war sichergestellt, dass George sich keine finanziellen Sorgen machen musste, ganz gleich, wie viel er selbst verdienen würde.

Diese Situation war für George eigentlich vorteilhaft, da er kaum etwas vom Ehrgeiz oder vom Geschäftssinn seines Vaters geerbt hatte und wie gemacht für das ruhige Leben eines finanziell unabhängigen kalifornischen Rechtsanwalts ohne große Ambitionen war. Aber es sollte so nicht sein. Aufgrund seines Namens und seiner Stellung war Georges Schicksal von Anfang an besiegelt. Er war dazu bestimmt, das Unternehmen weiterzuführen, das sein Großvater und Namenspate gegründet hatte, und 1942, als George achtzehn geworden und im ersten Studienjahr in Princeton war, rief sein Vater ihn zu sich, damit er die Rolle übernahm, die er im Leben spielen musste.

George wollte gerade der US Army beitreten. Er hatte vor, nach Princeton zurückzukehren, sobald der Krieg vorbei war, aber nun interessierte sich sein Vater zum ersten Mal in seinem Leben für ihn. Er nahm ihn mit zu einem Besuch auf dem alten Ölfeld in Athen, Schauplatz einiger seiner Erfolge in seiner weit zurückliegenden Jugend. Er machte George unmissverständlich klar, dass seine Zukunft in der Ölindustrie lag und dass er eines Tages an der Spitze des Familienunternehmens stehen würde.

Wie hätte George sich weigern können? Zunächst musste er jedoch vier Jahre lang als Infanterieoffizier in der Army dienen, danach in der Ermittlungsgruppe für Kriegsverbrechen. Als er 1946 entlassen wurde, beschloss er endlich, dass er sich seinem Vater anschließen würde, anstatt sein Studium zu Ende zu bringen.

George wurde zu einem gewissenhaften Geschäftsmann, und als offenkundiger Nachfolger seines Vaters machte er eine schnelle Karriere im Management von Gettys Firmen. Nachdem er seinen Vater erfolgreich in der Neutralen Zone auf der Arabischen Halbinsel vertreten hatte, kehrte er nach Kalifornien zurück, um mit einunddreißig Jahren Vizepräsident von Tide Water Oil zu werden. Es winkten weitere Erfolge, und eigentlich hätte ihn von nun an ein angenehmes Leben erwarten sollen.

Doch George hatte als Geschäftsmann einen entscheidenden Fehler. Er scheint als Kind von seiner Mutter eine Neigung zu Angst und Schrecken vor der Figur seines abwesenden Vaters übernommen zu haben, die er nie ganz ablegen konnte. Selbst noch als erwachsener Mann hat er sie nie völlig überwinden können, und je mehr Verantwortung er als Paul Gettys offenkundiger Nachfolger übernahm, desto mehr schwächte ihn die Angst vor seinem Vater. Schließlich war sie sogar einer der Gründe für seinen Tod.

Doch Georges Schwierigkeiten waren nichts im Vergleich zu dem, was sein Vater seinem unglücklichen Halbbruder, dem »klugen und liebenswürdigen« Ronald aufbürdete. Da er halb Deutscher war, war Ronald von Anfang an der Außenseiter in seiner Familie.

Schon bald nachdem sein Vater 1932 die teuer erkaufte Scheidung von Ronalds Mutter Fini endlich durchgesetzt hatte, ließen sich Mutter und Sohn in der Schweiz nieder. Fini heiratete nicht noch einmal, und bis zum Ausbruch des Krieges 1939 kümmerte sich der Großvater des Jungen, Dr. Otto Helmle, um Ronald und sie. Er war seit der Scheidung einer von Gettys erbittertsten Gegnern.

Während dieser Zeit musste Dr. Helmle sich mit anderen Dingen befassen. Als bekannter Katholik und Anhänger der Zentrumspartei, des Vorläufers der Christdemokraten der Nachkriegszeit, hatte er 1933 tatsächlich den Posten des Wirtschaftsministers in Hitlers erster Regierungszeit als Reichskanzler abgelehnt. Später, als seine Ablehnung der Nazis immer stärker wurde, war er froh zu wissen, dass seine Tochter und sein Enkelsohn in der Schweiz in Sicherheit waren, wo er sie von Karlsruhe aus leicht besuchen konnte. Ronald verbrachte seine Kindheit also dort, sprach Deutsch und hielt sich selbst für einen Schweizer, während er sich der Existenz seines leiblichen Vaters mehr oder weniger unbewusst war.

1939 war Dr. Helmle gemeinsam mit seinem Freund und Parteikollegen Konrad Adenauer von allen politischen Ämtern ausgeschlossen worden und musste sogar eine Zeit lang ins Gefängnis, wodurch er sein gesamtes Vermögen verlor. (1944 entkam er nur mit Glück einer erneuten Verhaftung – dieses Mal wegen seiner Beteiligung an einer Verschwörung gegen den Führer.) Noch während seiner Haftzeit schickte er Fini und seinen zehnjährigen Enkelsohn nach Los Angeles, wo sie in Sicherheit waren und wo Ronald zum ersten Mal etwas über seinen Vater erfuhr.

»Selbst dann«, so sagt er selbst, »habe ich ihn nicht wirklich kennengelernt, weil ich ihn nie gesehen habe. Hin und wieder hat meine Mutter mich zu meiner Großmutter Sarah mitgenommen, aber ich kann mich nur noch daran erinnern, dass sie mir freundlich vorkam und im Rollstuhl saß und dass sie so taub war, dass keine Unterhaltung mit ihr möglich war. Mein Vater hat zu dieser Zeit eine Flugzeugwerft in Tulsa geleitet, sodass ich ihn nie gesehen habe. Hin und wieder hat er mir zum Geburtstag einen Scheck geschickt, einmal habe ich ein Paar Rollschuhe von ihm bekommen, das war alles. Ich kann wirklich nicht viel über ihn sagen, außer dass mir klar war, dass in meinem Leben etwas fehlte, vor allem wenn ich gesehen habe, wie andere Kinder mit ihren Vätern zum Baseball gegangen sind und ich nie.«

Ronald verstand nur nach und nach, dass zu allem anderen, das ihm fehlte, weil sein Vater nie anwesend war, auch noch ein weiteres Handicap kam. Seine Halbbrüder George, der junge Paul und Gordon waren alle im Sarah C. Getty Trust berücksichtigt und hatten deshalb ein Leben als Erben des immer größer werdenden Vermögens der Gettys vor sich. Ronald jedoch nicht.

Die eigentliche Ungerechtigkeit an seiner Situation lag darin, dass diese Ungleichbehandlung nichts mit ihm zu tun hatte. Den kleinen Ronald aus dem Sarah C. Getty Trust auszuschließen war der Weg, den sein Vater gewählt hatte, um Dr. Helmle die Scheidung heimzuzahlen – einschließlich der Summe, die die Scheidungsvereinbarung ihn gekostet hatte, und der Verzögerung seiner Heirat mit Ann Rork bis nach der Geburt seines dritten Sohnes Paul, weil es so lange gedauert hatte, zu einer Einigung zu gelangen. Wie um die Willkür dieser Entscheidung zu betonen, schloss der Trust Ronald zwar aus, schloss aber alle Kinder, die er möglicherweise haben sollte, ausdrücklich ein.

Um Getty in vollem Umfang gerecht zu werden, muss man sagen, dass das Kapital damals, als der Trust 1936 zugunsten seiner Kinder und ungeborenen Enkelkinder gegründet wurde, noch relativ klein war; und da ihn der, wie er es sah, Sieg von Helmle noch immer schmerzte, hatte er das Gefühl, dass dem reichen Dr. Helmle das Privileg zustand, für seinen Enkelsohn zu sorgen.

Was keiner von beiden hatte vorhersehen können, war, dass Helmle sein gesamtes Geld an die Nazis verlieren würde, während Getty das größte Vermögen von ganz Amerika aufbauen sollte.

Nach dem Krieg kehrten Fini und Ronald jeden Sommer nach Deutschland oder in die Schweiz zurück, sodass, wie Ronald sagt, »Europa immer schon so etwas wie meine Heimat

128

gewesen ist und Los Angeles eine Zwischenstation in meinem Leben. Ich habe mich natürlich mehr für einen Europäer als für einen Amerikaner gehalten.«

Erst 1951, als Ronald zweiundzwanzig war und sich im letzten Jahr seines Betriebswirtschaftsstudiums an der University of Southern California befand, hielt es sein Vater für richtig, Kontakt mit ihm aufzunehmen. Genau wie bei George wollte er, dass er seinen Platz in seinem schnell expandierenden Firmenimperium einnahm. Ronald beschreibt das Zusammentreffen so: »Ich habe mich darüber gefreut, dass er mich gebeten hat, für ihn zu arbeiten, aber man kann nicht sagen, dass es ein sehr emotionales Wiedersehen war.«

Ronald durchlief ein Ausbildungsprogramm bei Getty Oil und trat 1953 in die Marketingabteilung der zu Getty gehörenden Tide Water Oil ein, wo er so erfolgreich war, dass er drei Jahre später die Abteilung leitete und 40 000 Dollar im Jahr verdiente.

Doch bei Tide Water hatte er unweigerlich häufiger Kontakt mit dem jungen Vizepräsidenten, seinem Halbbruder George, und zwischen den beiden begann eine Fehde, die von Eifersucht und Verbitterung auf beiden Seiten geprägt war. Trotz seines Erfolges blieb George immer unsicher seinem Vater gegenüber, und er lehnte es ab, im selben Unternehmen zu arbeiten wie sein Halbbruder, nur für den Fall, dass dieser mehr Zuneigung von seinem Vater erhalten sollte, als ihm zustand. Ronald wurde sich andererseits immer stärker des riesigen Handicaps bewusst, das sein Vater ihm auferlegt hatte, indem er ihn als Einzigen aus dem Sarah C. Getty Trust ausgeschlossen hatte. Dieses Bewusstsein sollte in den kommenden Jahren wachsen wie ein Krebsgeschwür, bis es ihn schließlich beinahe ganz zerstörte.

Im Vergleich zu den Schwierigkeiten, die Paul Getty seinen Söhnen George und Ronald auferlegt hatte, wirkte das Leben von Paul und Gordon, die Jungen, die er so beiläufig mit dem früheren Wunderkind Ann Rork gezeugt hatte, unendlich viel einfacher. Da er in den Fünfzigerjahren immer häufiger im Ausland, in Europa und im Mittleren Osten, war, sah er von den beiden in ihrer Jugendzeit sogar noch weniger als von George und Ronald, sodass sie schutzlos der ungeteilten Macht der dominanten Persönlichkeit ihrer Mutter ausgeliefert waren. Nachdem ihre Ehe 1936 zu Hause in Reno in der »hübschen« – und einträglichen – Scheidung geendet hatte, widmete sich Ann ohne Zögern einer Folge von Eheschließungen mit drei weiteren wohlhabenden Männern, unterbrochen von verschiedenen Affären, die jeweils den Platz von Paul Getty einnahmen. Der Erste, der diesen Schauplatz betrat, war Douglas Wilson, ein Millionär aus Memphis, Tennessee, der nicht weiter erwähnenswert ist und mit dem sie eine Tochter hatte, Paul und Gordons hübsche, aber glücklose Halbschwester Donna.

Auf Wilson folgte Garret »Joe« McEnerney II., ein Anwalt aus San Francisco. Es war das Scheitern dieser Ehe, das Ann – oder »Mrs. Mack«, wie sie genannt wurde – in den Besitz eines gemütlichen, von Rankpflanzen bewachsenen Hauses in der Clay Street 3788 in Presidio Heights brachte, nahe des schicksten Viertels von San Francisco.

Zu dieser Zeit bekamen seine Söhne von Getty selbst nichts anderes als seinen Namen und Unterhaltszahlungen. Es gibt einen einzigartigen Eintrag in seinem Tagebuch mitten während des Krieges, in dem er seinen einzigen Besuch bei ihnen beschreibt. Gordon sagte ein Gedicht für ihn auf, das er »über die guten Eigenschaften von Schwarzen« geschrieben hatte – aber anstatt zu beschreiben, was er von Gordon oder von seinem Gedicht hielt, notierte Getty faktenbesessen wie immer nur: »Paul ist elf Jahre alt und wiegt 86 Pfund, während Gordon zehn ist und 76 Pfund wiegt.«

»Meine Söhne – allesamt – sind ein großes Geschenk«, fügte er hinzu – so groß, dass er weder Paul noch Gordon in den nächsten zwölf Jahren noch einmal besucht hätte, und ein Jahr danach, als der zwölfjährige Paul Papa einen Brief schrieb, schickte Getty ihn unbeantwortet zurück, nicht ohne jedoch zuvor sorgfältig alle Rechtschreibfehler zu korrigieren. Paul ist auch Jahre später noch verbittert deswegen. »Das habe ich nie verwinden können«, sagt er. »Ich wollte als Mensch behandelt werden, und das habe ich von ihm nie bekommen.« Da die Jungen so gut wie keinen Kontakt mit ihrem Vater hatten, hatten sie keine Ahnung vom riesigen Ausmaß seines Vermögens. Richter William Newsom zufolge, einem Freund und Schulkameraden von beiden an der St. Ignatius Highschool in San Francisco, »wussten sie, dass sie einen reichen, ja sogar sehr reichen Vater hatten, doch da er so gut wie keinen Einfluss auf ihr Leben hatte, hat man nicht viel von ihm gehört«. Richter Newsom beschreibt das Leben in der Clay Street zu dieser Zeit als »finanziell gut abgesichert, aber nicht verschwenderisch, Geld war so oder so kein großes Thema. Weder Paul noch Gordon schienen sich viele Gedanken um Geld oder einen Mangel an Geld zu machen – und sie grübelten auch nicht darüber nach, was sie wohl erwartete.«

Doch falls der Umstand, dass ihr Vater nie anwesend war, tatsächlich eine Lücke in Pauls und Gordons Leben hinterließ, war Mrs. Mack mehr als fähig, diese auszufüllen. Sie war eine machtvolle Erscheinung in ihrer unkonventionellen Familie und hatte eindeutig dominierenden Einfluss auf ihre beiden Söhne, als die mitten im San Francisco der Nachkriegszeit zu Männern heranwuchsen.

Sie war inzwischen Ende dreißig, eine attraktive, geschäftige Frau mit schönen Augen und kastanienbraunem Haar. Mrs. Mack war beinahe alles, was Jean Paul Getty nicht war – theatralisch, gelassen und ausgelassen. Sie war noch immer die frühere Filmkönigin und eine lebhafte Frau, die ihrer Tochter zufolge »einen sehr hohen IQ« hatte. Sie gab sich bewusst künstlerisch und hatte durchaus Geschmack, was Literatur und Musik betraf. Sie war eine Frau mit vielen Fähigkeiten, die durch Immobilienspekulationen im Marin County immer ein wenig eigenes Geld auftreiben konnte, wenn ihr etwas fehlte.

Mit einer solchen Mutter – und ohne Vater, der sie daran hätte hindern können, zu tun und zu lassen, was sie wollten – hätten die beiden Brüder eine idyllische Kindheit haben können – und in vielerlei Hinsicht war das der Fall.

Da sie von Natur aus ein Freigeist war, glaubte Mrs. Mack an die Freiheit und überließ die Jungen meist sich selbst. Doch sie war auch ein sehr geselliger Mensch, und diese Geselligkeit, die Jean Paul Getty immer so wütend gemacht hatte, bedeutete, dass sie ihre Söhne dazu ermutigte, ihre Freunde zu sich nach Hause einzuladen. (Da sie drei Jahre jünger als Gordon war, stand Donna Wilson, die Halbschwester der beiden Jungen, unweigerlich im Schatten dieses von Männern dominierten Haushalts. Sie war ein sehr hübsches Mädchen, aber auch sehr schüchtern, und sie wurde häufig übersehen, sodass sie erst viel später anfing, im Leben ihrer Brüder überhaupt eine Rolle zu spielen.)

Mrs. Mack war eine sehr gastfreundliche Mutter, und in der Teenagerzeit der Jungen stand das Haus in der Clay Street Pauls Freunden immer offen. Ein Teil seiner Attraktivität war sicherlich Mrs. Mack selbst geschuldet, die eine dieser geheimnisvollen Mütter war, die ein harmonisches Verhältnis mit allen Freunden ihrer Kinder haben. Einige waren vermutlich in sie verliebt, während andere sie eher als draufgängerische Tante in Erinnerung haben. Richter Newsom vergleicht sie mit Graham Greenes ungeheuerlicher Tante Augusta in seinem komischen Roman *Reisen mit meiner Tante* – aber normalerweise hört man von den alten Besuchern von »3788« immer wieder, dass »Mrs. Mack war wie Auntie Mame im richtigen Leben«.

Sie war ein toleranter Charakter, und so hatte Mrs. Mack nichts dagegen, dass die Brüder und ihre Freunde zu Hause

Alkohol tranken, als sie älter wurden, aus dem einfachen Grund, wie Donna es ausdrückte, dass »es besser war, sie sich betrinken zu lassen, wenn man wusste, wo sie waren, als irgendwo anders, wo man es nicht wusste«.

Zu einer Zeit, in der nur wenige Mittelklasseeltern so liberal mit diesem Thema umgingen, trug ihre Haltung viel zur Beliebtheit der Familie Getty und von Mrs. Mack selbst bei, die auch gern trank und sich »zu uns setzte, um ein Bier mit uns zu trinken«, wie sich einer der Freunde ihrer Söhne liebevoll erinnert. Schon bald nannte man das Haus in der Clay Street »den Club 3788« – oder einfach »siebenunddreißig achtundachtzig«.

Die Mitglieder von »3788« bildeten ein faszinierendes Gefolge um die Gettys mit dem jungen Paul als so etwas wie dem Anführer des Rudels, das unausweichlich als »die Getty-Gang« bezeichnet wurde. Er hatte einiges an irischem Charme und die Geselligkeit seiner Mutter geerbt und spielte seinem Publikum gerne etwas vor, brachte sie mit seinen Geschichten und seinen Heldentaten zum Lachen und kleidete sich wie ein Möchtegernrabauke und Playboy.

Doch die Anziehungskraft von 3788 lässt sich nicht allein durch Ann und den Alkohol erklären, das Haus wurde mit der Zeit eine Art kulturelles Leuchtfeuer für die Mittelklasse im San Francisco der Nachkriegszeit. Die Musik wurde immer wichtiger für die Familie – vor allem für Gordon, dessen Sammlung von Schallplatten mit Opernaufnahmen schon jetzt umfangreich war und ständig weiter anwuchs – im gleichen Maße nahm sein Wissen über die Oper und die größten Sängerinnen und Sänger zu.

Einige von ihnen – einschließlich solch legendärer Figuren wie der Sopranistin Licia Albanese und dem lyrischen Tenor Tagliavini – gaben Liederabende im Haus der Familie, wenn sie in San Francisco zu Besuch waren, und die Liebe der beiden Jungen zur Oper entwickelte sich in den folgenden Jahren weiter, sodass sie sogar in Phasen schwerer Zerwürfnisse immer als Mitglieder des esoterischen Kults der hingebungsvollen Opernliebhaber vereint blieben.

Ein Haushalt wie der in der Clay Street sieht aus wie die perfekte Umgebung für die Jungen, um sich zu intelligenten und einzigartigen Menschen zu entwickeln, und auf den ersten Blick profitierte Paul voll davon. Er lebte ein verwöhntes Leben mit viel Gesellschaft, mit Unterstützung und mit Ermutigung von seiner vernarrten Mutter. Genau wie sie trank er viel. (Manchmal gab es für ihn Bier und Räucherfisch zum Frühstück und für sie trockene Martinis.) Er war beliebt bei seinen Freunden, und die Mädchen fanden ihn attraktiv, sodass es schien, als läge ein wunderbares Leben vor ihm.

Mit Gordon sah es dagegen schon anders aus. Beide Jungen waren gut aussehend, aber auf sehr unterschiedliche Art und Weise. Mit seinem spitzen Gesicht und seiner lebhaften Art glich Paul eher einem halbwüchsigen Faun, Gordon hingegen ähnelte, nachdem er seine volle Größe von fast einem Meter und neunzig erreicht hatte, einer größeren Ausgabe des jungen Franz Schubert. Donna drückt es so aus: »Paul strahlte Sexualität aus, während Gordon eigentlich nicht besonders viel ausstrahlte«, und Paul war ohne Zweifel der Liebling seiner Mutter. Bill Newsom zufolge »hielt sie ihn für den geistreichsten, klügsten, hübschesten Jungen von Kalifornien«.

Paul reagierte darauf, von seiner Mutter so verwöhnt zu werden, indem er es voll ausnutzte und fröhlich sein Leben lebte. Als Gordon nicht die gleiche Aufmerksamkeit von seiner Mutter bekam, zog er sich in sich zurück und errichtete eine Mauer aus Selbstgenügsamkeit um sich, die schon bald zu einem Schlüsselelement seiner Persönlichkeit wurde.

Gordon widersetzte sich der laxen Haltung seiner Mutter, indem er gleichsam puritanisch wurde, und im Gegensatz zu ihr und seinem Bruder war er nie ein großer Trinker. Paul kaufte sich ein glamouröses Auto nach dem anderen, darunter ein

Cord und ein Dodge-Cabriolet, mit denen er stilbewusst und ziemlich schnell fuhr. Gordon entschied sich für ruhigere Fahrzeuge – ein solides Oldsmobile und einen noch solideren Buick, die er sehr bedächtig fuhr.

Auch wenn das Leben in der Clay Street als sehr entspannt erschien, beeinträchtigte die Abwesenheit einer Vaterfigur die beiden Jungen wahrscheinlich mehr, als ihren Freunden klar war. Für Gordon gab es keine elterliche Alternative zu seiner Mutter, und als er feststellte, dass er mit Mrs. Macks Späßen oder ihrer Trunkenheit oder ihren Liebhabern nicht umgehen konnte, neigte er immer mehr dazu, sich ein Leben für sich allein weit weg von zu Hause aufzubauen. Noch ehe er auf die Universität ging, zog er bei der ruhigen irischen Familie seines alten Schulfreunds Bill Newsom ein, wo er Newsom senior zu so etwas wie einer Vaterfigur für sich machte. Zu diesem Zeitpunkt war aus Gordon ein kluger, in sich gewandter Einzelgänger geworden, dessen wahres Zuhause in der Musik, der Lyrik und der ökonomischen Theorie lag. Diese halfen ihm über alle Schwierigkeiten und Ablenkungen hinweg, die er in den nächsten Jahren vor sich hatte.

Ganz anders als der selbstgenügsame Gordon, der keinerlei Interesse an organisiertem Glauben hatte, durchlief Paul mit sechzehn bei den Jesuiten von St. Ignatius eine ernsthafte Umkehr. Und auch wenn Pauls Leben auf den ersten Blick erstrebenswerter scheint als das von Gordon, war er in Wirklichkeit wesentlich verletzlicher als sein Bruder. Wenn er irgendeinem Beispiel folgte, dann wahrscheinlich dem des gut aussehenden Edgar Peixoto, einem charmant erfolglosen Rechtsanwalt, der einer der vielen Liebhaber seiner Mutter war.»Ein stilsicherer, höchst intelligenter Mann, bei dem der Alkohol leider das Ruder übernommen hat«, so erinnert sich einer von Pauls Freunden an ihn. Bill Newsom sagt, wenn er an Gespräche mit Peixoto und dessen phänomenales Gedächtnis für die derbsten Limericks von Norman Douglas denkt:»Die meisten von uns haben Edgar für einen Helden gehalten.« Paul gehörte mit Sicherheit dazu – doch Gordon nicht.

Pauls Charakter war offenbar voller Widersprüche. Hinter seinem wilden Benehmen steckte eine gewisse Melancholie und hinter seinem konstanten Bedürfnis nach Freundschaft nicht unerhebliche Unsicherheit. Während Gordon die Sicherheit von Schach und ökonomischen Theorien liebte, fühlte sich Paul von den Exzessen der Hochromantik angezogen. Er war ein eifriger Leser, und bald schon sammelte er Bücher, angefangen bei einer Erstausgabe von *Der große Gatsby*. Er schätzte die Dekadenz der Jahrhundertwende wie bei Wilde und Corvo, aber seine Lieblingsentdeckung war der hochtrabende Teufelsanbeter Aleister Crowley. Dieser selbsterklärte »Prinz der Finsternis und Tier 666« Crowley, der eine Tagesdosis Heroin verkraften konnte, die gleich für ein halbes Dutzend schwächerer Männer das Ende bedeutet hätte, wurde zu so etwas wie einem Vorläufer der »psychedelischen Generation« der Sechziger; dass Paul jetzt auf ihn aufmerksam wurde, ist ein Anzeichen für die Art und Weise, wie sein Geist arbeitete und wie sich seine Interessen noch entwickeln sollten.

Paul war mit der Highschool fertig und wollte an der Universität von San Francisco studieren, als 1950 der Koreakrieg ausbrach. Seine Mutter bot ihm an, ihren Einfluss auf einen General, den sie kannte, auszunutzen und damit seine Einberufung zu verhindern, aber das wollte er nicht zulassen. Stattdessen ging er nach Korea, wurde zum Corporal befördert, zeigte jedoch anderweitig nicht viel Talent für das Militär. Er leistete seine Dienstzeit in einem Büro im Hauptquartier in Seoul ab. Ein Jahr später brach auch Gordon sein Studium der Wirtschaftswissenschaften in Berkeley ab, um sich der Artillerie anzuschließen. Er bekam ebenfalls ein Kommando übertragen, mochte die Army aber nicht viel lieber als Paul und verbrachte seine Dienstzeit im Basislager Fort Ord.

Als er aus Korea zurückkam, hatte sich Paul bereits in die

hübsche Gail Harris verliebt, das einzige Kind von Bundesrichter George Harris. Im Gegensatz zu den Gettys, die noch als Neuankömmlinge in der Stadt galten, lebten die Harris' schon seit drei Generationen in San Francisco, und der Richter, von Truman berufen, war eine führende Figur in der Gemeinde. Doch trotz Pauls ganzer Wildheit schlossen der Richter und seine Frau Aileen ihn schnell in ihr Herz, und er war andererseits verliebt genug in Gail, um mit dem Trinken aufzuhören. Als Paul und Gail sich entschlossen zu heiraten, gab es nur einen Menschen, der etwas dagegen hatte: Mrs. Mack.

Es gefiel ihr überhaupt nicht, ihren Lieblingssohn zu verlieren, und so argumentierte sie vehement, dass er mit dreiundzwanzig noch viel zu jung und zu wild und zu unreif sei, um zu heiraten. Trotz all ihrer Warnungen und Einwände unterstützten die Harris' die jungen Liebenden, die 1956 schließlich in aller Stille in der Our-Lady-of-the-Wayside-Kapelle in Woodside heirateten.

Der Vater des Bräutigams, der zu dieser Zeit in England war, hätte, wie es seine Art war, die Hochzeit ignoriert, aber auf Penelope Kitsons Betreiben hin schickte er ein Glückwunschtelegramm mit der Unterschrift »Dein dich liebender Vater« – wenn auch kein Geschenk.

Es schien so, als wäre Gordon in der Zwischenzeit ausschließlich mit Lyrik, ökonomischer Theorie und Musik verheiratet – vor allem mit der Musik. Er hatte eine Baritonstimme, wie sie zu seiner Größe passte, und träumte vom Gesangsstudium an einem Konservatorium und davon, eines Tages weltweit zu Ruhm und Geld zu kommen, indem er Opernsänger wurde.

Bis zu diesem Augenblick in ihrem Leben hatten sich die beiden Brüder noch nie für das Ölgeschäft interessiert, geschweige denn für ihre Halbbrüder George und Ronald oder ihren unbekannten Vater, der Wohlstand von unvorstellbarem Ausmaß unter dem Sand in einer der heißesten, trockensten, unwirtlichsten Gegenden der Welt förderte.

2. TEIL

10. KAPITEL

DER REICHSTE LEBENDE AMERIKANER

Im Oktober 1957 trat Paul Getty schließlich als Unternehmer ins Licht der Öffentlichkeit, das er so lange gescheut hatte. Nach mehreren Monaten Recherche unter Amerikas Superreichen wie etwa den Rockefellers, Morgans, Hunts und Fords erklärte das Magazin *Fortune* Jean Paul Getty, einen »im Ausland lebenden Geschäftsmann in Paris« zum »reichsten lebenden Amerikaner«.

Auf Fotos, die in dieser Zeit von ihm gemacht wurden, wirkt er wie ein nachtaktives Tier, das plötzlich aus seinem Versteck aufgescheucht und dem grausamen Tageslicht ausgesetzt worden ist. Das geheime Spiel, das ihn im Stillen beschäftigt hatte, seit sein Vater gestorben war, konnte nicht länger geheim bleiben. Sein Reichtum war kein Geheimnis mehr, und eine ganze Reihe von wichtigen Dingen begannen sich für Getty zu ändern – genau wie für die Menschen um ihn herum.

Das große Vermögen und die Geschäftsverbindungen, die er aufgebaut hatte, konnten nicht mehr länger die diskreten Angelegenheiten bleiben, die er über so lange Zeit mit Ferngesprächen von seinen Hotelzimmern aus organisiert hatte, mit Unterlagen, die er entweder im Kopf hatte oder in Schuhschachteln aufbewahrte. Von nun an wurde es immer mehr wie andere große Vermögen. Und auch wenn er alles tat, um seinen Lebensstil in der gewohnten Weise fortzuführen, wurde er jetzt unwiderruflich zu einer Person des öffentlichen Interesses und unterlag damit all dem Druck, dem die Superreichen ausgesetzt sind – Publicity, Bettelbriefe, Spekulation, Neid, kriecherischer Rummel; nun wurde sein Gesicht immer bekannter.

Er tat so, als würde er den Verlust seiner »befriedigenden« Anonymität bedauern, indem er sich daran erinnerte, wie Reporter, die von Ereignissen berichtet hatten, bei denen er zu Gast war, ihn früher in der Regel einfach übersehen hatten. »Soweit ich weiß«, sagte er, »haben sie mich für einen Kellner gehalten.« Doch das war nun vorbei. »Nachdem ich es mein ganzes Leben lang vermieden habe, im Rampenlicht zu stehen«, schrieb er, »bin ich jetzt zu meinem großen Unbehagen so etwas wie eine Kuriosität, ich bin über Nacht so eine Art finanzielles Monster geworden«.

Aber im Grunde genommen war er eitel genug, um seine Berühmtheit zu genießen. Nach Aussage seiner Sekretärin Barbara Wallace jedoch »begannen die Dinge jetzt schiefzugehen«.

Ann Rork Getty hatte recht gehabt, als sie ihrem früheren Ehemann vorwarf, sich »nicht für seine Söhne zu interessieren, bis sie alt genug waren, um ihren Platz in seiner heiß geliebten Dynastie einzunehmen«. Er hatte vielmehr ein geradezu übermenschliches Desinteresse an seinen Nachkommen. Man fragt sich, wie irgendjemand seinem eignen Fleisch und Blut gegenüber so unzugänglich sein kann, dass er seine Kinder jahrelang vollkommen ignoriert, ihnen niemals schreibt, sich niemals fragt, ob sie klug sind, gut aussehend, sich für Frauen interessieren, für Tiere oder vielleicht für Musicals oder ob sie womöglich kriminelle Verrückte waren. Doch Getty hatte niemals nachgefragt. Er interessierte sich aufrichtig nicht dafür, und bis sie alt genug waren, dass er etwas mit ihnen anfangen konnte, kümmerte er sich nicht um sie.

Es muss eine Versuchung für seinen Sohn Paul junior gewesen sein, einfach mit einem vergleichbaren Mangel an Interesse zu reagieren. Aber da er nicht nur Gail zu versorgen hatte, sondern auch seinen ersten Sohn, Jean Paul Getty III., der im November 1956 zur Welt gekommen war, beschloss er etwa um diese Zeit, im Familienunternehmen Arbeit zu finden – und nahm Kontakt mit seinem Halbbruder George auf, der inzwischen Vizepräsident von Gettys Tidewater Oil mit Hauptsitz in Los Angeles war. (Die Firma hatte vor Kurzem den Namen Tide Water geändert.) Abgesehen von ihrem Vater hatten die beiden Halbbrüder nicht viel gemeinsam. Sie kannten einander nicht und sollten sich auch nie besonders gut leiden können. George bot Paul trotzdem einen Posten an – in einer Tankstelle von Tidewater mit schicker weißer Hose, sauberem weißem Hut und der glänzenden schwarzen Fliege eines Tankwarts.

Schon bald sollte Gordon, der sonst nicht viel zu tun hatte, sich ihm anschließen, und kurze Zeit später wurden die beiden Brüder für die Ausbildung im Hauptquartier von Tidewater vorgeschlagen. Aber bis zum Frühjahr 1958 gab es noch immer so gut wie keinen Kontakt mit ihrem Vater, bis der Paul aus heiterem Himmel anrief, um ihn nach Paris zu zitieren. Endlich sollte er seine Chance bekommen, seine Fähigkeiten unter Beweis zu stellen – in den Ölanlagen von Getty in der Neutralen Zone auf der Arabischen Halbinsel.

Pauls Antwort war, dass er eine Frau und einen kleinen Sohn hatte, die er selbstverständlich mitnehmen wollte.

»Schön«, sagte sein Vater. »Bring sie erst einmal mit nach Paris, damit ich sie kennenlernen kann.«

Das ist der Grund, weshalb Paul und Gail mit dem Baby zum Mittagessen mit dem Familienoberhaupt ins Hôtel George V in Paris kamen. Es ist auch der Grund dafür, dass etwas geschah, das weitreichende Folgen für die Familie Getty hatte. Die Gesellschaft am Tisch begann, sich ziemlich gut zu verstehen.

Gail, die ihren Schwiegervater noch nie zuvor gesehen hatte, hatte »einen furchtbar mürrischen Mann« erwartet. Stattdes-

143

sen begrüßte er seinen Sohn mit den Worten:»Paul, warum hat mir niemand gesagt, dass deine Frau so hübsch ist.« Und er war so charmant zu ihr, wie nur er es zu einer schönen Frau sein konnte. Der alte Misanthrop war von seinem Enkelsohn ebenfalls begeistert –»ein kluger, rothaariger kleiner Kerl« mit »der bemerkenswerten Fähigkeit, seinen Großvater seine Befehle befolgen zu lassen«, wie er mit für ihn untypischem Enthusiasmus am Abend in sein Tagebuch schrieb.

Selbst jetzt noch hätte dieser Versuch einer Familienzusammenführung sofort beendet werden können, wenn nicht die Ereignisse in Paris dazwischengekommen wären. Es gab gewalttätige Proteste gegen de Gaulles Algerienpolitik – und in unangenehmer Nähe zum Hôtel George V wurden Barrikaden errichtet.

Getty hatte für gewaltsame Revolutionen nichts übrig – und er entschied sich aus Furcht, mit der ganzen gerade eben wiedergefundenen Familie nach Brüssel umzuziehen. Dort blieben sie für die nächsten Wochen und wohnten in ungewohntem Luxus im Grand Hotel, von wo aus sie jeden Morgen die gerade eröffnete Weltausstellung besuchten. Hier frühstückten sie Waffeln mit Ahornsirup im kanadischen Pavillon, gefolgt von einem Besuch im sowjetischen Pavillon zum, wie Gail sich erinnert,»köstlichsten Kaviar, den ich jemals probiert habe«. Als Mann der Gewohnheit amüsierte Getty sich.

Ein vergnüglicher Urlaub mit den jüngeren Mitgliedern seiner Familie war etwas, das Paul Getty noch nie zuvor erlebt hatte. Gail war die perfekte Schwiegertochter für ihn, die seine Geschichten spannend fand und ihm, mehr oder weniger gefesselt, stundenlang zuhörte.

Der »rothaarige kleine Kerl«, der siebzehn Monate alte Jean Paul Getty III., blieb eine Quelle ständiger Freude; und Paul junior war ebenfalls faszinierend für seinen Vater, mehr als jeder seiner anderen Söhne es je gewesen war. Als der Urlaub in Brüssel zu Ende war, hatte Getty eine wichtige Entscheidung getroffen, die nicht nur Paul und Gail, sondern die gesamte Familie Getty betraf.

Es war zwar schon alles für die Ankunft von Paul und seiner Familie in der Neutralen Zone vorbereitet worden, doch Getty hatte seine Meinung geändert. Er sagte, das Leben in einem Wohnwagen in der Hitze der arabischen Wüste sei nichts für ein frisch verheiratetes Paar mit einem Baby. Gordon war noch immer unverheiratet und konnte leicht den Platz seines Bruders einnehmen – und genau das passierte einige Wochen später, indem er ohne weitere Umstände zu Gettys Ölanlagen auf der Arabischen Halbinsel verschifft wurde.

Doch die Wahrheit war, dass »der große Paul«, wie die Familie ihn zuweilen nannte, seine »kleine Familie« lieb gewonnen hatte und nicht die Absicht hatte, sie gleich wieder zu verlieren, wenn er es irgendwie verhindern konnte.

Da Paul so schnell sein Lieblingssohn geworden war, war es Zeit, dass dieser sein gemästetes Kalb bekam. Wie der Zufall es wollte, gab es den idealen Posten für ihn im Zentrum von Gettys Firmenimperium, er schien nur auf ihn gewartet zu haben. Je länger der alte Mann darüber nachdachte, desto besser gefiel ihm der Gedanke.

Getty Oil hatte im Zuge der Erweiterung seines Raffineriegeschäfts in Europa vor Kurzem die kleine italienische Golfo Ölgesellschaft gekauft, die eine Raffinerie in Gaeta, außerhalb von Neapel, besaß. Die Firma hatte ein Büro in Mailand, aber Getty hatte vor, sie zu vergrößern, sie in Getty Oil Italiana umzubenennen und das Hauptquartier nach Rom zu verlagern. Wen sonst hätte er zum Generaldirektor machen sollen, wenn nicht seinen Sohn Paul?

Eigentlich war Paul mit seiner Liebe zum Reisen, zu Büchern und zum Müßiggang nicht der junge Mann, dem man irgendetwas hätte anvertrauen können, vor allem, da er keinerlei Erfahrung in der Leitung von Firmen hatte. Aber für seinen

Vater zählte das alles nicht. Paul war sein Sohn, und jeder seiner Söhne musste in der Lage sein, die Leitung eines bescheidenen Unternehmens wie Golfo aus dem Ärmel zu schütteln.

Im Geiste seiner neu entdeckten großväterlichen Art zeigte der alte Tycoon seiner »kleinen Familie« gegenüber weiterhin untypische Zuneigung. Von Paris aus fuhr er sie sogar persönlich in seinem uralten Cadillac nach Mailand – in kurzen Etappen und außerordentlich langsam. Er bestand darauf, sie in einer Wohnung im Stadtzentrum von Mailand unterzubringen – in der Nähe der Büros von Golfo in der Piazza Eleonora Duse. Die schicksalhafte Verflechtung der nächsten Generation der Familie Getty mit Italien hatte begonnen.

Natürlich hätte niemand von ihnen die entscheidende Rolle voraussehen können, die Italien von diesem Zeitpunkt an in ihrer aller Leben spielen sollte – vor allem, weil ihr erster Eindruck von Mailand eher negativ war. Es braucht Zeit und Geduld, um die schönen Seiten von Mailand zu entdecken, und die jugendlichen Gettys hassten das Wetter, das Essen schmeckte ihnen nicht, und sie verstanden die Sprache nicht.

Außerdem war klar, dass aus Paul niemals ein Geschäftsmann werden würde. Doch er gab sich Mühe, versuchte, die Besonderheiten des Ölgeschäfts zu verstehen, und als sein Vater ihm riet, er solle »immer einen dunklen Anzug tragen«, kaufte er sich pflichtschuldig einen.

In dieser Flitterwochenphase von Vater und wiedergefundenem Sohn tat Paul etwas, das den alten Mann mehr berührte, als man sich hätte vorstellen können.

Fünfundzwanzig Jahre zuvor, als Ann Rork (damals einundzwanzig Jahre alt) an Bord eines Schiffes vor Genua ihren Sohn viel zu früh zur Welt brachte, hatte es einige Verwirrungen um seinen Namen gegeben. Als das Schiff im nächsten Hafen vor Anker ging, war das Kind klein genug, um es in einer Hutschachtel an Land zu bringen, und es wurde offiziell im italienischen Geburtsregister in La Spezia eingetragen. Der stolze

Vater wollte dem Kind seinen eigenen Namen geben – Jean Paul Getty junior –, doch der Registerbeamte hatte ihn missverstanden und dem Kind stattdessen einfach den Namen Eugenio gegeben.

Eugenio, was »gesundes Kind« bedeutet, war ein beliebter Name im positiv denkenden faschistischen Italien, aber zu Hause in Amerika war er weniger akzeptabel und wurde unweigerlich zu Eugene. Paul hasste den Namen, benutzte ihn nie, und jetzt, da er wieder in Italien war, nutzte er die Gelegenheit, seinen Namen offiziell so zu ändern, wie sein Vater es von Anfang an beabsichtigt hatte. Eugene Paul war Geschichte. Jean Paul Getty junior übernahm.

Während sich der frisch umbenannte Jean Paul Getty junior im ungewohnten Licht väterlicher Zuneigung sonnte, hatten seine Geschwister nicht einmal halb so viel Spaß. Der plumpe George war zwar offiziell zum Haupterben und Nachfolger auserkoren und bekam den Posten als Vizepräsident von Gettys Tidewater Company, doch der Geist seines Vaters verfolgte ihn mehr als je zuvor – genau wie die Briefe, die mit den Worten »Mein lieber George« begannen und mit »Dein dich liebender Vater« endeten. Getty senior beobachtete mit Adleraugen noch immer jeden Winkel seines Imperiums, und in seinen Briefen kritisierte er die Fehler und Schwächen seines gewissenhaften, jedoch schrecklich frustrierten ältesten Sohnes bis in die kleinsten Details hinein.

George war mittlerweile Mitte dreißig, Vater von drei lebhaften Töchtern und so etwas wie eine Stütze der vornehmen Gesellschaft von Los Angeles. Aber wie einmal jemand über ihn gesagt hat, hätte er auch einen »fabelhaften Inhaber in einem Eisenwarenladen in einer Kleinstadt im Mittleren Westen« abgegeben, und er fand, dass die Leitung einer der wichtigsten Ölfirmen des Landes ein ziemlicher Albtraum war, vor allem, wenn einem der eigene Vater dabei immer wieder in die Parade fährt.

Ronalds Leben war auch nicht wesentlich behaglicher. Auf einer Reise in die Neutrale Zone hatten sie 1956 vergeblich versucht, einander näherzukommen. Auch wenn ihn die Tatsache, dass er fließend Französisch und Deutsch sprach, für die Geschäftsführung von Veedol qualifizierte, einer Ölfirma in Hamburg, die ebenfalls Getty gehörte und in der er einigen Erfolg hatte, blieb sein Verhältnis zu seinem Vater so kühl wie immer. (Es half auch nicht, dass George die Angewohnheit hatte, wenig brüderliche Nachrichten über ihn an seinen Vater zu schreiben, und dass Ronald im Gegenzug Briefe über Georges Schwächen schrieb.)

Die Wahrheit war, dass Getty nach dem ganzen Ärger, den er all die Jahre zuvor wegen Dr. Helmle gehabt hatte, noch immer eine Abneigung gegen ihn hegte; und als Ronald 1964 die hübsche Karin Seibl in Lübeck heiratete, sah der Milliardär keinen Grund, weshalb er mit seiner Gewohnheit hätte brechen sollen, sich nicht weiter um die Hochzeit eines seiner Kinder zu kümmern.

Selbst Gordon mit seinem sonnigen Gemüt hatte seine Schwierigkeiten, als er Pauls Platz im Büro der Geschäftsführung von Gettys Ölanlagen in der Neutralen Zone einnahm. Den Anordnungen seines Vaters folgend, weigerte er sich, dem örtlichen Emir das übliche Schmiergeld zu zahlen; doch er bestand anschließend darauf, eine seiner weiblichen Angestellten gegen die Rechtsprechung desselben Emirs zu verteidigen. Es war herausgekommen, dass sie eine Affäre mit einem der Untertanen des Emirs gehabt hatte – ein Verbrechen, das mit dem Tod durch Steinigung geahndet wurde. Da er sich weigerte, das hinzunehmen, wurde Gordon von den Saudis unter Hausarrest gestellt, nachdem sie herausfanden, dass er der Frau dabei geholfen hatte, das Land zu verlassen.

Dieser Zwischenfall wirft zwar ein gutes Licht auf Gordon als Menschen, aber er konnte seinen Vater damit nicht als Geschäftsmann beeindrucken, denn der war der Ansicht, dass das

Mädchen die Regeln gekannt habe und somit den Preis hätte zahlen müssen. Davon abgesehen pflegte er inzwischen ein gutes Verhältnis zum saudischen Königshaus, und er wollte, dass es dabei blieb. Also wurde Gordon schnell wieder zurückbeordert und stattdessen nach Tulsa geschickt, wo er die Geschäfte der Firma führen sollte, die mittlerweile Spartan Trailer Company hieß. Als er diese Aufgabe ebenfalls leid war, kehrte er stillschweigend nach Berkeley zurück, um seinen Abschluss in Englischer Literatur zu machen.

Getty war ganz bestimmt kein mitfühlender Vater, aber das am wenigsten schmeichelhafte Bild von ihm in dieser Rolle entsteht, wenn man den Sommer des Jahres 1958 betrachtet, in dem er in Mailand seine »kleine Familie« mit so viel sentimentalem Gefühl bedachte.

Zur selben Zeit musste sich nämlich sein zwölfjähriger Sohn Timmy in einem New Yorker Krankenhaus einer weiteren Operation unterziehen, die endlich seine lange Leidenszeit beenden sollte. Er war halb erblindet, und seine Stirn war entstellt, nachdem man ihm einen großen Tumor entfernt hatte, und jetzt sollten in einer kosmetischen Operation seine Narben reduziert werden.

Während Timmy auf seine Operation wartete, rief er seinen Vater jeden Tag an und flehte ihn an, nach Amerika zurückzukommen, damit er bei ihm sein konnte. Er schickte ihm außerdem herzzerreißende kleine Briefe: »Deine Liebe fehlt mir, Daddy, und ich würde dich so gerne wiedersehen.«

Gettys Herz ließ sich jedoch nicht leicht erweichen, und wie immer ging das Geschäft den Kindern vor; er erklärte Timmy jeden Tag wieder geduldig, dass er ihn auch liebhatte, aber dass Daddy wegen seiner Arbeit noch nicht nach Amerika zurückkommen konnte.

Die Operation fand am 14. August statt. Getty befand sich zu diesem Zeitpunkt in der Schweiz, denn er hatte die bereits vor langer Zeit ausgesprochene Einladung von Baron Thyssen-Bornemisza angenommen, des Industriellen und Kunstsammlers, der beinahe ebenso reich wie Getty war und dessen große Sammlung allem weit überlegen war, was er sich jemals vorgenommen hätte.

Es schmeichelte ihm, dass ihn ein so berühmter Sammler zu sich eingeladen hatte, und selbst wenn er bereit gewesen wäre, sein Leben bei einem Transatlantikflug nach New York aufs Spiel zu setzen, war es undenkbar, diesen Besuch abzusagen. Er war gerne in vornehmen Häusern zu Gast, und wie erwartet beeindruckten ihn Thyssens Gemälde sehr. Er war tatsächlich gerade von der Thyssen-Villa in sein Hotel in Lugano zurückgekehrt, als ihn die völlig hysterische Teddy am frühen Montagmorgen des 18. August endlich telefonisch erreichen konnte. Sie war außer sich vor Kummer und brachte ihre Nachricht an ihn nur unter Schluchzern hervor. Timmy, ihr geliebter Sohn, hatte die Operation nicht überlebt.

Teddy brauchte Beistand, und auf die ihm eigene trockene Art und Weise versuchte Getty auch, sie zu trösten. Normalerweise machten Trauer und menschliche Gefühle keinen besonderen Eindruck auf ihn, denn er konnte sich schon seit langer Zeit in seine kalte, inhumane Geschäftswelt zurückziehen, aber dieses Mal berührte ihn irgendetwas am Tod dieses Kindes doch. Er war immer verwundbar und ganz allein, wenn er dem Tod ins Auge sehen musste. Nach dem Telefonat mit Teddy war es noch zu früh, um an die Arbeit zu denken, und da er wusste, dass er ohnehin nicht wieder einschlafen konnte, widmete er sich seinem Tagebuch.

»Der liebe Timmy ist vor zwei Stunden gestorben, mein bester und tapferster Sohn, ein wirklich nobles Menschenkind«, fing er an, aber er konnte nicht weiterschreiben.

»Worte sind nutzlos«, schloss er und klappte sein Tagebuch zu.

Zum Glück hatte er noch immer Gail und Paul junior und den kleinen Paul, die günstigerweise in einer Wohnung im zweiten

Stock mitten in Mailand wohnten, um sich von Timmys Tod abzulenken. Und da er häufig in der Stadt war, wo er von einer Suite im Hotel Principe di Savoia aus seine Geschäfte führte, genoss er es, sich mit ihnen zu treffen, und nahm sie an den Wochenenden manchmal in elegante Hotels wie die Villa d'Este am Comer See mit, wohin er vor der Hitze der Stadt floh.

Von Paul, Gail und dem kleinen Paul abgesehen, gab es noch einen weiteren Grund für sein ständig zunehmendes Interesse an allem Italienischen. Es waren nicht nur die Ölgeschäfte von Golfo, die ihn so häufig auf seine Lieblingshalbinsel führten, sondern auch eine verheiratete Frau in einem gewissen Alter, der eines der zauberhaftesten Häuser in diesem verzauberten Land gehörte.

Er hatte sie in Paris kennengelernt, wo die gesellschaftliche Instanz und sein Freund, der reiche Kommandant Weiller, sie ihm vorstellte. Sie war eine stattliche Blondine, die vom Typ her Ingrid Bergman ähnelte, und sie war mit einem melancholischen Franzosen verheiratet, der ihr, eben weil er Franzose war, natürlich untreu war. Und sie war als glamouröse und sehr vornehme Russin bereit für eine leidenschaftliche Affäre.

So begann Gettys lange und sehr unbequeme Beziehung mit der sechsunddreißigjährigen Mary Teissier. Sie war sehr elegant und ein wenig verrückt, was allgemein der Tatsache zugeschrieben wurde, dass ihr Großvater ein Cousin zweiten Grades von Zar Nikolaus II. von Russland gewesen war. Ihr Ehemann Lucien besaß ein Haus in Versailles, wo sie den Sommer verbrachten, aber ihm gehörte außerdem auch die Villa San Michele in den Hügeln von Fiesole nahe bei Florenz. Einige sagen, die Villa sei von Michelangelo entworfen worden. Die Gärten waren wunderschön. Die Zimmer waren mit Museumsstücken eingerichtet. Vom abgeschiedenen Esszimmer aus hatte man einen unvergleichlichen Blick auf das unter einem liegende Florenz. Teissier hatte die Villa in ein kleines, exklusives Hotel für die Superreichen umgewandelt. Immer öfter, wenn Mary Teissier dort war, tauchte Gettys Name auf der Gästeliste auf.

Sie war sehr attraktiv für Paul Getty – Abstammung, Stilbewusstsein, menschliche Wärme und dazu ein umfangreiches Wissen über die Welt. Sie war jedoch außerdem auch eifersüchtig, unvorsichtig und von Natur aus unpünktlich, wie es nur eine Verwandte des Zaren sein konnte, doch das trug nur noch zu ihrer Attraktivität bei.

Aus allen diesen Gründen – und wegen ihres Status als verheiratete Frau mit einem fordernden Ehemann – dauerte es wesentlich länger, Mary Teissier zu umwerben, als Getty es normalerweise gewohnt war, wenn er eine einfache Geliebte ins Bett bekommen wollte. Es war von Liebe die Rede. Und auch von Heirat. Während er zwischen Mailand und Neapel pendelte, besuchte Getty regelmäßig die Villa San Michele. Doch Anfang 1959 war Mary Teissier noch immer mehr oder weniger fest an ihren graugesichtigen Ehemann gebunden.

Nun, nachdem das Magazin *Fortune* ihn seiner heiß geliebten Anonymität beraubt hatte, waren Paul Gettys Tage als vagabundierender Milliardär gezählt. Er liebte es nach wie vor, in Hotels zu wohnen – wo er die einfachsten Gerichte von der Speisekarte bestellen konnte, Geld sparte, indem er seine Unterwäsche selbst im Handwaschbecken wusch (seine Ausrede war, dass Waschpulver seiner Haut nicht guttat), und sich ohne schlechtes Gewissen mit den Frauen vergnügte, die er – geordnet nach Namen, Haarfarbe und Stadt – in seinem schwarzen Adressbuch aufgelistet hatte.

Doch seit diesen unangenehmen Tagen in Paris machte er sich zunehmend Sorgen um seine Sicherheit. Und um Reporter und Glückssucher. Er brauchte eindeutig einen gesicherten Standort in Europa, von dem aus er sein Imperium verwalten konnte, wo er sich in seine Privatsphäre zurückziehen und sich an seinen Frauen und seinem wertvollen Besitz erfreuen konnte.

Er hatte ursprünglich an Frankreich gedacht – aber die Erinnerung an die Barrikaden vor dem Hôtel George V ließ ihn nicht los. Frankreich stand vielleicht am Rande einer blutigen Revolution. Und ganz gleich, wie sehr er das Land liebte, um Italien stand es nicht wesentlich besser. Nur ein Ort lockte ihn noch immer mit der Erinnerung an sanfte Wiesen, elegante Landhäuser, einer ehrerbietigen Bevölkerung und einer wohlgenährten Aristokratie: das Paradies von Vornehmheit und Frieden mit den fettesten und den sichersten finanziellen Institutionen der ganzen Welt – England.

Getty war beinahe sechsundsechzig, und sein Reichtum vermehrte sich immer weiter. Er machte jetzt ohne große Mühe eine halbe Million Dollar pro Tag, da stellte ihn das fähigste Mitglied seines Gefolges, Penelope Kitson, George Granville Sutherland-Leveson-Gower vor, den fünften Herzog von Sutherland.

Seine Gnaden war zwar der größte Landbesitzer von Schottland, aber er war noch nie besonders klug gewesen, und so hatte er es irgendwie geschafft, knapp bei Kasse zu sein und somit seine Schwierigkeiten damit, Sutton Place, ein Anwesen im Tudorstil, instand zu halten. Er selbst hatte das Haus vierzig Jahre zuvor dem Selfmademan und Pressebaron Vicomte Harmsworth abgekauft. (Ehe der Herzog anfängt, einem leidzutun, sollte man sich daran erinnern, dass er zur selben Zeit ein Anwesen in Mayfair gleich neben Claridges besaß, zusätzlich zu einem kleineren Herrenhaus in Surrey, Dunrobin Castle, Golspie House und das merkwürdig benannte House of Tongue in Sutherland.)

Getty, der über die Nase eines Trüffelschweins verfügte, wenn es darum ging, ein Geschäft zu wittern, bot dem bedürftigen Herzog 60 000 Pfund für sein neuerdings unerwünschtes Refugium im Tudorstil – was in etwa der Produktion von zwei Stunden in der Neutralen Zone entsprach und der Hälfte dessen, was der Herzog vierzig Jahre zuvor an Harmsworth hatte zahlen müssen. Sutherland schlug ein.

Es war viel Geld und viel Arbeit nötig, um Sutton Place wieder bewohnbar zu machen, selbst für einen genügsamen Milliardär. Die praktisch veranlagte Penelope verbrachte viele Monate damit, Vorhänge, Teppiche und Möbel auszusuchen und sich an seiner Stelle um Maurer, Klempner, Elektriker und Polsterer zu kümmern. Er kaufte zudem seinem alten Freund, dem amerikanischen Pressebaron William Randolph Hearst, einen zwanzig Meter langen Tisch, zwei Konzertflügel und einige Gemälde ab, die aus dessen Burg in Wales stammten. »Ich darf nicht noch mehr Geld für Gemälde ausgeben«, schrieb er in sein Tagebuch.

Im Frühling 1960 bezog Paul Getty voller Stolz etwas, das er noch nie zuvor wirklich gehabt hatte – ein Zuhause.

11. KAPITEL

LA DOLCE VITA

Rom ist von jeher ein sehr gefährlicher Ort für romantische Ausländer, die Geld haben, und die Stadt war ihm noch nie gefährlicher und verführerischer vorgekommen als in diesem Augenblick im Herbst 1958, als die gerade frisch umgetaufte Getty Oil Italiana ihre Büros von Mailand nach Rom verlegte und Paul und Gail hinterherzogen.

Sie fanden eine Wohnung im historischen Palazzo Lovatelli in der Piazza Campitelli, einem der kleinsten und zauberhaftesten Plätze im ältesten Viertel der Stadt. Direkt gegenüber von der großen Barockkirche Santa Maria in Campitelli gab es einen Brunnen, und die Ruinen des von Julius Cäsar erbauten Marcellustheaters lagen direkt um die Ecke. Nach Mailand muss es ihnen so vorgekommen sein, als wären sie in ein anderes Land und ein anderes Jahrhundert versetzt worden, die Piazza Campitelli war der perfekte Schauplatz für ihre römische Idylle.

Gail war zum zweiten Mal schwanger, und zu dieser Zeit herrschte in den Straßen noch so wenig Verkehr, dass sie immer eine offene Pferdekutsche mietete, wenn sie zum Einkaufen ging. Im Juli 1959 kam ihre Tochter zur Welt, die sie nach Gails Mutter Aileen nannten.

Paul fuhr einen burgunderfarbenen Sportwagen von MG, der von den Italienern sehr bewundert wurde, und manchmal machten sie am Wochenende Ausflüge in nahe gelegene Städte wie Tivoli und Palestrina. Rom muss ihnen wunderschön vorgekommen sein, aber ihr Leben dort war nicht besonders aufregend – der größte Teil des gesellschaftlichen Lebens der jungen Gettys bestand in gelegentlichen Abendessen mit älteren Ehepaaren. In der Regel waren es Amerikaner, die mit dem Ölgeschäft zu tun hatten.

Paul ging gern auf Erkundungstouren durch Rom, hatte angefangen, Italienisch zu lernen, und sammelte noch immer Bücher und Schallplatten. Er war sechsundzwanzig und damit in dem gefährlichen Alter, in dem man darauf wartet, dass etwas Wunderbares geschieht.

Doch Rom war in Wirklichkeit nicht so verschlafen, wie es von der Piazza Campitelli aus wirkte. Als die Gettys dort hinkamen, ging die goldene Ära des amerikanischen Kinos gerade zu Ende, aber die sagenumwobenen Regisseure wie Visconti, Rossellini und De Sica arbeiteten noch immer in den römischen Studios der Cinecittà. Der größte von allen, Fellini, fing die Atmosphäre dieser Zeit mit einem Film ein, der tatsächlich im selben Herbst in die Kinos kam. Er war ein lebendiges Porträt der Dekadenz und des Prunks der römischen Gesellschaft, die man um die Via Veneto herum antreffen konnte. Der Held, ein Journalist (Marcello Mastroianni), verabscheut zwar das Leben, das er führt, muss aber feststellen, dass er nicht dazu in der Lage ist, ihm zu entkommen, während er vergeblich auf der Suche nach seiner eigenen, wahren Identität ist.

Fellini hat seinen Film *La Dolce Vita* genannt – das süße Leben. Nur kurze Zeit später sollten Paul und Gail selbst das echte *La Dolce Vita* zu kosten bekommen.

In diesem Sommer war der alte Paul damit beschäftigt, mithilfe der andauernden Romanze mit der goldhaarigen, anspruchsvollen Madame Teissier seine Liebesaffäre mit einem ganz anderen Italien wieder aufleben zu lassen. Im Frühjahr 1959 verließ sie ihren Ehemann und die Villa San Michele, und er musste somit die ganze Verantwortung für sie übernehmen. Ihr Sohn Alexis glaubt noch immer, dass es dabei nicht nur um Sex und Geld ging. »Es ging um das Gefühl von Macht, das Getty ausstrahlte. Sie war vollkommen besessen von ihm. Von dem Tag an, als sie sich kennengelernt haben, bis zu dem Tag, als sie gestorben ist, gab es absolut niemand anderen mehr.«

Getty war in sie verliebt – wie in alle seine Frauen –, aber das bedeutete noch lange nicht, dass er ihr hätte treu sein können, und insgeheim genoss er ihre eifersüchtigen Wutausbrüche. Er provozierte sie auf jeden Fall mit seinen anderen Frauen dazu – sogar beim Abendessen –, und sie war ganz besonders eifersüchtig auf seine Freundschaft mit Penelope, die sie weder tolerieren noch ändern oder wirklich verstehen konnte.

Die arme, unsichere, unglückliche Mary Teissier! Ihre chronische Unpünktlichkeit ging ihm auf die Nerven. Ihr Alkoholkonsum erschreckte ihn. Und ihr unberechenbares russisches Temperament langweilte ihn schließlich. Doch sie hatte irgendetwas an sich – wahrscheinlich ihr Stilgefühl und diese vornehme Verwandtschaft mit den Romanows –, das ihn immer wieder gefangen nahm. Während dieser ersten Zeit ihrer Affäre führte sie ihn in die oberen Schichten des italienischen Adels ein, der ihn, mit seinem romantischen Snobismus, so dauerhaft faszinierte.

In Rom setzte sie alles in Bewegung, damit er das unwahrscheinlichste Bollwerk römischen Snobismus betreten durfte – den exklusiven Circolo della Caccia, den römischen Jagdklub. Nach dem Vorbild einer traditionellen englischen Jagd wurde der Circolo von Aristokraten dominiert, die genau das eifersüchtig bewachten, wofür Getty sie insgeheim bewunderte und worum er sie beneidete: ihre Titel und ihre Herkunft. Umgekehrt hatten sie ihren Spaß daran, einen hergelaufenen

Amerikaner auf Abstand zu halten, der das Einzige besaß, das sie bewunderten und worum sie ihn beneideten: große Mengen Geld.

Er hätte einen merkwürdigen Jäger abgegeben, aber er wünschte sich nichts mehr, als Mitglied dieses exklusiven Klubs in Rom zu werden, als er das unauffällige Hauptquartier am Largo della Fontanella Borghese betrat. Dass sie ihn nicht auserwählten, schmerzte ihn sehr – und trug zu seiner zunehmenden Unzufriedenheit mit Italien bei.

Während eines Besuchs in Neapel und in seiner neuen Ölraffinerie in Gaeta verschaffte Mary ihm als Trost Zugang zur Crème de la Crème der neapolitanischen Gesellschaft, darunter einige Herzöge und Prinzen – was in einem Land, das sich mit annähernd 200 Herzögen und beinahe ebenso vielen Prinzen schmückt, nicht besonders schwierig ist – aber es machte ihn glücklich. Dann übertrieb sie es jedoch, indem sie ihn dazu überredete, die Insel Gaiola in der Bucht von Neapel zu kaufen.

Gaiola war winzig, und er kaufte sie unbesehen, nachdem Mary ihm gesagt hatte, dass Kaiser Tiberius, der Fiat-Erbe Gianni Agnelli und der Earl of Warwick zu den früheren Besitzern gehörten. Da sie immer knapp bei Kasse war, hatte Mary es vor allem auf die 7 000 Dollar Provision abgesehen, die der Verkauf abwerfen würde – doch sie war klug genug, ihrem Liebhaber nichts davon zu sagen. (Sie sagte, sonst hätte er das Geld haben wollen.)

Dann kam der Tag, an dem Getty die Insel in Besitz nehmen sollte. Gaiola war wunderschön, hatte aber eine schwermütige Atmosphäre; ein einziger Blick auf den nicht einmal dreißig Meter breiten Streifen Meer, der zwischen der Insel und dem Festland lag, reichte Paul. Er weigerte sich mit Nachdruck, in das Ruderboot zu steigen, das ihn hinüberbringen sollte, und nach einem eiligen Frühstück packte er seine Koffer und kehrte trotz aller Proteste von Mary nie wieder dorthin zurück.

Penelope stellte fest:»Wenn man so reich ist, was bedeutet dann schon eine weitere Insel?«

Abgesehen davon hatte er in der Zwischenzeit ein passenderes Domizil in der Nähe von Rom gefunden – eins, das jemandem mit einem sogar noch wohlklingenderen Titel als den des Earl of Warwick gehört hatte: dem Prinzen Ladislao Odescalchi.

La Posta Vecchia war eines der früheren Landhäuser des Prinzen, und es war eine Zwischenstation auf der antiken Via Salaria in der Nähe des altetruskischen Palo. Auch wenn es ziemlich heruntergekommen war, genau wie die Familie Odescalchi, war es ein imposantes Gebäude mit einem Säulengang und römischen Bögen, und als er es kaufte, hatte Paul die Absicht, hier jedes Jahr eine Zeit lang zu wohnen. Die unentbehrliche Penelope überwachte die Renovierungsarbeiten und machte es zu einem komfortablen Landhaus nach englischem Vorbild. Das gefiel ihm gut.

Getty liebte das Haus, aber er machte sich schon seit jeher Sorgen um seine Sicherheit, und der öffentliche Rummel um sein Vermögen verdoppelte seine Befürchtungen. Palo lag am Meer, und seiner Sekretärin Barbara Wallace gemäß, fing er an, sich Sorgen zu machen, dass er von Piraten entführt werden könnte.

Entführungen entwickelten sich immer mehr zu einer Besessenheit von ihm, und deshalb wurde La Posta Vecchia nie das Herz eines großartigen italienischen Lebens, wie Getty es sich vorgestellt hatte. Er ließ Gitter vor den Schlafzimmerfenstern anbringen und kümmerte sich um modernste Sicherheitstechnik. Er bewahrte ein geladenes Gewehr in seinem Schlafzimmer auf, dennoch blieb er nie lange dort. In Rom im alten, gewohnten Hotel Flora an der Via Veneto war er am zufriedensten – und fühlte sich am sichersten.

Unmittelbar nachdem er La Posta Vecchia gekauft hatte, hatte er einen italienischen Anwalt konsultiert, um ihn zu fra-

gen, wie man die italienische Staatsbürgerschaft bekommt –
doch nun erwähnte er das Thema nicht mehr. England wuchs
ihm stattdessen immer mehr ans Herz.

Zum Teil lag es am Alter. Er hatte sich in England stets zu Hause
gefühlt, und inzwischen konnte er sogar das Wetter ertragen.
Am wichtigsten war jedoch, dass er sich hier sicher fühlte, und
die britische Oberschicht war ganz anders als die vertrockne-
ten Römer, die glaubten, dass sie das Recht hatten, einem Yan-
kee-Millionär eine Lektion zu erteilen.

Sogar das öffentliche Aufsehen um sein Vermögen kam ihm
hier zugute. Die britische Aristokratie hatte immer schon tiefen Respekt vor dem Geld gehabt – und wie er in seinen längst
vergangenen Tagen in Oxford festgestellt hatte, war es nicht
allzu schwer, sie kennenzulernen. Paul genoss seine Treffen mit
Leuten, die einen Titel trugen, mehr als je zuvor.

Auf Betreiben des Kommandanten Paul-Louis Weiller hin
stellte er jetzt Claus von Bülow ein. Dieser dänische Anwalt,
der eine Zeit lang bei Lord Hailsham beschäftigt gewesen war,
hatte den Ruf, ein Draufgänger und eine gesellschaftliche Figur
zu sein. Als Claus Borberg geboren, hatte er den Nachnamen
von Bülow von seinem Großvater mütterlicherseits übernommen, einem früheren dänischen Justizminister, nachdem sein
Vater, Svend Borberg, als Kollaborateur der Nazis verhaftet
worden war.

Getty machte Claus zu seinem »Generaldirektor«, aber da
der alte Mann es hasste, Aufgaben an irgendjemand anderen zu
delegieren, fungierte er ebenfalls als eine Art Privatsekretär. Auf
diesem Gebiet war er außerordentlich wertvoll. Claus kannte
wirklich beinahe alle, die auf irgendeine Weise wichtig waren –
und das war jetzt besonders nützlich, wo Paul seine Flitterwochen mit der britischen Oberschicht nachholen wollte.

Ehe er dem Herzog von Sutherland Sutton Place abkaufte,
hatte er bereits einen anderen sehr entspannten Adligen ken-

nengelernt, den Herzog von Bedford, und er war ehrlich begeistert, als er für ein Wochenende nach Woburn eingeladen wurde. Genauso begeistert war er, als der Herzog von Rutland ihn auf sein Schloss Belvoir Castle einlud (das Gentlemen »Beaver« aussprachen, wie Claus ihm verriet). Sein Bedürfnis, sich dieser Gesellschaft durch den Besitz eines eigenen Herrenhauses zu empfehlen, zog jedoch einigen Ärger nach sich.

Claus hatte vorgeschlagen, die Feier der Volljährigkeit einer Tochter aus der Familie des Herzogs von Norfolk, Jeannette Constable-Maxwell, im Juni 1960 mit einer Galaparty zur Neueröffnung des frisch restaurierten Sutton Place zu verbinden. Paul kannte Jeannette und ihren Vater Kapitän Ian Constable-Maxwell durch den Herzog von Rutland, und es erschien wie eine großzügige Geste dieses für seine Knauserigkeit berühmten Amerikaners, sein Haus für diesen Anlass zur Verfügung zu stellen.

Doch an irgendeinem Punkt gerieten die Dinge außer Kontrolle, und was als Feier zum einundzwanzigsten Geburtstag gedacht war, wurde schnell zur monströsesten Party der Londoner Saison. Bis zum letzten Augenblick schlug Claus immer noch weitere berühmte Gäste vor, genau wie Kommandant Weiller. Am Abend des 2. Juni war die Gästeliste schließlich bis auf 1200 Personen angewachsen. Darunter waren königliche Herzöge wie die Gloucesters, gewöhnliche Herzöge wie die Rutlands und die Bedfords, griechische Schiffseigner wie Onassis und Niarchos, und dazu kamen noch die Douglas Fairbanks', die Herzogin von Roxburgh und Mr. und Mrs. Duncan Sandys (die Diana Sandys' Vater, Sir Winston Churchill, vertraten, dessen Partyzeiten vorbei waren).

Abgesehen von den Rutlands und ihrem eigenen engeren Familienkreis kannte die kleine Miss Constable-Maxwell fast niemanden. Getty ebenfalls nicht – er hatte es für unpassend gehalten, irgendjemanden aus seiner eigenen Familie einzuladen. Noch schlimmer war, dass ein Ereignis, das als sorgfältig geplanter Höhepunkt des gesellschaftlichen Lebens begonnen hatte, richtiggehend in Anarchie endete. Im Vorfeld hatte es viel Publicity gegeben, sodass die berufsmäßigen Partygänger auf die Veranstaltung aufmerksam geworden waren, und kurz vor Mitternacht kamen ganze Scharen ungeladener Gäste an. Gemessen an den Maßstäben der Sechzigerjahre war es noch recht harmlos. Niemand wurde ernsthaft verletzt, und Salzschälchen von Cellini wurden nicht gestohlen, obwohl man das zunächst angenommen hatte. Es wurde zwar einer der Fotografen in den Swimmingpool geworfen, aber die Schäden beliefen sich auf gerade mal 20 000 Pfund.

Der einzige bleibende Schaden betraf Gettys Ruf, der nie völlig wiederhergestellt wurde. Er wurde zwar für das, was geschehen war, bemitleidet, doch es herrschte auch die allgemeine Auffassung, dass die ganze Sache übertrieben und entschieden vulgär gewesen sei – ungefähr so wie die Party, die der amerikanische Impresario Mike Todd im Jahr zuvor in Battersea Park gegeben hatte, nur mit weniger Spaß.

Auf jeden Fall sorgte das Fest nicht dafür, dass Getty sich als Ehrenmitglied der britischen Oberschicht etablierte, und es läutete auch keine Ära feudaler Extravaganz für den aktuellen Lord of Sutton Place ein. Ganz im Gegenteil, es mag so ausgesehen haben, als hätte er nun schwindelerregende Höhen der gehobenen Schichten erreicht, aber in Wirklichkeit war er nach wie vor fest im Wirtschaftsleben verwurzelt.

Erneut kam seine alte puritanische Haltung allem Luxus gegenüber zum Tragen. Tief in seinem Inneren muss er gewusst haben, dass weder George noch Sarah Geld für eine solche Party verschwendet hätten – geschweige denn für ein Haus, das so bombastisch war wie Sutton Place. Wieder einmal sah er sich gezwungen, sich vor den Geistern zu verantworten, die sein Gewissen hüteten – was auch bedeutete, dass von dem Augenblick an, als er es in Besitz nahm, sein ganzes Leben auf Sutton Place zur Herausforderung im Sparen wurde und er jede unnötige Ausgabe vermied. Sutton Place verlangte von ihm die höchsten Anstrengungen in seiner langen Erfahrung bei der komplizierten Kunst des Einsparens.

Es war typisch für ihn, dass er eine junge Anwältin entdeckte, die ihm bei seiner wichtigsten Aufgabe half. Robina Lund, die fünfundzwanzigjährige Tochter von Sir Thomas Lund, dem Präsidenten der Rechtsanwaltskammer, hatte die Anwaltsprüfung abgelegt, kurz bevor Getty sich mit ihren Eltern traf. Im Gegensatz zu den Gerüchten, die im Umlauf waren, beteuert sie, dass sie nie seine Geliebte gewesen ist – was nicht daran lag, dass er es nicht bei ihr versucht hätte. Doch sie blieb seine Freundin und Bewunderin, seine Rechtsberaterin und »Tochter ehrenhalber«. Sie war mit Sicherheit eine kluge Ratgeberin, und sie half ihm dabei, sich rechtmäßig in Großbritannien niederzulassen und für die Steuerbehörden ein Einwohner der USA zu bleiben, wo er zwar geboren war, die er aber nicht einmal mehr besuchte.

Zusätzlich zu diesem denkwürdigen Erfolg verhalf sie ihm außerdem noch zu einer weiteren Einsparung, die wahrscheinlich alle Schuldgefühle besänftigte, die er wegen seines unangemessen luxuriösen Lebens empfand. Dabei ging es um die tatsächlichen Eigentumsverhältnisse bei Sutton Place. Denn auch wenn er den ursprünglichen Kauf mit Sutherland abgeschlossen hatte, war das Haus eigentlich nicht von ihm gekauft worden, sondern von einer Tochtergesellschaft von Getty Oil mit dem Namen Sutton Place Properties, deren Geschäftsführerin Miss Lund war. Sutton Place wurde dann zum offiziellen Hauptquartier von Getty Oil in Europa erklärt.

Im Ergebnis konnte Paul daher ungestraft auf Sutton Place wohnen und die Kosten für das Haus über seine Firma abwickeln. Das Unternehmen konnte wiederum die Kosten als Teil der Betriebskosten von der Steuer absetzen.

Die kleineren täglichen Ausgaben wurden ebenfalls nicht übersehen. Getty war immer sehr darauf bedacht, jedem, den es interessierte, zu erklären, dass ihn ein Dry Martini auf Sutton Place schließlich nur ein Viertel dessen kostete, was er im Ritz dafür hätte bezahlen müssen. Er war sich außerdem sehr bewusst, dass das wenige Personal und die Gärtner ihn in etwa ein Drittel dessen kosteten, was er ihnen in Kalifornien hätte zahlen müssen. Gewöhnliche Gäste bekamen auch ein gewöhnliches Essen vorgesetzt, etwa eine einfache Cottage Pie, und die Büroausgaben wurden gesenkt, indem man wenn möglich Umschläge und Gummibänder wiederverwendete und sparsam mit bedrucktem Schreibmaschinenpapier umging. Im Esszimmer nutzte man kleine elektrische Öfen, um bei der Zentralheizung zu sparen.

Nachdem er es sein Leben lang so gut es ging vermieden hatte, irgendjemandem irgendetwas zu geben, sah er keinen Grund, weshalb er seine Haltung jetzt ändern sollte, und es war nur folgerichtig, dass ihm seine tiefe Besessenheit vom Sparen schließlich ihre eigene poetische Vergeltung einbrachte. Er hatte bei seinen Besuchen in den Herrenhäusern seiner geliebten britischen Aristokratie gelernt, dass dort die ungeschriebene, aber trotzdem streng zu beachtende Regel galt, dass Gäste ihre eigenen Marken auf ihre Briefe klebten, und ebenso selbstverständlich wurde erwartet, dass sie darauf bestanden, für ihre Telefongespräche selbst zu bezahlen. Doch nach einer Weile erkannte er, dass dies auf Sutton Place nicht der Fall war und dass einige seiner Gäste teure Ferngespräche nach Australien und in die Vereinigten Staaten führten.

Es sieht so aus, als hätte ihn das schwer gekränkt, teilweise aufgrund seiner Knauserigkeit, aber auch, weil er das Gefühl hatte, dass man ihn hereinlegen wollte, da er Amerikaner war und reich. Seine Gäste benahmen sich so, wie sie es beim Herzog von Westminster etwa niemals gewagt hätten.

Daraus resultierte Gettys größter gesellschaftlicher Fauxpas – der Einbau des berühmten Münztelefons für seine Gäste auf Sutton Place. Dieser Schritt war zwar konsequent, doch da-

rum ging es nicht. Er hätte einsehen müssen, dass er es sich als
Milliardär – und als amerikanischer noch dazu – nicht leisten
konnte, genauso geizig zu erscheinen wie ein englischer Herzog.

Eine der interessantesten ungelösten Fragen der Getty-Saga ist,
was passiert wäre, wenn es das Mittagessen im Hôtel George V
nie gegeben hätte, sodass Paul junior wie geplant in die Neutrale Zone gereist wäre und Gordon stattdessen Geschäftsführer von Golfo, später Getty Oil Italiana, geworden wäre.
Gordon mit seiner Leidenschaft für die Musik hätte es in
Mailand mit seiner Oper bestimmt gut gefallen. Unverheiratet
und leicht zu beeindrucken, wie er war, hätte er wahrscheinlich
eine Italienerin geheiratet. Und anschließend, nachdem Paul
und Gail nach Kalifornien zurückgekehrt wären – was sie nach
all der Hitze und den schrecklichen Strapazen in der Neutralen Zone mit Sicherheit getan hätten –, wäre es Gordon und
nicht Paul gewesen, der den italienischen Zweig der Familie
Getty gegründet hätte – die Zukunft hätte ganz anders ausgesehen.

Stattdessen hatte Gordon seinen Vater wegen der Schwierigkeiten in der Neutralen Zone 1962 bereits verlassen und war
nach San Francisco zurückgekehrt. Dort stand er in einer Bar
namens La Rocca's Corner und lernte die groß gewachsene Ann
Gilbert mit dem kastanienbraunen Haar kennen, die Tochter
eines Walnussbauern aus Wheatland im Sacramento Valley. Er
war achtundzwanzig Jahre alt und sie dreiundzwanzig. Sie ver-
liebten sich ineinander. 1964 heirateten sie. Im Laufe der nächsten sechs Jahre bekamen sie vier Söhne: Peter, Andrew, John
und William. Während sein Bruder Paul also damit beschäftigt
war, die römischen Gettys zu zeugen, wuchsen Gordons Jungen als echte Amerikaner auf.

Sogar schon zu seiner Zeit in der Clay Street war Gordon immer auf der Suche nach den einfachen Freuden eines gesicher-

ten Zuhauses gewesen. Im totalen Gegensatz zu seinem Vater war er von Natur aus treu, und seine Ehe erwies sich als echte Ausnahme in der Familie Getty – eine stabile und glückliche Beziehung.

Einer der Gründe dafür lag wahrscheinlich darin, dass Gordon und Ann einander weitgehend ergänzten. Ann hatte starke puritanische Züge, da sie nach den Glaubensgrundsätzen des fundamentalistischen baptistischen Christentums erzogen worden war, aber sie war auch weltklug, sehr pragmatisch und fest entschlossen, die guten Seiten des Lebens zu genießen, nachdem sie auf der Walnussplantage im Sacramento Valley so lange das Gegenteil hatte erdulden müssen.

In vielerlei Hinsicht war Gordon schwerer zu durchschauen als seine Frau. Vielleicht war es ein Verteidigungsmechanismus gegen seinen Vater, doch er wirkte weiterhin immer ein wenig wie ein verwirrter Professor, der herauszufinden versuchte, wo er sich eigentlich gerade befand. »Ich lebe nicht so ganz in diesem Jahrhundert«, gab er bei einer Gelegenheit zu, und Penelopes Urteil über ihn ist mehr oder weniger typisch dafür, wie die Freunde seines Vaters, die auf Sutton Place zu Besuch waren, ihn wahrnahmen: »Gordon«, sagte sie, »ist verrückt, aber auf hochintelligente Art und Weise«.

Gordons Verrücktheit war irreführend. Er konnte extrem praktisch denken, wenn es um seine Familie ging – und er war entschlossen, seinen Söhnen das zu ersparen, was er in seiner eigenen Kindheit erlebt hatte. Er war außerdem ein rücksichtsvoller und großzügiger Ehemann, sogar so sehr, dass oft gesagt wurde, Ann habe in ihrer Ehe die Hosen an.

Hinter seiner unzweifelhaften Freundlichkeit und der schützenden Tarnung des verrückten Professors konnte Gordon jedoch außergewöhnlich klug und erstaunlich hartnäckig sein, wenn es um seine Interessen oder um die seiner engsten Familie ging – das musste auch sein Vater feststellen. Gordons Ehe produzierte nicht nur mehr männliche Erben für das Vermögen des Sarah C. Getty Trusts, sie hatte auch unmittelbare Folgen, die für seinen Vater keineswegs angenehm waren. Als verheirateter Mann mit einer jungen Ehefrau, die wenig für unnötige Selbstkasteiung übrighatte, musste Gordon schnell feststellen, dass er knapp bei Kasse war – was ihm, genau wie seiner Ehefrau, völlig absurd vorkam.

Er hatte einen Vater, der als reichster Mann des ganzen Landes bekannt war, die Dollar strömten ohne Pause in den Trust, der extra zugunsten ihrer Enkelkinder von seiner Großmutter gegründet worden war, und trotzdem kamen er und seine Frau in einem kleinen Motel gerade so über die Runden und fragten sich, wo ihre nächsten tausend Dollar herkommen sollten.

Es ist häufig behauptet worden, dass Ann die nun folgenden Ereignisse ausgelöst hat, aber Gordons Freund, Richter Newsom, besteht nachdrücklich darauf, dass er es war und nicht Ann, der Gordon dazu ermuntert hat, das Verfahren in Gang zu setzen, das seinen Vater zwingen sollte, zumindest ein wenig von dem Geld lockerzumachen, das in Großmutter Gettys Trust zum Wohl ihrer Enkelkinder aufbewahrt wurde. Das Ergebnis war vorhersehbar – Aufruhr im hochherrschaftlichen Sutton Place.

Auch wenn der liebenswürdige Gordon versuchte, dieses Verfahren als »freundschaftliche« Rechtsangelegenheit zu beschreiben, die lediglich dazu dienen sollte, eine ansonsten unklare finanzielle Situation zu klären, war es gewissermaßen dasselbe, wie dem alten Mann seinen Kaffee mit Glasscherben zu servieren oder seine Matratze mit Stacheldraht zu präparieren. Schlimmer noch – indem die Rechtmäßigkeit des Sarah C. Getty Trusts infrage gestellt wurde, gefährdete Gordon nicht nur die Zukunft des Getty-Vermögens. Er setzte seinem Vater ausgerechnet in dem einen entscheidenden Punkt zu, an dem der immer besonders verwundbar bleiben sollte.

Seit vielen Jahren schon war der Sarah C. Getty Trust der Kern des merkwürdigen emotional-finanziellen Spiels, das sein

Vater gespielt hatte, um damit sein Vermögen aufzubauen. Der Trust existierte, um das gesamte Geld aufzunehmen, mit dem er sein schlechtes Gewissen seinen Eltern gegenüber beruhigte, aber er war gleichzeitig ein wundervolles Steuersparmodell, mit dem er das Vermögen selbst beschützen und weiter vergrößern konnte.

»Was immer man auch über J. Paul Getty sagen kann«, sagt Richter Newsom, »in einem war er wirklich gut: Kapital ansammeln und es sichern«. Und die Art und Weise, auf die er das tat, war, den Sarah C. Getty Trust dafür zu benutzen, das gesamte Kapital zu halten und damit eine Besteuerung zu verhindern. Es ist behauptet worden, dass Getty viele Jahre lang nie mehr als 500 Dollar Steuern im Jahr gezahlt hat. Mit der Zeit war die Vergrößerung des Kapitals im Sarah C. Getty Trust für ihn zu einer absoluten Besessenheit geworden.

Seit er die Kontrolle über den Trust hatte, hatte er vermeiden können, dass sie Dividenden in bar an ihre Begünstigten auszahlte, das heißt an ihn selbst und an seine Kinder. Da eine solche Zahlung dem Einkommen zuzuschlagen gewesen wäre, hätten die Empfänger sie auch versteuern müssen. Stattdessen zahlte er die Dividende in Aktien aus, die den Anteil der Begünstigten am Trust erhöhten, aber nicht zum Einkommen gerechnet wurden und damit von einer Besteuerung verschont blieben.

Für einen so knauserigen Mann wie Getty war dies ein perfekter Weg, um seinen eigenen Berg aus Gold zu errichten, sein Reichtumsüberschuss sorgte dafür, dass der weiter wuchs. Die Steuerbehörden konnten nicht darauf zugreifen. Und niemand stellte eine Bedrohung für ihn dar – so lange, bis Gordon vor Gericht ging und einen Teil des Geldes aus dem Trust verlangte, den er nach Großmutter Gettys Willen eindeutig auch haben sollte.

Es ist leicht zu erkennen, wie sehr Getty sich dadurch bedroht fühlte. Denn die eigentliche Gefahr für seine ganze wunderbare Schöpfung lag nicht in der Zahlung einer relativ kleinen Bardividende aus dem Trust an Gordon, um ihn bei Laune zu halten. Es war etwas komplizierter als das – und gefährlicher. Als einer der Begünstigten aus den Gewinnen des Trusts standen Gordon 6,666 Prozent der laufenden Einkünfte seines Vaters aus dem Trust zu – und er verlangte eine Barauszahlung anstelle der Auszahlung in Anteilen rückwirkend bis zur Gründung des Trusts 1936. Wenn Gordon mit dieser Forderung vor Gericht durchkam, würde der Sarah C. Getty Trust zerbrechen, weil dann die steuerfreie Grundlage seiner Dividendenzahlungen wegbrach.

Gordon und sein Rechtsberater Bill Newsom waren sich dessen genauso bewusst wie Getty selbst, und sie verließen sich darauf, dass die Drohung den alten Mann zur Vernunft bringen würde, sodass sich ein Weg finden ließe, den Begünstigten ein dringend benötigtes Einkommen zu verschaffen. Doch Paul Getty war ein Mann, den man mit Drohungen kaum beeindrucken konnte – und schon gar nicht, wenn es um etwas ging, das ihm so wichtig war wie der Trust seiner Mutter, und noch dazu von jemand so Unwichtigem wie seinem jüngsten Sohn.

Das Ergebnis von dessen Bemühungen war ein erbitterter, komplizierter Rechtsstreit, der sich mit Unterbrechungen und plötzlichen Wendungen über die nächsten sieben Jahre hinzog – und an dessen Ende Gordon mit dem Spruch des kalifornischen Obersten Gerichtshofes verlor.

Das lag vornehmlich daran, dass sein Vater den mächtigsten juristischen Superstar der damaligen Zeit angeheuert hatte, den berühmten Prozessanwalt Moses Lasky. Wenn Bill Newsom recht hat, schreckte der Richter selbst zudem in letzter Sekunde vor den Umwälzungen zurück, die darauf gefolgt wären, dass man den Sarah C. Getty Trust den möglicherweise tödlichen Machenschaften der Steuerbehörden unterworfen hätte.

Nach dem Tod seines Vaters, als er selbst einer der größten Nutznießer des Trusts wurde, sollte Gordon noch Gründe haben, für dieses Urteil dankbar zu sein. In der Zwischenzeit hatten sich über die sieben Jahre hinweg, die das Verfahren gedauert hatte, große Spannungen in der Familie aufgebaut, und sie sollte in Zukunft noch einige Überraschungen erleben, die alle deren Folgen waren.

Zunächst war es Gordon während der Rechtsstreitigkeiten gelungen, seinen Vater davon zu überzeugen, ihm und seinen Brüdern Paul junior und George bestimmte Summen aus dem Trust auszuzahlen. Dennoch hatte sich George pflichtbewusst an die Seite seines Vaters gestellt – was so weit gegangen war, dass er wütende Briefe an Gordon schrieb, in denen er Dinge sagte wie:»Wie konntest du unserem eigenen, lieben Vater so etwas antun.« Es gab bereits wenig Zuneigung zwischen den beiden Halbbrüdern – und dieser Ärger über den Sarah C. Getty Trust vertiefte den Graben zwischen ihnen noch mehr, sodass er auch die nachfolgende Generation betraf.

Das Merkwürdige war jedoch, dass es Gordon war, der am Ende die Gunst seines Vaters hatte, und nicht George, trotz dessen Loyalität. So seltsam ist die menschliche Natur.

Ann hatte sicherlich ihren Anteil daran.»Schauen Sie mal, Mr. Getty [wie sie ihn immer nannte], es wäre wirklich besser, wenn das alles ein Ende hätte«, soll sie zu ihrem Schwiegervater gesagt haben, als die Lage für Gordon besonders ernst geworden war. Und der Milliardär, der niemals Nein zu einer Frau gesagt hat, soll daraufhin zugestimmt haben, ihrem Ehemann gegenüber zumindest widerwillig so zu tun, als ob er ihm vergeben hätte.

Noch wichtiger ist vielleicht, dass die Art und Weise ihn beeindruckte, wie Gordon den Prozess geführt hatte. Von all seinen Söhnen war es ausgerechnet der wankelmütige und geistig in anderen Sphären schwebende Gordon, der den Mut und die Entschlossenheit bewies, sich ihm entgegenzustellen. Es war ein wichtiges Signal für die Zukunft – und Getty hat ihn deshalb mit Sicherheit beinahe respektiert.

Er betonte dennoch, dass er Gordons ökonomische Theorien nicht verstand, ganz zu schweigen von seiner Musik, aber sie trafen sich danach öfter. Er kam gut mit Ann aus, und er mochte die Kinder. Dann wurde Gordon, zum Zeichen endgültiger Akzeptanz, zum Treuhänder des Museums berufen, und als ultimative Auszeichnung wurde er 1972 als Treuhänder genau des Trusts wieder eingesetzt, den er mit allen Mitteln zu zerschlagen versucht hatte – dem riesigen, ständig weiter anwachsenden und noch immer unangreifbaren Sarah C. Getty Trust.

12. KAPITEL

NEUANFÄNGE

In Rom ging es in der Zwischenzeit aufwärts im Leben von Paul Gettys Lieblingsfamilie. Sie waren gerade von der Piazza Campitelli in ein familiengerechtes Haus in der Via Appia umgezogen. 1962 waren sie zu sechst – sie hatten zwei weitere Kinder bekommen, Mark und Ariadne kamen 1960 beziehungsweise 1962 auf die Welt.

Da die Kinder so dicht nacheinander geboren wurden, stand die Familie einander sehr nahe; der Älteste, der rothaarige Paul, bewunderte seinen Vater ganz besonders. Er war auch noch immer der Liebling seines Großvaters und ein kluger, ungewöhnlich warmherziger kleiner Junge.

Die Familie mag vielleicht einig gewirkt haben, aber Paul und Gail waren das Leben im Ausland nicht gewöhnt, und so langsam fing die Unwirklichkeit ihres Lebens in Rom an, Spuren bei ihnen zu hinterlassen. Die Stimmung in der italienischen Hauptstadt in den frühen Sechzigerjahren ist nicht leicht zu beschreiben. Insgesamt war die Stadt noch immer bäuerlich geprägt. Vom heutigen Verkehr und der damit einhergehenden Luftverschmutzung konnte keine Rede sein, und die Schönheit und das Alter der Stadt hatten etwas an sich, das die Menschen glauben ließ, dass das Leben in Rom üppiger und attraktiver war und mehr schnelles Vergnügen bereithielt als in jeder anderen Stadt. Wie so vieles in der Ewigen Stadt war auch das in erster Linie eine Illusion, dennoch schien Rom in dieser Zeit ausgesprochen aufregend zu sein – ganz besonders für junge, gut aussehende Ausländer mit Geld.

Abgesehen von der Stadt Rom an sich lag noch etwas anderes in der Luft. Im Frühling 1962 hatte 20th Century Fox, angelockt vom Ruf der italienischen Filmbranche und der Schwäche der italienischen Lira, gerade mit der Produktion eines der teuersten und krisenanfälligsten Filmepen aller Zeiten begonnen: *Cleopatra*. Weitere Produktionen wie etwa Clint Eastwoods in Italien gedrehte »Spaghettiwestern« folgten. Sie alle brachten Schauspieler, Drehbuchautoren, US-Dollars und einen Hauch von Glamour ins Nachtleben der Stadt. Paul und Gail stellten fest, dass ihr gesellschaftliches Leben sich verbesserte.

Ein amerikanischer Freund kann sich an die beiden aus dem Sommer 1962 erinnern: »Es gab fast jeden Abend eine Party. Es sah so aus, als hätte keiner von uns irgendwelche Sorgen, und Paul und Gail schienen sich am allerwenigsten Gedanken zu machen. Paul war elegant und schlank und sehr klug, und Gail war besonders hübsch mit ihrem kurzen Haar und ihrer Lebhaftigkeit. Sie waren das perfekte Paar, und ich weiß noch, dass ich gedacht habe, wie sehr sie zu beneiden sind – und wie schön es wäre, so reich zu sein und verheiratet und vier so liebe Kinder zu haben. Wenn ich heute daran zurückdenke, waren sie beide vielleicht eine Spur zu perfekt.«

Natürlich waren sie das – aber sie hatten trotzdem ihren Spaß. Sie konnten es sich leisten, Personal einzustellen, das ihnen bei der Betreuung der Kinder half, und sie schlossen eine Menge neue Freundschaften, zum Beispiel mit dem Schriftsteller William Styron und dem Regisseur John Huston. Paul verbrachte eine Menge Zeit mit Mario Lanza, während der die beiden versuchten, den amerikanischen Baseball nach Italien zu holen, wohingegen Gail am liebsten in Nachtklubs wie dem Lollobrigida's in der Via Appia Antica oder dem berühmten Ottanta Quattro in der Via Margutta zum Tanzen ging.

173

Mit der Zeit bemerkten sie, dass sie beide getrennte Leben führten, und die Charakterunterschiede zwischen ihnen kamen zum Vorschein. Gail war gesellig, sie liebte Partys und hatte jede Menge Energie. Paul war anders. Ein Teil von ihm wäre gern ein glamouröser Playboy gewesen, aber, wie Gail sagt: »Er hat gar nicht verstanden, wie glamourös er war, und er war ohnehin viel zu schüchtern, um viel damit anfangen zu können.« Die andere Seite seines Charakters war außerordentlich ernsthaft und sehnte sich nach Büchern und Wissen.

Das Leben in Rom hatte nicht gerade dazu beigetragen, diese beiden Seiten seiner Persönlichkeit miteinander zu versöhnen. Er verabscheute inzwischen seine Arbeit bei Getty Oil Italiana, er war für eine große Familie in einer fremden Stadt verantwortlich, und er hatte das Gefühl, dass irgendetwas in seinem Leben dabei war, ernsthaft zu entgleisen. Er sagte zu Gail, dass er eigentlich am liebsten Ozeanograf werden wollte.

Da das offensichtlich unmöglich war, wurde er immer unzufriedener. Er fing an zu trinken und zog sich mehr und mehr zurück. Wenn Gail und er ausgingen, änderte er oft ganz plötzlich seine Meinung und beschloss, lieber zu Hause zu bleiben, um zu lesen. Wann immer es ging, vermied er es, sich hinter das Steuer eines Autos zu setzen. Er war im Herzen immer schon introvertiert gewesen, und so langsam zeigten sich erste Anzeichen, dass er sich dem Leben um ihn herum entzog.

Also blieb Gail nichts anderes übrig, als sich allein auf Partys und beim Tanzen zu amüsieren. Wie sie selbst zugibt: »Ich war wirklich nicht die geschundene Ehefrau, die Heilige Gail, die zu Hause bleiben musste, während Paul sich herumtrieb. Wenn ich ehrlich bin, war es eher andersherum.«

Ein Aspekt des römischen Lebens spielt in Fellinis *La Dolce Vita* keine Rolle: die Monogamie. Es war wahrscheinlich unmöglich, dass diese Ehe inmitten dieses weltlichen Glamours Bestand hatte. Sogenannte offene Ehen halten selten – ganz besonders dann nicht, wenn die Persönlichkeiten der beiden Partner sehr verschieden sind. Gail verliebte sich unweigerlich in jemand anderen. Und weil sie der Mensch war, der sie nun einmal war, beschloss sie genauso unweigerlich, dass sie gehen musste.

Lang Jeffries war beinahe das genaue Gegenteil von Paul – und Paul, der ihn kannte und mochte, war ebenso überrascht wie erschrocken, als Gail ihm gestand, dass sie sich in ihn verliebt hatte und mit ihm zusammenleben wollte.

Jeffries war ein robuster, typisch amerikanischer ehemaliger Schauspieler aus Los Angeles. Er war mit dem Filmstar Rhonda Fleming verheiratet gewesen und ein großer Sportler – Golfer, Segler, Tennisspieler –, und er war nach Rom gekommen, um billig römische Fernsehfilme zu drehen, die er, wie Gail sagt, »nicht allzu ernst nahm«.

Paul und Aileen konnten ihn selbstverständlich nicht ausstehen, aber Mark und Ariadne mochten ihn nach einiger Zeit sogar ganz gerne, denn Lang war, wenn auch vielleicht sonst nichts, zumindest verlässlich.

Paul war ernsthaft bestürzt, weil Gail ihn verlassen wollte, doch sie hatten die Vereinbarung, dass sie sich gegenseitig niemals belügen würden. Paul hatte selbst schon Affären gehabt, also konnte er nichts dagegen sagen, als sie ihm erzählte, dass sie sich verliebt hatte. Sie mochten einander noch immer gerne, und sie schlossen eine neue Vereinbarung, wie liebevolle Paare es häufig tun, wenn ihnen ihre Ehe unter den Händen wegstirbt.

Gail sollte die Kinder bekommen und sich mit Lang zusammen in einer neuen Wohnung einrichten. Paul sollte ebenfalls umziehen. (Gail sollte sogar die Wohnung für ihn finden.) Da sie die Ehe beenden wollte, fand sie, dass sie keinerlei finanzielle Ansprüche an ihn stellen durfte. Also wurde nicht über Unterhaltszahlungen geredet. Zu dieser Zeit war eine Neuverheiratung kein Thema. Paul flehte sie an, nicht einmal an eine Scheidung zu denken, und sie stimmte zu. Sie sollten alle in

Rom bleiben und Freunde sein. Und Paul sollte seine Kinder sehen dürfen, wann und wie er wollte.

Es erschien ihnen wie die beste Lösung – wenn auch eine sehr römische. »Wir waren so höflich zueinander, dass es fast absurd war«, sagt Gail. »Vielleicht wäre es besser gewesen, wenn wir es nicht gewesen wären.«

Sich selbst überlassen, beschloss Paul junior, dass es an der Zeit sei, sein Leben zu genießen. Trotz seiner Schüchternheit und seiner geliebten Privatsphäre scheint er bei den Frauen Erfolg gehabt zu haben. Der loyale von Bülow beschreibt ihn später als »unglaublich gut aussehend und sexy« und übertreibt wahrscheinlich die Anzahl seiner römischen Eroberungen, wenn er sagt, dass »er mit mehr schönen Frauen geschlafen hat als sein Vater«. (Vielleicht hängt die Wahrheit dieser Behauptung aber auch davon ab, was man unter »schön« versteht.)

Andererseits ist womöglich etwas Wahres an der Theorie, dass Paul insgeheim als Frauenheld mit seinem Vater zu konkurrieren versuchte. Das alles war ein Spiel für ihn, und Freunde, die ihn gut kannten, betonen im Nachhinein, dass seine Liebesaffären immer taktvoll und diskret blieben – »nicht so unverhohlen und exhibitionistisch wie bei den meisten Amerikanern im Ausland mit ihren Frauen«.

Trotzdem erwies sich der Name Getty als großer Vorteil, wenn es um Stars wie Brigitte Bardot ging, die 1962 in Rom *Das Ruhekissen* drehte.

Zu dieser Zeit in Rom geriet Paul auf die schiefe Bahn. Er hatte keinen Spaß an seiner Arbeit bei Getty Oil Italiana, und er besaß nicht die Selbstbeherrschung seines Vaters, die aus dessen Willen entsprang, viel Geld zu verdienen. Paul wusste sehr gut, dass er, Arbeit hin oder her, schließlich den Teil des Sarah C. Getty Trusts erben würde, der ihm zustand, und jetzt gerade lebte er sein Leben nach der Melodie eines alten italienischen Volksliedes. Es hieß *Dolce far niente* – das süße Nichtstun.

In Rom gab es jedenfalls eine Rolle, die ein reicher junger Mann wie er spielen konnte. Sie war weder lasterhaft noch sonderlich verkommen. Der junge *signore* hat eben das Bedürfnis, sein Leben zu genießen, ehe er die Last des Lebens schultern muss, und dazu kommt es noch früh genug. Er will sich entspannen, langsam durch die Stadt fahren, interessante Menschen kennenlernen und sich großzügig revanchieren, Bücher sammeln, gut essen, nach Positano hinunterfahren oder nach Santa Margherita hinauf, wo er mit einem hübschen Mädchen in der Sonne liegen, trinken und sich flachlegen lassen kann, nur um dieses Spiel am nächsten Tag von vorn zu spielen. *Dolce far niente.*

Glück. Wie alle anderen in Rom wollte Paul einfach nur glücklich sein. Genau wie Gail, doch in Pauls Fall führte ihn die Suche nach dem Glück zu einer Liebe, die beinahe sein Leben zerstört hätte.

Talitha Pol war so hübsch, wie ihr Name klang. Sie hatte ein puppenhaftes Gesicht und war von Natur aus eifrig und sexy. Sie versprühte ein Gefühl von Glück, das auf die Menschen um sie herum ansteckend wirkte. Sie war diese gefährliche Seltenheit, eine Magierin, und man erkennt nur rückblickend, in welche Gefahr eine Magierin einen anderen Menschen – und schließlich auch sich selbst – bringen kann. Alle, die unter ihrem Bann stehen, erwarten zu viel, kommen ihr zu sehr entgegen und machen sie am Ende dafür verantwortlich, wenn der Bann gebrochen ist.

Talitha lebte zwar in London, war aber Holländerin. Ihr Vater, der gut aussehende Maler Willem Pol, hatte 1936 die hübsche Adine Mees geheiratet, die aus einer gut situierten Amsterdamer Familie stammte. Drei Jahre später, als in Europa der Krieg begann, befanden sie sich gerade auf Java, wohin er zum Malen gefahren war. Der deutsche Einmarsch in ihrem Heimatland sorgte dafür, dass sie in Indonesien bleiben mussten.

Im September 1940, als Talitha geboren wurde, waren die Pols noch immer auf Java. Und anstatt zurück nach Europa, zogen sie weiter nach Bali – wo sie gefangen genommen und interniert wurden, nachdem 1943 die Japaner dort gelandet waren. Die Haftbedingungen waren unerträglich. Willem wurde von seiner Frau und ihrem Baby getrennt, und auch wenn sie sich nach der japanischen Kapitulation endlich wiedersahen, hat sich Adine niemals ganz von dieser Leidenszeit erholt. Sie ist 1948 gestorben.

Drei Jahre später heiratete Willem erneut, und zwar die Tochter eines gefeierten englischen Malers aus einer älteren Generation – Poppet, die Tochter von Augustus John. Sie kauften ein einfaches Reihenhaus in der Chilworth Street in London Paddington, doch die Ferien verbrachten sie in einem Häuschen im damals noch verschlafenen Dorf Ramatuelle in der Nähe von Saint-Tropez in Südfrankreich.

Da sie keine eigenen Kinder hatte, nahm Poppet die Rolle der Ersatzmutter für Talitha an. Das Mädchen brauchte nach den Schrecken des Gefangenenlagers ganz besonders viel Zuneigung. Talitha liebte Südfrankreich, wo sie zum Teil aufwuchs, und sie, Poppet und ihr Vater standen sich extrem nahe.

Wie so viele hübsche, verwöhnte Mädchen wollte Talitha unbedingt ein Filmstar werden und war sogar 1963 in Rom, wo sie eine Komparsenrolle in einer fünf Sekunden langen Massenszene in *Cleopatra* hatte, dem Film, der damals alle ernährte. Bei diesem kurzen Besuch lernte sie Paul Getty junior jedoch noch nicht kennen. Danach war es mit ihrer Filmkarriere auch schon wieder vorbei, abgesehen von Sexangeboten verschiedener Produzenten. Darüber war sie offenbar nicht übermäßig besorgt. Mit ihrem guten Aussehen und den Verbindungen ihrer Familie konnte sie ein reges gesellschaftliches Leben in London führen und anschließend heiraten.

Das hätte einer Magierin wie Talitha keine Schwierigkeiten bereiten sollen, wie sich eine Freundin von ihr erinnert: »Sie hatte ein Talent dafür, kluge, ältere Männer auf sich aufmerksam zu machen, aber eigentlich waren ihr die jüngeren, vornehmeren lieber.« Einige von ihnen waren in der Tat sehr vornehm. Lord Lambton kannte sie, Lord Kennet fand sie »absolut umwerfend«, und Lord Christopher Thynne hat sich in sie verliebt. Doch Letzterer kann sich auch noch gut daran erinnern, »wie schwierig es war, Talitha als Freundin zu halten, weil sie so viel flirten musste oder vielleicht sogar zu viel. Ich wusste nie, woran ich bei ihr bin.« Genauso ging es allem Anschein nach ihren anderen Liebhabern.

Sie war nämlich ganz und gar nicht so sorglos, wie sie sich gab, denn sie trug noch immer die seelischen Narben aus ihrer Kindheit im Gefangenenlager mit sich herum. Lord Christopher erzählt die Geschichte, wie er einmal zum Spaß das Zeichen des bösen Blicks gemacht hat, indem er mit zwei ausgestreckten Fingern auf ihr Gesicht gezeigt hat, woraufhin sie sich wegduckte. Als er sie fragte, warum, erzählte sie ihm, dass die Geste sie daran erinnere, wie die Lageraufseher den Kindern mit den Fingern in die Augen gestochen hätten, um ihnen wehzutun.

Das Flirten war für sie vor allem auch ein Mittel, um über ihre Unsicherheit hinwegzutäuschen. Was sie brauchte, war jemand, der jung, reich und gut aussehend war und der sich um sie kümmerte – genau so jemanden wie den gerade wieder ungebundenen Paul junior. Alles, was nötig war, war ein Katalysator, um die Ereignisse in Gang zu setzen.

In Horrorgeschichten gibt es häufig einen Boten des Bösen, der aus den Schatten auftaucht, seine schicksalhafte Rolle spielt und dann verschwindet, um unbeobachtet seinem eigenen, unglücklichen Schicksal entgegenzutreten. Im Falle von Talitha und Paul kam diese Rolle Claus von Bülow zu. 1976, nach Jean Paul Gettys Tod, sollte von Bülow England in Richtung Amerika verlassen und die reiche Erbin Sunny von Auersperg heiraten, die von ihrem Vater, dem amerikanischen Energieunternehmer und Multimillionär George Crawford, ein Vermögen in Höhe von siebenhundert Millionen Dollar geerbt hatte. Es gibt eine geradezu unheimliche Ähnlichkeit darin, wie von Bülow, der eines Tages selbst des Mordes an seiner glamourösen, reichen Frau angeklagt werden sollte, Paul und Talitha schon jetzt auf ein ebenso verheerendes Unglück hinsteuerte. Von Bülow wohnte in einer hochherrschaftlichen Wohnung in Belgravia und kannte Talitha natürlich. Kurz nach Neujahr 1965 lud er sie zum Abendessen ein. Wie so viele Frauen zu dieser Zeit war Talitha fasziniert von Rudolf Nurejew, der gerade übergelaufen war und seine Laufbahn beim Royal Ballet in London begann. Sie hatte ihn bereits bei Lee Radziwill in dessen Haus in Henley-on-Thames kennengelernt, und von Bülow hatte ihr versprochen, dass Nurejew da sein würde und sie beim Abendessen neben ihm sitzen durfte.

Doch der temperamentvolle Russe tauchte nie auf, und von Bülow platzierte Talitha stattdessen neben Paul. Paul war in England, um seinen Vater zu besuchen, und hatte nicht damit gerechnet, in London auf jemanden zu treffen, der so hübsch und amüsant war.

Im Haus an der Chilworth Street beklagte Talitha sich am nächsten Morgen über eine Erkältung und erzählte ihrem Vater, dass sie im Bett bleiben wolle. Willem, der gehört hatte, wie sie in den frühen Morgenstunden nach Hause gekommen war, dachte, dass sie wahrscheinlich verkatert sei, und ließ sie schlafen.

Später am selben Vormittag, als sie vom Einkaufen nach Hause kam, traf Poppet Pol auf der Schwelle des Hauses auf einen jungen Mann mit einem großen Karton voller Blumen. Er wollte wissen, wo Talitha Pol wohnte, und als sie ihn fragte, wer er sei, stellte er sich vor.

Er wurde ins Haus gebeten, und nachdem er ihre Eltern be-

zaubert hatte, lud Paul Getty junior Talitha nach Sutton Place
ein, um sie seinem Vater vorzustellen.

Erstaunlicherweise war der von ihr nicht beeindruckt, denn
der uralte Schwerenöter hatte eine prüde Seite, die die modernen jungen Mädchen in ihren Miniröcken nicht leiden konnte.
Doch auch wenn sich Talitha und der alte Paul nicht viel zu
sagen hatten, die Vorzüge seines Sohnes entgingen ihr nicht.
Als Lord Christopher sie einige Tage danach traf, wusste er sofort, dass er sich keine Hoffnungen mehr zu machen brauchte.
Kurze Zeit später flogen Talitha und Paul zusammen nach Rom.
Die Pols sahen die beiden erst wieder, als sie im Frühsommer zu ihnen nach Ramatuelle kamen. Willem fand Paul »sym-
pathischer« als je zuvor – es war leicht, ein Gespräch mit ihm
zu führen, denn er war gebildet und nach wie vor ein wenig
schüchtern.

Bis zu diesem Punkt war noch nicht von einer Hochzeit die
Rede gewesen. Aber überall, wohin er mit Talitha ging, machten die Leute Bemerkungen darüber, was für ein hübsches,
glückliches Paar die beiden abgaben.

Arrangiarsi – ein sehr italienischer Ausdruck für eine besondere römische Spezialität; wörtlich übersetzt bedeutet es, sich
mit etwas arrangieren.

Im Frühling 1966 arrangierte sich das Leben um die römischen Gettys herum mit der trügerischen Einfachheit, die ebenfalls eine Spezialität dieser Stadt darstellt. Die Sonne schien,
Gail hatte sich mit Lang in einer großen Wohnung in einem
modernen Teil der Stadt niedergelassen, und Paul und Talitha
lebten glücklich zusammen in einer ziemlich luxuriösen Penthouse-Wohnung neben der Familie von Carlo Ponti in der
Piazza Aracoeli.

Die mitten im Zentrum des alten Rom gelegene ehrwürdige
Kirche Santa Maria in Aracoeli, der Altar des Himmels, hat ihren Namen von dem Altar, den Kaiser Augustus angeblich in

einem Tempel an derselben Stelle erbaut haben soll, nachdem ihm in einer Vision eine Jungfrau mit Kind erschienen ist.

Somit wohnten Paul und Talitha nicht nur in einer der vornehmsten Gegenden von Rom, sondern auch an einem der historisch bedeutsamsten Plätze des antiken Rom. Die berühmte »Hochzeitstorte« oder »Schreibmaschine« – das riesengroße weiße Marmordenkmal für Victor Emmanuel, den ersten König des vereinten Italiens – lag ebenfalls in der Nähe. Und direkt um die Ecke befand sich der Balkon an der Piazza Venezia, von dem aus Mussolini, der ehemalige Held des älteren Getty, den römischen Massen seine Ansprachen gehalten hatte.

Entgegen ihrer früheren Übereinkunft hatten sich Gail und Paul nun doch scheiden lassen. Da alles freundschaftlich ablief und Gail kein Geld bekam, beschlossen sie, ihren gemeinsamen Freund Bill Newsom darum zu bitten, ihnen bei den Einzelheiten der Vereinbarungen für ihre Kinder zu helfen. Er war erfolgreich als Anwalt in San Francisco tätig und war mit Paul und Gordon in St. Ignatius zur Schule gegangen. Alle mochten und vertrauten Bill, und er kannte sich mit den Gesetzen aus. Sie luden ihn zu sich ein.

Also kam William Newsom nach Rom. Er hatte Paul immer schon ganz besonders gerngehabt – fürchtete sich jedoch auch vor ihm. Er sprach auf dessen Charme an, seine Klugheit, seinen Witz, was ihn alles an seine Mutter Ann erinnerte – aber er wusste noch von früher, dass er nicht immer friedlich war.

Doch hier in Rom war Paul glücklich verliebt – und wenn Paul gute Laune hatte, war er unwiderstehlich. (Die Sache sah ganz anders aus, sobald ihn düstere Stimmung überkam.) Also fand Bill Newsom es relativ einfach, die Einzelheiten einer Vereinbarung für die Kinder auszuarbeiten.

Da Gail für sich selbst keine Unterhaltszahlungen verlangte, war Paul schnell bereit, monatlich etwa ein Drittel seines Einkommens nach Steuern als Unterhalt für die Kinder zu zahlen.

1965 bedeutete das ein Drittel von 54 000 Dollar zuzüglich etwaiger Kosten für medizinische Versorgung und Ausbildung. Es wurde außerdem festgehalten, dass es bei über 54 000 Dollar eine Staffelung geben sollte. Bei einem Anstieg seines Jahreseinkommens auf über eine Million Dollar sollten fünf Prozent in eigene Trusts eingezahlt werden, deren Treuhänder Paul, Gail und Bill Newsom waren.

Schließlich wurde der Vereinbarung noch eine weitere Bestimmung hinzugefügt: Um die Kinder vor Vermögensjägern zu schützen, solange sie klein waren, wurde festgelegt, dass jedes Kind vom Erbe aus diesen Trusts ausgeschlossen wurde, falls es heiratete, ehe es zweiundzwanzig war.

Das alles wirkt großzügig und unmissverständlich – trotzdem verhinderte es nicht, dass die Vereinbarung zukünftig Ärger machte. Aber Paul wollte nur, dass alle glücklich waren wie alle Beteiligten in diesem Sommer.

Bill Newsom ging es nicht anders, und als er in Fiumicino sein Flugzeug nach San Francisco bestieg, setzte er große Hoffnungen in die Zukunft seiner Freunde.

Es sah zunächst so aus, als sollte alles gut gehen, und so wurde dieser italienische Sommer, auch dank des perfekten Wetters, das den August und September über anhielt, ein Fest für die Gettys. Gail und Lang wünschten sich einen Ort möglichst weit weg von Rom, an den sie die Kinder mitnehmen konnten, und entdeckten ein passendes Haus in der Toskana. Es hieß La Fuserna und lag in dem winzigen Dörfchen Orgia südlich von Siena. Das Haus war lächerlich billig, musste aber dringend renoviert werden, während das Dorf wunderbarerweise völlig unberührt und die Landschaft spektakulär war. Jeder, der dort übernachtete, liebte es. Es wurde das Lieblingshaus der Kinder – der Ort, an dem sie ihre Ferien verbrachten, mit den Kindern aus dem Dorf spielten und im Herbst in den nahe gelegenen Wäldern nach Pilzen suchten.

Zu Hause in Rom war sogar der alte Paul in beinahe sonniger Gemütsverfassung, als er mit Mary Teissier im Hotel Flora ankam.

Er schrieb einmal über den Kaiser Hadrian, dass »dieser große Reisende an einen Punkt in seinem Leben gekommen war, an dem die Unbequemlichkeiten des Reisens ihn vor langen Wegen zurückschrecken ließen«. Nun, in seinen frühen Siebzigern, erging es ihm ganz ähnlich. Er fürchtete sich immer mehr vor dem Reisen, und überhaupt bis nach Italien zu kommen war eine emotionale Qual für ihn. Da er nicht fliegen wollte und das Risiko der Kanalfähren scheute, löste er das Problem der Überfahrt von England auf den europäischen Kontinent, indem er in Southampton an Bord der Queen Elizabeth ging, wenn sie ihre Reise über den Atlantik antrat, und in Cherbourg wieder von Bord ging. Sogar er musste zugeben, dass es unwahrscheinlich war, dass ein Transatlantikkreuzer im Ärmelkanal Schiffbruch erlitt.

Erst mal in Rom angekommen, fühlte er sich im sicheren Hafen seines geliebten Hotel Flora sofort wohl und begann mit einer Besichtigungstour all der Sehenswürdigkeiten, die er immer so geliebt hatte. Und wieder hatte er merkwürdige Déjà-vu-Erlebnisse, es kam ihm so vor, als habe er das alles Jahrhunderte zuvor schon einmal gesehen, wenn er durch das Forum Romanum schlenderte.

Sein Gefühl, an den Ort seiner eigenen Vergangenheit zurückzukehren, war am stärksten, als er sein Lieblingsbauwerk besichtigte – den großen Rundbau des römischen Pantheon, der in seiner heutigen Form im Jahre 120 nach Christus von Kaiser Hadrian wieder aufgebaut worden war. Paul Getty scheint stolz auf den Bau und seinen Erhalt gewesen zu sein, denn als er das Gebäude jetzt wiedersah, erklärte er Mary etwas, das nur er sich hätte ausdenken können.

Er fragte sie, ob ihr jemals aufgefallen sei, dass das Pantheon so solide gebaut sei, dass es, solange es stand, niemals eine Feuerversicherung gebraucht habe.»Überleg doch nur mal, wie viel Geld man dadurch sparen konnte«, fügte er hinzu.»Wenn man die Versicherung all die Zeit aufrechterhalten hätte, von dem Tag vor 2000 Jahren an, als es erbaut worden ist, wäre die gesamte Versicherungsprämie mit Zinsen und Zinseszinsen höher als alles Geld, das es heute auf der ganzen Welt gibt.« Es war ein düsterer Gedanke – und ein Grund, sich selbst zu beglückwünschen. Aber gleichzeitig erkannte er, als er das Gebäude betrachtete, dass Hadrian eine ausgezeichnete Gelegenheit verpasst hatte, seinen Namen unsterblich zu machen. Der Kaiser war zu bescheiden gewesen und hatte dem ursprünglichen Gründer Marcus Agrippa die Ehre überlassen, durch eine riesengroße Inschrift auf dem Giebeldach verewigt zu werden.

Diesen schweren Fehler wollte er nicht wiederholen, wenn er es geschafft hatte, zum Gedenken an sich selbst eine neue römische Villa zu bauen. Er dachte schon seit einiger Zeit darüber nach, doch vor 1968 konnten die Bauarbeiten nicht beginnen. Jetzt beschloss er jedoch, nahe der Ranch in Malibu ein Museum zu errichten, in dem er seine Möbelsammlung, einige Marmorskulpturen und die Gemälde, die er nach wie vor kaufte, unterbringen wollte.

Es hatte bereits Gespräche über die Einrichtung eines Museums gegeben, aber aufgrund der einander widersprechenden Ratschläge, die er dabei bekommen hatte, hatte er noch nicht genau entschieden, was er wollte. Einige Jahre zuvor hatte er auf einer Reise nach Neapel den Ort besucht, an dem die berühmte Villa des römischen Multimillionärs Calpurnius Piso gestanden hatte, bevor sie beim Ausbruch des Vesuvs unter Vulkanasche begraben worden war, bei dem auch Pompeji und Herculaneum zerstört wurden.

Detailbesessen wie immer machte Getty sich daran, alles über sie in Erfahrung zu bringen. Sie war in den 1760er-Jahren von einem Schweizer Archäologen im Dienste des Königs von Neapel ausgegraben worden. Getty hatte dessen Bericht auf-

merksam studiert – ebenso wie die Baupläne der Villa, über
die Schätze, mit denen sie vollgestopft gewesen war, und die
Masse von Aufzeichnungen auf Papyrus, die von der Vulkanasche konserviert worden waren und dem Bauwerk seinen Namen gegeben hatten – die Villa dei Papiri.

Er war sehr von alldem beeindruckt, und da er sich einredete,
dass er früher der Kaiser Hadrian gewesen sei, bekam die Villa
dei Papiri für ihn eine ganz besondere Bedeutung. Hadrian war
ein Freund von Piso gewesen und hatte ihn häufig in seiner Villa
besucht. Das bedeutete, dass Getty selbst schon dort gewesen
sein musste.

Es hatte auch in Hadrians kaiserlicher Macht gelegen, den
Bau von Tempeln und bedeutenden öffentlichen Anlagen in
den entlegensten Regionen des Imperiums anzuordnen. In
dem Wunsch, »seinem Geist entsprechend zu handeln«, wollte
Getty nun dessen frühere Aktivitäten wiederholen und diese
großartige Villa, die er angeblich so gut kannte, an einem weit
entfernten Ort wieder aufbauen, der ihm ebenfalls vertraut war:
an der Küste von Malibu mit Blick auf den Pazifik.

Sie sollte mit Pisos Villa identisch sein – mit denselben Ver-
zierungen an den Wänden, den gleichen Pflanzen und Büschen,
sogar mit Kopien der originalen Bronzestatuen im Garten. Da
er jetzt genauso reich war wie ein römischer Kaiser, konnte er
sicherstellen, dass man seinen Bau sogar mit noch wertvolleren
Schätzen füllte als den von Piso. Zudem konnte er so endlich
den Fehler wiedergutmachen, den er begangen hatte, als er das
Pantheon gebaut hatte. Sein Name – und nur seiner – sollte in
dieser Villa zu lesen sein, die er in Kalifornien bauen würde.

Während Getty in Rom war, wurde der Eindruck, es handle sich
um ein Familientreffen, noch bestätigt, als Ann und Gordon
aus Amerika eintrafen. Getty wurde als Familienvater geradezu
liebevoll. Er begleitete Gordon zu einer ungewöhnlichen Fami-
lienangelegenheit – der Aufnahme eines vollständigen Opern-

abends im Opernhaus von Neapel, die Paul junior mit der Kleinigkeit von 20 000 Dollar unterstützte.

Das Budget reichte nicht für eine der Verdi-Opern, die Gordon gefallen hätten, und sein Bruder hatte sich deshalb für eine von Mozarts weniger bekannten Opern entschieden, *Il Re Pastore* (der »Schäferkönig«). Sie erzählt die Geschichte eines verlorenen Erbes und der Wiederentdeckung eines Königs, der als Schäferjunge in der sonnendurchfluteten Welt der klassischen Mythologie lebt. Da der alte Mann und seine zwei Söhne die umwerfende Lucia Popp die Hauptrolle in einer von Mozarts fröhlichsten Opern singen hörten, passte die Musik vielleicht endlich einmal zur Stimmung, mit der sie in die Zukunft blickten.

13. KAPITEL

RÖMISCHE HOCHZEITEN

Als ob die Rolle Roms für das Schicksal der Gettys unterstrichen werden sollte, heirateten Paul und Talitha im Dezember 1966 am selben Ort, an dem Gail auch Lang Jeffries ein paar Monate zuvor das Jawort gegeben hatte und an dem Jean Paul Getty 1939 Teddy Lynch geheiratet hatte: dem Rathaus – dem Campidoglio – oben auf dem römischen Kapitol, dem Mittelpunkt des antiken Roms.

Mit dem Blick auf die Ruinen des Forum Romanum und den nahe gelegenen Palast der römischen Senatoren war es ein spektakulärer Schauplatz für eine Hochzeit. Die antike Bronzestatue von Kaiser Mark Aurel zu Pferd stand noch immer auf dem Sockel, den Michelangelo für ihn entworfen hatte, und die antiken Statuen von Castor und Pollux, den Wächtern von Rom, flankierten die Stufen, die in die alte Stadt hinunterführten. Auf den Hochzeitsfotos sieht man Talitha in einem mit Nerzpelz besetzten Brautkleid mit Minirock, wie sie eine Lilie in den Händen hält und genauso aussieht wie das Blumenkind der Sechzigerjahre, das sie war. So steht sie zwischen zwei lächelnden Erwachsenen: Paul und Penelope.

Paul sah mit vierunddreißig besser aus als je zuvor, und sein Lächeln verrät ein wenig von dem schüchternen Charme, den so viele an ihm in Erinnerung haben. Penelope in ihrem wunderschön geschneiderten Blazer vertritt den Vater des Bräutigams, der zu sehr damit beschäftigt war, Geld zu verdienen, um bei der Hochzeit dabei zu sein. (Einer Geschichte zufolge hat er einem Ölmagnaten, der ihn besucht hat, erzählt, dass er nichts von einer Hochzeit wisse.) Nun hätte auch niemand Getty senior bei der Zeremonie oder beim darauffolgenden Mittagessen im Restaurant Casa Valadier in den Gärten der Villa Borghese schrecklich vermisst. Noch weniger wurde er auf dem Empfang vermisst, der in der Wohnung eines befreundeten Bildhauers stattfand und die ganze Nacht dauerte. Es war ein denkwürdiges Ereignis, eine von vielen »Partys des Jahres«.

Am nächsten Morgen stand das Brautpaar früh auf und machte sich auf den Weg zu einer ausgedehnten Hochzeitsreise nach Marrakesch.

Natürlich wusste der alte Mann ganz genau über die Hochzeit Bescheid, aber er lehnte alles ab, was damit in Zusammenhang stand. Denn inzwischen war er nicht mehr in den gut aussehenden Paul junior verliebt – in der Folge wurde seine Liebe zu Italien, die ohnehin schon unter den zunehmenden Schwierigkeiten mit der Raffinerie in Neapel litt, noch weiter auf die Probe gestellt.

Hinter Gettys Sinneswandel hinsichtlich seines ehemals bevorzugten Sohnes steckten Gerüchte über ihn und Talitha, die ihm zu Ohren gekommen waren. Die beiden waren, wie es schien, vor Kurzem Hippies geworden und hatten sich mit besorgniserregender Hingabe der Subkultur der Sechzigerjahre angeschlossen.

Dadurch, dass Paul in Europa lebte, hatte er die erste Welle der Hippiekultur verpasst, als sie in seiner Geburtsstadt San Francisco aufgekommen war. Aber sie hätte für ihn erfunden sein können; und nun, genau wie der Bürger als Edelmann bei Molière, der plötzlich feststellen muss, dass er immer schon Prosa gesprochen hat, stellte Paul fest, dass er von Natur aus eigentlich ein Hippie war. Die in Fernost zur Welt gekommene Talitha bestärkte ihn darin. Flower-Power, Selbsterfüllung und die drogenvernebelte Anziehungskraft des unwiderstehlichen Fernen Ostens spielte nun eine nie da gewesene Rolle in ihrem Leben.

Die gut situierte Variante eines Hippielebens war perfekt für ein Paar wie Paul und Talitha. Mit ihrer Verehrung gewaltloser Anarchie, der Selbstdarstellung und der Ablehnung des westlichen Materialismus passte die Hippiebewegung besonders gut zu den leichtlebigen Reichen, die nicht viel zu tun hatten. Beinahe über Nacht war niemand in Rom cooler oder hipper als Paul und Talitha, aber es gelang nicht einmal dem charmanten Paul, die Ethik der Hippies mit der Ölindustrie zu vereinen. Es kam ihm so vor, als ob es nichts gab, das der Seele mehr schaden konnte als der Industriezweig, mit dem seine Familie ihr Geld verdiente, nichts, das ihn mehr hätte quälen können, als einen dunklen Anzug zu tragen und in einem Büro von Getty Oil Italiana zu arbeiten. Also sah man ihn in den Büros von Getty Oil Italiana kaum noch.

Auch Gail und die Kinder bekamen ihn nur selten zu Gesicht, obwohl sie zu dieser Zeit alle nach wie vor in Rom wohnten. Eines Nachmittags hatte die Familie sich einen englischen Film im Kino Fiammetta angesehen, als sie bemerkten, dass ein bärtiger Hippie hereinkam, der lange Haare hatte und eine Nickelbrille trug wie John Lennon. Nur der kleine Paul erkannte seinen Vater wieder.

Wenig später reisten Paul und Talitha nach Thailand, wo sie ihre ersten ernsthaften Experimente mit Drogenkonsum machten. Zu Hause in England sorgte jemand auf Sutton Place dafür, dass der alte Mann eine Zeitschrift zu Gesicht bekam, in der sein Sohn mit Bart und langen Haaren abgebildet war. Er trug etwas, das die Bildunterschrift »ein gebatiktes Outfit aus grünem Samt, das jeden Hippie grün vor Neid gemacht hätte« rechtfertigte.

Der alte Paul war nicht begeistert, denn im Gegensatz zu seinem Sohn war er ausdrücklich nicht von Natur aus ein Hippie, und auch wenn Kaiser Hadrian seit seinem zweiunddreißigsten Lebensjahr immer Bart getragen hatte, hegte der alte Paul sein Leben lang eine starke Abneigung gegen jegliche Gesichtsbehaarung.

Auf Sutton Place herrschte kein Mangel an Informationen über das, was in Rom vorging, und vor allem nicht über die Angelegenheiten von Getty Oil Italiana. Am Telefon kam es zu wütenden Wortwechseln.

»Jeder Idiot kann Geschäftsmann sein«, sagte Paul junior – was einen ähnlichen Stellenwert hatte, als hätte der Prince of Wales Ihre Majestät darüber in Kenntnis gesetzt, dass jeder Dummkopf Monarch sein kann.

Nur kurze Zeit später äußerte die neueste Geliebte seines Vaters, die berüchtigte Herzogin von Argyll, beim Mittagessen auf Sutton Place in aller Seelenruhe, dass sie gehört hätte, Paul Getty junior sei heroinsüchtig. Getty erschrak fürchterlich – tatsächlich schmerzvoll. Er fürchtete sich sehr vor Drogensucht, und nun brach er jeglichen Kontakt zu seinem Sohn ab, bis der versprach, abstinent zu bleiben. Paul junior dachte gar nicht daran, ein solches Versprechen zu geben – und so dauerte es nicht lange, bis er seinen Rücktritt als Generaldirektor von Getty Oil Italiana anbot. Als Kopf des gesamten Unternehmens nahm sein Vater dieses Angebot an.

Damit war Paul ohne Arbeit, wenn auch nicht ohne Einkommen – in diesem Jahr betrug es 100 000 Dollar aus Großmutter Gettys Trust.

Es waren die ersten Sommermonate. Touristen strömten bereits in die Stadt, und in den römischen Nächten war die Penthouse-Wohnung stickig. Überkam die Frischvermählten jetzt, da Paul ohne Arbeit war, vielleicht ein Anflug der typisch römischen Krankheit, die man *accidie* nennt – die Langeweile, die Mönche und Kurtisanen gleichermaßen befällt?

»*Carpe diem*« ist eine immer wiederkehrende Inschrift an den Denkmälern und öffentlichen Gebäuden der Stadt. »*Carpe diem*« – nutze den Tag. Das taten sie.

Das Palais Da Zahir (zusammengesetzt aus dem Französischen und Arabischen für »Palast der Lust«) hatte einem französischen Immobilienunternehmer namens Monsieur Aigret gehört, der es zwanzig Jahre zuvor als Spekulationsobjekt erworben hatte und es nicht hatte verkaufen können. Das Gebäude im malerischen alten Stadtviertel Sidi Mimoun in Marrakesch stand leer.

Der geschäftstüchtige Bill Willis – ein gefragter, kultiviert-affektierter amerikanischer Innenarchitekt – hatte es Paul und Talitha gezeigt, als sie auf Hochzeitsreise dort gewesen waren, und sie hatten sich in das Haus verliebt und es für 10 000 Dollar gekauft. Seitdem hatte Bill es mit dem für ihn typischen Elan für die beiden renovieren lassen. Das alte Holzgebälk und die Mosaike wurden restauriert, er fand Dekorationsobjekte, Möbel und Teppiche im Überfluss für sie, und er ließ in Fez spezielle Fliesen brennen, um die antiken Fliesen zu ersetzen, die verloren gegangen waren.

Paul kannte den gut aussehenden Bill schon, als der noch ein kleines Antiquitätengeschäft oben an der Spanischen Treppe in Rom besessen hatte. Bill hatte einen Instinkt für die Bedürfnisse der Superreichen, der die Voraussetzung dafür ist, in seinem Geschäft erfolgreich zu sein, und er war außerordentlich erfolgreich. (Seit dieser Zeit hatte er Villen für Alain Delon, Yves Saint Laurent und für die Schwester des Königs von Marokko renoviert.)

Als er mit Da Zahir fertig war, empfand John Richardson (der angesehene Biograf von Picasso) das Haus als unheimlich, aber die meisten Besucher fanden es lustig und liebten es.

Es hatte eine blaue Eingangstür (Blau als die Farbe, die gegen den bösen Blick schützt), vier voneinander getrennte Innenhöfe (in einem davon züchtete Talitha Rosen), vom Dach aus hatte man einen spektakulären Ausblick auf das Atlasgebirge, und das ganze Haus umgab eine Atmosphäre von zeitloser Schönheit und Verfall, die einen Teil des Charmes des alten Marrakesch ausmachte, bevor man die Ringstraße und den modernen Flughafen baute.

»*Tout lasse, tout casse, tout passe*« – »alles ist vergänglich«, dieses französische Sprichwort hat nirgendwo mehr von seiner verführerischen Wahrheit als hier in Marrakesch, »der südlichsten Stadt der zivilisierten Welt«, wie der Schriftsteller Sacheverell Sitwell es einmal beschrieben hat.

Seit den Tagen des Krieges, als Staatsmänner der Alliierten wie Churchill und Eisenhower hierherkamen, um das Klima und die Landschaft zu genießen, hatte sich die Stadt in eine modische Zwischenstation auf dem Weg der Hippies in Richtung Osten verwandelt. Mit Paul und Talitha als Bewohner wurde Da Zahir zum Teil dieses Weges.

»Das Haus war wie ein Traum, wie so vieles, was Talitha und Paul umgab«, sagt ein Besucher, wenn er diesen Sommer beschreibt. »Es war ein ständiges großes Fest, eine Party mit faszinierenden und amüsanten Menschen, und immer passierte etwas Wunderbares. Manchmal waren es Jongleure und Wahrsager oder Musiker, die auftraten. An einem Abend tauchte plötzlich einfach so ein marokkanischer General mit seiner privaten Tanztruppe auf. Dank Talitha gab es auch ausgezeichnetes Essen – wenn es denn welches gab.«

Paul und Talitha waren keine unermesslich reichen Gastgeber, nicht vergleichbar mit den hyperreichen, im Ausland lebenden amerikanischen Millionärinnen wie Peggy Guggenheim oder Barbara Hutton. Aber sie führten den Namen Getty mit seinem Versprechen unmittelbar bevorstehenden Reichtums, was in gewisser Weise aufregender war als die schwerfällige Realität absoluten Wohlstands.

Selbst damals unterschieden sie sich dadurch von ihren Gästen. Diese waren jedoch nicht arm oder langweilig. Ganz im Gegenteil, es waren literarische Genies darunter wie Gore Vidal, richtige Prominente wie Mick Jagger und gesellschaftlich so eindrucksvolle Weltbürger wie Prinz Alessandro »Dado« Ruspoli.

Als Sohn eines der reichsten Menschen der Welt begann Paul einen Hauch jener verehrungswürdigen Distanziertheit auszustrahlen, die früher von weniger bedeutenden europäischen Adligen ausgegangen war. Zwei Jahrhunderte zuvor wäre er vielleicht der Thronerbe eines Bourbonenkönigs gewesen. Jetzt wurden Talitha und er Mitglieder der einsamen Oberschicht, die ihre eigenen Regeln, ihren eigenen Geschmack und ihre eigenen Moralvorstellungen hat.

Talithas ahnungslose Eltern kamen im Spätherbst desselben Jahres für einen vierzehntägigen Urlaub nach Da Zahir. Der Garten war von Kampferfackeln erleuchtet, riesige Feuer aus Olivenholz brannten an beiden Seiten der Räume mit den hohen Holzbalken, Jasminduft und Holzfeuer lagen in der Luft, und abends gab es köstliches Essen, das auf kostbaren Teppichen unter dem Sternenhimmel eingenommen wurde. Ihr erster Eindruck war vorhersehbar – *1001 Nacht*, nichts anderes, flüsterten sie sich gegenseitig zu.

Sie hatten von Anfang an ein ungutes Gefühl bei Talitha und Paul, deren Stimmung häufig düster war. Das Gleiche galt für die vielen schmarotzenden Gäste, deren Anwesenheit ihren Schwiegersohn manchmal so wütend machte, dass die Pols mit anhören mussten, wie er Talitha anbrüllte, sie solle sie hinauswerfen. Danach bekam Talitha Depressionen.

Dann begann es heftig zu regnen, und das Dach war trotz der geschmackvollen Arbeit von Mr. Willis nicht dicht. Schließlich dämmerte es den Pols, dass es noch andere Gründe als den Regen und die Gäste für Pauls und Talithas düstere Stimmung geben musste. Poppet umschrieb es, indem sie sagte, Willem und sie hätten gemerkt, dass man sich in Da Zahir nicht nur von Orangensaft, gegrilltem Lamm und Zwiebelkuchen ernährte.

Die Zutaten der Kuchen aus der Bäckerei von Mr. Very Good waren seltsam, ebenso wie die der hausgemachten Marmelade mit dem lang anhaltenden Nachgeschmack, die offenbar alle so gerne mochten. Bei Poppet löste der Verzehr eine gesteigerte Farbwahrnehmung aus, und alles bewegte sich in Zeitlupe. Willem sagte, dass er zwei doppelte Scotch vorgezogen hätte. Poppet musste zudem feststellen, dass Drogen einen nicht nur benommen machen, sondern bei anderen auch extreme Redseligkeit auslösen konnten.

Eines Abends beim Essen saß sie neben einem netten jungen Mann mit langem blondem Haar, der zwischen den einzelnen Gängen mit dem Kopf an ihrer Schulter einschlief. Als er wieder aufwachte, fing er an, sie anzuflehen, dass er sie auf einen Trip mitnehmen dürfe. Er erklärte ihr, dass LSD zwar wunderbar sei, dass man aber jemanden an seiner Seite brauche, bis man sich daran gewöhnt habe.

Auch wenn es dort so viele charmante Menschen gab, beeindruckte die Drogenszene in Da Zahir die Pols nicht, und als sie kurz darauf weiter nach Frankreich fuhren, machten sie sich Sorgen um die Zukunft der Ehe der Gettys.

Ihre Sorgen nahmen ein wenig ab, als Talitha am 30. Mai 1968 in Rom einen Sohn bekam – aber die Vornamen, die sie ihm gaben, beunruhigten sie: Tara Gabriel Galaxy Gramophone Getty.

»Reicher Junge mit albernem Namen«, wie eine Zeitung in Pauls Heimatstadt San Francisco schrieb.

Anschließend gingen Talitha und Paul wieder auf Reisen – »Kommt nach Osten, junge Liebende, der Weg ist wichtig, nicht das Ziel« – und nahmen den kleinen Tara G. G. G. und ein schusseliges englisches Kindermädchen mit. Sie wollten nach Indonesien und nach Bali, um Menschen und Orte wiederzusehen, an die Talitha sich aus ihrer zerbrochenen Kindheit erinnerte.

Das alte Haus der Pols auf Bali war jedoch zerstört worden. Das kulinarische Talent des Kindermädchens reichte gerade einmal für Rühreier, und während Tara dagegen eine lebenslange Abneigung entwickelte, fanden Paul und Talitha Geschmack an etwas wesentlich Exotischerem. Paul wünschte sich jetzt nichts mehr, als glücklich zu sein – zusätzlich zu Liebe, Frieden und der gesteigerten Selbsterfahrung, wie sie nur Drogen bringt. Talitha ging es genauso. Doch in ihren Briefen an die Pols zeigte sich immer mehr, dass sie nicht wirklich glücklich war. Das Heroin verursachte bei ihr zunehmend Verfolgungswahn und Unruhe – und Pickel im Gesicht, die ihr ebenfalls Sorgen machten. Mittlerweile waren sowohl sie als auch Paul vollkommen abhängig.

Als die Pols sie in Rom besuchten, erschraken sie darüber, wie sehr sich die beiden verändert hatten. Selbst Poppet wusste genug, um zu sehen, dass dafür nicht die Zutaten in den Keksen von Mr. Very Good verantwortlich waren.

Der Bann der Magierin war gebrochen. Unter vier Augen vertraute Talitha ihrem Vater an, dass sie nicht mehr zurechtkam, dass sie Angst hatte und nach London zurückkommen wollte. Sie hatte das Gefühl, dass sie Tara zuliebe die Drogen, die Hippies und auch Italien hinter sich lassen musste.

Kurze Zeit später kam eine Freundin von Talitha auf der Durchreise durch Rom in ihrer Wohnung an der Piazza Aracoeli vorbei, weil sie hoffte, sie dort zu treffen. Sie wusste nicht, dass Talitha nach London zurückgekehrt war, und da die Haustür weit offen stand, ging sie hinein und stieg die Treppe hinauf, um nach ihr zu suchen. Es war niemand da, aber sie hörte Musik aus der obersten Etage, deshalb ging sie hinauf, um nachzusehen. Anstelle von Talitha fand sie dort Paul, der auf dem Boden auf Kissen lag und Opium rauchte. Er war in einer anderen Welt verloren und bemerkte sie nicht.

Da die Ehe dabei war zu zerbrechen, war keiner von beiden dem anderen treu, und nun betrat eine andere Frau die Bühne – Victoria Holdsworth, ein ehemaliges Model und die frühere Ehefrau von Lionel Brooke, dem letzten weißen Rajah des Königreichs Sarawak auf Borneo. Victoria war jung und sehr schön, und da sie ihren Urlaub in Marrakesch verbracht hatte, traf Paul sie häufig. Deshalb datiert sie den Beginn ihrer langen und mehrmals unterbrochenen Affäre auf diese Zeit. Obwohl Paul sich zu Victoria hingezogen fühlte und immer mehr von ihr abhängig wurde, blieb er stark und besitzergreifend in Talitha verliebt.

Einer der Vorzüge von Wohlstand ist es, dass man seine Probleme verschieben kann, dass man seine Geliebte behalten, einer unglücklichen Ehefrau ein Haus im Ausland kaufen und so alles und gleichzeitig doch gar nichts lösen kann.

Auf diese Art und Weise kam man zu so etwas wie einem Kompromiss. Paul würde mit Talitha nach London ziehen, wo sie ein gemeinsames Haus kaufen wollten, sodass sie Tara ein Zuhause bieten konnten. Sie würde dort ein neues Leben beginnen und sich einer Therapie wegen ihre Heroinsucht unterziehen. In der Zwischenzeit würde Paul weiter in Rom mit Victoria wohnen, aber Talitha und Tara trotzdem in London besuchen, so oft er konnte. Talitha versprach ihm, ihn mit Tara zusammen in Rom zu besuchen. Auf diese Weise konnten alle fröhlich ihr Leben weiterführen. Niemand wurde verletzt. Alle waren glücklich.

Zu seiner Zeit war das Queen's House im Cheyne Walk in Chelsea wahrscheinlich eins der schönsten Häuser in ganz London.

197

Es wurde 1707 am Ufer der Themse erbaut und wird manchmal fälschlich sowohl Wren als auch Vanbrugh zugeschrieben. In den 1930ern wurde es von Lutyens modernisiert, und es war immer noch eine der begehrtesten Adressen im begehrtesten Viertel der Stadt, als Talitha und Paul es zum ersten Mal besichtigten.

(Sein neuer Besitzer hat ihm wieder seinen ursprünglichen Namen Tudor House gegeben, um die bösen Geister daraus zu vertreiben, aber zur damaligen Zeit war es allgemein als Queen's House bekannt.) Es hatte einen zwölf Meter langen Salon, in dem die ursprüngliche Holzvertäfelung aus dem 18. Jahrhundert erhalten geblieben war, bot einen wunderbaren Blick über den Fluss und hatte einen schönen alten Garten, der früher einmal Teil des eigentlichen Chelsea Manor gewesen war, ein imposantes Tor, hergestellt von einem anonymen Eisenschmied aus Surrey, und eins der hübschesten Speisezimmer in ganz London.

Was Paul vom ersten Augenblick an am meisten daran anzog, war, dass es in den 1860er-Jahren für einige Zeit das Zuhause eines seiner Helden gewesen war, dem Dichter und präraffaelitischen Maler Dante Gabriel Rossetti. Die präraffaelitische Bruderschaft, die Rossetti zusammen mit den Malern Millais und Holman Hunt gegründet hatte, war für die Hippiebewegung der Sechzigerjahre immer besonders wichtig gewesen. Sie sahen sie als viktorianische Vorläufer all dessen, woran sie glaubten: romantischen Idealismus, eine sorglose und vorurteilsfreie Einstellung zum Sex und in Rossettis Fall vor allem auch drogeninduzierte Halluzinationen, die sie in seinen Gemälden wiederzufinden glaubten.

Queen's House war eins der Heiligtümer dieser Bruderschaft, denn hierher hatte Rossetti sich 1862 zurückgezogen, nachdem wenige Monate zuvor sein Lieblingsmodell unter mysteriösen Umständen ums Leben gekommen war: Lizzie

Siddal, seine drogensüchtige Frau mit dem kastanienbraunen Haar, die in seiner Gegenwart eine Überdosis Laudanum genommen hatte und deren Gesichtszüge viele seiner Gemälde bestimmen. Rossettis Geschichte faszinierte Paul. Denn ganz gleich, was der Grund für Lizzies Tod war, er traf den Maler wie ein plötzliches hochromantisches Verhängnis. Er war in der Blüte seiner Schaffenskraft als Künstler, aber von dem Augenblick an, als er Queen's House betrat, war Rossetti zunehmend besessen von Schuldgefühlen und Trauer um seine verstorbene Ehefrau. Er war bereits süchtig nach Chloralhydrat, einem der bevorzugten Betäubungsmittel der Viktorianer. Jetzt nahm er es immer öfter. Um seine Nerven zu beruhigen und seine Traurigkeit zu lindern, trank er erschreckende Mengen davon, obwohl seine Freunde wie der Dichter Swinburne und der Romanautor George Meredith versuchten, ihn davon abzuhalten. Unter dem Einfluss der Drogen zog er sich mehr und mehr zurück, seine Gesundheit wurde immer schwächer, und er starb 1882 im Alter von nur vierundfünfzig Jahren.

Paul war begeistert von der direkten Verbindung zwischen Queen's House und den Präraffaeliten. Die Düsternis dieser Geschichte schien ihm keine besonderen Sorgen bereitet zu haben – genauso wenig wie etwaige Ähnlichkeiten mit seinem eigenen Leben. Ganz im Gegenteil. Nachdem er fühlte, dass er mit den Präraffaeliten so viel gemeinsam hatte und das Haus ihm gehörte, gab er sich große Mühe, es wieder so herzurichten, wie es zu der Zeit ausgesehen haben muss, als der Maler dort gelebt hat.

Durch einen merkwürdigen Zufall kannten Poppet und Willem Pol das Haus ebenfalls schon, wenn auch in einem ganz anderen Licht, als düsteren Lieblingsplatz von Rossetti in seinen Chloralhydrat-Jahren nach 1860.

Lutyens' Modernisierung hatte die Düsternis und die Spinnweben der Vergangenheit beseitigt, und das Haus hatte in den

1930er-Jahren dem Börsenmakler der Queen gehört, dem welt-
gewandten Hugo Pitman, einem Freund von Ian Fleming und
Mäzen von Augustus John. Poppet erinnerte sich, dass sie als
Kind mehrere Male dort gewesen war und die Bilder ihres Vaters an den Wänden hatte hängen sehen. Sie erinnerte sich sogar
daran, dass sie einmal Queen Elizabeth (der späteren Queen
Mum) begegnet war. Von Pitman hatte es immer geheißen, er
sei in die Queen verliebt. Dass Poppet sich noch daran erinnern
konnte, wie sie im Queen's House mit einer echten Königin
Champagner getrunken hatte, machte das Haus zu etwas ganz
Besonderem.

Aus diesem Grund erschrak sie sehr, als Handwerker damit
begannen, die Holztäfelung aus dem 18. Jahrhundert dunkel
anzustreichen, Vorhänge in düsteren Farben aufzuhängen und
eine moderne Zentralheizung einzubauen. Das Queen's House
aus ihrer Erinnerung war ein Ort voller Freude und Licht mit
offenen Kaminen in allen Räumen, und sie war sehr unglücklich darüber, dass das Haus eine so Unheil verkündende Atmosphäre bekommen sollte, wie es sie damals zu Rossettis Zeit
gehabt hatte.

Als Talitha und Tara eingezogen waren, schien das alles jedoch
nicht mehr wichtig zu sein. Talitha liebte das Haus, und ihre
Rückkehr nach London entpuppte sich als voller Erfolg, nachdem sie ihr gesellschaftliches Leben dort wieder aufgenommen
hatte. Sie war nicht so stark abhängig vom Heroin wie Paul;
der Alkohol war ein weit gravierenderes Problem für sie. Sie
konnte ohne größere Schwierigkeiten eine Zeit lang mit den
Drogen aufhören, und im Sommer 1970 schien sie völlig vom
Heroin, von der Hippiekultur und von Rom geheilt zu sein.
Sie schien ebenfalls über Paul hinweg zu sein und kam inzwischen sogar gut mit seinem Vater aus. Der alte Mann weigerte
sich nach wie vor, mit ihm zu sprechen, aber Talitha lud er hin
und wieder zum Essen ein.

Sie fand natürlich auch einen neuen jungen Liebhaber, und sie hatte endlich ihren alten Helden Nurejew kennengelernt – es hieß, sie sei die einzige Frau, die er jemals körperlich geliebt hätte. Schon bald fuhr sie immer seltener mit Tara nach Rom. Im Frühling 1971 brachte sie schließlich den Mut auf, ihrem Ehemann zu sagen, dass sie die Scheidung wollte.

Man kann vielleicht ermessen, wie sehr Paul den Bezug zur Wirklichkeit verloren hatte, wenn man sich ansieht, wie erschrocken er deshalb war. Er beteuerte, dass er sie immer noch liebte, und die Aussicht, sie zu verlieren, ließ sie ihm noch kostbarer erscheinen. Also flehte er sie an, sofort nach Rom zurückzukehren, damit sie über alles sprechen konnten. Sie zögerte zunächst, doch ihre Anwälte rieten ihr zu, um ihre Position in einem Scheidungsprozess dadurch zu verbessern, dass sie sich nachweislich um Versöhnung bemüht hatte. Am Morgen des 9. Juli nahm sie also die Morgenmaschine nach Rom.

Noch am selben Abend besuchte sie Paul in ihrer ehemals gemeinsamen Wohnung, aber das Zusammentreffen ging nicht gut aus, und sie verbrachte die Nacht in der holländischen Botschaft in Rom (praktischerweise war ihre Tante Lot Boon mit dem holländischen Botschafter verheiratet). Paul hatte sie versprochen, am nächsten Abend zurückzukommen, um das Gespräch fortzusetzen.

An ihrem zweiten Abend in Rom kehrte Talitha gegen halb zehn in die Piazza Aracoeli zurück. Die Stimmung war ruhiger als am Tag zuvor, denn Paul hatte deutlich gemacht, dass er sie unbedingt zurückhaben wollte. Er war sogar bereit, ihr zuliebe sein Leben zu ändern, wenn das nötig war. Er wollte die Drogen und seine Geliebte aufgeben, wenn sie ihm versprach, zu ihm zurückzukehren.

Falls irgendjemand genau weiß, was danach passiert ist, dann nur Paul. Irgendwie gelang es ihm, Talitha dazu zu überreden, bei ihm zu bleiben, und sie schlief schließlich auf der Dachterrasse der Wohnung mit dem Blick auf das römische Kapitol ein, wo sie Paul fünf Jahre zuvor geheiratet hatte.

Irgendwann nach zehn Uhr am nächsten Morgen wachte Paul auf. Talitha jedoch nicht.

14. KAPITEL

TODESOPFER

Jean Paul Getty war kurze Zeit vor Talithas Besuch in Rom gewesen und hatte Gail und die Kinder zu ein paar Tagen Urlaub in La Posta Vecchia eingeladen. Sie und ihre Familie standen nach wie vor hoch in der Gunst des alten Mannes, und sie kann sich besonders gut an ein Mittagessen in seinem Haus zu Ehren eines Konkurrenten im Ölgeschäft erinnern, Dr. Armand Hammer, dem Chef von Occidental Oil, der ebenfalls zu Besuch in der Stadt war.

Selbst in seinem hohen Alter machte Paul sich noch einen Spaß daraus, seine Frauen zur Eifersucht anzustacheln. Er setzte Gail neben sich und flüsterte ihr zu: »Pass mal auf!« Er wusste genau, dass die Anwesenheit seiner neuesten Geliebten, der üppigen Mrs. Rosabella Burch, die verunsicherte Mary Teissier unweigerlich verärgern musste. Doch stattdessen bot Rosabella ein viel fesselnderes Spektakel, indem sie während des Essens ungeniert mit dem gealterten, aber geradezu hingerissenen Dr. Hammer flirtete.

Bei seinem kurzen Aufenthalt in Rom weigerte Getty sich weiterhin, mit Paul zu sprechen, und kehrte Ende Juni nach England zurück, ohne ihn gesehen zu haben. Er bestand jedoch darauf, dass Gail und die Kinder noch ein paar Tage bleiben sollten, wenn sie Lust dazu hatten. Das hatten sie, und deshalb waren sie gerade erst nach Orgia zurückgekehrt, als Gail

203

am späten Nachmittag des 11. Juli einen Anruf von ihrem verzweifelten Ex-Ehemann bekam. Er erzählte ihr, was passiert war und wie man Talitha, die in tiefem Koma lag, in die Villa-del-Rosario-Klinik in Rom gebracht hatte. Dort hatte man versucht, sie wiederzubeleben – aber ohne Erfolg. Kurz nach Mittag war sie gestorben, ohne das Bewusstsein wiedererlangt zu haben.

Er klang so verzweifelt, dass Gail beschloss, sofort mit dem Auto nach Rom zu fahren, um bei ihm sein zu können. Als sie ankam, war er überwältigt von Trauer und schrecklichen Schuldgefühlen. Er konnte den Gedanken nicht ertragen, in die Piazza Aracoeli zurückzukehren, deshalb schlug sie vor, dass er stattdessen zur Posta Vecchia fuhr. Er willigte ein, und da er ihr untröstlich erschien, blieb sie bei ihm.

Alle trauerten um Talitha, nicht zuletzt Gail und die Kinder. Sie sagt: »Talitha hatte nichts mit dem Ende unserer Ehe zu tun, und wir hatten sie alle sehr lieb gewonnen.« Die Beerdigung fand in Amsterdam statt, wo Talitha in einem schlichten Grab an der Seite ihrer Mutter bestattet wurde. Neben Paul nahmen noch die Pols, ein paar enge Familienangehörige und Talithas alter Verehrer Lord Lambton teil, der mit drei früheren Freundinnen von ihr aus London eingeflogen kam.

Die Pols waren erstarrt vor Trauer, ganz besonders Willem. Kurze Zeit später hatte er einen Herzinfarkt, von dem er sich nie wieder vollständig erholte. Während der Beerdigung wirkte Paul am meisten mitgenommen. Jetzt, da Talitha tot war, stellte er fest, dass er sie mehr liebte als je zuvor. Er litt unter Bedauern und Schuldgefühlen. Er konnte sich selbst nicht verzeihen, was geschehen war und dass er sie nicht hatte retten können.

Aber was genau war eigentlich an diesem Abend in der Piazza Aracoeli geschehen? Da Paul sich weigerte, darüber zu sprechen, wurden die Ereignisse nie geklärt, und die Umstände von Talithas Tod bleiben ein Geheimnis.

Dem Totenschein zufolge, den die Ärzte in der Klinik ausgestellt haben, ist der Tod durch einen Herzstillstand eingetreten, in ihrem Blut wurden hohe Konzentrationen von Alkohol und Barbituraten ermittelt. Da Talitha als gewohnheitsmäßige Trinkerin bekannt war, die manchmal Barbiturate nahm, um die Wirkung des Alkohols zu kompensieren, gibt es keinen Grund, an den Tatsachen, die auf dem Totenschein aufgeführt sind, zu zweifeln. Barbiturate und Alkohol können zusammen in hohen Dosen eine tödliche Kombination bilden, die sicherlich den Tod zur Folge haben kann.

Der Punkt war jedoch, dass der heroinsüchtige Paul in einer schwierigen Lage war und nicht riskieren durfte, irgendetwas über die Umstände von Talithas Tod zu sagen. Der Besitz von Betäubungsmitteln war eine Straftat in Italien, die häufig mit Haft geahndet wurde, und wenn die Polizei eine offizielle Ermittlung eigeleitet hätte, bei der seine Abhängigkeit enthüllt worden wäre, hätte das mit großer Sicherheit schwerwiegende Konsequenzen für ihn gehabt.

Um das zu vermeiden und sich außerhalb von Rom in Sicherheit zu bringen, bis sich die Lage geklärt hatte, entschied er sich, für eine Weile nach Bangkok zu gehen – das er geliebt hatte, als er in glücklicheren Tagen mit Talitha dort gewesen war. In Thailand konnte er Drogen kaufen, wenn er sie brauchte, und er würde die Ruhe und den Frieden haben, die nötig waren, um sich von ihrem Tod zu erholen und zu entscheiden, was aus seiner Zukunft werden sollte. Damit er Gesellschaft hatte, überredete Gail einen seiner ältesten römischen Freunde, ihn zu begleiten: den ehemaligen Restaurateur Jerry Cierchio (den berühmten Inhaber von Jerry's Club in der Via Veneto), der dem amerikanischen Autor Damon Runyon ähnelte. Wenn irgendjemand Paul von zu viel Grübelei abhalten konnte, dann war es Jerry. Während ihrer zweimonatigen Abwesenheit tat Paul sein Bestes, um mit dem zurechtzukommen, was geschehen war.

Doch nachdem er wieder zurück in Italien war, wurde deutlich, dass er sich selbst niemals würde vergeben können. Paul war besessen von seiner Schuld. Manchmal wurde seine Trauer unerträglich, sodass er mehr Drogen konsumierte als je zuvor – was zu noch mehr Angst und Schuldgefühlen führte, bis daraus ein Teufelskreis wurde.

Die Kinder litten ebenfalls darunter, und Gail musste allein mit ihnen zurechtkommen – und noch dazu mit Tara, der erst zweieinhalb Jahre alt war. Denn als es um die Zukunft des Kindes gegangen war, hatte sie sofort gesagt: »Tara gehört zu seiner Familie hier in Rom.«

Gleichzeitig musste sie sich auch noch um Paul kümmern, der sich immer mehr darauf verließ, dass sie ihm sagte, was zu tun war, und dessen Geisteszustand sich durch die Gerüchte um Talithas Tod nicht gerade verbesserte. Es hieß, sie sei nicht an den Barbituraten gestorben, sondern hätte in seiner Gegenwart eine Überdosis Heroin genommen.

Es gab keine Beweise, um diese Behauptung zu stützen, und es war zudem mehr als unwahrscheinlich, dass Talitha, die ihre Heroinsucht schließlich überwunden hatte und Pauls Abhängigkeit bei ihrer Trennung zu einem entscheidenden Punkt gemacht hatte, sich an ihrem zweiten Abend in Rom plötzlich wieder der Droge zugewandt hatte. Es war ebenso unwahrscheinlich, dass die Ärzte in der Klinik die Beweise übersehen hätten, falls sie wirklich an einer Überdosis Heroin gestorben wäre. Es wird ebenfalls behauptet, dass man bei einer Autopsie, die acht Monate nach Talithas Tod durchgeführt worden ist, Spuren von Heroin in ihrer Leiche fand. Falls das wahr ist, beweist es trotzdem nicht, dass das Heroin die Todesursache gewesen ist. Die Kombination von Alkohol und Barbituraten wäre noch immer die wahrscheinlichste Todesursache. Zudem hätten sich Spuren von Heroin bei einer ehemals Heroinabhängigen wie Talitha auch zu einem Zeitpunkt weit vor ihrem Tod in ihrem Körper ansammeln können.

Eine Zeit lang passierte nichts; da Paul jedoch ein stadtbe-
kannter Drogenabhängiger war, kursierten die Gerüchte weiterhin. Er verbrachte Weihnachten mit Gail und den Kindern.
Im neuen Jahr erreichte sie dann die Nachricht, dass es infolge
der weit verbreiteten Spekulationen nun doch eine ordnungs-
gemäße Ermittlung der Umstände von Talithas Tod vor einem
Untersuchungsgericht geben sollte. Der Richter wollte natür-
lich ihren Ehemann, Paul Getty junior, befragen. Ein Termin für diese Befragung wurde für Anfang März fest-
gesetzt. In der zweiten Februarwoche flog Paul nach London
und kehrte nie wieder nach Italien zurück.

Es hätte einen mutigeren Mann gebraucht als Paul, um in Rom
zu bleiben und der italienischen Drogenpolizei ins Auge zu sehen, um seinen Namen durch eine offizielle Untersuchung von
allen Vorwürfen reinzuwaschen. Zuerst einmal hätte er sich der
Untersuchung durch die italienischen Medien stellen müssen,
während auch die Weltpresse und das Fernsehen sich um die
Geschichte rissen. Jede Einzelheit seines Privatlebens wäre zur
Sensation verkommen – ebenso wie die Details seiner intims-
ten Beziehungen: mit Talitha, mit Victoria und mit Gail und den
Kindern. Unschuldige Freunde wären unweigerlich mit in die
Sache hineingezogen worden.
Die wirkliche Gefahr bestand jedoch darin, dass eine Unter-
suchung zwangsläufig die Einzelheiten seiner eigenen Drogen-
sucht öffentlich gemacht hätte. Dies hätte, ganz gleich, was mit
Talitha passiert war, auf kürzestem Weg zu einem Gerichtspro-
zess geführt, an dessen Ende wahrscheinlich eine Gefängnis-
strafe gestanden hätte.
Der Richter übermittelte Paul die Aufforderung, »freiwil-
lig herzukommen und alles zu gestehen, was bei der Untersuchung helfen könnte«. Es ist nicht überraschend, dass er keine
Antwort erhielt. Obwohl Paul sich eine Zeit lang vor seiner
Auslieferung nach Italien fürchtete, entpuppten sich diese Be-

fürchtungen als haltlos. Es wäre auch sehr ungewöhnlich für die italienischen Behörden gewesen, wenn sie um die Auslieferung eines Zeugen in einem Fall gebeten hätten, der Ausländer betraf, deren eigene Regierung kein Verfahren verlangt hatte. Somit blieb die Ermittlung zu Talithas Tod ergebnislos, und die Akte wurde nie geschlossen, doch Paul konnte nie wieder nach Italien zurückkehren. Da seine Kinder weiterhin in Rom wohnten, hatte das zur Folge, dass ihr ohnehin schon seltener Kontakt zu ihrem Vater beinahe ganz abriss.

Was vielleicht noch schwerer wiegt, ist, dass sich Paul, indem er sich der Untersuchung entzog, auch jede Chance einer Erklärung zum Ableben seiner Frau nahm, von öffentlicher Sühne ganz zu schweigen. Die unwahrscheinlichste Erklärung – dass sie eine riesige Überdosis Heroin genommen hat, das Paul ihr beschafft haben soll, und dass er ihr sogar dabei geholfen haben soll, es zu injizieren, wurde nie entkräftet. Und ganz gleich, was wirklich an diesem Juliabend in der Wohnung an der Piazza Aracoeli geschehen ist, er musste das allein mit seinem Gewissen ausmachen.

Unter dem Eindruck all dieser Ereignisse kehrte Paul in sein Haus am Fluss zurück, wohin ein Jahrhundert zuvor sein Held Dante Gabriel Rossetti gekommen war, um über den Tod der schönen Lizzie Siddal zu grübeln. Dies war das Haus, in dem auch Talitha noch vor Kurzem gelebt hatte und das Paul so sorgfältig hatte restaurieren lassen, um es in den Zustand zu versetzen, in dem es gewesen war, als Rossetti dort gewohnt hatte. Jetzt schien es so, als wäre er damit erfolgreicher gewesen, als er gewollt hatte. Dank eines unheimlichen Tricks des Schicksals fand er sich in einer Situation wieder, in der er die ganze düstere Geschichte von Rossettis Untergang von Neuem durchleben musste.

Wahrscheinlich hat das maßgeblich zu Pauls weiterem Verhalten beigetragen. Heroinsüchtige ahmen häufig andere nach, da sie Sicherheit und Befriedigung darin finden, den Lebensstil anderer Süchtiger zu imitieren. Paul hätte beinahe Rossetti sein können, und es gab eine beunruhigende Ähnlichkeit in der Art und Weise, wie er dessen Handeln wiederholte. In genau diesem Haus hatte Rossetti sich immer mehr in sich zurückgezogen, von Schuldgefühlen geplagt mit ständig größeren Dosen von Alkohol und Chloralhydrat, bis er seine Gesundheit so gut wie vollständig zerstört hatte. Paul verhielt sich ganz genauso, abgesehen davon, dass ihm im 20. Jahrhundert effektivere Schlafmittel zur Verfügung standen.

Doch der Grund für sein Leid ähnelte dem von Rossetti so sehr, dass man die Worte, mit denen Hall Caine, Rossettis erster Biograf, dessen Misere beschrieben hat, beinahe direkt auf Paul anwenden kann: »Vor allem habe ich den Eindruck gewonnen, dass Rossetti niemals damit aufgehört hat, sich selbst Vorwürfe wegen des Todes seiner Ehefrau zu machen. Er sah dieses Ereignis als etwas an, das durch eine Pflichtvergessenheit seinerseits oder vielleicht noch etwas viel Schwerwiegenderes ausgelöst worden war.«

Für jemanden wie Paul hatte England, anders als Italien und die Vereinigten Staaten, einen großen Vorteil: seine offizielle Drogenpolitik. In England betrachtete man Drogensucht als medizinisches und weniger als soziales Problem, und Abhängige, die bei einem Arzt in Behandlung waren, bekamen ihre Drogen legal auf Rezept. In der Theorie sollte dabei die Dosis langsam gesenkt werden, denn das Ziel dieser »Behandlung« war ihre Therapie.

Deshalb war London für Paul so etwas wie ein Zufluchtsort, und er fand einen Arzt, der nichts dagegen hatte, ihn in seinem Bentley im Queen's House zu besuchen.

Nun, da Paul dort wohnte, wurde das Haus wieder ebenso einzigartig, wie es zu Rossettis Zeiten gewesen war. Rossetti hatte im Garten eine Menagerie gehabt (in der auch sein berühmter Wombat lebte), Paul hatte stattdessen eine ganze Reihe von ausgestopften Tieren im Haus selbst. In seinem Schlafzimmer hatte er ein noch rätselhafteres Erinnerungsstück – das Holzmodell eines Wasserflugzeugs. Es handelte sich hierbei um ein Modell der legendären *Spruce Goose*, des riesenhaften hölzernen Wasserflugzeugs, das aus der Besessenheit des Sohnes eines anderen Öltycoons entstanden war, der ein berüchtigter Einsiedler gewesen war: Howard Hughes. Paul tat jetzt genau dasselbe, indem er sich in seinem Haus einschloss und es einerseits zu einem Schrein der Erinnerung an Talitha machte, andererseits zu einem Ghetto für sein eigenes Vergessen.

Alles, was mit Talitha zu tun gehabt hatte, wurde liebevoll aufbewahrt, einschließlich ihrer Kleider und Briefe, ihrer Fotos und dem Porträt, das ihr Vater von ihr gemalt hatte.

Oberflächlich betrachtet war er in einer zutiefst tragischen Situation – er hatte einen Verlust erlitten, war süchtig, abgeschnitten von allen, die er liebte, und von seinem geliebten Italien. Aber man erkennt auch den gräulichen Trost, den sie jemandem mit Pauls immer mehr in sich gekehrtem Wesen bot – und wieso sie ihn so lange gefangen hielt. Hier, im selben Haus, in dem ein romantischer Dichter sich mit Drogen zugrunde gerichtet hatte, während er um seine schöne, verstorbene Ehefrau trauerte, konnte er genau dasselbe tun. Damit reihte er sich in eine Tradition von Selbstzerstörung mithilfe von Betäubungsmitteln ein. Er und der Geist von Dante Gabriel Rossetti konnten in ihrer Trauer um die schönen Verstorbenen zusammenfinden.

Pauls Tage müssen sich endlos lange hingezogen haben, und zuweilen waren seine Depressionen erschreckend, aber er war stark und entschlossen und hatte das Gefühl, dass es das war, was das Schicksal für ihn vorgesehen hatte. Er bestrafte sich selbst für das, was geschehen war. Da er sich für wertlos hielt, fand er auch wenig Wert in dem, was ihn umgab. So wurde seine Welt trotz seines Reichtums zu einem winzigen Abschnitt in einer sehr persönlichen Hölle. Er spielte seine Opernaufnahmen ab, schaute endlos fern, trank viel, aß wenig. Und wenn das Leben unerträglich für ihn wurde, hatte er dafür das perfekte Gegenmittel.

Manchmal versuchte er, mit dem Drogenkonsum aufzuhören, aber das ist für wohlhabende Abhängige immer wieder schwer. In den seltenen Fällen, in denen er kein Geld für Drogen hatte, reichte der Name Getty aus, damit er stets Kredit bekam.

Auch wenn er häufig einsam war, war er doch nicht allein. Victoria leistete ihm Gesellschaft, und schon bald hatte er seinen ganz persönlichen Freundeskreis. Mit der Zeit fanden sich immer mehr Menschen aus der Subkultur der Sechzigerjahre, die seine Freunde und Gäste in Marrakesch gewesen waren, bei ihm ein. Es waren Menschen, denen er vertrauen konnte und die seine Lage verstanden. Mick Jagger und seine damalige Frau Bianca wohnten nur ein paar Häuser weiter am Cheyne Walk und besuchten ihn oft. Ebenso Marianne Faithful und der unrettbar süchtige Galerist Robert Fraser. Doch soweit es seine Zukunft betraf, gab es einen Besucher und Nachbarn, der wichtiger war als alle anderen, einen gut unterrichteten ehemaligen Eton-Absolventen, der ein kleines Antiquitätengeschäft eine Ecke weiter betrieb und der Talithas Freund gewesen war.

In den Sechzigerjahren war Christopher Gibbs in Chelsea allgemein bekannt. Er war gut aussehend, hatte Stil und ein außerordentlich großes Netzwerk – sein Vater war Bänker und sein Onkel der Gouverneur von Rhodesien (im heutigen Simbabwe). Er war eine eigenwillige Persönlichkeit. Er hatte die Universität in Frankreich besucht und anschließend Archäologie in Jerusalem studiert, danach wurde er mit seinen Partys und den arabischen Möbeln und Teppichen, die er verkaufte, so etwas wie ein Trendsetter für die Sechzigerjahre. Seine Wohnung am Cheyne Walk lag zu Fuß nur wenige Minuten von Pauls Haus entfernt und war als Schauplatz für einen der Filme benutzt worden, die die Sechzigerjahre geprägt hatten: Antonionis *Blow Up*. Doch seine entscheidende Rolle war wahrscheinlich die als Freund des jungen Mick Jagger. Es war Gibbs gewesen, der Stargrove entdeckt hatte, Jaggers wundervolles viktorianisches Landhaus in Berkshire, und ihm geholfen hatte, es einzurichten. Gibbs war häufig zusammen mit ihnen in Marrakesch, wo er sie seinen Freunden, den Gettys, vorstellte. Damals hatte Paul ihm 1 200 Pfund für ein kleines Haus im Atlasgebirge geliehen. Gibbs besaß dieses Haus immer noch und war dankbar dafür. Jetzt, da Paul Gesellschaft und Freunde brauchte, denen er vertrauen konnte, bemühte er sich darum, diese Schuld zu begleichen. Davon abgesehen mochte er Paul wirklich gern, und wie den meisten seiner Freunde tat er ihm schrecklich leid.

Nur ein Mitglied der Familie scheint völlig unbeeindruckt von allem geblieben zu sein, was in dieser Zeit passiert ist – der alternde Patriarch auf Sutton Place. Mit achtundsiebzig Jahren hielt Paul nach wie vor die Zügel bei Getty Oil fest in der Hand, und er war reicher als je zuvor. Die Produktion in der Neutralen Zone war 1971 auf ihrem Höhepunkt angelangt, und gleichzeitig war sein Privatvermögen auf 290 Millionen Dollar angewachsen, das des Sarah C. Getty Trusts auf 850 Millionen Dollar.

Getty hatte ohne viel Mühe eine ganze Reihe von Angriffen auf sein Imperium abgewehrt und konnte seine Tankschiffflotte trotz der sinkenden amerikanischen Nachfrage halten, sodass Getty Oil in einer guten Position war, um von der weltweiten Ölknappheit zu profitieren, die mit dem Beginn des Jom-Kippur-Krieges 1973 einherging.

Als man ihm von Talithas Tod erzählte, zeigte er, wie es typisch für ihn war, keinen Funken von Gefühl. Die Neuigkeiten von Paul junior nahm er mit der gleichen Unbewegtheit auf. »Ein Getty kann nicht drogensüchtig sein«, sagte er mit fester Stimme. Und obwohl sein Sohn gerade mal fünfzig Kilometer weit von ihm entfernt in London lebte, weigerte er sich standhaft, sich mit ihm zu treffen. Von Zeit zu Zeit sollte Paul versuchen, seinen Vater telefonisch zu erreichen, und er flehte Penelope an, ihren Einfluss geltend zu machen. Sie bekam stets dieselbe Antwort:»Wenn er mit den Drogen aufgehört hat, können wir miteinander reden, aber nicht vorher.«

Zwölf Tage nach Talithas Tod machte Getty dasselbe mit Paul, was sein Vater mit ihm gemacht hatte: Er strich ihn quasi aus seinem Testament – indem er ihm 500 Dollar hinterließ. Hinter seiner starken Fassade war der Lord von Sutton Place jedoch verletzlich. Er war nie ein so groß gewachsener Mann gewesen, wie er es sich gewünscht hatte; doch jetzt sah er ziemlich klein aus, mit eingefallenen Schultern und Altersflecken auf den Wangen. Plötzlich kam er sich trotz seines Geldes und der Frauen um ihn herum sehr einsam vor.

Es hatte einfach nicht so funktioniert, wie er es sich vorgestellt hatte, als er seine Söhne in ihrer Kindheit zurückgelassen hatte, um sie dann zu sich zu rufen, wenn sie ihren Platz in seinem Geschäft einnehmen konnten. Es gab keine Nähe oder Zuneigung und auch kein Verständnis zwischen ihnen. Er lehnte sie ab und griff sie wütend an, wenn er das Gefühl hatte, dass sie die Position infrage stellten, die nur ihm zustand.

Von Timmy abgesehen – und Timmy hatte er erst geliebt, nachdem er gestorben war – war sein kostbarer Paul eine Zeit lang die einzige Ausnahme gewesen. Gail betont noch immer, wie traurig es sei, dass Paul junior nie verstanden habe, wie sehr sein Vater ihn geliebt habe, bevor es zu spät war. Vielleicht wusste er es sogar, aber nachdem Paul in Ungnade gefallen war, verhärtete sich das Herz des alten Mannes nur noch mehr.

»Die einzige Möglichkeit, das zu erhalten, was wir erschaffen haben, ist durch unsere Kinder«, hatte er kürzlich geschrieben wie ein alter Viktorianer, der er im Herzen war. Wenn er früher über all das nachgedacht hätte, wäre er womöglich vorsichtiger mit den vier Menschen umgegangen, von denen so viel für ihn abhing.

In vielerlei Hinsicht ist der Teil, den er seinem zur Hälfte deutschen zweiten Sohn, dem großen, unglücklichen Ronald, zugedacht hat, der am wenigsten liebevolle. Vielleicht wäre das anders gewesen, wenn Ronald etwas von dem Charme seines Halbbruders Paul besessen hätte. Ronald war kein einfacher Mensch. Er hatte eine trotzige Seite, die Getty manchmal mit den Worten kommentierte: »Ronnie ist mir von meinen Söhnen am ähnlichsten«, aber die Wahrheit war, dass Ronald, je älter er wurde, Getty immer mehr an seinen deutschen Großvater erinnerte, seinen alten Feind Dr. Helmle. Die Fehde mit Dr. Helmle war in Wirklichkeit die Wurzel allen Ärgers.

Dass Ronald aus dem Kreis der Begünstigten des Sarah C. Getty Trusts ausgeschlossen worden war, war eine grausame Ungerechtigkeit, die ihm das Gefühl gab, den anderen Mitgliedern der Familie gegenüber benachteiligt zu sein. Während des ständigen Auf und Ab in ihrer Beziehung hatte Getty seinem Sohn manchmal versprochen, diese Situation zu bereinigen und ihn wieder zu einem Begünstigten des Trusts zu machen. Das hat er jedoch nie getan. Vielleicht befürchtete er, dass er den Trust einer Gefahr durch seinen immerwährenden Feind, die Steuerbehörde, aussetzte, wenn er die Zahl der Begünstigten vergrößerte. Vielleicht wollte er Ronald im entscheidenden Moment auch nicht höher beteiligen und versuchte noch immer, sich am längst verstorbenen Dr. Helmle zu rächen, indem er dessen Enkelsohn zum Opfer machte.

Sein Handeln führte jedenfalls unter anderem dazu, dass Ronald den Eindruck bekam, er habe im Familienunternehmen keine Zukunft. Und 1964, nicht lange nach seiner Hochzeit, verließ er Deutschland und seine Position in Gettys Firma Veedol, um nach Kalifornien zurückzukehren. Er hatte beschlossen, aus eigener Kraft viel Geld zu verdienen, um zu beweisen,

214

wie unabhängig er war, und klarzustellen, was er von seinem Vater hielt. Unglücklicherweise suchte er sich dafür ausgerechnet Hollywood aus und bewies nach kurzer Zeit, dass ihm trotz all seiner mutmaßlichen Ähnlichkeiten mit seinem Vater die Besessenheit fehlte, mit der der große Paul sich in alle Einzelheiten jedes Geschäftszweiges einarbeitete, in dem er tätig werden wollte.

Ronald hatte beinahe zwei Millionen Dollar von Oma Getty geerbt – die der Meinung war, dass man ihn zu schlecht behandelte – und ließ sich mit zwei Produzenten in Hollywood ein, um eine ganze Reihe von Low-Budget-Filmen zu produzieren, zum Beispiel *Tote Bienen singen nicht* mit Raquel Welch, *Zeppelin* und *Sheila*. Diese Filme werden zwar noch immer im Fernsehen gezeigt, aber sie brachten ihm weder Ansehen noch Vermögen ein.

»Ich habe das Geld, und sie haben das Know-how«, sagte Ronald, als er über seine Co-Produzenten sprach.

»Und am Ende haben sie noch immer das Know-how und zusätzlich auch noch dein Geld«, antwortete sein Vater – der wie immer, wenn es um Geschäfte ging, erstaunlich scharfsinnig war.

Gordon war vollkommen anders; und seit einiger Zeit empfand Getty trotz des Gerichtsverfahrens und ihrer charakterlichen Differenzen so etwas wie widerwillige Bewunderung für seinen gedankenverlorenen Sohn.

Gordon war mutig und klug. Vielleicht war er auch zu klug, das war sein Problem. Er hatte versucht, seinem Vater seine ökonomische Theorie nahezubringen, der sie jedoch im Großen und Ganzen einfach nicht verstehen konnte. Genauso wenig wie er Gordons Musik zu schätzen wusste. Gelegentlich schallte dessen großartige Stimme durch die Flure von Sutton Place.

»Gordon übt«, sagte Getty dann beinahe wohlwollend.

Er fügte in der Regel aber sofort hinzu, dass Gordon der Sinn für alles Praktische fehlte. Manchmal überraschte Gordon ihn jedoch, denn hin und wieder funktionierten seine wirren Pläne wirklich – zum Beispiel, als er vorschlug, die Zentralheizung im Hotel Pierre im Sommer als Klimaanlage zu nutzen, sodass man Millionen Dollar an Betriebskosten sparen könnte, wenn man das ganze System modernisierte. Gordon war außerdem ein beispielhafter Familienvater, und er war dem Vorbild seines Vaters gefolgt, indem er nur Söhne gezeugt hatte. Der alte Paul war stolz auf sie.

Um ihm zu zeigen, dass er ihm das Gerichtsverfahren verziehen hatte, ließ er Gordon die höchste Auszeichnung in Gettys Himmel zukommen: die allmächtige Stellung als Treuhänder im Sarah C. Getty Trust. Aber ganz gleich, was er auch versuchte, es gelang ihm nicht, Gordon dazu zu bewegen, eine aktivere Rolle im Ölgeschäft zu übernehmen.

Im Gegensatz dazu war sich sein ältester Sohn und mutmaßlicher Erbe George als Vizepräsident von Tidewater Oil der Familientradition zutiefst bewusst. Wie die meisten schlechten Eltern ging Getty nicht konsequent mit seinen Söhnen um, er zog einen dem anderen vor und erzeugte so Eifersucht, wie er es auch bei seinen Frauen tat. George war am eifersüchtigsten von allen. Er sammelte Geschichten, die er gegen seine Geschwister verwenden konnte, um damit in der Gunst seines Vaters besser dazustehen – zuerst gegen Ronald, dann während des Prozesses gegen Gordon. Er behauptete sogar, dass Gordon gar kein Getty sei, sondern das Kind von Ann Rorks drittem Ehemann Joe McEnerney, was lächerlich war.

Doch als Vizepräsident von Tidewater hatte George auch viel zu ertragen. Sein Vater hatte immer schon einen Instinkt für die Schwächen von anderen gehabt, und wenn er eine erkannte, nutzte er sie für einen Angriff. Er war unerbittlich gewesen, als die Ölerkundungen von Tidewater eine nach der anderen fehlgeschlagen waren – vor allem die in Pakistan und in der Sahara. Er schloss einfach die Erkundungsabteilung der Firma, ohne Rücksprache mit George zu halten. Auf die gleiche Art und Weise verkaufte er persönlich hinter Georges Rücken einen Teil des nicht mehr profitablen Marketingnetzwerks von Tidewater im Westen der USA. Es war ein Geschäft über 300 Millionen Dollar mit John Houchin von Phillips Petroleum, das er bei seinem letzten Besuch in Rom im Hotel Flora abgeschlossen hatte. George war außer sich.

»Mein Vater ist als Präsident für die Erfolge zuständig und ich als Vizepräsident für die Misserfolge«, beklagte er sich einmal – eine sehr zutreffende Einschätzung seiner Lage.

Nachdem er 1967 mit seiner früheren Ehefrau Gloria gebrochen hatte, ließ Georges Privatleben ebenfalls zu wünschen übrig. Im folgenden Scheidungsprozess behauptete Gloria, George sei distanziert, kalt, abweisend und gefühllos gewesen – alles Vorwürfe, die dessen Exfrauen auch seinem Vater gemacht hatten.

Eine Zeit lang dachte George, er sei in die Enkeltochter von Lord Beaverbrook verliebt, Lady Jean Campbell. Sie hatte ihn bei einem Abendessen auf Sutton Place kennengelernt und fand ihn »sehr merkwürdig, sehr unentspannt, und während unseres Gesprächs hat er seinen Vater immer Mr. Getty genannt«. Sie fand das seltsam und versuchte, ihn dazu zu überreden, ihn Vater oder sogar Dad zu nennen, aber es blieb bei Mr. Getty.

»Da wurde mir klar, dass George starr vor Angst war, geradezu in Panik vor Mr. Getty und davor, was Mr. Getty von ihm dachte.«

1971 heiratete George erneut – nicht Lady Jean, die Norman Mailer vorzog, sondern Jacqueline Riordan, eine Erbin aus San Francisco. Ihr früherer Ehemann, ein irisch-amerikanischer Finanzspezialist, der mit einem dubiosen Pensionsgeschäft in der Schweiz ein Vermögen verdient hatte, hatte ihr dreißig Millionen Dollar hinterlassen. Er war gestorben, als ihn eine

Schlammlawine in seinem Schlafzimmer überrollte. (Jacqueline hatte irgendwie entkommen können.)

Der alte Mann hatte Gloria gemocht, denn sie war eine gute Ehefrau für George und eine gute Mutter für die drei Töchter, deshalb machte die Scheidung ihn traurig. Aber er kam nicht umhin, eine neue Ehefrau gutzuheißen, die so viel Geld mit in die Ehe brachte. »Das ist weniger eine Ehe als eine Firmenfusion«, äußerte er zufrieden. Sobald die Fusion jedoch rechtskräftig war, wurde Jacqueline zum Seniorpartner und nutzte unbarmherzig ihre Macht gegen den armen George aus, nachdem sie feststellte, dass Lady Jean recht hatte, was seine Haltung seinem Vater gegenüber betraf.

George hatte mittlerweile insgeheim vor fast allem Angst – vor seinen Feinden, seiner Frau, seiner Exfrau, dem Vorstand von Tidewater und vor dem Leben selbst.

Um dem etwas entgegenzusetzen, tat er, was er konnte, um sich als prominente Figur des gesellschaftlichen Lebens den Respekt seiner Mitmenschen zu verdienen. Er sammelte Spenden für die Philharmonie von Los Angeles, saß im Vorstand der Bank of America und züchtete sogar Pferde, wie die Königin von England es tat – kurz gesagt verwandelte er sich in eine Person, vor der er selbst Respekt gehabt hätte. Aber es funktionierte nicht. Papa war stets zur Stelle, um über sein Leben zu bestimmen, und er gab sich keinerlei Mühe, zu verbergen, dass er ihn verachtete.

Es ist nicht überraschend, dass George zu trinken anfing – mehr oder weniger im Geheimen, doch bis zum Exzess. Anfang 1973 war er so weit, dass er Beruhigungsmittel und Speed nahm und sich wahrscheinlich auch noch irgendetwas spritzte, das nicht gerade empfehlenswert war. Am Abend des 6. Juni hatte er einen weiteren erbitterten Streit mit Jacqueline, in dem es schon wieder um Mr. Getty ging. Bei ihren Streitereien ging es meistens um Mr. Getty. Am Ende des Streits rastete er aus, seine ganze Frustration, sein Hass, seine Hilflosigkeit und sein

Zorn kamen in einer großen Welle der Wut zum Vorschein. Er geriet in Panik.

Er schloss sich im Schlafzimmer ihres wertvollen Hauses im wunderschönen Bel Air ein und brüllte herum. Er trank. Er nahm eine Menge des Schlafmittels Nembutal. Er versuchte, sich mit einer Grillgabel umzubringen, aber es gelang ihm nicht, seinen Magen zu durchstechen. Schließlich fiel er ins Koma. Freunde brachen die Tür auf, holten ihn aus dem Zimmer und riefen einen Krankenwagen, es kam jedoch zu Unstimmigkeiten wegen des Krankenhauses. Der Vizepräsident von Tidewater konnte nicht einfach in die allgemeine Notaufnahme des nahe gelegenen UCLA-Krankenhauses gebracht werden, während er, wie alle dachten, im Vollrausch war. Also brachte man ihn stattdessen in ein diskreteres Krankenhaus, was allerdings zwanzig Minuten länger dauerte.

Um seinen Namen zu schützen, opferten sie sein Leben. George war nämlich paradoxerweise nicht betrunken, sondern litt an einer starken Überdosis all der Drogen, die er genommen hatte. Als sie mit ihm im Krankenhaus ankamen, war George, der geliebte älteste Sohn und mutmaßliche Erbe des reichsten und kältesten Mannes in Amerika, bereits tot.

»Sein Vater hat ihn umgebracht«, sagte seine Witwe, als Journalisten sie besuchen kamen, um mit ihr zu sprechen.

Es war früher Abend in London, als die Nachricht von Georges Tod Barbara Wallace erreichte. Sie rief Penelope an. Penelope wusste, dass Getty mit der Herzogin von Argyll in deren Haus in Mayfair zum Abendessen verabredet war. Eine ihrer Töchter sagte jedoch:»Du musst zu ihm gehen und es ihm selber sagen. Er braucht dich.«

Genau das tat sie auch.

Nachdem sie ihm gesagt hatte, dass George tot sei, war Getty starr vor Kummer. Er war völlig vor den Kopf gestoßen, niedergeschlagen, konnte weder weinen noch sprechen, so stark war sein Schmerz. Dies war einer der wenigen Augenblicke, in dem die Strukturen seines Lebens – sein Vermögen, sein Ehrgeiz, seine ständige Betriebsamkeit, seine Frauen und seine Konzentrationsfähigkeit – allesamt nutzlos waren, weggeblasen. Übrig blieb nur das einsame Kind, das um seinen Hund Jip geweint hatte, um seinen lieben Papa und die geliebte Mama und um Timmy, »den tapfersten und besten all meiner Söhne«. George hatte sich bei denjenigen eingereiht, die das Elend des alten Mannes bildeten.

Auf dem Rückweg nach Sutton Place konnte er mit niemandem sprechen, und auch am nächsten Morgen weigerte er sich noch, über George zu reden. Aber er ließ ein Porträt von ihm in einem violetten Rahmen in der Eingangshalle von Sutton Place aufhängen. Violett ist die imperiale Farbe der Kaiser von Rom und auch die der Trauer.

Kurze Zeit später erklärte er sich dazu bereit, mit Journalisten zu reden, von denen einer die Bemerkung der Witwe ihm gegenüber wiederholte.

»Sie sagt, sein Vater hätte ihn umgebracht. Wollen Sie das kommentieren, Mr. Getty?«

»Nein«, antwortete er.

15. KAPITEL

ENTFÜHRUNG UND LÖSEGELD

Im Gebiet zwischen dem Corso Vittorio Emmanuele und dem Tiber in Rom stehen viele der großen Renaissancepaläste der Stadt. Hier haben früher die päpstlichen Familien wie die Borgia, die Farnese und die Riario residiert, und in den engen Gassen gab es zu ihrer Zeit mehr Blutvergießen als in allen anderen Vierteln der Stadt. Nachts ist es hier noch immer ziemlich unheimlich, aber bis zu den frühen Morgenstunden gibt es kaum Anzeichen von Leben, abgesehen von den römischen Katzen und einer Nachtwache, die gelegentlich ihre Runden dreht. Deshalb war der junge Paul Getty auch nicht zu übersehen, als er die Via del Mascherone hinunter auf den maskenhaften Brunnen zuging, der ein kleines Mädchen darstellt, aus dessen Mund Wasser sprudelt und der der Straße ihren Namen gegeben hat.

Der Junge war eine rothaarige Bohnenstange, und wenn er abends ausging, wanderte er häufig auf diesem Weg nach Hause in die Wohnung auf der anderen Seite des Flusses im Viertel Trastevere, die er sich mit zwei jungen Malern teilte. Heute kommt einem dieses Verhalten vielleicht dumm vor, aber damals war Rom eine sicherere Stadt. Deshalb erschrak er auch nicht besonders, als neben ihm ein altersschwacher weißer Fiat mit quietschenden Reifen hielt.

»Verzeihung, *signore*. Sind Sie Paul Getty?«, rief der Fahrer ihm zu.

221

»Ja«, antwortete er, »das bin ich«.

Daraufhin sprangen zwei junge Männer heraus, packten ihn, obwohl er sich wehrte, und zerrten ihn hinten in den Wagen, der anschließend schnell weiterfuhr. Als die Uhren in Rom am Morgen des 10. Juli 1973 drei Uhr schlugen, hatte die nächste Katastrophe für die Familie Getty begonnen.

Seit Talithas Tod und Pauls Flucht nach London ging es Gail in erster Linie darum, ihre Familie zusammenzuhalten, und obwohl ihre Ehe mit Lang Jeffries vor zwei Jahren gescheitert war, hatte sie das Gefühl, dass ihr das gelang. Sie war in diesem April siebenunddreißig Jahre alt.

Sie und die Kinder liebten Italien alle sehr. An den Wochenenden und in den Ferien fuhren sie ihn ihr Haus in Orgia, und wenn sie in Rom waren, wohnten sie mittlerweile in einer modernen Wohnung im gutbürgerlichen Viertel Parioli. Zur damaligen Zeit war das Leben für Ausländer, die Dollars zur Verfügung hatten, so billig, dass sie bequem zurechtkommen konnten, aber sie war bei Weitem nicht reich, und Pauls Unterhaltszahlungen für die Kinder kamen nicht immer zuverlässig. Sie fuhr einen Kombi von Opel, hatte viele Freunde in der Stadt, die meisten von ihnen Italiener, und führte zusammen mit ihren Kindern ein Leben, das im Wesentlichen nicht öffentlich war.

Sie wollte, dass sie die Vorzüge europäischer Bildung genossen, deshalb schickte sie sie nicht auf die amerikanische Schule in Rom, sondern auf die solide alte St.-George-Schule in der Via Salaria, in deren Broschüren es noch immer hieß, dass sie eine fundierte, umfassende britische Schulbildung für Kinder zwischen acht und achtzehn anbot, die Englisch sprachen.

Aber wie so vieles in Rom in den frühen Siebzigerjahren wurde auch St. George von der neumodischen Kultur beeinflusst, die sich in Italien breitmachte. Die drei jüngeren Kinder kosteten ihre Zeit dort voll aus, Paul jedoch, der Älteste, rebellierte. Ihn hatte die Scheidung und Talithas Tod stärker getroffen als die anderen, und es erwies sich als schwerer, ihn ohne Hilfe eines Vaters unter Kontrolle zu behalten.

1973, als er gerade sechzehn war, hatte er eine normale Schulbildung im Grunde genommen aufgegeben. Wenn Lang im Haus war, kam er nicht besonders gut mit ihm aus, weil er es ihm übel nahm, dass er anstelle seines Vaters da war. Da er extrem unabhängig war, hatte er sich der Malerei verschrieben und bildete sich selbst, indem er alles las, was er wollte. Es war ihm so ernst, dass Gail sich damit einverstanden erklärte, dass er sich ein Atelier in Trastevere mit zwei älteren Freunden der Familie teilte, mit Marcello Crisi und Philip Woollam.

Sie sagt:»Paul lebte sein eigenes *vie bohème*, und wenn wir in Paris gewesen wären, wäre das wahrscheinlich niemandem aufgefallen.« In Rom jedoch war das anders. Nachdem es mit *la dolce vita* vorbei war, hatte sich Rom in den frühen Siebzigerjahren wieder in so etwas wie eine alte Provinzstadt verwandelt, wo der Kult um die italienische Familie noch immer lebendig war, sodass es hinterher schockierend wirken konnte, wenn man einen Sechzehnjährigen wie Paul sich selbst überließ.

In Wirklichkeit hielt Paul mit seiner Familie in Rom engen Kontakt. Da er nur wenig Geld hatte, war er klug genug, dafür zu sorgen, dass die *trattoria* bei ihm um die Ecke hin und wieder ein Bild von ihm als Bezahlung für eine Mahlzeit annahm. Aber an den meisten Tagen fuhr Gail noch immer zu ihm hinüber, um ihm und seinen Mitbewohnern Essen zu bringen. Wenn sie das nicht tat, kam er normalerweise nach Hause, um zu essen und seine Geschwister zu besuchen. Sie vergötterten ihn, sodass es der italienischen Familie Getty gelang, eine intakte Familie zu bleiben, auch wenn Paul alleine lebte.

Paul war eine merkwürdige Mischung. Gail beschrieb ihn als »außerordentlich frühreif, eher wie ein Zwanzigjähriger als ein sechzehnjähriger Junge«. Nach der Scheidung rebellierte er ge-

223

gen Lang und verehrte stattdessen immer mehr seinen Vater und das Hippieleben, das der verkörperte. Im Alter von elf Jahren war er für zwei Wochen zu Besuch in Marrakesch gewesen, was ihm natürlich als der glamouröseste Ort auf der ganzen Welt erschienen war. Er gewann Talitha sehr lieb, und ihr Tod traf ihn mit gerade einmal vierzehn Jahren als schwerer Schlag, ebenso wie die Flucht seines Vaters nach London.

Gail erinnert sich daran, dass »Paul ungefähr zu dieser Zeit sehr still geworden ist, sehr verschlossen«, und genau deshalb hatte sie ihn dazu ermutigt, zu malen und sich mit anderen Menschen zu umgeben. Er verbrachte nach wie vor die Sommerferien gemeinsam mit der Familie in La Fuserna, und er mochte die Menschen und die romantische Landschaft südlich von Siena sehr gern. Sein jüngerer Bruder Mark betete ihn an und kann erzählen, wie sie sich einmal verlaufen hatten, als sie den Wald hinter dem Haus erkunden wollten. Als es dunkel wurde und sie noch nicht zurück waren, war Gail außer sich vor Sorge, aber es war Paul in seiner Rolle als älterer Bruder, der die Nerven behielt und sie sicher nach Hause zurückbrachte.

Jeden Sommer kam einer von Pauls Freunden in die Toskana und wohnte bei ihnen: Adam Alvarez, der Sohn des Schriftstellers Al Alvarez. Adam erinnert sich an Paul als »überraschend geradlinig und gar nicht so wie die wilde Persönlichkeit, die die Presse nach der Entführung aus ihm gemacht hat. Aber sein Leben war durch die Ereignisse in seiner Familie kompliziert geworden. Er vermisste seinen Vater, und er wirkte oft unglücklich.«

Zu Hause in Rom veränderte er sich, denn in Rom konnte der Name Getty ihm das geben, was er zweifellos genoss – den Status einer kleinen Berühmtheit. In der Presse hat ihn einmal jemand als »der Goldene Hippie« bezeichnet, und er verdiente leichtes Geld damit, dass er für eine Zeitschrift nackt posierte. Der Spitzname kam wieder auf, als die Polizei ihn am Rande eines Studentenprotests aufgriff und ihn für eine Nacht ins Gefängnis steckte – das brachte ihm weniger angenehme Publicity ein. Danach scheint er sich auf die Seite der Unterdrückten gestellt zu haben, denn er begab sich auf einen harten Kurs gegen die Reichen, ähnlich wie sein Vater es getan hatte. »Die Reichen sind die wirklich Armen der Welt. Sie sind zu bedauern«, sagte er. Auf Italienisch klingt das deutlich besser. Solche Äußerungen fanden ihren Weg in die Auslandspresse und damit auch nach Sutton Place, wo sein Großvater den Artikel las, ohne ihn zu kommentieren.

Doch der alte Mann hatte wohl kaum den letzten Sommer vergessen, als Paul ihn in grellbunter Jeans und Turnschuhen besuchte. Großpapa mochte weder Jeans noch Turnschuhe, und dem Besuch war kein weiterer gefolgt.

Im Frühjahr 1973 fing Paul an, mit Martine Zacher auszugehen, einer hübschen geschiedenen Frau aus Deutschland, die eine einjährige Tochter hatte. Sie war eine emanzipierte Frau, acht Jahre älter als er, die in einem kleinen alternativen Theater auf der Bühne stand. Er mochte sie sehr gern, sah aber keinen Grund, weshalb er ihr hätte treu sein sollen. Seit er als der Goldene Hippie bekannt war, boten sich ihm zu seiner Überraschung immer wieder Mädchen an.

Alles in allem lebte Paul daher in Rom ein beneidenswertes Leben – er ging in Diskotheken (wo in Wirklichkeit nicht viel passierte), war hinter den Mädchen her, rauchte Haschisch und tat so, als wäre er ein Künstler, der nur für seine Kunst lebte. Da er noch so jung war, dachte seine Mutter, dass er mit der Zeit schon erwachsen werden und all das hinter sich lassen würde. Sie machte ihm keine Vorwürfe, sondern glaubte vielmehr, dass es, wie sie es ausdrückte, »ein Zeichen von Originalität und ein Hinweis darauf sein kann, dass man besondere Talente hat, wenn man gegen die Konventionen rebelliert«.

Doch wenn man Bill Newsom glauben darf, dann verhielt sich Paul so, weil er »seinen Vater verehrte und versuchte, ihn als Hippie zu übertreffen«, obwohl er ihn so gut wie nie sah und es kaum noch Kontakt zwischen den beiden gab, seit der nach London gezogen war.

»Wir schreiben uns hin und wieder Postkarten und geheimnisvolle Telegramme«, sagte der junge Paul in einem Interview mit der Zeitschrift *Rolling Stone.*

Am Abend von Pauls Entführung war Mark in San Francisco bei seinen Großeltern mütterlicherseits, und Aileen war mit Freunden ausgegangen, sodass Gail mit Ariadne und Tara allein in La Fuserna war. An diesem Sonntagmorgen war sie aus irgendeinem Grund unruhig und beschloss aus einem plötzlichen Impuls heraus, zurück nach Rom zu fahren. Als sie Paul anrief, erzählte einer seiner Mitbewohner ihr, dass er noch nicht zurückgekommen sei.

Sie war deshalb besorgt, und bis zum Abend gab es keine Nachricht von ihm. Dann jedoch klingelte das Telefon, und jemand mit einem süditalienischen Akzent fragte höflich, ob sie Signora Getty sei.

Als sie Ja sagte, antwortete er in einem Ton, als wäre er ein Mitarbeiter der Reinigung, der ihr mitteilen wolle, dass ihre Wäsche fertig sei: »Wir haben Ihren Sohn, Paul Getty.«

»Was soll das heißen?«, fragte sie ungeduldig. »Er ist hier in Rom.«

»Nein, *signora*. Er ist bei uns. Wir sind Entführer und halten ihn gefangen. Er ist in Sicherheit, aber es wird viel Geld nötig sein, damit er wieder freigelassen wird.«

Sie stammelte, dass sie kein Geld habe.

»Dann stellen Sie sich doch bitte darauf ein, Ihren Schwiegervater darum zu bitten. Der hat alles Geld der Welt.«

In diesem Augenblick ging ihr auf, dass der Anrufer es ernst meinte.

»Wo ist mein Sohn?«, fragte sie wütend.

»Wie ich gesagt habe, er ist bei uns. Es geht ihm gut, und das wird auch so bleiben, solange Sie tun, was wir Ihnen sagen, und dafür sorgen, dass wir das Geld bekommen. Aber Sie dürfen nicht zur Polizei gehen. Warten Sie einfach ab, bis wir uns wieder bei Ihnen melden.« Mit diesen Worten legte der Mann den Hörer auf – und Gail brach zusammen.

Als sie sich erholt hatte, kam es ihr vor, als wäre ihre Welt soeben zusammengebrochen. Sie hatte noch nie zuvor wirkliche Angst gehabt, doch nun fürchtete sie sich schrecklich, was alle anderen Gefühle auslöschte und sie schwach und zitternd zurückließ. Sie konnte an Paul nur noch als ihr verwundbares Kind denken, mit all seinen persönlich Schwächen und Ängsten. Er war ein schüchterner, äußerst liebevoller Junge, und sie konnte nicht aufhören, sich vorzustellen, wie sehr er sich gerade fürchtete und wie leicht es für seine Entführer wäre, ihm etwas anzutun.

Sie hatte nie Schwierigkeiten mit Menschen gehabt, vor allem nicht mit den Italienern, und sie liebte Italien. Doch plötzlich war Italien ihr fremd geworden.

»Ich fühlte mich vollkommen einsam, und ich musste herausfinden, was in Gottes Namen ich jetzt tun sollte.«

Ihre erste Reaktion war es, ihre Eltern in Amerika anzurufen, die ihr Bestes taten, um ihr Mut zu machen, und ihr sagten, sie müsse auf jeden Fall die Polizei verständigen, was sie auch tat. Sie rief die Wache der Carabinieri an der nahe gelegenen Piazza Euclide an. Dann rief sie ihren Exmann Paul in London an.

Sie waren sich in der letzten Zeit wieder nähergekommen. Paul lebte allein, aber er schien sein Leben besser im Griff zu haben als je zuvor seit Talithas Tod. Gail hatte einen Teil des Monats Mai bei ihm im Cheyne Walk verbracht – seitdem vergingen nur wenige Tage, ohne dass sie am Telefon miteinander gesprochen hätten.

Als sie ihm erzählte, was geschehen war, waren sie beide gleichermaßen schockiert und hatten Angst um ihr Kind. Sie brachen in Tränen aus, und da Paul noch bestürzter zu sein schien als sie, versuchte Gail ihn zu trösten. Erst als sie ihm sagte, dass er mit seinem Vater sprechen müsse, um die Mittel für das Lösegeld aufzubringen, distanzierte er sich von ihr. »Das kann ich nicht«, sagte er. »Wir reden nicht miteinander.« »Dann muss ich eben selbst mit ihm reden«, sagte sie. Ehe sie das tun konnte, kamen die Carabinieri an.

Die Arma dei Carabinieri sind stolz darauf, dass sie eine starke, nüchterne Elitetruppe sind, die Italien trotz einer der korruptesten Regierungseliten in ganz Europa zusammenhält. Was ihnen an Vorstellungskraft fehlt, machen sie durch Zynismus und Weltklugheit wett – und sie zeigen selten besonderes Mitgefühl, wenn sie es mit reichen, verwöhnten Ausländern zu tun haben, die in ihrem Land leben.

Es waren drei Beamte der örtlichen Dienststelle, denen ein Colonello Gallo – Oberst Gockel – vorstand, »der genau wie ein Hahn aussah und sich auch so benahm«. Bald darauf kamen Beamte aus dem Hauptquartier der Carabinieri dazu, die sie die nächsten fünf Stunden lang ins Kreuzverhör nahmen – es ging in erster Linie um ihr Privatleben und um das ihres Sohnes. Sie wiederholte das Telefongespräch wörtlich, aber sie gaben sich keine große Mühe, die Zweifel zu verbergen, die sie an der Entführungsgeschichte hegten – und am jungen Paul selbst.

»Wir kennen Ihren Sohn, *signora*. Wahrscheinlich ist er bei einem Mädchen oder bei seinen Hippiefreunden. Er taucht mit ziemlicher Sicherheit wieder auf.«

Die Carabinieri verschwanden gegen elf Uhr am Abend, und man einigte sich darauf, dass man die Presse wegen des Namens Getty und der Gefahr für die anderen Kinder nicht verständigen würde. Irgendjemand hat sie dennoch verständigt, und es war nicht Gail. Binnen zwanzig Minuten war die italienische Presse am Telefon, gefolgt von ABC New York, NBC Chicago und schließlich CBS aus London.

Zu diesem Zeitpunkt gab es keinen Grund mehr für Gail, die Entführung zu leugnen, und so war die Geschichte die Schlagzeile auf der Titelseite von Roms Tageszeitung *Il Messaggero*. Die Darstellung folgte den Vermutungen, die die Beamten während Gails Befragung geäußert hatten. Unter der Riesenschlagzeile »Scherz oder Entführung« widmete sich der größte Teil des Artikels dem Charakter und dem Lebensstil des »Goldenen Hippies« und stellte die Vermutung an, dass Paul, der »berühmt für sein wildes Hippieleben war«, wahrscheinlich mit einer seiner Freundinnen oder einigen seiner verwegeneren Bekannten verschwunden war. Gails Gespräch mit seinem Entführer wurde nicht erwähnt, genauso wenig wie eine Lösegeldforderung. Soweit es *Il Messaggero* betraf, war Paul ganz einfach »verschwunden«.

Der Artikel veränderte die Lage. Zuerst einmal dauerte es danach einige Zeit, bis die letzten Spuren von Zweifel an der Entführung verschwanden – und bis dahin kam es zu endlosen Verwicklungen. Noch schlimmer war allerdings, dass es jetzt keine Möglichkeit mehr gab, sich im Stillen hinter den Kulissen mit den Entführern zu einigen, da der Name Getty immer eine Nachricht wert war.

Gails Wohnung in Parioli wurde sofort von Journalisten und Fernsehteams belagert, die hinter der Geschichte her waren, sodass sie zusammen mit Aileen, Ariadne und Tara quasi eine Gefangene war – nicht nur, dass sie in der Falle der Medien saß, sie musste auch in der Nähe des Telefons bleiben, falls die Entführer sich erneut meldeten.

Auch wenn es einem vielleicht so vorkommt, als ob Entführungen das italienische Verbrechen par excellence wären, waren sie in Italien bis zu den frühen Siebzigerjahren eher selten. Danach erst hat Luciano Liggio, der *capo dei capi* der sizilianischen Mafia in Mailand, sie zu einem Mittel gemacht, um Kapital für das schnell wachsende internationale Drogenkartell der Sizilianer aufzutreiben. Da erst fing dieses Geschäft an zu florieren, und die Sizilianer hatten viele Nachahmer. Die Klügsten unter ihnen waren wahrscheinlich die Studenten der Roten Brigaden, die den ehemaligen Ministerpräsidenten Aldo Moro 1978 mit schrecklicher Effizienz entführten und ermordeten, die ungehobeltsten zweifellos die süditalienischen Kalabrier.

Die kalabrische Mafia, die 'Ndrangheta, war ein uralter, lose miteinander verbundener Zusammenschluss von Mafiafamilien aus diesem ärmsten Teil Italiens, die seit Jahrhunderten ihr Geld mit Schutzgeldforderungen an die örtlichen Bauern verdiente. Erst seit Kurzem dachten einige ihrer jüngeren, ehrgeizigeren Mitglieder darüber nach, dass Entführungen ein schnellerer Weg sein könnten, um Profite zu generieren.

Pauls Entführer waren eine Bande von Kleinkriminellen aus Kalabrien mit prekären Verbindungen zur 'Ndrangheta. Gail glaubt, dass jemand aus der *trattoria*, in der er seine Bilder verkaufte, ihnen den Tipp gegeben hatte. Bis zu diesem Zeitpunkt hatte unter den Mafiosi immer das ungeschriebene Gesetz gegolten, dass man keine Ausländer verletzen oder in die eigenen Geschäfte hineinziehen durfte, aber Paul war ein so leichtes Ziel. Außerdem wusste jeder, dass sein Großvater außerordentlich reich war, sodass der Gedanke, ihn zu entführen, als ein idiotensicherer Weg zu schnellem Geld erscheinen musste.

Offenbar wurde die Tat mehrere Monate lang geplant. Es war nicht schwierig, ihn zu beobachten, weil er nicht die geringste Ahnung von der Gefahr hatte, in der er schwebte. Ihn zu fassen zu bekommen war genauso einfach. Nachdem sie ihn erst mal in ihr Auto gezogen hatten, drückten seine Entführer ihm einen mit Chloroform getränkten Lappen auf das Gesicht, dann fuhren sie mit ihm durch die Nacht. Sie hatten ihn geknebelt und ihm die Augen verbunden, und er war mehr oder weniger bewusstlos, bis sie schließlich die trostlose Gegend an der Spitze des italienischen Stiefels erreichten, in der sie sich auskannten.

Hier hielten sie ihn gefangen, wie man in der Gegend Tiere hielt – in Viehhütten oder Unterständen im Wald. Zunächst waren sie weniger grausam zu ihm als gleichgültig, so wie Menschen aus dem Süden häufig auch mit Tieren umgehen. Er wurde an einem Fußknöchel angekettet, doch da seine Entführer alle Masken trugen, nahmen sie ihm die Augenbinde zumindest immer dann ab, wenn sie ihn nicht an einen neuen Ort transportierten. Für jemanden, der noch so jung war, tat er sein Bestes, seine Würde zu bewahren. Als er sich darüber beklagte, wie schmutzig er war, brachten sie ihn an einen Fluss in der Nähe, wo er sich waschen konnte. Er hatte nichts zu lesen, aber sie gaben ihm ein Radio – mit dem er die Berichte über das »Geheimnis« seiner Entführung hören konnte. Sie gaben ihm kalte Spaghetti und Thunfisch aus der Dose zu essen und Wasser zu trinken. Sie sagten ihm, dass ihm nichts geschehen würde, solange er tat, was man ihm sagte, und dass seine Tortur bald ein Ende hätte.

Zu diesem Zeitpunkt wirkten seine Entführer ausgesprochen selbstsicher – und rechneten eindeutig mit einer schnellen Einigung, die ihnen ein Vermögen einbringen würde. Da der Großvater des Jungen so reich war, gingen sie davon aus, es würde kein großes Problem sein, das Lösegeld aufzubringen.

»*Ci sentiremo*« – »Sie hören von uns«: Das waren die letzten Worte gewesen, die der Entführer zu Gail sagte, ehe er den Hörer auflegte, und sie blieb wie eine Liebende neben dem Telefon sitzen und wartete auf einen Anruf. Entführungen sind auch eine Art der Folter, und sie ließen sie schmoren. Zehn lange Tage und schlaflose Nächte gab es keinen Hinweis darauf, ob ihr Sohn noch am Leben und was mit ihm geschehen war.

Nicht dass sie schweigend neben dem Telefon gesessen hätte. Sie wurde den ganzen Tag lang mit Anrufen gequält – Anrufe, die ihr Mut machen sollten, Anrufe, in denen sie beschimpft wurde, und sogar obszöne Anrufe. Nichts davon machte ihr das Leben leichter.

Sie hatte den großen Paul auf Sutton Place bisher nicht erreichen können, weil er nie ans Telefon kommen konnte, wenn sie anrief, und auch nie zurückrief. Von Gordon und Ann aus Amerika hörte sie ebenfalls nichts. Sie hatte das Gefühl, dass die Gettys sie vollkommen im Stich gelassen hätten und sie allein dastünde. Sie hatte sich in ihrem ganzen Leben noch nie so einsam gefühlt, und die Tage zogen sich einer nach dem anderen hin, ohne dass der versprochene Anruf von den Entführern kam. Sie war inzwischen überzeugt davon, dass das Unaussprechliche geschehen war.

Nachts konnte sie vor Angst vor Albträumen, die sie verfolgten, kaum schlafen. Bedeutete das Schweigen, dass die Entführer ihn umgebracht hatten? Was, wenn sie nie wieder anriefen? Was, wenn sie ihren Sohn nie mehr wiedersah?

Schließlich nahmen sie doch Kontakt mit ihr auf – nicht über das Telefon, sondern per Post mit einer farbenfrohen, kunstvoll arrangierten Collage aus Buchstaben, die sie aus Zeitschriften ausgeschnitten hatten. Der Brief enthielt kurz und knapp die Lösegeldforderung der Entführer. Sie forderten zehn Milliarden Lire, in etwa siebzehn Millionen Dollar, was selbst für die Maßstäbe der Familie Getty eine außerordentliche Summe war, die nur aus einer Quelle kommen konnte: vom einundachtzig Jahre alten Patriarchen der Familie zu Hause auf Sutton Place.

Kurze Zeit später erhielt Gail einen zweiten Brief – der war von Paul. Er war in Rom abgeschickt worden, und ihr Herz setzte einen Moment lang aus, als sie seine Handschrift auf dem Umschlag erkannte. Der Brief begann damit, dass er ihr erzählte, was sie schon wusste, dass er entführt worden war, aber er gab keine Hinweise darauf, wo er sein könnte oder wer seine Entführer waren. Er schrieb lediglich, dass er in Sicherheit und wohlauf sei, und warnte sie noch einmal davor, zur Polizei zu gehen.

Ganz offensichtlich schrieb er dies auf Anweisung seiner Entführer, und er schloss damit, dass er sie anflehte, so schnell wie möglich mit seinem Großvater wegen des Lösegeldes zu reden. Wenn seine Entführer das Geld nicht bald in voller Höhe bekämen, würden sie ihn »schlecht behandeln«.

Der Brief endete mit einer Zeile, bei der ihr das Blut in den Adern gefror.

»Bitte bezahle, ich flehe dich an, bezahl so schnell es geht, wenn dir etwas an mir liegt. Wenn du es hinauszögerst, ist das sehr gefährlich für mich. Ich liebe dich, Paul.«

Paul junior weigerte sich nach wie vor, mit seinem Vater über das Lösegeld zu reden, und obwohl Gail immer wieder auf Sutton Place anrief, war Getty senior nie zu erreichen. Das verwirrte sie. Der große Paul war in der Vergangenheit stets extrem charmant zu ihr gewesen, und nun stellte sich heraus, dass er keinen Kontakt mit ihr haben wollte.

Stattdessen hatte er in der Zwischenzeit in einer Presseerklärung sehr deutlich gemacht, was seine Haltung zu Lösegeldzahlungen war. Jean Paul Getty beharrte auf seinem Standpunkt, in dem es seiner Meinung nach ums Prinzip ging. In seiner Erklärung heißt es: »Ich habe vierzehn Enkelkinder, und wenn ich einen einzigen Penny Lösegeld bezahle, habe ich bald vierzehn entführte Enkelkinder.«

Als öffentliche Erklärung, mit der mögliche Entführer abgeschreckt werden sollten, war dies in Ordnung. Es gab mit Sicherheit eine gewisse Wahrscheinlichkeit, wenn auch eine sehr geringe, dass die Zahlung eines Lösegeldes für ein Kind jemanden dazu verleiten konnte, ein anderes zu entführen. Zudem entsprach die Erklärung der italienischen Gesetzeslage, nach der es theoretisch illegal ist, Entführern ein Lösegeld zu zahlen.

Alles das sind jedoch reine Vermutungen. In Italien war es schon immer unmöglich, zu verbieten, dass Lösegeld gezahlt wird, um einen geliebten Menschen freizubekommen, und es war ebenfalls Fakt, dass Gettys ältester Enkelsohn und Namensvetter Jean Paul Getty III. in der Hand von Kriminellen war und somit in diesem Moment tatsächlich in Lebensgefahr schwebte.

Wie jeder genau wusste, konnte sein Großvater – und nur er – so gut wie jede Lösegeldsumme zahlen, ohne dass ihn das besonders geschmerzt hätte. Hatte er also wirklich vor, seinen Enkelsohn in Gefangenschaft zu lassen? Was, wenn der Junge krank oder gefoltert wurde? Würde er dann noch immer so streng an seinen Prinzipien festhalten und sich hochtrabend weigern, ihn zu retten?

Getty machte deutlich, dass seine Gründe nicht so sehr in seinen Prinzipien lagen, sondern in seinen persönlichen Gefühlen dieser Angelegenheit gegenüber. Vor allem ging es um seine puritanische Abneigung seinem »Hippie« von Enkelsohn gegenüber. Er hatte genügend Geschichten über ihn gehört, um zu der Einschätzung zu gelangen, dass er genau wie sein Vater war, und er wollte weder mit dem einen noch mit dem anderen etwas zu tun haben, bis sie ihr Leben änderten.

Er machte den Jungen dafür verantwortlich, dass er überhaupt entführt worden war und ihn, seinen Großvater, auf diese Weise mit der gefürchteten Mafia in Verbindung gebracht hatte. Denn die Wahrheit war, dass der alte Mann sich bereits vor Pauls Verschwinden vor Entführungen gefürchtet hatte. Aus diesem Grund war er nie lange in La Posta Vecchia geblieben (wo er immer ein geladenes Gewehr in seinem Schlafzimmer aufbewahrte). Auf Sutton Place folgte er dem Rat seines persönlichen Sicherheitsberaters Oberst Leon Turrou.

Turrou, ein Franzose und früherer CIA-Agent, befasste sich schon seit Jahren mit Methoden, mit denen sich Entführungen verhindern ließen. Er hatte ein Buch über den klassischen Fall aus den Dreißigerjahren geschrieben, die Entführung des Lindbergh-Babys in Amerika. Ein ängstlicher alter Milliardär wie Paul Getty war der ideale Kunde, und inzwischen hatte der Oberst auf Sutton Place eine Art Belagerungszustand hergestellt mit bewaffneten Wächtern im Haus, tödlichen Schäferhunden auf dem Gelände und der neuesten Überwachungstechnik beinahe überall. In seine Schlafzimmertür waren beeindruckende Schlösser und eine kugelsichere Stahlplatte eingebaut worden. Bei den seltenen Gelegenheiten, zu denen er das Haus verließ, fuhren bewaffnete Bodyguards, die niemals lächelten, vor und hinter seinem Cadillac her.

Die Entführung seines Enkelsohns machte alles nur noch schlimmer. Der alte Mann war so verängstigt, dass er es nicht einmal wagte, ans Telefon zu gehen. Er weigerte sich standhaft, es zu benutzen, um irgendetwas zu besprechen, das auch nur im Entferntesten mit der Entführung zu tun hatte, damit die Mafia ihn nicht erreichen konnte. Gail drückte es so aus:»Er schien zu glauben, dass sie kommen und ihn durch das Telefon hindurch packen könnten.«

Vielleicht war es so, auch wenn seine Angst vor dem Telefon womöglich viel einfachere Gründe hatte. Acht Monate zuvor in Paris hatte der israelische Geheimdienst Mossad tatsächlich das Telefon für einen Anschlagsversuch auf Mahmoud Hamshari, den PLO-Gesandten in Frankreich, benutzt. In Hamsharis Wohnung hatten sie ein kleines Gerät mit Semtex und einem elektronischen Sensor versteckt, und als die Israelis am Telefon mit ihm verbunden waren, schickten sie ein Signal über die Leitung, das die Bombe zündete, die ihn beinahe getötet hätte.

Dieser Fall versetzte damals alle Nachrichtendienstmitarbeiter in Aufruhr; als einer von ihnen hat Turrou mit Sicherheit davon gewusst, und es war genau die Art von Geschichte, mit der man Paul Gettys Vorstellungskraft reizen konnte. Er hat während der Entführung seines Enkelsohns vorsichtshalber bei jedem Telefonat äußerste Vorsicht walten lassen, und bei allem, was mit der Entführung zu tun hatte, ließ er Penelope für sich sprechen.

Nicht dass er überhaupt über die Entführung gesprochen hätte, wenn es sich vermeiden ließ. Wie sich bereits gezeigt hatte, als Timmy starb, konnte er mit Trauer oder Schmerz nicht umgehen, und er ließ auch nicht zu, dass irgendjemand seine Entscheidungen infrage stellte. Penelope sagt: »Es war ziemlich beängstigend bei der Entführung, mit anzusehen, wie vollkommen er bei dem Thema dichtmachen konnte.«

Seit Pauls Verschwinden waren drei Wochen vergangen. Doch es war noch nichts geschehen, um seine Freilassung zu bewirken. Abgesehen von den Briefen hatte es auch keinen weiteren Kontakt mit den Entführern gegeben. Die Carabinieri hatten nicht die leiseste Ahnung, um wen es sich bei ihnen handeln könnte. Paul Getty senior beharrte auf seinem Standpunkt, dass man ihnen keinen Cent zahlen durfte, und Paul Getty junior betonte immer wieder, dass er nichts tun könne.

In Rom lag alles in den Händen von Gail, die einen zunehmend grausamen Albtraum durchleben musste. Die Zeit zog sich unendlich lange hin, denn, wie sie sagt: »Bei einer Entführung ist jede Stunde doppelt so lang wie eine normale Stunde.« Von ein paar Freunden abgesehen gab es niemanden, dem sie sich hätte anvertrauen können. Die einzigen Familienmitglieder, die in ihre Nähe kamen, waren die alten Eheleute Willem und Poppet Pol, die aus Südfrankreich nach Rom geflogen waren, nachdem sie von der Entführung erfahren hatten. Sie waren inzwischen mit dem fünf Jahre alten Tara nach Ramatuelle zurückgekehrt. Es tat ihr leid, dass sie abreisten, aber sie war auch dankbar, weil es noch schwieriger gewesen wäre, sich um einen Fünfjährigen zu kümmern, während sie bereits damit beschäftigt war, Aileen und Ariadne zu beruhigen.

Das war ebenfalls nicht einfach, weil sie selbst alles andere als ruhig war. Sie fühlte sich machtlos und hatte verzweifelte Furcht, doch sie wusste auch, dass sie die Nerven behalten musste, um mit den Entführern zu verhandeln, falls und wenn sie sich meldeten. Sie konnte nichts anderes tun, als neben dem Telefon sitzen zu bleiben, bis sie anriefen – und das taten sie, und zwar genau dann, als sie am wenigsten damit rechnete: am späten Abend des 30. Juli.

Sie erkannte die Stimme des Anrufers wieder, und dieses Mal stellte er sich vor. Um in Zukunft klarzustellen, dass er es war, würde er ihr einen Codenamen sagen, der sich leicht merken ließ – das Wort *Cinquanta*, Fünfzig.

Wie beim letzten Mal war sein Ton merkwürdig respektvoll, er benutzte die dritte Person Singular und sprach sie mit *signora* an; aber als sie ihm eröffnete, dass es kein Geld für die Lösegeldforderung geben würde, explodierte er – zunächst war er wütend, dann fassungslos. Er konnte nicht glauben, dass jemand, der so reich war wie Paul Getty, sich komplett weigerte, und er beschuldigte sie, mit gezinkten Karten zu spielen. Sie versuchte, ihm die Gründe des alten Mannes zu erklären – doch damit hatte sie natürlich keinen Erfolg. Als Italiener konnte Cinquanta es nicht verstehen, dass jemand sich so verhielt.

»Wer ist dieser sogenannte Großvater?«, brüllte er. »Wie kann er zulassen, dass sein Fleisch und Blut solche Qualen durchmachen muss wie Ihr armer Sohn? Er ist der reichste Mann in ganz Amerika, und Sie sagen, dass er sich weigert, läppische zehn *miliardi* für die Sicherheit seines Enkelsohns zu bezahlen. *Signora*, Sie halten mich wohl für einen Dummkopf. Was Sie da sagen, ist einfach nicht möglich.«

Gail konnte kaum antworten, dass sie ganz seiner Meinung war, doch sie tat ihr Bestes, um ihn zu beruhigen, sagte, dass sie mehr Zeit brauche, und flehte ihn an, Paul so gut wie möglich zu behandeln. Er sagte, dass er das tun werde, aber er befahl ihr auch, sich mit dem Rest der Familie in Verbindung zu setzen, um das Geld zusammenzubekommen.

Wenn eine Katastrophe eintritt, rücken die meisten Familien enger zusammen und versuchen, einander über die Krise hinwegzuhelfen. Nicht so die Gettys. Mit seinen unbegrenzten finanziellen Möglichkeiten und seinen guten Verbindungen in Italien hätte der alte Mann, wenn er gewollt hätte, sicherlich dafür sorgen können, dass der Junge schnell freikam. Gail glaubt, dass »Paul binnen vierundzwanzig Stunden freigelassen worden wäre, wenn der große Paul mit der Entführung genauso umgegangen wäre, wie er in seiner Blütezeit Geschäfte gemacht hat«.

Aber der große Paul weigerte sich nicht nur, das zu tun. Indem er den Kontakt mit Gail vollkommen vermied und sich in seine Festung am Sutton Place zurückzog, machte er die Familie im Grunde genommen völlig handlungsunfähig, denn keiner von ihnen wollte ihn gegen sich aufbringen. Da er nicht mit Paul junior sprach und Gordon und Ronald beide in Amerika waren, war eine der reichsten Familien der Welt nicht dazu in der Lage, einem sechzehnjährigen Enkelsohn zu helfen, der in Lebensgefahr schwebte.

Auch Gail selbst erfuhr keinerlei Unterstützung in einer Zeit, in der sie krank vor Angst und Sorge war, von der Presse verfolgt wurde und verzweifelt versuchte, den Rest der Familie über die Runden zu bringen, während sie gleichzeitig mit den Kidnappern verhandelte. Sie hatte in der Zwischenzeit zahllose Beileids- und Unterstützerbriefe von unbekannten Menschen aus der ganzen Welt bekommen, aber von der Familie hörte sie kein einziges Wort.

Nun sah sie die Familie Getty als das, was sie war – zurückgezogen, unerreichbar, abgeschnitten von jedem Kontakt mit anderen Menschen. Das alles ging auf den großen Paul zurück, der sein Geld stets als Ersatz für jede menschliche Regung behandelt hatte. Eine Getty zu sein fühlte sich an wie Teil einer mathematischen Reihe zu werden; im selben Maße, in dem das Familienimperium ständig komplexer wurde und sich nach außen weiter abschottete, waren die, die dazugehörten, immer weniger dazu in der Lage, mit irgendjemandem außerhalb eine normale Beziehung zu führen. Wie der große Paul waren auch sie ängstlich und versuchten, sich und ihr kostbares Vermögen vor Außenstehenden zu schützen.

Ihr wurde jetzt erst klar, wie sehr sie alle sich von ihren eigenen Eltern und ihrer eigenen hilfsbereiten Familie unterschieden. Mit der Expansion des riesigen Finanzimperiums war ein Teil ihrer Menschlichkeit verloren gegangen. Sie waren leblos und lieblos geworden. Und der große Paul war der Lebloseste und Liebloseste von allen.

Der August begann mit einer Hitzewelle. Ganz Italien war in die Ferien gefahren, und es schien so, dass diejenigen, deren Pflicht es gewesen wäre, den jungen Paul Getty wiederzufinden, ebenfalls verreist wären. Wahrscheinlich lag es an der Hitze, es passierte jedoch gar nichts. Offiziell war es Aufgabe der Carabinieri, sich mit dem Verbrechen zu befassen und Paul zu suchen, aber da sie nicht einmal einen Hauch von Erfolg vorweisen konnten, hatten sie sich wieder auf die einfachere Variante verlegt: zu behaupten, dass es sich bei der Entführung um einen Schwindel handelte.

Ihrer Theorie zufolge hatten Paul und seine »Hippiefreunde« die ganze Sache inszeniert, um Geld von der Familie zu erpressen. Es gab keinen einzigen Beweis für diese Theorie; es war unvorstellbar, dass Paul seine Mutter auf diese Art und Weise gequält hätte, und die Qualen, die ihm noch bevorstanden, widerlegten sie eindeutig.

Diese Theorie war jedoch ein bequemer Weg für die inkompetenten Polizeibeamten, ihr Gesicht zu wahren. Ihr Gesicht, oder *figura*, zu wahren ist für die Carabinieri besonders wichtig, genau wie für die meisten Italiener, und so konnten sie behaupten, wie sie es auch taten, dass es nicht an ihrer Inkompetenz lag, dass sie keine Ergebnisse vorzuweisen hatten, sondern daran, dass es von Anfang an gar keine Entführung gegeben hatte.

Der Öffentlichkeit gefiel der Gedanke an einen Schwindel ebenfalls. Die Römer lieben Gerüchte, vor allem zynische über die Reichen und besonders, wenn es sich dabei um Ausländer handelt. Somit gewann die Geschichte in der Presse immer mehr an Glaubwürdigkeit und wurde schon bald auch in Großbritannien verbreitet, wo sie unweigerlich dem Patriarchen auf Sutton Place zu Ohren kam. Angesichts seiner Haltung der Lösegeldforderung gegenüber – und seinem Enkelsohn – kam es ihm offensichtlich gelegen, ebenfalls daran zu glauben.

»Glauben Sie, dass der Junge und seine Mutter sich das gemeinsam ausgedacht haben, um an Geld zu kommen?«, soll er Norris Bramlett, seinen persönlichen Assistenten, gefragt haben.

Die Reaktion auf diese Geschichte war am Cheyne Walk nicht viel anders. Wie üblich, wenn er Unglück und Sorgen ins Auge sehen musste, zog Paul junior sich noch mehr zurück, flüchtete sich in Drogen und Alkohol, sodass Gail immer größere Schwierigkeiten hatte, ihn per Telefon zu erreichen. Die Annahme, dass sein Sohn sich lediglich einen riesengroßen Streich erlaubte, beendete seine Angstzustände und gab ihm und der Familie die perfekte Ausrede. Es war nicht nur eine Entschuldigung dafür, dass sie nichts taten; sie konnten sich außerdem auch mit dem Gedanken beruhigen, dass der »Gauner« Paul ganz und gar nicht entführt worden war, sondern sich irgendwo in vollkommener Sicherheit bei seinen Freunden aufhielt.

In Wirklichkeit wurde die Lage des Jungen immer gefährlicher, weil er nach wie vor wie ein Tier in einer Bruchbude mitten in der Wildnis von Kalabrien angekettet war, wo eine Gruppe von Kriminellen ihn bewachte, die ständig unruhiger wurde. Die Gerüchte über einen Schwindel machten seine Entführer nicht nur immer wütender, sie bedeuteten auch, dass sie einen unzweifelhaften Beweis dafür liefern mussten, dass die Entführung real war, wenn sie an ihr Geld kommen wollten.

In der vierten Woche der Entführung war noch immer keine Bewegung in die Sache gekommen, und Gail war langsam verzweifelt. Seit ihrem wütenden Gespräch mit Cinquanta hatte sie nichts mehr von ihm gehört. Das endlose Warten war der Hauptgrund für ihr Elend. In der Hoffnung auf eine Nachricht verbrachte sie nach wie vor den ganzen Tag neben dem Telefon, und wenn sich niemand meldete, begann sie sich alles Schreckliche vorzustellen, das ihr Sohn vielleicht durchmachen musste – ein Unfall, Krankheit, Gewalttätigkeiten seitens seiner Entführer, alles war möglich. Die schlimmste Folter war es, überhaupt nichts zu wissen.

In der zweiten Woche dieses erstickend heißen Augusts konnte sie es nicht länger ertragen. Sie musste ein Lebenszeichen von Paul bekommen. Daraufhin schlug ihr Anwalt Giovanni Jacovoni vor, dass sie sich über das italienische Fernsehen direkt an die Entführer wenden sollte.

Sie hatte Angst davor, denn ihre Erfahrungen mit den italienischen Medien waren alles andere als ermutigend. Während der ersten Tage der Entführung hatte sie noch versucht, den Reportern behilflich zu sein, aber als es nichts zu berichten gab, überkam die Pressevertreter der Hunger auf neue Geschichten, und sie stürzten sich stattdessen auf sie. Sie kritisierten ihre Haltung ihrem Sohn gegenüber, ihre Rolle als Mutter und ihre Lage als Mitglied der reichsten Familie der Welt.

»Sie hatten wohl das Gefühl, dass sie irgendjemandem die Schuld dafür geben mussten, was passiert war, und da sonst niemand da war, haben sie mir Vorwürfe gemacht.«

Es war schlimm genug, dass man ihr vorwarf, eine Getty zu sein; sie war auch das Opfer von kulturellen Differenzen zwischen der angelsächsischen Welt und den Italienern. Als Amerikanerin glaubte sie fest daran, dass sie in der Öffentlichkeit vor allem Haltung bewahren musste – und sei es nur aus Stolz und um zu vermeiden, dass sie ein anderes Mitglied der Familie beunruhigte, vor allem ihre Eltern und Mark, der noch immer bei ihnen in San Francisco war.

Sie formuliert es so: »Ich wäre verloren gewesen, wenn ich

meinen Schmerz in der Öffentlichkeit gezeigt und ihn mit ein paar Millionen Zeitungslesern geteilt hätte.«

Doch das war nicht das, was die italienischen Medien wollten. Wenn eine italienische Familie von einer Katastrophe heimgesucht wird, muss es eine leidende Mutter geben, eine *mater dolorosa*, die ihre Augen hoffnungslos zum Himmel richtet und deren Körper von ihren Qualen gezeichnet ist. Da Gail sich darauf nicht einlassen wollte, erntete sie dafür Misstrauen in den Medien.

Aus diesem Grund bestand sie darauf, ihren Appell im Fernsehen ganz allein an Pauls Entführer zu richten. Sie wollte direkt in die Kamera sprechen, aber der Produzent, dem es darum ging, ein Drama aus dem realen Leben einzufangen, brachte einen Reporter mit, als er kam, um die Aufnahme zu machen. Gail legte Einspruch ein, der Produzent bestand jedoch darauf. Erst als er ihr versprach, außerordentlich mitfühlende Fragen zu stellen, willigte sie ein. Doch nachdem das Interview ein paar Minuten lang gelaufen war, schwieg der Reporter, starrte ihr direkt ins Gesicht und fragte sie dann mit Grabesstimme: »*Signora*, glauben Sie, dass Ihr Sohn tot ist?«

Sie fiel zum zweiten Mal seit Pauls Verschwinden in Ohnmacht. Sie hatte sich so lange geweigert, diese Möglichkeit in Betracht zu ziehen, dass in dem Augenblick, als jemand anders darauf zu sprechen kam, etwas in ihr zusammenbrach. Indem sie über die letzten Wochen so viel Anspannung und Sorgen unterdrückt hatte, hatte sie sich selbst an den Rand eines Zusammenbruchs gebracht, und sie brauchte mehrere Tage Bettruhe, bis sie sich wieder erholt hatte.

Doch das Interview führte zumindest zu einer Reaktion von den Entführern. Nachdem es ausgestrahlt worden war, rief Cinquanta noch einmal an, um ihr zu versichern, dass Paul am Leben und bei bester Gesundheit sei.

»Woher soll ich wissen, ob Sie die Wahrheit sagen?«, fragte sie.

Der Entführer dachte nach, ehe er antwortete – dann sagte er, sie solle ihm Fragen nennen, die er Paul stellen würde und auf die nur er die Antwort wisse. Er würde sie mit den Antworten zurückrufen, und wenn sie korrekt waren, würde sie wissen, dass ihr Sohn noch am Leben sein musste.

Also fing sie an, ihm Fragen zu stellen wie: »Was für ein Bild hängt in Aileens Schlafzimmer rechts von der Tür?« Oder: »Wie heißt die Katze von den Nachbarn direkt neben uns?« Als Cinquanta sie am Nachmittag mit den korrekten Antworten zurückrief, war das der allererste Fetzen Beruhigung, den sie seit Pauls Brief bekommen hatte.

Danach wurden die Gespräche mit Cinquanta häufiger, und sie kamen an einen Punkt, an dem sie das Gefühl hatte, dass sie einander verstehen konnten. Sie hatte irgendwo gelesen, dass der Verhandlungsführer in einem Entführungsfall immer dafür sorgen muss, dass eine persönliche Beziehung mit einem der Entführer entsteht. Sie versuchte außerdem, aus diesen Gesprächen irgendwelche Fetzen relevanter Information zu ziehen, aber das gelang ihr nie. Das Einzige, was sie jemals von Cinquanta erfuhr, war, dass er Frau und Kinder hatte. Und einmal fragte sie ihn, wie er als Italiener bei einem so grausamen Verbrechen gegen eine Familie mitmachen konnte.

»*Signora*, das ist ein Job wie jeder andere auch«, antwortete er. Und obwohl er ihr immer wieder Pauls Antworten auf ihre Fragen überbrachte, vergaß er nie lange seinen »Job«. Er sagte ihr ständig, wie wichtig es sei, dass sie bald mit den Verhandlungen begönnen. Einige seiner Freunde wurden unangenehm ungeduldig. Er wiederholte zudem noch etwas anderes, das sie kaum ertragen konnte – in welcher Gefahr sich ihr Sohn befand, wenn die Familie Getty die Entführung weiterhin als Schwindel betrachtete und sie nicht ernst nahm.

Es war inzwischen fünf Wochen her, dass Paul verschwunden war, und mit allem, was Cinquanta sagte, nahm Gails Furcht zu, dass die Entführer kurz davor waren, ihm etwas anzutun. Das erzählte sie auch ihrem Vater, als sie ihn in San Francisco anrief, und da Richter Harris einer der wenigen Menschen war, die Jean Paul Getty respektierte und mit denen er über die Angelegenheit reden würde, gelang es dem Richter schließlich, ihn davon zu überzeugen, dass etwas getan werden musste.

Der alte Mann bestand noch immer darauf, dass er niemals ein Lösegeld bezahlen würde, aber er willigte ein, jemanden nach Rom zu schicken, der Gail professionell unterstützen konnte und sich der Situation annehmen würde. Es handelte sich um einen ehemaligen Spion, der für Getty Oil arbeitete: J. Fletcher Chace.

Chase ist einmal als »einer der guten alten Männer von der guten alten CIA« beschrieben worden, und seit seiner Pensionierung war er als Sicherheitsberater in Gettys Ölanlagen in der Neutralen Zone tätig. Er war beinahe einen Meter fünfundneunzig groß, hatte sehr hellblaue Augen und ein markantes Profil. Er war ein gut aussehender Mann, und Getty, den tatkräftige Männer immer beeindruckt hatten, fand, dass er die ideale Persönlichkeit sei, um sich des Falles anzunehmen. Soweit es seinen Enkelsohn Paul betraf, war Fletcher Chace wahrscheinlich jedoch der schlechteste Botschafter, den der alte Mann sich hätte aussuchen können.

In der Zwischenzeit war die Lage in Rom relativ simpel. Von dem Augenblick an, als Paul entführt worden war, gab es zwei Möglichkeiten, wie er lebendig nach Hause zurückkehren konnte: Entweder erwischte die Polizei die Entführer, oder die Gettys mussten eine große Summe Lösegeld bezahlen. Nachdem die Carabinieri es über einen Monat lang versucht hatten, war klar, dass sie den Fall nicht einmal dann hätten lösen können, wenn Paul von Donald Duck gefangen gehalten worden wäre – der Familie blieb also nur noch die zweite Möglichkeit. Ganz gleich, wie geschmacklos es auch scheinen mochte, es gab eigentlich nur eine Frage, die geklärt werden musste, und das war der Preis. Danach konnte man dafür sorgen, dass der Junge so schnell und schmerzlos wie möglich freigelassen wurde. Alles andere war völlig irrelevant und hätte nur dazu geführt, dass sich seine Qualen vergrößerten.

Doch da Jean Paul Getty sich weiterhin weigerte, ein Lösegeld zu zahlen, gingen die Qualen weiter, und der gut aussehende Fletcher Chace sorgte dafür, dass sie mit aller Macht weitergingen.

Wie viele alte Spione war Chace ein ziemlicher Verschwörungstheoretiker. Er hatte außerdem volles Vertrauen in seine eigenen Fähigkeiten. Als er am 12. August in Rom ankam, war Gail sehr erleichtert, dass ihr ein so selbstsicherer Profi zur Seite stand. Sein erster Tagesordnungspunkt war es, persönlich Kontakt mit den Entführern aufzunehmen, deshalb war er sofort bereit, ans Telefon zu gehen, als Cinquanta das nächste Mal anrief. Doch Chace sprach kein Italienisch, und sein rostiges Spanisch verwirrte Cinquanta zunächst, machte ihn anschließend wütend und brachte ihn schließlich zu der Überzeugung, dass die Familie Getty die Entführung noch immer nicht ernst nehmen wollte.

Chace war vor allem das perfekte Opfer für die doppelbödigen Spielchen, die um die ganze Sache herum gespielt wurden. Als ehemaliger Spion hätte er eigentlich wissen müssen, dass das Mädchen, das er in seinem Hotel kennenlernte und mit dem er ins Bett ging, in Wirklichkeit eine Agentin im Dienste der Carabinieri war und dass es ihre Aufgabe war, einerseits dafür zu sorgen, dass er sich wie zu Hause fühlte, ihn andererseits von der Auffassung ihrer Arbeitgeber zu überzeugen und herauszufinden, was er wusste.

Chace wusste tatsächlich sehr wenig. Es gab eine Menge falsche Gerüchte darüber, dass Paul gesehen worden war – einige kamen von Leuten, die Gail gut kannte –, und da Chace darauf bestand, jedem Einzelnen davon persönlich nachzugehen, dau-

245

erte das seine Zeit. Es gab ein solches Gerücht von einem glaub-
würdigen jungen Mann, der behauptete zu wissen, wo Paul sich
versteckt hielt. Er nahm Chace mit in die Klosterstadt Monte
Cassino, wo er die 3 000 Dollar einsteckte, die Chace ihm geboten hatte, und sofort verschwand.

Anstatt also die ganze Sache zum Abschluss zu bringen,
machte Chaces Ankunft am Ort des Geschehens eine Situation
noch komplizierter, die ohnehin schon aus dem Ruder zu laufen drohte, und rückte jede weitere Chance auf ernsthafte Verhandlungen in ferne Zukunft. Stattdessen verlegte auch der zutiefst unglückliche und extrem frustrierte Fletcher Chace sich
bis Ende August auf die Theorie der Carabinieri, dass alles nur
ein Schwindel sei. Er stand vor einem Rätsel, hatte schlechte
Laune und war vollkommen verwirrt, deshalb glaubte Chace,
er stünde selbst im Zentrum einer weit verzweigten Verschwörung – und er gab alle Einzelheiten nach Sutton Place weiter,
wo sie den alten Mann in seinem Entschluss bestärkten, nicht
einen Penny zu zahlen.

Es war inzwischen Anfang September, und Chace beschloss,
dass es an der Zeit sei, die Gegenseite und die italienische Presse
zu verunsichern, indem er Gail und die Kinder aus dem Kom-
munikationsgeschehen entfernte, um so dieser vermeintlichen
Verschwörung endlich ein Ende zu machen. Angesichts der
Lage war es extrem gefährlich, den Kontakt mit einer Gruppe
nervöser und möglicherweise gefährlicher Entführer genau in
diesem Augenblick zu unterbrechen. Chace blieb jedoch un-
nachgiebig und bestand darauf, dass Gail und die Kinder mit
ihm zurück nach London flogen, wo sie zehn Tage lang unter
maximalen Sicherheitsvorkehrungen in einem sorgfältig vor-
bereiteten geheimen Unterschlupf in Kingston-upon-Thames
ausharren mussten.

Das war genau die Art von Mantel-und-Degen-Operation,
die Chace Spaß machte, aber welche Funktion sie für einen

in Kalabrien entführten Jungen haben sollte, war nicht wirklich klar. Zudem bekam Gail auch keine Gelegenheit zu einem ernsthaften Gespräch mit ihrem früheren Ehemann, wie sie gehofft hatte – und schon gar nicht mit dem großen Paul selbst im nahe gelegenen Sutton Place. Paul junior hatte sich mehr und mehr zurückgezogen, und als sie ihn schließlich am Cheyne Walk besuchen kam, weigerte er sich, über die Entführung zu reden.

Sein Vater verweigerte ebenfalls jedes Gespräch, denn er fürchtete sich in der Zwischenzeit so sehr vor der Mafia, dass er darauf bestand, ausschließlich über Chace mit Gail zu kommunizieren. Chace machte selbst daraus eine verdeckte Operation. Sie trafen sich an einem geheimen Ort im Park, aber obwohl er versprach, Getty ihre verzweifelten Bitten zu überbringen, endlich etwas für seinen Enkelsohn zu unternehmen, bekam sie niemals eine Antwort. Der große Paul blieb bei seinen Prinzipien und ging nun vollkommen in Chaces Version der Geschichte und seinen Erzählungen aus der Welt der verdeckten Operationen auf. Nach zehn Tagen reichte es Gail und ihrer Familie, und sie kehrten nach Rom zurück. Chace blieb noch einige Tage auf Sutton Place, um seinen Auftraggeber zu beruhigen.

Mitte September war allen klar, dass sie sich in einer katastrophalen Lage befanden und dass keiner der Menschen, deren Aufgabe es war, das Problem zu lösen, dazu in der Lage sein würde. Doch es gab zwei Dinge, die Gails Leben ein wenig leichter machten: Erstens gelang es ihr, eine Wohnung im Herzen Roms zu finden, in einer Gegend, die belebter war als das anonyme Parioli. Von der neuen Wohnung aus konnte man beinahe den alten Markt auf dem Campo dei Fiori überblicken; den beiden Mädchen gefiel es hier, und sie fühlte sich nicht so sehr wie eine Gefangene wie in Parioli.

Zweitens tauchte ein Mitglied der Familie Getty auf, um ihr Gesellschaft zu leisten – ihr dreizehn Jahre alter Sohn Mark.

Trotz der entschlossenen Versuche seiner Großeltern, ihn in San Francisco zu behalten, wo er in Sicherheit war, hatte er sich so sehr nach seiner Familie gesehnt, dass sie ihn schließlich gehen ließen. In ihrer neuen Wohnung mit Mark an ihrer Seite fühlte sich Gail ein wenig stärker.

Das war auch gut so, denn die Beziehungen zwischen Cinquanta und den anderen Entführern verschlechterten sich dramatisch. Cinquanta hatte sie bereits gewarnt, dass einige Mitglieder der Bande drastische Maßnahmen planten, um zu beweisen, dass es ihnen ernst war, weil das Schweigen der Presse sie unruhig machte.

Nach der Art und Weise zu urteilen, wie er mit Gail sprach, bluffte er nicht – genauso wenig beeindruckten ihn ihre Entschuldigungen, weshalb die Lösegeldzahlung noch immer ausblieb –, und plötzlich meldete er sich mit neuen Forderungen.

»*Signora*, wir verlangen, dass Sie herkommen und persönlich mit uns reden. Wir regeln das gemeinsam. Sie können Ihren Sohn sehen, und ich werde für Ihre Sicherheit garantieren.«

Sie bat ihn um ein wenig Bedenkzeit. Er antwortete, dass er am nächsten Tag wieder anrufen würde, wenn sie ihre Entscheidung getroffen hatte.

Ihr Bauchgefühl sagte ihr ganz klar, dass sie hinfahren musste. Natürlich kannte sie die Gefahren, aber das kümmerte sie nicht mehr. Denn sie wusste ebenfalls, dass sie Paul in Rom überhaupt nichts nutzte und dass die Entführung endlos weitergehen würde, wenn sie Chace und den Carabinieri alles überließ. Wenn sie Pauls Entführern von Angesicht zu Angesicht gegenübertrat, gab es wenigstens noch die Hoffnung, dass es zu einer Entscheidung kam und sie ihre Wut von ihrem Sohn ablenken konnte. Natürlich war sie außerdem froh, dass sie die Gelegenheit bekam, ihn wiederzusehen.

Als Cinquanta anrief, sagte sie ihm deshalb, dass sie kommen wolle. Er schien erleichtert und gab ihr präzise Anweisungen. Sie sollte in einem Auto einer ganz bestimmten Marke fahren,

248

das einen Aufkleber auf der Stoßstange und einen weißen Koffer auf dem Dachgepäckträger hatte. Sie sollte eine bestimmte Anzahl von Kilometern auf der *autostrada* bis südlich von Neapel fahren, wo zu einer genau festgelegten Zeit ein Mann am Straßenrand auf sie warten würde. Er würde Kies auf ihre Windschutzscheibe werfen, um ihr das Signal zum Anhalten zu geben. Jemand aus der Bande sollte dann übernehmen und sie zum Versteck von Paul bringen. Cinquanta versicherte ihr, dass sie nichts zu befürchten habe. Gail sagte, sie habe alles verstanden und sagte noch einmal zu, sich auf den Weg zu machen.

Doch gleich danach stand sie unter enormem Druck wegen dieses Plans. Als sie Richter Harris davon erzählte, machte er sich Sorgen um ihre Sicherheit und wies sie darauf hin, welche Risiken sie damit einging: »Was wird denn aus den anderen Kindern, wenn die dich umbringen – was gut möglich ist –, und was hätte Paul dann davon?«

Chace, der ebenfalls zurück in Rom war, hatte noch mehr Einwände und verbot ihr sogar ausdrücklich, sich auf den Weg zu machen. Aufgrund dieser Widerstände änderte Gail ihre Meinung.

Sie glaubt inzwischen, das sei ein »schrecklicher Fehler« gewesen. »Denn wenn ich gefahren wäre, wären vielleicht alle wieder zur Vernunft gekommen, und es hätte sich endlich etwas bewegt. Abgesehen davon wäre ich bei Paul gewesen und hätte sie vielleicht von dem abhalten können, was sie dann getan haben.«

Stattdessen verschlechterten sich die Beziehungen zu den Entführern noch mehr, weil sie in letzter Sekunde einen Rückzieher machte. Sie konnte sie nicht darüber informieren, dass sie ihre Meinung geändert hatte, und sie waren wütend, als sie nicht auftauchte. Sogar der üblicherweise immer höfliche Cinquanta war erbost, als er sie später anrief. Er beschuldigte sie, ein falsches Spiel zu spielen wie alle anderen auch. Irgendwann

249

schrien sie einander am Telefon an, und der Anruf endete damit, dass Cinquanta sagte, er hätte getan, was er konnte, nun würden härtere Männer als er das Ruder in die Hand nehmen, und was jetzt geschähe, läge nicht mehr in seiner Verantwortung.

Gail fand bald darauf heraus, dass Cinquanta nicht geblufft hatte, und Pauls Leiden verschlimmerten sich ernsthaft, weil seine Entführer ihre Wut an ihm ausließen. Es fing damit an, dass sie sein Radio konfiszierten, das seine einzige Verbindung zur Außenwelt gewesen war. Er wurde wieder an den Beinen angekettet. Ein kleiner Vogel, den er wie ein Haustier gehalten hatte, wurde vor seinen Augen getötet, und sie sagten ihm, dass ihm das Gleiche bevorstünde, weil sein Großvater sich weigerte zu zahlen, um ihn zu retten. Sie fesselten und knebelten ihn für mehrere Stunden, dann spielten sie russisches Roulette, indem sie ihm einen .45er-Revolver an die Stirn hielten.

Er wusste nie, ob die Waffe geladen war. Nachdem sie einige Male nicht gefeuert hatte, wurden ihm die Augen verbunden, er wurde fester gefesselt als je zuvor, und sie ließen ihn bis zum nächsten Morgen so zurück.

In etwa zur selben Zeit geschah noch etwas anderes, das seine Qual weiter verschlimmerte. Wie Cinquanta bereits angedeutet hatte, hatten einige der ursprünglichen Entführer ihren Anteil am Lösegeld für Paul meistbietend verkauft, so wie man eine Immobilie verkauft hätte oder eine Beteiligung an einem Spielcasino. Die neuen Eigentümer kamen aus den höheren Rängen der 'Ndrangheta und waren begierig, Kapital in die Finger zu bekommen, um ihr eigenes Geschäft mit Betäubungsmitteln aufziehen zu können. Sie waren älter und skrupelloser als ihre Vorgänger, und sie waren darauf aus, dass ihre Investition sich schnell auszahlte.

Pauls Entführer waren an diesem Morgen ganz besonders freundlich zu ihm, was ihn sofort misstrauisch machte. Es war inzwischen Oktober, und als es kälter geworden war, hatten sie

begonnen, ihm billigen italienischen Brandy zu trinken zu gegeben, der ihn wärmen sollte, aber es war das erste Mal, dass er
ihn schon morgens bekam. Als er sagte, es sei noch zu früh am
Tag, um zu trinken, sagten sie, er solle ihn nehmen – er würde
ihm guttun. Dann sagten sie ihm, dass sein Haar zu lang sei und
geschnitten werden musste.

Er versuchte, ihnen das auszureden. Er mochte seine langen
Haare und wollte keinen Haarschnitt, doch sie bestanden darauf und sagten, es sei schmutzig. Vielleicht hat er sich gewehrt,
aber sie waren zu viert oder zu fünft, er war in Gefangenschaft
schwach geworden, und ihm war klar, dass sie es ernst meinten.
Also saß er still, während einer der Männer mit einer kleinen,
stumpfen Schere ungeschickt an seinen Haaren herumschnip-
pelte. Es war das erste Mal, dass Paul von einem maskierten
Barbier einen Haarschnitt bekam, und der Mann gab sich große
Mühe, die Haare an beiden Seiten seines Kopfes zu entfernen.
Als er damit fertig war, tupfte er ihm Alkohol hinter die Ohren.

Da ging Paul auf, was sie planten.

Vielleicht hat er sich auch jetzt gewehrt, aber er wusste, dass
es noch immer keinen Zweck hatte. Wenn er versuchte, sich zur
Wehr zu setzen, würden sie ihm bloß Schmerzen zufügen und
trotzdem tun, was sie vorhatten.

Also trank er, als sie ihm wieder Brandy anboten. Und als sie
ihm ein zusammengerolltes Taschentuch gaben, damit er drauf-
beißen konnte, nahm er es in den Mund und biss die Zähne zusammen. Während er noch zubiss, fühlte er, wie jemand hinter
ihm nach seinem rechten Ohr griff und es fest zwischen seinem
rauen Daumen und dem Zeigefinger hielt.

Dann durchfuhr ihn brennender Schmerz, als ihm mit einem
scharfen Rasiermesser sein rechtes Ohr in einem einzigen Zug
vom geschorenen Kopf abgetrennt wurde.

Cinquanta teilte Gail am 21. Oktober mit, was passiert war,
doch er weigerte sich, in die Details zu gehen. Anfangs wollte

sie ihm nicht glauben, aber er bestand darauf, dass er die Wahrheit sagte. Er sagte außerdem, er würde ihr Fotos schicken, um es ihr zu beweisen.

Wie jede andere Mutter war sie krank vor Sorge, wenn sie daran dachte, dass man ihr Kind verstümmelt hatte. Trotz all der Warnungen hatte sie bis zum Schluss nicht geglaubt, dass Cinquanta und seine Freunde wirklich Ernst machen würden. Jetzt, da sie es getan hatten, versuchte sie, nicht die ganze Zeit daran zu denken. Aber es war schwer, nicht darüber zu brüten, wie gewalttätig diese Männer waren, und darüber, wie kaltblütig sie ihrem Kind Angst und Schmerzen zufügten.

Nach diesen schrecklichen Entwicklungen fragte sie sich erneut, wie viel länger diese unendliche Entführung noch dauern konnte – und wie viel länger sie und, viel wichtiger, Paul das alles ertragen konnten.

Nachdem ein Anruf bei der Polizei einging, fand man in einem bestimmten Abfalleimer in Rom einige Polaroid-Bilder von Paul, sie waren vor Kurzem vor einer Höhle aufgenommen worden. Als Gail sie zu Gesicht bekam, war sie entsetzt, denn sie zeigten einen völlig ausgezehrten Paul und eine unverheilte Wunde, wo einmal sein Ohr gewesen war.

Kurze Zeit später rief Cinquanta erneut an. Er fragte, ob sie ihm jetzt glauben wolle, und fügte hinzu, dass er sie genau davor gewarnt hätte. Dann sagte er, das Ohr sei in der Post.

Sie war zu betäubt, um ihm zu widersprechen, doch später, als das Ohr noch immer nicht angekommen war und Cinquanta anrief, um zu fragen, ob sie es bekommen hatte, gab es einen wütenden Wortwechsel. Cinquanta bestand darauf, dass die Behörden es an sich genommen haben müssten, und Gail versuchte, ihrer Wut und ihrem Schrecken darüber Ausdruck zu verleihen, was geschehen war.

In der Zwischenzeit wurde das Verschwinden des Ohres zu einem neuen Rätsel, es gab noch mehr Missverständnisse und Ausreden für Untätigkeit.

Die Entführer hatten es tatsächlich in ein versiegeltes Plastikgefäß mit einer Konservierungsflüssigkeit gesteckt, alles in einen Polsterumschlag getan und es am 20. Oktober vom Hauptpostamt in Reggio Calabria aus an das Redaktionsbüro von *Il Messaggero* geschickt.

Wenn schon nichts anderes, dann hätte diese grausame Fracht wenigstens die Spekulationen über einen Schwindel beenden und dazu führen sollen, dass die Verhandlungen mit mehr Dringlichkeit angegangen wurden. Zumindest wäre das überall außer in Italien so gewesen, doch wie Gore Vidal etwa zur selben Zeit beobachtet hat: »So etwas wie einen Postdienst gibt es in Rom nicht.« Offiziell streikte die Post gerade, und Pauls Ohr gammelte zusammen mit zahllosen anderen Sendungen, die für die Stadt bestimmt waren, in einem Lagerhaus vor sich hin, bis der Streik beendet war.

Am 10. November – drei Wochen nach der Verstümmelung – wurde das Päckchen schließlich im Büro von *Il Messaggero* in der Via del Corso zugestellt. Die Redaktionssekretärin, die das Päckchen öffnete, fiel in Ohnmacht.

Inzwischen hatte Gail jedes Vertrauen in die Carabinieri verloren und hatte deren Rivalen, die italienische Polizia, um Unterstützung gebeten. Carlo, der Chef der Polizia Statale Squadra Mobile – der römischen Sondereinsatzgruppe –, hatte den Fall übernommen und erwies sich als energische und effektive Kraft. Er half Gail dabei, mit den Ereignissen zurechtzukommen, und bereitete sie auf die schreckliche Aufgabe vor, das Ohr zu identifizieren, falls es denn jemals eintreffen sollte. Auf seinen Vorschlag hin hatte sie Fotos von Paul studiert, um sich Form und Aussehen genau einzuprägen.

Als Carlo ihr dann mitteilte, dass er es erhalten habe, und sie darum bat, ins Polizeihauptquartier zu kommen, war sie gefasster, als die Sekretärin beim *Il Messaggero* es gewesen war. Sie kümmerte sich nicht um die Pressefotografen, die vor dem Gebäude auf sie warteten, und sie war sich ganz sicher, als man ihr das Ohr zeigte. Ja, sie erkannte es an den Sommersprossen und an der Form. Es gehörte zweifellos ihrem Sohn.

Es war jetzt vier Monate her, seit Paul entführt worden war, aber seine Leidenszeit war noch lange nicht zu Ende.

Es hatte ein paar kleinere Fortschritte gegeben. Richter Harris, der ein bekannter Katholik in San Francisco war, bat den Vatikan um Unterstützung, und Gail hatte eine Besprechung mit dem »Gorilla des Papstes« gehabt, dem massigen Erzbischof Casimir Marcinkus aus Chicago, der sehr charmant zu ihr gewesen war und sagte, dass er ihr vielleicht helfen könne. Es handelte sich dabei um denselben Priester, der später wegen seiner Verbindung zu dem korrupten Finanzier Sindona berüchtigt wurde. Ebenso sprach sie mit Roberto Calvi, dem Chef der Banca Ambrosiana, den man Jahre danach erhängt unter der Blackfriars Bridge in London fand. Es war also vermutlich besser so, dass Chace sie daran hinderte, die erzbischöflichen Kontakte zur Unterwelt zu nutzen, indem er ihr sagte: »Ich kenne einige einflussreiche Leute, die Ihnen sicher helfen können. Wenn Sie wollen, rede ich mit ihnen über Ihren Sohn.«

Die amerikanische Regierung zeigte sich nun ebenfalls besorgt, denn Gail hatte einen persönlichen Brief an Präsident Nixon geschrieben. Thomas Biamonte wurde mit dem Fall betraut, ein sehr kompetenter ehemaliger FBI-Anwalt mit kalabrischen Wurzeln, der in der US-Botschaft in Rom arbeitete und den regionalen kalabrischen Dialekt sprach. Er nahm eigenständig Kontakt mit den Entführern auf. Das sollte sich noch als nützlich erweisen, denn es war hauptsächlich ihm zu verdanken, dass die Entführer ihre Forderung von zehn *miliardi* oder siebzehn Millionen Dollar auf die realistischere Summe von zwei *miliardi*, in etwa 3,2 Millionen, senkten. Nachdem sie den Preis gesenkt hatten, machten sie unmissverständlich deutlich, dass sie dabei bleiben würden.

Zu Hause auf Sutton Place gab Pauls achtzigjähriger Großvater weiterhin nicht nach. Schwindel oder nicht, Ohr oder
kein Ohr, Prinzipien waren Prinzipien, und er weigerte sich
nach wie vor, auch nur einen Penny zu zahlen.

Als der Winter im Hochland von Kalabrien Einzug hielt und
der verletzte Junge in ein neues Versteck gezerrt wurde, stellten die Entführer wieder ein Ultimatum. Sie schienen erneut die
Geduld zu verlieren und sagten, wenn es nicht bald eine Einigung gäbe, würde sich ein zweites Ohr auf den Weg zu *Il Messaggero* machen, gefolgt von weiteren Körperteilen des entführten Jungen, falls auch das nichts nützen sollte.

Paul selbst war mittlerweile in einem erbarmungswürdigen
Zustand. Der Schmerz der raubeinigen Amputation war geblieben, und die Wunde hatte sich entzündet. Wegen der Kälte und
der Unterernährung, gepaart mit dem Nervenschock aufgrund
der Operation, war er schwach und mutlos. Seit seiner Kindheit
litt er schon an einer Lungenschwäche, und was als schwere Erkältung begann, verwandelte sich bald in eine Lungenentzün-
dung. Seine Entführer, die ihre 3,2 Millionen auf keinen Fall
verlieren wollten, spritzten ihm so hohe Dosen Penicillin, dass
er allergisch darauf reagierte. Als er keine Antibiotika mehr
vertrug und sein Zustand immer schlechter wurde, gerieten sie
in Panik.

Als letzter Ausweg rief Cinquanta bei Gail an, um sie um
Rat zu fragen.

»*Signora*. Sie müssen mir sagen: Was können wir für ihn
tun?«, heulte er, unfähig, seine Furcht wegen Pauls Verfassung
zu verbergen, und in dem Bewusstsein, dass er und seine Kom-
plizen alles verloren hatten, falls sich die Krankheit des Jungen
verschlimmerte.

In diesem Augenblick war Gail sich sicher, dass Paul sterben würde, wenn die Entführung noch länger andauerte. Es
gab nichts auf der ganzen Welt, was dieses Risiko wert war –

255

nicht die Prinzipien vom großen Paul oder seine Sorge um seine anderen Enkelkinder, nicht die Zukunft der Gettys oder die Schwierigkeiten, die es bedeutete, so viel Geld aufzutreiben. Also beschloss sie, dass die Entführung jetzt vorbei sein musste. Wenn niemand anders in der Lage war, sie zu beenden, dann musste sie es eben selbst tun. Wenn niemand ihren Sohn retten konnte, musste sie ihn eben retten.

Sie sagte Cinquanta, er solle Paul so warm halten wie möglich und sich darauf vorbereiten, ihn freizulassen. Das Lösegeld würde gezahlt.

Gails Entschlossenheit veränderte schließlich die gesamte Situation. Plötzlich steckte sie mit ihrer Zielstrebigkeit alle an. Sie redete mit ihrem Vater, der in einem Telefonat mit Sutton Place seinen Standpunkt mit solcher Vehemenz vertrat, dass der große Paul endlich nachgab und sich damit einverstanden erklärte, das Geld irgendwie aufzutreiben. Doch auch jetzt bestand der alte Mann darauf, dass er nur den Teil des Lösegeldes bezahlen würde, der sich steuerlich geltend machen ließ – der Vater des Jungen würde den Rest aufbringen müssen.

Das führte zu weiteren Problemen, denn es war Gail kaum möglich, noch vernünftig mit Paul junior zu reden, der sich niemandem mehr wirklich verständlich machen konnte. Aber er stimmte schließlich den Bedingungen zu, die sein Vater gestellt hatte. Da er die Million Dollar nicht hatte, die er zum Lösegeld beitragen sollte, musste der große Paul sie ihm leihen, mit vier Prozent Zinsen pro Jahr. Gail wurde außerdem mitgeteilt, dass Paul junior als Bedingung für die Zahlung darauf bestand, dass sie sofort das Sorgerecht für alle ihre Kinder aufgab.

Gail hatte gedacht, dass sie mittlerweile alles ertragen könnte, aber das war der grausamste Schlag von allen. Sie war fünf Monate lang durch die Hölle gegangen, um ihren Sohn zu retten, und in dem Augenblick, als sie ihn beinahe zurückhatte, schien es, als sollte sie ihn wieder verlieren – und noch dazu ihre anderen Kinder.

Es gab jedoch nichts, was sie dagegen hätte tun können, und ihre Gefühle waren nicht mehr wirklich wichtig. Alles, worauf es ankam, war das Geld – und ihren Sohn so schnell wie möglich freizubekommen. Also stimmte sie ängstlich zu und ging sogar so weit, dafür zu sorgen, dass alle ihre Kinder zum Flughafen gebracht wurden – dann stellte sie fest, dass es ein weiteres Missverständnis gegeben hatte, denn Paul junior leugnete, jemals das Sorgerecht gefordert zu haben.

Dies war typisch für das allgemeine Klima von Drama und Misstrauen, das die Entführung bis zum Ende umgab. Doch Jean Paul Getty hatte im Prinzip zugestimmt. Das war es letztendlich, was zählte – auch wenn er selbst nur 2,2 Millionen Dollar zum Lösegeld beitrug. Mehr konnte er seinen Steuerberatern zufolge nicht steuerlich geltend machen; also blieb er bei seiner Forderung, dass sein Sohn den Rest in regelmäßigen Raten aus dem Sarah C. Getty Trust zurückzahlte.

Gail befürchtete bis zum Schluss, dass doch noch etwas dazwischenkommen würde, aber am 6. Dezember bekam Chace die Vollmacht, sich die riesige Summe von 2000 Millionen Lire in gebrauchten 50000- und 100000-Lire-Scheinen auszahlen zu lassen, alle auf Mikrofilm aufgenommen. Die Geldscheine füllten drei große Reisetaschen, die er in die US-Botschaft an der Via Veneto brachte, damit sie nicht gestohlen wurden.

Es gab eine weitere Verwirrung, weil auf der *autostrada* nördlich von Neapel dichter Nebel und Schneefall herrschten. Es war der beinahe schlimmste Winter seit fünfzig Jahren. Während seiner ersten Fahrt mit dem Geld gelang es Chace nicht, mit den Entführern Kontakt aufzunehmen. Danach lagen bei allen die Nerven blank, und Gail befürchtete, dass es zu weiteren Komplikationen kommen würde, die die fünfmonatige Qual verlängerten. Am 12. Dezember holte Chace die drei Reisetaschen zum zweiten Mal in der US-Botschaft ab und fuhr von Rom aus 400 Kilometer nach Süden zu dem Treffpunkt, den Cinquanta genannt hatte. Vier Kilometer südlich von der Abfahrt nach Lagonegro entdeckte er am Straßenrand einen Mann mit einer Pistole in der Hand und einer Sturmhaube auf dem Kopf, sodass man sein Gesicht nicht sehen konnte. Chace hielt an, stellte die drei Taschen am Straßenrand ab und kehrte nach Rom zurück. Er wurde die ganze Zeit von Mitgliedern der Squadra Mobile begleitet, die sich als Arbeiter in einem Kleinbus getarnt und den Mann mit der Sturmhaube fotografiert hatten.

Obwohl die Entführung so gut wie überstanden war, stand Gail die grausamste Wartezeit erst noch bevor. Am nächsten Tag hörte sie nichts, am Tag danach auch nicht, und sie war schon überzeugt davon, dass die Entführer, nachdem sie das Geld bekommen hatten, ihren Sohn umgebracht haben mussten. Von ihrem Standpunkt aus wäre es auf gewisse Weise folgerichtig gewesen, das Lösegeld zu nehmen und alle Beweise zu vernichten – einschließlich Paul.

Am Abend des 14. war sie kurz davor zu verzweifeln, denn sie fürchtete, dass ihre Befürchtungen sich bewahrheiten würden. Fünf Monate Leidenszeit endeten mit einem schweigenden Telefon.

Am selben Abend um 22.30 Uhr klingelte das Telefon dann doch noch. Es war Cinquanta. Er war sehr förmlich. Er hätte auch ein Bankangestellter sein können, der bestätigte, dass ihre Zahlung eingegangen war und dass seine Kollegen ihren Teil der Abmachung einhalten würden, Paul in den nächsten Stunden freizulassen. Man würde ihn auf einen Hügel bringen, nahe bei der Stelle, an der Chace das Geld übergeben hatte. Er beschrieb den Ort genau und fügte hinzu, dass Gail allein dort hinkommen solle, um ihn abzuholen.

»Bitte halten Sie ihn warm«, sagte sie angesichts des eiskalten Wetters.

»Ich sorge dafür, dass er eine Decke hat«, sagte Cinquanta. Das waren die letzten Worte, die er zu ihr sprach, sie hörte seine Stimme nie wieder.

An Schlaf war in dieser Nacht nicht zu denken. Die Polizei hatte Gails Telefonleitung angezapft und der Squadra Mobile die wichtigsten Informationen aus dem Gespräch gegeben, die gleich darauf in ihrer Wohnung eintraf. Sie rief Chace an, der sofort dazukam. Um Mitternacht saßen sie und Chace auf der Rückbank eines Autos der Squadra Mobile. Carlo saß am Steuer.

Den größten Teil der Fahrt über schneite es heftig, und es dämmerte gerade, als sie den Hügel erreichten. Die Landschaft war weiß, und im frühen Morgenlicht war von Paul nichts zu sehen. Sie riefen erfolglos seinen Namen. Gail pfiff so, wie sie und die Kinder einander immer zupfiffen, wenn sie in Orgia waren. Paul hätte das Signal sofort erkannt, doch es gab keine Reaktion.

»Machen Sie sich auf das Schlimmste gefasst – sie haben ihn möglicherweise umgebracht«, sagte Chace, während sich Männer von der Squadra Mobile auf die Suche nach Paul machten. Auf dem ganzen Hügel war jedoch keine Spur von ihm zu entdecken. Dann hörten sie, wie einer der Männer nach ihnen rief. Er hatte etwas gefunden – eine alte Decke und eine Augenbinde. Sie mussten von Paul stammen und waren der erste Hinweis darauf, dass er noch am Leben war. Aber wo war er?

»Sie kennen doch Ihren Sohn«, sagte Carlo zu Gail. »Was würde er tun?«

»Sich auf den Weg nach Hause machen«, sagte sie.

Die Squadra Mobile fuhr also langsam die *autostrada* hinauf und suchte nach Paul; Gail und Chace saßen auf dem Rücksitz eines der Einsatzfahrzeuge. Sie sahen nichts, aber sie fingen mit dem Empfänger des Autos einen Funkspruch der Polizei vor Ort auf. In der Gegend war ein nicht identifizierter Mann ge-

259

funden und ins Hauptquartier der Carabinieri nach Lagonegro gebracht worden.

In der *caserma* der Carabinieri in Lagonegro wollte zunächst niemand zugeben, dass Paul tatsächlich dort war – und als es doch jemand tat, sagte man Gail, dass sie nicht zu ihm könne, weil er gerade verhört wurde. Der Grund für diese offensichtliche Feindseligkeit war, dass sie in Begleitung von Mitgliedern der Squadra Mobile gekommen war, die sich seit jeher bis aufs Messer mit den Carabinieri bekämpften – und die Carabinieri waren entschlossen, die Lorbeeren dafür einzuheimsen, dass sie Paul Getty »gerettet« hatten.

Gail hatte bereits zu viel durchgemacht, um sich jetzt mit Höflichkeiten aufzuhalten.

»Ich will zu meinem Sohn«, sagte sie. »Lassen Sie mich sofort meinen Sohn sehen.« Der Anblick einer wütenden und entkräfteten Frau, die nach ihrem Kind verlangt, ließ die Beamten einknicken, und sie brachten sie endlich zu ihm.

Er war so dünn, und es ging ihm so schlecht, dass sie ihn beinahe nicht erkannt hätte, als er hereingeschlurft kam. Er trug Kleider, die die Carabinieri extra für ihn gekauft hatten. Er war schmutzig, konnte kaum gehen, und die Wunde an der Stelle, an der sein Ohr gewesen war, wurde von einem blutgetränkten Kopfverband verdeckt.

Nun, da der Moment gekommen war, den sie so lange herbeigesehnt hatten, waren Gail und Paul zu überwältigt, um etwas zu sagen. Sie klammerten sich aneinander, und Gail war sich erst in dem Augenblick, in dem sie ihn in den Armen hielt, wirklich sicher, dass die endlose Qual endlich vorüber war.

Jetzt ging es nur noch darum, Paul zurück nach Rom zu schaffen. Ehe einer der Carabinieri etwas einwenden konnte, schleiften Chace und sie ihn beinahe nach draußen zu dem Auto, das auf sie wartete, und sie traten die Heimreise an.

Alles, woran sie sich von der Fahrt erinnern kann, ist, dass

»Paul und ich beide wie Zombies waren und so angespannt vor Emotionen, dass wir kaum miteinander reden konnten«.

Als sie Neapel erreichten, wurde die Nachricht von Pauls Freilassung bereits im Radio verkündet, und in Rom warteten Reporter bei den Kassenhäuschen am Ende der *autostrada* auf sie. Die Leute säumten die Straßen, um sich anzusehen, wie sie vorbeifuhren. Einige von ihnen jubelten und winkten. Gail kam alles unwirklich vor, und sie war erleichtert, weil der Schrecken der letzten fünf Monate endlich vorbei war. Sie hatte noch keine Vorstellung vom Schaden, den diese Monate bei Paul angerichtet hatten – oder bei ihr und dem Rest der Familie.

Ein Freund hatte ihnen bereits ein Zimmer in einer Klinik in Parioli besorgt, wo sie die nächsten drei Tage verbrachten, um sich zu erholen, ehe sie dann nach Österreich in den Urlaub fuhren. Bei ihrer Ankunft in der Klinik wurde Paul von den Ärzten untersucht, die Ergebnisse schienen ermutigend zu sein. Er war jung und stark. Körperlich würde er sich schnell erholen, und mit den Mitteln der modernen plastischen Chirurgie konnte man auch sein Ohr wiederherstellen.

»Und was ist mit den psychischen Folgen?«, fragte Gail.

Das würde nur die Zeit zeigen, antwortete der Arzt.

Am selben Nachmittag fiel Gail wieder ein, was für ein Datum es war – 15. Dezember, der Geburtstag des großen Paul. Er war einundachtzig, und sie legte Paul nahe, dass es höflich sei, seinen Großvater anzurufen und sich für das zu bedanken, was er für ihn getan hatte, und ihm sehr herzlich zum Geburtstag zu gratulieren.

Der alte Mann war gerade in seinem Arbeitszimmer auf Sutton Place, als der Anruf einging, und eine seiner Frauen kam herein, um ihm zu sagen, wer am Apparat war.

»Es ist dein Enkelsohn Paul. Möchtest du mit ihm sprechen?«, fragte sie.

»Nein«, antwortete er.

16. KAPITEL

DIE DYNASTIE

Hinter der trostlosen Fassade, die Jean Paul Getty während der gesamten Entführung aufrechterhielt, war auf Sutton Place einiges schiefgelaufen.

Das hatte überhaupt nichts mit seinen geschäftlichen Interessen zu tun; deren Lage war noch nie rosiger gewesen. Die weltweite Ölknappheit nach dem arabisch-israelischen Jom-Kippur-Krieg im Oktober 1973 hatte den Preis auf dem internationalen Markt von drei Dollar auf zwölf Dollar pro Barrel vervierfacht, und die Aktien von Getty Oil stiegen stetig weiter. Im gesamten Jahr 1975 steigerte der alte Mann die Bardividende von 1,30 Dollar auf 2,50 Dollar pro Aktie, sodass er nebenbei für sich selbst ein Rekordeinkommen von 25,8 Millionen Dollar erzielte. Gemeinsam verfügten er und der Sarah C. Getty Trust inzwischen über ein Vermögen von 2,4 Milliarden Dollar.

Dieser Strom von Reichtum konnte ihn jedoch nicht über ein unbestimmtes, aber außerordentlich beunruhigendes Gefühl hinwegtäuschen, das ihn immer wieder befiel. Es war etwas, das er vorher noch nie empfunden hatte, und es war ebenso schmerzhaft wie unerwartet. Im Alter von zweiundachtzig Jahren empfand der reichste Mann der Welt ein Gefühl der Niederlage.

Es machte sich zwei Jahre zuvor bemerkbar, kurz nach der Feier zu seinem einundachtzigsten Geburtstag im Hotel Dorchester, die von der Herzogin von Argyll ausgerichtet wurde. Während der Feier war noch alles wunderbar. Als sein Freund, der Herzog von Bedford, einen Toast ausbrachte – »Mögen die vielen geistreichen und hübschen Frauen, die ihn umschwärmen, noch geistreicher und hübscher werden!« –, applaudierten alle. Präsident Nixon hatte seine Tochter Tricia geschickt, ausdrücklich um ihn zu vertreten; und um Mitternacht hatte der Präsident höchstpersönlich aus Washington angerufen, um seinem loyalen Unterstützer und großzügigen Spender, seinem guten Freund Jean Paul Getty, zu gratulieren.

Doch wenige Monate später trat das Undenkbare ein. Seine Freundin und Vertraute Penelope Kitson verließ ihn. Als sie ihm mitteilte, dass sie noch einmal heiraten wollte, den Geschäftsmann Patrick de Laszlo, tat er, was er konnte, um sie davon abzuhalten. Er versuchte sogar, die ultimative Getty-Strafe zu verhängen und strich sie aus seinem kostbaren Testament. Er war bestürzt, als er feststellen musste, dass das alles keine Wirkung hatte – aber es versöhnte ihn, dass die Ehe nur wenige Monate später scheiterte und Penelope zurückkam, um ihn zu besuchen.

»Ich kann nicht sagen, dass es mir leidtut, meine Liebe«, war alles, was er dazu zu sagen hatte – anschließend nahm er sie stillschweigend wieder in sein Testament und in das Häuschen auf seinem Anwesen auf.

Diese Demonstration von Penelopes Unabhängigkeit hatte ihn verunsichert, ebenso wie die Reaktionen auf etwas anderes, das ihm viel bedeutete: die offizielle Eröffnung seines Museums in Malibu Anfang 1974.

Der Architekt, den Getty beauftragt hatte, der leutselige Engländer Stephen Garrett, hatte immer schon Zweifel an seiner Idee gehabt, diese römische Villa am Ufer des Pazifiks nachzubauen, und er hatte versucht, seinen Auftraggeber zu warnen. Getty wollte jedoch nicht auf ihn hören und hatte aus 9 600 Kilometern Entfernung auf Sutton Place jedes Detail des Baus

263

akribisch verfolgt. Doch als es eröffnet wurde, wurde Gettys kostbarer Traum von der Presse beinahe einhellig mit Spott begrüßt. »Vulgär«, »geschmacklos«, »wie in Disneyland«, hieß es in den Zeitungen; der Londoner *Economist* war besonders herablassend. Kunsthistoriker, hieß es dort, würden es schwer haben, zu entscheiden, ob Jean Paul Gettys Unsinn »nur unangebracht oder auch lächerlich« sei.

Wie immer, wenn es etwas gab, das ihm nicht gefiel, presste der alte Mann seine ohnehin schon dünnen Lippen aufeinander und schwieg. Doch da sie direkt im Anschluss an die weitverbreitete Kritik an seinem Umgang mit der Entführung folgten, wühlten ihn diese Reaktionen auf sein Museum ernsthaft auf. Später sollte er schreiben, dass die Freilassung des jungen Paul »das kostbarste und wunderbarste Geburtstagsgeschenk meines Lebens« gewesen sei. Kaum jemand glaubte ihm.

In einer vergleichbaren Situation hatten ärmere Männer Hypotheken auf ihr Haus aufgenommen, sich von Freunden alles Geld geliehen, das sie bekommen konnten, sie hatten sich sogar in den Bankrott gestürzt, als es darum ging, das Lösegeld für ihr Enkelkind aufzutreiben. Es blieb zudem auch nicht unbemerkt, dass Getty seine sogenannten Prinzipien schließlich doch übergangen hatte, als es sein musste, nachdem er sich eben wegen dieser Prinzipien vorher so lange geweigert hatte, das Geld bereitzustellen; hinzu kam noch, dass er die Entführer tatsächlich gezwungen hatte, den Preis von ursprünglich siebzehn Millionen Dollar auf 3,2 Millionen zu senken, indem er die Lösegeldzahlung so lange wie möglich hinausgezögert hatte – eine Ersparnis von etwa 13,8 Millionen Dollar.

Das war ihm als Geschäftsmann mit Sicherheit bewusst. Falls es bedeutete, dass sein ehemals liebster Enkelsohn dazu verurteilt wurde, einen fünfmonatigen Albtraum mit der Mafia zu durchleben, um das zu erreichen, dann fand er wahrscheinlich, dass es diesen Preis wert war.

Doch in der Zwischenzeit müssen ihm Zweifel gekommen

sein. Die Entführung entpuppte sich nämlich als echte Katastrophe für die Familie und auch für Getty selbst. Die Qualen des Jungen hatten noch nicht einmal richtig begonnen, und der Schaden sollte sich auf verschiedenen Wegen weiterverbreiten, sodass es in den folgenden Jahren noch mehr Leid und Trauer gab.

Das war nicht auf den ersten Blick ersichtlich. Nach der Entführung erholten sich Gail und ihr Sohn zwei Monate lang in aller Stille in den österreichischen Bergen gemeinsam mit Aileen, Mark und Ariadne. In den Bergen verblassten ihre Ängste, sie kamen zu Kräften und konnten das Leben schon bald wieder genießen. Jahre später sollte Aileen sich an diesen Urlaub als die letzte Zeit in ihrem Leben erinnern, in der sie sorglos und vollkommen glücklich gewesen war. Dem Rest der Familie ging es genauso, und sie kehrten in der Überzeugung aus Österreich zurück, dass der Albtraum der Entführung vorbei und vergessen war.

Es war ein gutes Zeichen, dass die Entführung erstaunlich wenig an ihrer Vorliebe für Italien geändert hatte, und als Gail sicher wieder in ihrem Haus in Orgia war, wies sie alle Ratschläge von Freunden zurück, sie könnte vielleicht eine Therapie gebrauchen.

Der junge Paul war inzwischen erneut mit Martine zusammen, und erst als er nach Rom zurückkehrte, um bei ihr zu sein, und Gail zum ersten Mal alleine war, erkannte sie, wie recht ihre Freunde hatten. »Ganz plötzlich und ohne Vorwarnung bin ich einfach schweigend zusammengebrochen.«

Sie hatte ständig Albträume von der Zeit der Entführung, denen unkontrollierbare Weinkrämpfe folgten. Sie legte sich mit einer tiefschwarzen Depression ins Bett. Dann riss sie sich langsam und schmerzvoll wieder zusammen.

In dieser Phase sah es so aus, als hätte die Entführung auf Paul weniger Auswirkungen als auf seine Mutter. Das lag zu

265

einem Teil daran, dass er noch so jung war, und zum anderen, dass er sich auf die willensstarke Martine stützen konnte. Zum ersten Mal in seinem Leben gefiel es ihm, in einer festen Beziehung mit einer Freundin zu sein; und im Sommer, nachdem Martine herausgefunden hatte, dass sie schwanger war, tat er das, was nach den bürgerlichen Moralvorstellungen, die er zuvor immer abgelehnt hatte, jetzt angemessen war: Er machte ihr einen Heiratsantrag.

Es war eine fröhliche Hochzeit, die in Sovicille vor dem Bürgermeister abgehalten wurde, dem Sitz der Kommunalregierung, und beinahe ganz Orgia nahm daran teil. Mit Rücksicht auf ihren Zustand hatte Martine sich für ein einfaches Kleid entschieden; es war Paul, auf den sich alle Augen richteten. Sein Haar war inzwischen nachgewachsen, und er machte in seinem speziell für ihn angefertigten schwarzen Mao-Anzug mit roten Paspeln und seinen neuen weißen Turnschuhen eine eindrucksvolle Figur.

So kurz nach seiner Freilassung war die Hochzeit unvermeidlich ein Medienereignis. Die italienische Presse und das Fernsehen waren in voller Stärke vor Ort. Er hatte ganz und gar nichts dagegen, Paul stand vielmehr offensichtlich gern im Zentrum der Aufmerksamkeit – so sehr, dass er darauf bestand, die Zeremonie noch einmal durchzuführen, weil ein Fotograf vom *Daily Express* aus London sich verspätet und die Hochzeit verpasst hatte.

Menschen, die ihn kannten, betonen, dass das keine Eitelkeit war. Mit seiner Gier nach Aufmerksamkeit durch die Medien suchte er etwas anderes, das er dringend brauchte – eine echte Identität, die er in der Rolle als eine Art prominente Kultfigur zu finden hoffte.

Kurz vor Weihnachten verließen Martine und er Italien, um nach Los Angeles zu fliegen, wo sie wohnen wollten, und dort, in Tarzana (der Stadtteil ist nach dem Helden des Stadtgründers benannt, Edgar Rice Burroughs, dem Autor der Tarzan-

Romane), brachte Martine im Januar 1975 einen Sohn zur Welt. Sie widerstanden der Versuchung, ihn Tarzan Getty zu nennen, und gaben ihm den Namen Balthazar. Balthazar ist einer der drei Weisen in der Bibel, und wenn die Familie überleben wollte, konnte ein wenig Weisheit nicht schaden.

Indem er Martine heiratete, brachte Paul ein ziemliches Opfer, denn da er geheiratet hatte, bevor er zweiundzwanzig wurde, disqualifizierte er sich als Einkommensempfänger aus dem Trust, den sein Vater nach dessen Scheidung 1966 gegründet hatte, um die Kinder zu unterstützen. Die Altersbeschränkung für eine Heirat sollte ursprünglich dazu dienen, Aileen und Ariadne vor möglichen Vermögensjägern zu schützen, doch nun schloss sie Paul aus.

Er machte eine Tugend daraus, alles abzulehnen, was er nicht haben konnte, aber von jetzt an war das Fehlen finanzieller Mittel eins seiner ständigen Probleme. Er fand es besonders unangenehm, den Namen Getty zu tragen, ohne auch das Geld der Gettys zu haben. Er wusste, dass er eines Tages ein Vermögen aus dem Sarah C. Getty Trust erben würde, in der Zwischenzeit jedoch war es ein ziemliches Problem, über die Runden zu kommen.

In etwa im März 1975 fing Paul junior an, Gail unter Druck zu setzen, sie solle die Kinder zurück nach England bringen. Immer wenn sie miteinander telefonierten, klang er so deprimiert und einsam, dass sie sich ernsthafte Sorgen um ihn machte.

Da Victoria spürte, dass es kaum Hoffnung gab, dass er sie heiraten oder sie seine Kinder gebären würde, hatte sie ihn verlassen, sich einer Therapie unterzogen und zum zweiten Mal geheiratet – Oliver Musker, einen unterhaltsamen jungen Antiquitätenhändler aus London, der in sie verliebt war.

Nach ihrem Weggang erlebte Paul seinen Tiefpunkt. Der einzige Mensch, der sich jetzt noch um ihn kümmerte, war der ehemalige Taxifahrer Derek Calcott, der tat, was er konnte, um dafür zu sorgen, dass etwas zu essen im Haus war – normalerweise Schokoladenkekse und Eis mit Schokoladensoße darin, was beides nicht gut für Paul war, aber den Heißhunger eines Süchtigen nach Süßem sehr gut stillte. Paul fühlte sich hilflos und verlassen und war vollkommen allein in einem Haus, das inzwischen genauso düster und verlottert war wie er selbst.

Er hatte außerdem auch kein Geld mehr. Er hatte kein Händchen für Finanzen, und die relativ geringen Summen, die er aus dem Sarah C. Getty Trust erhielt, gingen für die Drogen drauf, die er sich zusätzlich zu denen, die er auf Rezept bekam, auf der Straße kaufen musste.

Das alles zusammen machte ihn schrecklich angreifbar. Sogenannte »Freunde« hatten begonnen, sich an seinem Besitz zu bedienen, und er hatte vieles von dem verkauft, was ihm noch geblieben war – einschließlich des roten MG aus seiner Zeit in Rom, für den seine Schwester Donna ihm 2 000 Dollar gab. Er konnte keinen Unterhalt mehr für seine Kinder in Italien bezahlen und flehte Gail an, sie zu ihm nach Hause in den Cheyne Walk zu bringen.

Sie war in dieser Frage hin- und hergerissen. Zum Teil fürchtete sie sich davor, Italien zu verlassen und sich noch einmal mit ihm einzulassen. Auf der anderen Seite dachte sie, dass es vielleicht sowohl ihren Kindern als auch deren Vater guttun würde, wenn sie im Cheyne Walk einzogen. Da sie und Paul beide keinen Partner hatten und sich immer noch mochten, war es durchaus sinnvoll, wenn sie zusammenwohnten.

Also flog Gail zum ersten Mal seit der Entführung für ein paar Tage nach London – doch dort fand sie alles noch viel schlimmer vor, als sie erwartet hatte. Sie kam am Wochenende an. Paul war ganz allein in seinem Haus, und da er wieder einmal kein Geld hatte, hatte sein Dealer ihm auch keine Drogen dagelassen. Er zeigte bereits akute Entzugssymptome.

An diesem Abend war er in einer so verzweifelten Lage, dass

sie sich ein Bett im Arbeitszimmer herrichtete, um in seiner Nähe zu sein. Sie blieb bei ihm, als die Schweißausbrüche und die Zuckungen anfingen. Als er ihr sagte, dass er nichts anderes wolle, als endlich von seiner Sucht loszukommen, versprach sie ihm, sie würde bleiben und ihm helfen.

Es gab eine Entzugsklinik in Elephant and Castle, einer der ärmsten Gegenden von ganz London, die jeden Dienstag eine Behandlung für Drogensüchtige anbot. Also nahm Gail ihn am folgenden Dienstag mit dorthin, und er bekam Methadon anstelle von Heroin und fing an, seinen Alkoholkonsum zu reduzieren. Erst als sie wirklich davon überzeugt war, dass es ihm mit der Behandlung ernst war, ließ sie sich darauf ein, die Kinder mit nach England zu bringen.

Es war eine ziemliche Umstellung, Italien zu verlassen, und die Kinder taten sich schwer damit. Doch Gail war inzwischen davon überzeugt, dass es so das Beste war, und die Kinder schienen sich darüber zu freuen, wieder bei ihrem Vater zu sein.

Es wurde beschlossen, dass Tara in Frankreich bei seinen Großeltern bleiben sollte, und die Mädchen wurden auf unterschiedliche Schulen geschickt – Aileen nach Hatchlands, einem Pensionat für vornehme junge Damen in der Nähe von Godalming in Surrey, und Ariadne auf ein Internat in der Nähe von Lewes.

Nachdem sie Bestürzung provozierte, indem sie – als Streich – verkündete, sie sei schwanger, beruhigte sich die dreizehnjährige Ariadne und gewöhnte sich an die Abläufe in einem englischen Mädcheninternat. Aileen dagegen fand schon das Konzept, das hinter Hatchlands steckte, sehr merkwürdig. Wie eine echte Italienerin mochte sie nicht dazu gezwungen werden, bei geöffnetem Fenster zu schlafen, und schien andauernd erkältet zu sein. Sie bekam Fechtunterricht, lernte Bridge und Etikette, was sie alles lächerlich fand. Ebenso wie die Sorgfalt, mit der man ihr beizubringen versuchte, wie man einen formvollendeten Knicks vor Mitgliedern des Königshauses macht. Sie langweilte sich und war nachtragend, deshalb hatte sie einen geheimen Vorrat an Alkohol, schwänzte, um nach London zu fahren, und dachte sich ständig schreckliche Geschichten aus, um ihre gutgläubigeren Mitschülerinnen zu schockieren.

Anstatt eine gesellschaftsfähige junge Dame aus Aileen zu machen, reichte ein Jahr in Hatchlands aus, um sie für immer in eine Rebellin zu verwandeln.

Gleichzeitig war es wesentlich schwieriger, eine Schule für Mark zu finden. Es war nicht leicht, ihn so kurzfristig in einer der größeren Privatschulen unterzubringen, deshalb führte eine Freundin von Gail ihn in die weniger regulierte Welt von Taunton School im ländlichen Somerset ein. Er fühlte sich dort wie zu Hause, war beliebt bei seinen Mitschülern, mochte das Landleben, lernte fleißig genug, um ein Stipendium für Oxford zu bekommen, und wurde ein sehr selbstbeherrschter, nachdenklicher Mensch.

In der Zwischenzeit hatte sein Bruder Paul Probleme, als verheirateter Mann von gerade einmal achtzehn Jahren seine ältere Ehefrau und zwei kleine Kinder zu unterstützen: Martines Tochter Anna und Balthazar. Craig Copetas, ein Journalist von der Zeitschrift *Rolling Stone*, der ihn in dieser Zeit häufig traf, erinnert sich noch, dass »er offensichtlich extrem stark war und körperlich kaum unter den Folgen der Entführung zu leiden hatte«.

Doch der Schein trog. Unter der Oberfläche hatten fünf Monate körperlicher und seelischer Tortur eine ohnehin schon zerbrechliche Persönlichkeit zerstört, und Gail ist überzeugt davon, dass sein Nervensystem von dem, was er erlebt hatte, schwer angegriffen war. Er fand es schwierig zu schlafen – und wenn er es tat, war er das Opfer von Albträumen und einem nie enden wollenden Gefühl der Furcht. Seine wirklichen Probleme rührten vom Brandy her, den die Entführer ihm während

seiner Gefangenschaft eingeflößt hatten. Er hatte von seinem
Vater die Suchtpersönlichkeit geerbt, und es wurde schnell klar,
dass die Entführer Paul Getty zu einem hoffnungslosen Alkoholiker gemacht hatten, indem sie ihn vom Brandy abhängig
machten.

Es war keine Überraschung, dass er Schwierigkeiten damit
hatte, sich irgendwo niederzulassen oder eine enge Beziehung
mit jemandem aufrechtzuerhalten. Martine konnte ihn häufig nicht ertragen, vor allem dann nicht mehr, als er sich den
Drogen zuwandte – legalen und illegalen –, die ihm über den
Tag hinweghelfen und ihm in der Nacht wenigstens zu ein paar
Stunden Schlaf verhelfen sollten. Wenn es ihm gelang einzu-
schlafen, wachte er häufig schreiend auf.

Martine hielt ihre kleine Familie in Los Angeles auf pragma-
tische Art und Weise zusammen. Sie gab Anna und Balthazar
ein Zuhause und Paul ebenfalls, wenn er sie brauchte. Als
Großvater Getty ihm unter der Bedingung, dass er an einer
Universität ein Studium aufnahm, ein kleines Taschengeld anbot, schrieb er sich an der Pepperdine University in Malibu ein
und entschied sich für das Studium der chinesischen Geschichte.
Doch das akademische Leben bereitete ihm genauso große
Schwierigkeiten wie das Eheleben, und er war ebenso selten in
den Hörsälen anzutreffen wie in der Wohnung seiner Familie.

Wann immer er konnte, reiste er nach England, und Gail
sagt, er habe weiterhin seinen Vater bewundert und dessen Leben romantisch verklärt. Auch wenn er ihn kaum jemals sah,
bemühte er sich noch genauso eifrig wie früher um dessen Anerkennung und hoffte darauf, sie sich zu verdienen, indem er
eine bedeutende Figur der Subkultur wurde.

Hier lag die eigentliche Wurzel seiner andauernden Besses-
senheit von den prominenten Vertretern der Beat Generation.
Copetas war in der Lage, ihn einigen der Hohepriester der Bewegung vorzustellen: William Burroughs, Allen Ginsberg und
Timothy Leary. Er erinnert sich daran, wie Paul versuchte, Bur-

roughs zu beeindrucken, indem er ihm eine der ersten Polaroid-Sofortbildkameras schenkte. »Das war zu der Zeit ein ziemlich großes Geschenk. Aber Burroughs sah nur verwirrt und verlegen aus und hatte offensichtlich nicht die leiseste Ahnung, was er damit machen sollte.«

Als Autor von *Naked Lunch* war Burroughs einer der Helden des jungen Paul, während, wie Copetas sagt, der »Name Getty das Einzige war, was an Paul für Burroughs interessant war, und die Tatsache, dass er von der Mafia entführt worden war und ein Ohr abgeschnitten bekommen hatte«.

Später im selben Jahr fand in Lagonegro der Prozess gegen sieben Männer statt, die man beschuldigte, unterschiedlich stark an der Entführung von Jean Paul Getty III. beteiligt gewesen zu sein. Es ist eine Seltenheit in Italien, dass Entführungsopfer oder ihre Familien das Risiko eingehen, zu einem Prozess zu erscheinen, an dem die Mafia beteiligt ist. Doch Gail und Paul waren entschlossen, sich ihren Peinigern entgegenzustellen.

Da er sich wegen des Risikos, das die beiden eingingen, Sorgen machte, bestand Paul junior darauf, dass sie sich von einem ehemaligen SAS-Mann beraten ließen, den er selbst während der Entführung als Sicherheitsberater engagiert hatte. Als Profi machte sich der SAS-Mann wegen eines Prozesses gegen die Mafia im Herzen eines von der Mafia kontrollierten Landes so große Sorgen, dass er vorschlug, Gail und Paul sollten jeden Morgen mit einem Helikopter von Neapel aus nach Lagonegro eingeflogen werden. Dieser Vorschlag kam Gail übertrieben vor, und sie entschieden sich, während des Prozesses in Neapel zu wohnen und jeden Tag mit dem Auto zum Gericht zu fahren.

Paul trug sein Haar inzwischen länger als je zuvor, um das Fehlen seines Ohrs zu verbergen, und viele Leute machten Bemerkungen darüber, wie gesund er aussah. Der Prozess setzte ihm und Gail jedoch mehr zu, als sie erwartet hatten – vor allem, da sie den mürrischen Gesichtern der Angeklagten gegenüberstanden, die sie aus dem eisernen Käfig heraus anstarrten, in den man sie während der Verhandlung einschloss.

Es waren gefährlich aussehende Gestalten, aber da die Entführer immer Masken getragen hatten, konnte Paul keinen von ihnen identifizieren. Genauso wenig erkannte Gail die unverwechselbare Stimme von Cinquanta wieder, wenn sie sprachen. Keiner der Anführer schien dabei zu sein, denn wie in Mafiaprozessen üblich hielten sich die Paten dort auf, wo Paten sich aufhalten, wenn es Ärger gibt. Einer der Hauptverdächtigen war eine Führungsfigur der 'Ndrangheta namens Saverio Mammoliti. Er soll die Verantwortung für die ganze Aktion getragen haben, aber die Polizei hat ihn nie verhaften können, obwohl er kurz vor dem Prozess in aller Öffentlichkeit in einer Kirche in der nahe gelegenen Stadt Gióia Táuro heiratete.

Auch das Lösegeld wurde nie gefunden, abgesehen von einer kleineren Summe, die einer der Beschuldigten bei sich hatte. Das bedeutete, dass über drei Millionen von Gettys Dollars in sorgfältig markierten italienischen Lire-Scheinen der Mafia gerade irgendwo dabei halfen, die Labore einzurichten, in denen sie Heroin und Kokain produzierte.

Die Beschuldigten, die verurteilt wurden, erhielten Haftstrafen zwischen vier und zehn Jahren in Hochsicherheitsgefängnissen. Doch Gail fand, dass keine Strafe die Grausamkeit wiedergutmachen konnte, mit der die Entführer ihren Sohn behandelt hatten. Einige Jahre später schrieb ein Mitglied der Bande, das zu der Zeit noch immer im Gefängnis saß, ihr einen Brief, in dem er um Vergebung bat, und sagte, dass es seine Chancen auf eine Entlassung verbessern würde, wenn sie ein gutes Wort für ihn einlegte. Sie antwortete ihm nicht.

Für den Großteil des Jahres 1975 schienen Gail und Paul junior im Cheyne Walk gut miteinander auszukommen, teilweise wohl deshalb, weil das Haus groß genug war, damit die beiden ihr Leben getrennt voneinander weiterführen konnten. Gail fand das Haus viel schöner, als sie es in Erinnerung hatte, jedoch ein wenig unheimlich – »ein lebendiges Grab« hat sie es später genannt.

Nein, versicherte sie einem Interviewer, sie und Paul waren nicht wieder verheiratet, und sie hatten auch nicht die Absicht, das zu tun.

Aber jetzt, wo sie zusammenlebten, stellte sie mit Schrecken fest, wie sehr er sich verändert und welchen Schaden seine Lebensweise bereits bei ihm angerichtet hatte. Dank seiner regelmäßigen Besuche dienstags in Elephant and Castle machte er jedoch echte Fortschritte. Und im Sommer genoss er tatsächlich einen zweiwöchigen Urlaub mit Mark, bei dem er ihn mit zu Freunden in Irland nahm. Es war das erste Mal, dass er seit Talithas Tod das Haus im Cheyne Walk so lange verließ.

Während dieser Zeit hatte der alternde Jean Paul Getty versucht, nicht allzu viel über die Zukunft nachzudenken. Er hatte sein Leben dem Aufbau von Getty Oil gewidmet – aber was sollte jetzt aus der Firma werden?

»Ich bin ein ganz schlechter Chef«, gab er in einem seltenen Augenblick der Aufrichtigkeit niedergeschlagen zu. »Ein guter Chef sorgt für die Entwicklung seiner Nachfolger. Es gibt niemanden, der in meine Fußstapfen tritt.«

Theoretisch war es der eigentliche Sinn und Zweck des Aufbaus eines enormen Vermögens im Sarah C. Getty Trust gewesen, diejenigen, die er immer »die Getty-Dynastie« nannte, reich zu machen. Doch in dieser Hinsicht hatte er inzwischen so seine Zweifel. Welche Hoffnung gab es schon für eine Dynastie, die von Katastrophen und Uneinigkeit zerrissen war? Penelope erzählte Ralph Hewins, der alte Mann wurde von Zeit zu Zeit von dem Gedanken verfolgt, dass »die Getty-Dynastie mit ihm enden und sein Imperium aufgeteilt werden würde, sodass es niemals wieder die gleichen Höhen erreichen« konnte«.

Manchmal ging er sogar so weit, sich selbst die Schuld für das zu geben, was passiert war. Nachdem er seine Familie dem geschäftlichen Erfolg geopfert hatte, begann er sich nun zu fragen, ob es das Opfer wert gewesen war.

Um solchen düsteren Gedanken zu entkommen, versuchte er im Sommer 1975, etwas zu sein, das er noch nie zuvor gewesen war: ein liebevoller Großvater im Zentrum einer großen, einigen Familie – »Mr. Familie selbst«, wie Gail ihn nannte. Er lud alle Enkelkinder zusammen mit deren Eltern zu verschiedenen Gelegenheiten nach Sutton Place ein.

Einmal brachten Gordon und Ann die vier Jungen Peter, Andrew, John und William mit. Ein anderes Mal kam Georges erste Ehefrau Gloria mit ihren Töchtern Anne, Claire und Caroline. Und Ronald und seine blonde Ehefrau Karin kamen mit Christopher, Stephanie, Cecile und Christina. Gail und ihre Kinder wurden regelmäßig eingeladen, das Wochenende auf Sutton Place zu verbringen.

Natürlich kamen sie, Geld heilt einiges, und Gail fand ihren ehemaligen Schwiegervater genauso charmant wie immer. Es war, als wäre die Entführung niemals geschehen, und indem sie das Thema aussparten, kamen er und sein Enkelsohn Paul nach und nach ziemlich gut miteinander aus.

Später zeigte sich der alte Mann überrascht darüber, wie viel Spaß ihm diese neue Erfahrung des familiären Miteinanders gemacht hatte, und er schrieb, dass 1975 wegen dieser Besuche »ein sehr beruhigender Sommer für Großvater J. Paul Getty« geworden sei.

Er versuchte, sich selbst etwas einzureden, an das er gern geglaubt hätte, als er hinzufügte, die Wärme der familiären Zuneigung bewies, dass »die Familie Getty trotz allem – seien es Wohlstand, Scheidung, Tragödien oder eine andere der unzähligen Krankheiten und Sorgen des Lebens – noch immer eine Familie ist und es auch bleiben wird«.

Tapfere Worte – aber sie wirken sehr gezwungen, wenn man sie mit der Wirklichkeit vergleicht. Die Wahrheit war, dass es wenig Familien gab, die mehr uneins gewesen wären als die Gettys, und dass es nicht möglich war, sie als aufstrebende amerikanische Dynastie wie die Rockefellers oder die Kennedys zu betrachten. Ironischerweise war der größte Teil der Uneinigkeit in der Familie direkt oder indirekt von Jean Paul Getty selbst hervorgerufen worden.

Sogar mit zweiundachtzig konnte er es nicht lassen, einen Sohn gegen den anderen auszuspielen. Sein augenblicklicher Liebling, sofern er denn einen hatte, war der früher verachtete und häufig übersehene Gordon. Gordon war gemeinsam mit Lansing Hays zum Treuhänder des Sarah C. Getty Trusts ernannt worden, und er und Ann waren die einzigen Mitglieder der Familie, die sein Vater nach London zur Feier seines einundachtzigsten Geburtstages einlud.

Gordons Demonstration seiner Unabhängigkeit, indem er seinen Vater in ihrer langen und hart umkämpften Schlacht wegen der Einkünfte aus dem Sarah C. Getty Trust verklagt hatte, wirkte noch immer Wunder, sowohl für seine Moral als auch hinsichtlich seines persönlichen Ansehens, und ihre Beziehung verbesserte sich nach und nach.

Nachdem er, nach Getty-Maßstäben, am Rande der Armut gelebt hatte, war Gordon inzwischen entschieden wohlhabend. Der gestiegene Gewinn von Getty Oil schlug sich in den Verdiensten aus dem Sarah C. Getty Trust nieder, Gordon und sein Bruder Paul junior erhielten in den zwölf Monaten vor dem Tod ihres Vaters jeder offenbar 4 927 514 Dollar.

Das bedeutete, dass Ann und Gordon die Freiheit hatten, so zu leben, wie sie wollten, und sie machten beinahe von Beginn an klar, dass sie dem Beispiel des pfennigfuchsenden Milliardärs, das Gordons Vater ihnen gegeben hatte, nicht folgen würden.

Ann hatte eine starke Neigung zur Großspurigkeit, der Gordon folgte, sodass das Haus, das sie sich ausgesucht hatten, eines der größten und spektakulärsten Privathäuser in San Francisco war, ein viergeschossiges Anwesen in italienischem Stil ganz oben auf der Anhöhe von Pacific Heights, das in den frühen Dreißigerjahren vom berühmten Architekten Willis Polk entworfen worden war.

Genau wie Ann und Gordon war auch das Haus mehr als überlebensgroß. Es hatte einen Innenhof mit italienischen Fresken, über ein Dutzend Schlafzimmer und einen einzigartigen Ausblick auf die Bucht von der Golden Gate Bridge bis hinüber nach Alcatraz. Es war so etwas wie ein teurer Ladenhüter, und sie bekamen es relativ billig, weil es einer Menge Geld bedurfte, es bewohnbar zu machen, ganz zu schweigen davon, dass es erst noch das Haus werden musste, das Ann sich vorgestellt hatte.

Als sie es kauften, war das eher eine Absichtserklärung. Gordon und Ann waren reich, sie waren in San Francisco oben angekommen, und sie hatten vor, ihr Leben zu genießen.

Ronalds Leben war im Sommer 1975 weiterhin deutlich weniger beneidenswert als das des geistesabwesenden Gordon. Gordons Wohlstand machte vielmehr die grobe Ungerechtigkeit noch offensichtlicher, die darin lag, dass der arme Ronald nach wie vor enterbt war. Während Gordon Millionen aus dem Sarah C. Getty Trust zuflossen, bekam Ronald gerade einmal 3 000 Dollar ausgezahlt.

Dazu kam, dass das Geschäft, auf das er so große Hoffnungen gesetzt hatte – seine großspurig benannte Getty Financial Corporation, ein Konglomerat aus Grundbesitz und Fast-Food-Restaurants –, noch immer keinen echten Profit abwarf.

Doch nach seinem Besuch auf Sutton Place mit Karin und den Kindern in diesem Sommer war Ronald zuversichtlicher, als er es seit Jahren gewesen war. Vater war milde geworden, und er hatte sich besser mit ihm verstanden als je zuvor. Er hatte ihm sogar persönlich versichert, dass für Gerechtigkeit gesorgt werden würde. Er hatte ihn außerdem zu einem Treuhänder für das Museum in Malibu gemacht und zu einem seiner Testamentsvollstrecker. All das schien nur auf eins hinzudeuten – dass Ronald nach dem Tod seines Vaters endlich den Platz einnehmen würde, der ihm schon seit jeher zugestanden hätte: gleichberechtigt neben seinen Brüdern als Begünstigter des Sarah C. Getty Trusts.

Das einzige Familienmitglied, das in diesem Sommer nicht nach Sutton Place eingeladen wurde, war der Namensvetter des alten Mannes und sein ehemaliger Lieblingssohn, Jean Paul Getty junior. Selbst in den schlimmsten Augenblicken der Entführung hatte Getty sich geweigert, mit ihm zu sprechen, und nun, da das Alter seinen Tribut forderte, stand er noch immer auf demselben Standpunkt.

Paul junior war zutiefst gekränkt deshalb und rief von Zeit zu Zeit bei Penelope Kitson an, um sie anzuflehen, sich für ihn einzusetzen. Aber er bekam stets dieselbe Antwort: »Nicht, bevor er mit den Drogen aufgehört hat.«

Doch auch wenn sein Vater ihn nicht sehen oder auch nur mit ihm sprechen wollte, gab es keine Möglichkeit, Paul junior seine Position als Hauptbegünstigter des Sarah C. Getty Trusts streitig zu machen. Als Drogensüchtiger wurde er zwar nicht als Mitglied der Familie Getty akzeptiert, aber finanziell war bereits festgelegt, dass Jean Paul Getty junior einmal ein Multimillionär sein würde.

17. KAPITEL

POSTHUME FREUDEN

Es war merkwürdig, wie wenig Trost Jean Paul Getty im hohen Alter tatsächlich aus dem enormen Vermögen zog, das er sein Leben lang angehäuft hatte. Die riesigen Geldsummen, die er der Erde entlockt hatte, hatten von Anfang an eine unwirkliche Qualität, und da er so fest entschlossen war, dieses Vermögen sowohl vor extravaganten Ausgaben als auch vor den Steuerbehörden zu schützen, war es beinahe so, als hätte er es nie vollkommen besessen.

Ebenso, wie er nie genau gewusst hatte, wie groß sein Vermögen eigentlich wirklich war, so war ihm auch nie ganz wohl bei dem Gedanken, es für etwas anderes zu verwenden als für das eine Geschäft, das ihn nach wie vor beschäftigte: noch größere Summen Geld zu verdienen.

Über die Jahre hinweg hatte das Geld verschiedene Funktionen für ihn übernommen – Geld als Macht, Geld, um mehr Geld zu verdienen, und in einem tieferen Sinne Geld, mit dem er sich vor seinen lange verstorbenen Eltern und seinem eigenen Gewissen rechtfertigte. Doch es gab nie größere Summen Bargeld, die man einfach zu seinem Vergnügen hätte ausgeben können, wie es jeder normale Mensch getan hätte. Deshalb kam es ihm so vor, als hätte sein Geld ihn betrogen, und da er das Vermögen nach seinem eigenen Bild erschaffen hatte, bedeutete das gleichzeitig, dass er sich selbst betrogen hatte.

Er konnte seine eigene Persönlichkeit nicht ändern, genauso wenig, wie er sein Gesicht verändern konnte, und hier war er nun, gefangen in der Persönlichkeit, die er so sorgfältig aufgebaut hatte, um sein Vermögen aufzubauen. In der Vergangenheit hatte er sich zu einem völlig isolierten Menschen gemacht, um die Geheimhaltung zu wahren und seine Kraft nicht aufs Spiel zu setzen – doch jetzt bedeutete seine Isolation hauptsächlich Einsamkeit. Sein Gesicht, das er so sorgfältig darauf getrimmt hatte, seine Gefühle nicht zu verraten, war zu einer Maske geworden, die überhaupt nichts mehr erkennen ließ – nicht einmal die Angst vor der eigenen Sterblichkeit, die ihn nie verlassen hatte. Er hatte sich selbst unempfänglich für Liebe und Mitgefühl gemacht – und jetzt, im Alter von dreiundachtzig Jahren, war er nicht dazu in der Lage, für irgendjemanden Liebe zu empfinden. Wie manche Menschen farbenblind sind, war er menschenblind, weil er sich jahrelang abtrainiert hatte, sich von gewöhnlichen Gefühlen ablenken zu lassen.

Das Ergebnis war deutlich geworden, als sein Enkelsohn entführt worden war und der emotionale »Rollladen« sich gesenkt hatte. Es wurde ebenfalls darin deutlich, dass er sich weigerte, das Telefon abzunehmen und seinem drogensüchtigen Sohn Paul junior zu sagen, er solle ihn besuchen kommen. Vor allem zeigte es sich wahrscheinlich darin, dass ihm nicht bewusst war, wie unrecht er seinem Sohn Ronald getan hatte.

Da das Alter ihres Besitzers die Anziehungskraft einer riesengroßen Geldmenge in keiner Weise vermindert, zog Getty weiterhin Frauen an. Wenn sie über achtzig sind, sind die meisten Männer bereit, in dieser Hinsicht ein wenig Ruhe und Würde walten zu lassen. Doch Gelegenheit und Gewohnheit führten dazu, dass er einfach so weitermachte wie bisher, nur dass er inzwischen Spritzen von seinen Ärzten brauchte, wenn er eine Erektion bekommen wollte. In seinen Achtzigern gab es immer noch Frauen, die beteuerten, wie sehr sie sich danach sehnten, ihn zu heiraten.

Einige von diesen Frauen waren aus seinem Leben verschwunden, wie etwa Mary Teissier, die sich mehr oder weniger dem Alkohol und ihrer Enttäuschung ergab und sich in das Haus in Südfrankreich zurückzog, das er für sie gekauft hatte. Aber es traten auch ständig neue Bewunderinnen auf den Plan, sogar solche aus dem Hochadel wie die Schwester des Herzogs von Rutland, Lady Ursula d'Abo, die im *National Enquirer* beteuerte, wie sehr sie Getty liebte – woraufhin die temperamentvolle Nicaraguanerin Rosabella Burch in einem Artikel im *Sunday Express* als Antwort verkündete, dass sie vorhatte, ihn zu heiraten: »Er ist so ein lieber Mann und so unterhaltsam.«

Doch es war eine weitere alte Gewohnheit von Getty, seine Frauen gegeneinander auszuspielen und ihnen dabei zuzusehen, wie sie sich um seine uralte Gunst stritten. Er saß abends vor dem Fernseher in seine eigenen Gedanken versunken und ignorierte sie geflissentlich; dann, wenn er genug gesehen hatte, erhob er sich schwankend und suchte sich in aller Ruhe seine Gesellschaft für die Nacht aus.

Abgesehen von seiner Lüsternheit konnte er auch mit einer anderen alten Gewohnheit nicht so leicht brechen, es wurde mit dem Alter sogar noch schlimmer – vorwegnehmende Gemeinheit. Eins der wenigen Dinge, die ihn wirklich interessierten, war sein Testament. Selbst an der Schwelle zur Ewigkeit hatte er noch seinen Spaß daran, knausrige, spezielle Bestimmungen zu treffen, als letztes Mittel, um den Frauen eins auszuwischen, die er früher einmal gemocht hatte – sogar seinen Exfrauen Teddy und Fini, deren Unterhalt er beschnitt, ebenso wie die seiner ehemaligen »Tochter ehrenhalber«, Robina Lund, die es irgendwie fertiggebracht hatte, ihn zu verärgern. (Auf der anderen Seite gab es eine Reihe von früheren Geliebten, an die er sich jetzt wieder erinnerte.)

Doch sein größtes Problem war das, welches ihn beinahe sein ganzes Leben lang begleitet hatte: die Tatsache, dass ein

Teil von ihm nie wirklich erwachsen geworden war. Selbst als der Tod immer näher kam, war das Finanzgenie so eng mit dem emotionalen Halbwüchsigen verknüpft wie eh und je.

Es war scheinbar gerade seine kindliche Seite, die die Frauen ansprach, die sich tatsächlich Sorgen um ihn machten. Wie zum Beispiel seine Sekretärin Barbara Wallace, die die ganze Nacht wach blieb und seine Hand hielt, weil er sich vor dem Tod fürchtete. Oder Jeannette Constable-Maxwell, die seine Freundin war, seitdem er die aus den Fugen geratene Volljährigkeitsparty für sie gegeben hatte. Oder seine »liebste Pen« (wie er Penelope Kitson nannte), die zu klug gewesen war, um ihn zu heiraten, und die nicht zuließ, dass sein Geld ihr Handeln oder ihre Gefühle bestimmte.

Es ist leicht einzusehen, wieso er sich im Frühling 1976, als er wusste, dass er inoperablen Prostatakrebs hatte, weigerte, die Frauen zu sehen, für die er keine Verwendung mehr hatte, und nach wie vor Penelope an seiner Seite haben wollte, damit sie ihm jene unvergessenen Abenteuergeschichten von G. A. Henty vorlas. Es war beruhigend, dass diese Ehrfurcht gebietende Frau ihn wie ein Kind behandelte und ihm Kindergeschichten vorlas – dennoch ist es ausgesprochen erbärmlich, wenn man sich den reichsten Mann von ganz Amerika vorstellt, wie er mit seinem traurigen alten Gesicht und seiner zusammengesunkenen Figur mit einem Schal um die Schultern in einem Ohrensessel sitzt und davon träumt, mit Drake den Westen zu erobern oder mit Clive Indien zu entdecken, während er sich gleichzeitig Gedanken über die Wiedergeburt macht und sich vor dem Tod fürchtet.

Bis zu seinem Tod im Juni 1976 hatte Getty das Versprechen an seine Mutter mehr als gehalten, als sie zweiundvierzig Jahre zuvor gemeinsam den Sarah C. Getty Trust gegründet hatten. Er hatte mit absoluter Sicherheit dafür gesorgt, dass es seinen Kindern und den Kindern seiner Kinder als den letztendlichen Erben von beinahe zwei Milliarden Dollar aus dem Sarah C. Getty Trust zumindest finanziell an nichts fehlte.

Im ersten Jahr nach seinem Tod stieß der Trust etwas weniger als vier Millionen Dollar für Paul sowie für Gordon aus, und zwischen Georges Töchtern Anne, Claire und Caroline wurde außerdem noch einmal dieselbe Summe aufgeteilt. Da diese fünf Begünstigten des Trusts dessen gesamte Einkünfte erhielten, steigerten sich die Zahlungen, die sie bekamen, stetig weiter, im selben Maße, wie Getty Oil die Bardividenden erhöhte. Diese Dividenden stiegen von einem Dollar pro Aktie 1978 bis 1980 auf 1,90 Dollar pro Aktie und hatten 1982 eine Rekordhöhe von 2,60 Dollar erreicht. In den frühen Achtzigerjahren erhielten Paul und Gordon jeder achtundzwanzig Millionen Dollar pro Jahr aus dem Trust, während Georges Töchter gemeinsam noch einmal dieselbe Summe bekamen.

Doch vom Geld abgesehen hinterließ J. Paul Getty den Mitgliedern seiner Familie bemerkenswert wenig – vor allem nichts von dem, was man vom Gründer einer »Dynastie« als Vermächtnis erwartet hätte: keinen Grundbesitz, keine wertvollen Erinnerungsstücke, nicht einmal einen zentralen Anlaufpunkt für die Familie. Vom Geld abgesehen, das ja seiner Natur nach anonym ist, gab es nicht viel, das die Mitglieder seiner Familie überhaupt an ihn hätte erinnern können.

Sutton Place, das Haus, das er geliebt hatte, wurde verkauft, und seine Gemälde und Möbel wurden nach Malibu ins Museum gebracht, als würde er seinen Nachfahren in Bezug auf sein Andenken nicht vertrauen, somit machte er das Museum zum endgültigen Archiv seines Ruhms und zu seiner einzigen Erinnerungsstätte.

Was er seiner Familie hinterlassen hatte, war etwas anderes – zu viel Geld, ein Gewirr an Schwierigkeiten und eine Hinterlassenschaft an gescheiterten Existenzen.

Man sieht daran, wie wichtig der Gedanke an das Museum in den Monaten vor seinem Tod für ihn gewesen sein muss. Es war nicht relevant, dass er es nie selbst zu Gesicht bekommen hatte – genauso wenig, wie es nicht erforderlich gewesen war, dass er selbst die Neutrale Zone besuchte, zumindest nicht bis lange nach dem Zeitpunkt, an dem er von seinem Pariser Hotelzimmer aus eins der produktivsten Ölfelder der ganzen Welt erschlossen hatte.

Er war ein Meister der Kontrolle aus der Ferne, der sein Geld und sein Wissen nutzte, um weit weg erstaunliche Dinge geschehen zu lassen, während er sie nur in seiner Vorstellungskraft sah. Es war ein sehr ungewöhnliches Talent, und Jahre vor seinem Tod hatte er es in aller Stille dafür eingesetzt, sich 9600 Kilometer weit weg in Malibu sein eigenes Museum der Imagination zu bauen.

Es war wahrscheinlich klug von ihm, es nie zu besuchen. Die Wirklichkeit hätte ihn vielleicht enttäuscht – und es war ja immer noch genug Zeit für einen Besuch, wenn er wiedergeboren worden war.

Stattdessen widmete er sich in seinem Zimmer auf Sutton Place methodisch den Aufgaben, die ihm Spaß machten: die Berichte der Architekten lesen, die Kosten überwachen und den Baufortschritt bis ins kleinste Detail verfolgen. (Stephen Garrett zufolge war es einer der aufregendsten Momente für den alten Mann, als er sich eine Videoaufnahme ansah, die man ihm geschickt hatte und auf der zu sehen war, wie der Beton für das Fundament gegossen wurde.) Dann, als seine Villa im römischen Stil fertig war, war es an der Zeit, sie mit seinen Schätzen zu füllen.

In den Monaten vor seinem Tod bestand eines seiner wenigen verbliebenen Vergnügen darin, die Bestände mit Gillian Wilson zu besprechen. Sie war nicht nur die offizielle Kuratorin für ornamentale Kunst des Museums, sondern auch jung, intelligent und hübsch. Bei ihrem letzten Zusammentreffen hatte er die

Augen geschlossen und sagte: »Ich betrete jetzt die Ausstellung für ornamentale Kunst. Erzählen Sie mir, was ich sehe.«

Sie sagt, dass sie etwa eine halbe Stunde lang die Ausstellung so »bildlich wie möglich« beschrieben hat – anschließend öffnete er die Augen, lächelte sie an und sagte: »Also gut, eine ganz schöne Bandbreite, was?«

Inzwischen hatte er die ursprüngliche Reaktion der Presse auf sein Museum längst wieder vergessen. Die Besucherzahlen bewiesen schon jetzt seine Beliebtheit. Im Jahr vor seinem Tod kamen über 350 000 Besucher – was ihn, wie er unbedingt ausrechnen musste, pro Kopf 3,50 Dollar gekostet hatte. Aber dies war die einzige Ausgabe, die ihm nicht schwergefallen war – denn es war gut zu wissen, dass die Menschen bereits jetzt zu schätzen wussten, was er geschaffen hatte.

Vor dem Krieg hatte er in Rom eine Marmorbüste von sich anfertigen lassen und darum gebeten, dass sie in der Vorhalle des Museums aufgestellt wurde.

»Der ideale Besucher des Museums«, hatte er einmal festgestellt, »soll glauben, dass er zweitausend Jahre in die Vergangenheit versetzt worden ist und römische Freunde besucht, die in der Villa wohnen«.

Wenn sie das taten, sahen sie dort die Marmorbüste eines Mannes im mittleren Alter, der einem römischen Kaiser, der in der Vorhalle wartete, um sie zu begrüßen, durchaus ähnlich sah.

Nach dem Tod seines Vaters wurde Gordon, der zusammen mit Lansing Hays Treuhänder des Sarah C. Getty Trusts war, zum reichsten – und, zumindest potenziell, auch zum wichtigsten – Mitglied der Familie. Zusätzlich zum Einkommen von 3,4 Millionen Dollar, das er 1977 aus dem Trust erhielt, bekam er eine Million Dollar Vergütung als Treuhänder und vier Millionen als Testamentsvollstrecker seines Vaters.

Doch obwohl Ann und Gordon vorhatten, ihren Wohlstand

zu genießen, wirkte Gordon gänzlich unbeeindruckt von der Macht und der Verantwortung, die damit einhergingen. Er war von Natur aus zaghaft und hatte dem anwaltlichen Selbstvertrauen von Hays nicht viel entgegenzusetzen – der betrachtete sich selbst als den Thronfolger von Gettys Imperium, nachdem der Kaiser gestorben war, und brachte dem Vorstand von Getty Oil wenig Respekt entgegen – ebenso wenig wie Gordon. Der Vorstand von Getty Oil wehrte sich von Zeit zu Zeit gegen diese Behandlung, Gordon jedoch nicht. Da es Getty Oil zu dieser Zeit relativ gut ging und die Firma ihrem Hauptaktionär, dem Sarah C. Getty Trust, stetig steigende Dividenden auszahlte, hatte Gordon wichtigere Dinge, über die er nachdenken musste.

Gordon war ganz und gar kein bösartiger Mensch, er redete nie schlecht über irgendjemanden – nicht einmal über seinen Vater, auf den er einen freundlichen, wenn auch rätselhaften Nachruf veröffentlicht hat:

Mein Vater war ein unergründlicher Mensch, Ehrfurcht gebietend und entwaffnend, ein Philosoph und ein Clown. Er war undurchschaubar, ein Schausteller, König der Spieler. Er war charismatisch, sogar hypnotisierend. Viele seiner ehemaligen Angestellten, unterbezahlt oder nicht, hätten ihr Blut für ihn vergossen. Er war trotz all seiner Trauer unbeirrbar und zuletzt fröhlich bis zu dem Tag, an dem er gestorben ist. Ich glaube, er wollte uns allen etwas über Mut beibringen.

Vielleicht wollte er das – auch wenn es schwer ist, sich vorzustellen, was genau. Eindeutig ist jedoch, dass Gordon nicht die Absicht hatte, in Dingen wie persönliche Sparsamkeit und Selbstverleugnung dem Beispiel seines Vaters zu folgen. Er achtete kaum auf das Geld; das hielt ihn und Ann aber nicht davon ab, es zu genießen.

Im Gegensatz zu seinem kultivierteren Bruder Paul waren er und Ann keine reichen Weltbürger, und ihre gesellschaftlichen Ziele beschränkten sich im Wesentlichen auf San Francisco, wo Ann dabei war, die Erinnerung an Sacramento Valley auszulöschen und die unbestrittene Königin von Pacific Heights zu werden.

Deshalb wurden Stil und Lebensqualität nach Jean Paul Gettys Tod im Broadway 350 immer wichtiger. Sie ließen den Innenhof verglasen, sodass das Haus perfekt für große Feste und Empfänge geeignet war. Gettys Butler, der mürrische Bullimore, wurde zusammen mit sechs anderen Hausangestellten von Sutton Place übernommen. Sie ließen eine ausgezeichnete Küche einbauen mit Gemälden von einem Bauernhof, die amüsante optische Täuschungen waren, und sie engagierten die beeindruckendste Innenarchitektin von ganz Amerika, Sister Parish, um die Einrichtung des Anwesens zu überwachen. Ihr ist es zu verdanken, dass das Esszimmer der Stolz des ganzen Hauses wurde. Darin durfte es kein elektrisches Licht geben, und die Gettys aßen mit ihren Gästen ausschließlich im Licht von Kerzen in reich verzierten Kandelabern (obwohl Bullimore sich darüber beschwerte, dass anschließend das Kerzenwachs entfernt werden musste). Der Raum hatte sehr schöne, antike chinesische Tapeten in Blau und Gold, und über der Bucht war das Schimmern der Lichter von Oakland zu sehen. Gäste berichteten von einem Filet Mignon, das so zart gewesen sei, dass man es mit der Gabel zerteilen konnte, von meisterhaft leichten Soufflés und unvergesslichen Weinen aus Frankreich und Kalifornien, auch wenn ihnen auffiel, dass Gordon in der Regel Wasser trank.

Auf einer einfacheren Ebene, der des Familienvaters, gab Gordon sich Mühe, seinen Kindern die Unsicherheiten zu ersparen, mit denen er aufgewachsen war. Er und Ann lasen die Erziehungsratgeber von Dr. Spock und waren entspannte, wenig fordernde Eltern. »Wir halten als Familie zusammen, aber gemeinsame Mahlzeiten sind bei uns keine große Sache. Irgendwie essen alle, wenn sie Hunger haben«, sagte Gordon. Das galt auch für ihn – denn er neigte dazu, den ganzen Tag lang in seinem schalldichten Arbeitszimmer zu verschwinden und erst wieder aufzutauchen, wenn es Zeit war, ins Bett zu gehen.

Da er sich nicht länger vor seinem Vater beweisen musste, konnte er endlich seine Freiheit genießen und mehr oder weniger tun und lassen, was er wollte. Doch was wollte Gordon? Das war nicht wirklich klar, nicht einmal ihm selbst. Später beschrieb er diese Jahre als eine Zeit, in der er »einfach herumgezappelt« habe. Nach nur wenig Unterricht versuchte er sich bereits an Kompositionen, aber er war nicht dazu in der Lage, etwas zu Ende zu bringen, mit dem er zufrieden war. Er sang Schubert-Lieder – *Winterreise*, die er mit geschlossenen Augen anstimmte –, seine Stimme war zwar kräftig, dennoch lag er ein entscheidendes bisschen neben dem richtigen Ton.

Seiner Frau Ann zufolge »ist es Gordons Lieblingsbeschäftigung, CDs bei Tower Records zu kaufen. Er unterhält den Laden quasi ganz allein.« Doch von Schallplatten abgesehen gab er wenig Geld für sich selbst aus. Er hatte kaum Sinn für Kleidung. Er machte sich ebenfalls nichts daraus, sich zu schmücken. Er trug eine Digitaluhr von Casio für vierzig Dollar, und er zog sein Dodge-Cabriolet einem Rolls-Royce oder Bentley vor.

Ann hatte in der Zwischenzeit damit begonnen, Gemälde von französischen Impressionisten zu kaufen, doch sie hatte weder das Temperament noch die Neigung zum ernsthaften Sammeln. Es gab regelmäßige Spenden an die Oper und die Philharmoniker von San Francisco, wohltätige Zwecke verfolgten sie »eher mechanisch«, wie Ann sich ausdrückt, anhand einer jährlichen Liste, die Gordons Sekretärin für sie zusammenstellte.

Als Paar waren sie großzügig, jedoch nicht zu sehr, denn sie wollten es vermeiden, in den Ruf zu kommen, verschwenderisch zu sein, und es scheint so, als wären ihnen Menschen

weniger wichtig gewesen als Tiere, Urgeschichte und Umweltschutz – vor allem »den Schutz der Ressourcen der Welt, ehe
es zu spät ist«, wie Gordon es formuliert hat, als er den J. Paul
Getty Wildlife Conservation Prize zu Ehren seines Vaters ins
Leben rief, aber es ist nicht ganz klar, welche Verbindung er
zwischen seinem Vater und dem Umweltschutz gesehen hat,
abgesehen von großen Geldsummen.

Gordon wählte die Republikaner, Ann die Demokraten, »sodass unsere Stimmen sich gegenseitig aufheben«, wie Gordon
sagt; und sie waren ebenso unbefangen, wenn es darum ging,
das Haus für eine gute Sache zur Verfügung zu stellen, wenn sie
davon überzeugt waren.

Zu diesem Zeitpunkt in ihrer Ehe scheint es Ann gewesen
zu sein, die die Führung übernahm. Es war Ann, die sich einen Porsche kaufte, Ann, die sich in Paris einkleidete. Während
Ann sich zur glamourösesten Frau und häufigem Gesprächs-
thema von ganz San Francisco entwickelte, wirkte Gordon
noch immer wie ein verwirrter Musikprofessor, der plötzlich
herausgefunden hat, dass er Multimillionär ist – ein Multimillionär, der manchmal versehentlich vergaß, wo er sein Auto abgestellt hatte, aber der, wenn er es denn wiedergefunden hatte,
stets darauf bestand, seine Freunde nach dem Abendessen nach
Hause zu fahren.

In dieser Zeit schien es so, als könnte sein »Herumgezap-
pel« ewig so weitergehen, er kümmerte sich hingebungsvoll
um seine Kinder, quälte seine leidgeprüften Freunde mit Schubert und scherte sich überhaupt nicht darum, was in der weit
entfernten Welt von Getty Oil und dem Sarah C. Getty Trust
geschah. Manchmal wirkte es so, als lade er die Menschen geradezu dazu ein, ihn nicht ernst zu nehmen. Wenige taten es.

Man wird nie mit Sicherheit erfahren, warum der alte Mann die
Gelegenheit nicht genutzt hat, mit seinem Testament das Unrecht wiedergutzumachen, das er seinem ältesten Sohn Ronald

angetan hatte. Es scheint unvorstellbar, dass der uralte Groll gegen dessen Großvater Dr. Helmle ihm immer noch zu schaffen machte. Angesichts der irgendwie holprigen Geschichte ihrer Beziehung fühlte er sich vielleicht einfach nicht dazu berufen, Ronald irgendeinen Gefallen zu tun. Am wahrscheinlichsten ist aber, dass er Angst hatte, an den Statuten des Sarah C. Getty Trusts irgendetwas zu verändern, sodass er womöglich seinem beständigen Feind einen Zugang verschafft hätte – der Steuerbehörde.

Stattdessen bot er Ronald gewisse Trostpreise an, die alles nur schlimmer machten anstatt besser. Er hinterließ ihm mit Paul und Gordon zusammen den größten Anteil von La Posta Vecchia – den keiner von den dreien wollte. Unter diesen Umständen hatte Ronald für die Tagebücher seines Vaters sogar noch weniger Verwendung, die der aus irgendeinem außergewöhnlichen Grund ihm hinterlassen hatte. (Für die Testamentseröffnung wurden sie mit einem symbolischen Wert von einem Dollar angegeben.) Abgesehen von einer Hinterlassenschaft von 320 000 Dollar war der einzige wirkliche Vorteil, den Ronald vom Tod seines Vaters hatte, die Vergütung für seine Dienste als Testamentsvollstrecker in Höhe von vier Millionen Dollar, eine Rolle, die er sich mit seinem Bruder Gordon teilte.

Nach so vielen Versprechungen war er verbittert und erniedrigt worden, deshalb ging er vor Gericht – gegen das J. Paul Getty Museum und den Sarah C. Getty Trust. Aus Furcht, der Prozess könnte die Vollstreckung des Testaments verzögern und damit den Status der Steuerfreiheit für das große Erbe aufheben, einigte sich das Museum mit Ronald in einem außergerichtlichen Vergleich über eine Zahlung von zehn Millionen Dollar. Im Prozess gegen den Trust jedoch hatte er keine Chance, auch wenn er sagt, dass Paul und Gordon dazu bereit gewesen seien, ihn in den Trust aufzunehmen, bis ihre Anwälte ihnen davon abgeraten hatten.

Damit gärte die Ungerechtigkeit, die man Ronald angetan hatte, weiter, sodass er sich von seinem Vater gleich doppelt betrogen fühlte – einmal im Alter von sechs Jahren, als der Trust gegründet wurde, und jetzt mit dessen Testament, das diese Ungerechtigkeit fortsetzte und ihn und seine Brüder zu Gegnern machte.

Ronald war natürlich trotzdem ein Multimillionär, und wenn er es vernünftig angelegt hätte, hätte das Geld ihm ein Einkommen verschafft, mit dem er bequem bis an sein Lebensende auskommen könnte. Aber Ronald wollte mehr als ein bequemes Leben. Er wollte sich gegen seinen Vater und seine Brüder durchsetzen und sich vor seinen Kindern beweisen. Also investierte er das Geld in risikoreiche Geschäfte, setzte alles aufs Spiel, um ganz allein ein weiteres Vermögen unter dem Namen Getty aufzubauen.

Von Ann und Gordon abgesehen waren Georges Kinder die glücklichsten Mitglieder der Familie: Anne, Claire und Caroline. Seit Georges Tod hatte ihre Mutter Gloria sie sorgfältig vor weiteren Skandalen und dem Eindringen der Presse beschützt; und dem Beispiel ihres Vaters folgend, hielten sie sich mehr oder weniger von den anderen Familienmitgliedern fern. Jede der drei bekam ein Drittel des Einkommens, das ihr Vater aus dem Sarah C. Getty Trust zugestanden hätte. In den zwölf Monaten nach dem Tod ihres Großvaters waren das annähernd zwei Millionen Dollar für jede von ihnen.

Obwohl das bedeutete, dass sie reiche Erbinnen waren, fürchteten sie sich noch immer vor der Welt außerhalb ihres behüteten Kreises. Es war, als hätten alle drei aus dem Fall ihres Vaters einige wichtige Lektionen gelernt und als hätten sie vor, die Versuchungen und Katastrophen der Superreichen zu vermeiden. Sie verehrten das Geld ihres Großvaters. Ihre Mutter hatte nach wie vor großen Einfluss auf sie, und trotz all ihres Geldes führten sie weiterhin ein unspektakuläres, sehr privates Leben.

Die Verwerfungslinie in der Familie Getty schien auch zwischen Paul junior und seinen Kindern zu verlaufen; und zu der Zeit, als sein Vater starb, war klar, dass Pauls Versuch, sie zu reparieren, indem er Gail und die Kinder zu sich nach Hause in den Cheyne Walk holte, fehlgeschlagen war.

Während der Ehe von Pauls früherer Geliebter Victoria Holdsworth mit Oliver Musker sorgte ihre Mutter Mary Holdsworth dafür, dass sie über die Vorkommnisse im Cheyne Walk immer auf dem Laufenden war. Mary machte sich Sorgen um Paul, deshalb brachte sie ihm jeden Mittwochabend sein Abendessen in einem Korb. So hatte sie außerdem die Gelegenheit, darüber im Bilde zu bleiben, was passierte.

Es ist nicht leicht, den genauen Ablauf der Ereignisse im Frühling vor Paul Gettys Tod nachzuvollziehen. Zwischen Paul junior und Gail und den Kindern gab es Spannungen, denn es war für Paul nicht so einfach, seine Sucht in den Griff zu bekommen und die Behandlung in der Klinik fortzusetzen. Zur selben Zeit gab es Spannungen in Victorias Ehe, die etwa zwei Jahre später geschieden wurde – und als Victoria beschloss, wieder im Cheyne Walk einzuziehen, zog Gail sofort um in ein Haus auf der anderen Seite des Flusses.

Gail kam weiterhin regelmäßig zu Besuch in den Cheyne Walk, um sich um ihre Familie zu kümmern, aber es bedrückte sie, dass Paul in ihrer Abwesenheit seine Therapie ganz aufgab und schon bald genauso süchtig war wie zuvor.

Dies war der Zeitpunkt, da Gail den Schluss zog, dass der Fall aussichtslos war. Es gab wütende Auseinandersetzungen, und sie hatte das Gefühl, dass sie nichts mehr für ihn tun konnte. Die Kinder waren unglücklich darüber, und nach einer letzten verzweifelten Szene zwischen Paul und ihr entschied Gail, dass es keinen Sinn hatte, wenn sie blieben.

Alles, was sie wollte, war, sich und ihre Kinder möglichst weit vom Unglück im Cheyne Walk wegzubringen. Das bedeutete für sie, dass sie nach Kalifornien zurückkehrte – zunächst nach San Francisco, wo sie bei Freunden wohnten, dann ging es weiter nach Los Angeles, wo sie schließlich ein Haus für sich fanden.

Es war die entschiedenste Geste, die in dieser Situation denkbar war, und sie kam einem vollständigen Bruch mit Europa und ihrer Vergangenheit gleich. Manchmal träumte Gail von Italien, das ihr als unüberwindlich weit weg von Kalifornien vorkam.

Nachdem sein Vater gestorben war, erschien ein gequälter Paul junior zu dessen Trauerfeier – graugesichtig. Er trug eine Sonnenbrille und hatte solche Schwierigkeiten beim Gehen, dass ihn Bianca Jagger, die ihn begleitete, stützen musste. Es war für viele Jahre das letzte Mal, dass er in der Öffentlichkeit fotografiert wurde. Er vermisste seine Kinder, bereute es bitter, dass er seinen Vater nicht noch einmal gesehen hatte, bevor er starb, und seine Gesundheit war von den Drogen und vom Alkohol geschädigt, die seinen Kreislauf immer mehr beeinträchtigten.

Angesichts der Tatsache, dass er plötzlich einer der Hauptbegünstigten eines der umfangreichsten Vermögen in ganz Amerika war, hätte er kaum erbärmlicher wirken können.

Das größte Opfer in seiner Familie war und blieb jedoch sein Sohn, der junge Paul. Er war inzwischen ein hoffnungsloser Alkoholiker, und in finanziellen Dingen herrschte bei ihm ein solches Chaos, dass sein Großvater Richter Harris in Los Angeles ein Verfahren anstrengte, das ihn zu seinem Vormund machen sollte, da sein Vater nicht in der Lage war, persönlich die Kontrolle zu übernehmen. Die Gründe, die er dem Gericht dafür nannte, waren, dass Paul »finanziell unbedacht« und »unfähig, seine eigenen wirtschaftlichen Angelegenheiten zu regeln«, sei.

Die Ehe mit Martine war inzwischen im Grunde genommen zusammengebrochen. Paul stellte ungedeckte Schecks aus, hatte das College aufgegeben, trank mehr als je zuvor und trieb sich mit zwielichtigen Gestalten herum. Er kaufte Autos auf den Namen Getty und ließ sie anderen Familienmitgliedern in Rechnung stellen.

In ihrer Verzweiflung lud Gail seinen alten Freund, den Journalisten Craig Copetas, nach Los Angeles ein, damit er ein ernstes Wort mit ihm redete. »Was zeigt«, wie Copetas sagt, »wie verzweifelt sie inzwischen war«.

Copetas beschreibt das Ende seiner Freundschaft mit dem jungen Paul: »Ich habe ein paar Tage bei ihm in seiner Mietwohnung in der Nähe vom Sunset Strip gewohnt. Er trank ziemlich viel, doch er sagte, er sei nicht glücklich und sehne sich danach, sein Leben irgendwie in Ordnung zu bringen. Aber das ginge eben nicht.

Die Verhandlung des Antrags seines Großvaters vor dem kalifornischen Obersten Gerichtshof war fällig, während ich dort war, und am Morgen der Anhörung habe ich ihn und Martine in einem alten roten Chevrolet, den ich gekauft hatte, zum Gericht gefahren. Er kam mir ziemlich ruhig und vernünftig vor, deshalb habe ich zu ihm gesagt: Paul, das ist deine Chance, zu beweisen, dass sich deine Einstellung wirklich geändert hat. Alle sind sauer auf dich, und vor dem Gericht warten bestimmt schon ganze Scharen von Reportern. Zeig dich in einem anderen Licht. Sei einfach dieses eine Mal vernünftig.

Da ist er plötzlich explodiert und hat Martine angegriffen. Unter der Oberfläche köchelte immer sein schreckliches Temperament. Ich glaube, dass ich in diesem Augenblick eingesehen habe, dass Paul Getty ein hoffnungsloser Fall war. Ich habe das Auto angehalten und ihn zusammengestaucht. Er hat sich dann beruhigt, und ich habe ihn zum Gericht gebracht, aber er machte wieder eine Szene, und das war es für ihn. Ein paar Tage später habe ich Kalifornien verlassen, und ich habe Paul danach nie wiedergesehen.«

3. TEIL

18. KAPITEL

DROGEN UND KOMA

Nachdem sein Vater gestorben war, schien es so, als hätte sich Paul junior selbst zu einem lebendigen Tod in seinem schönen, aber unglücklichen Haus verdammt, und die Jahre vergingen, während er auf diese Weise die Strafe für Talithas Schicksal absaß. Seine Trauer allein reichte jedoch nicht aus, um seine Lage zu erklären, die ebenso auf Alkohol, Drogen und Geld zurückzuführen war. Der Alkohol und die Drogen dienten ihm dazu, sich vom Leben abzuschirmen, und der mühelose Zugang zu Geld erlaubte ihm, weiterhin so zu leben, wie er wollte.

Die Anziehungskraft von Heroin beruht darauf, dass man menschliches Elend mit seiner Hilfe zeitweise ausblenden kann. Für etwa eine Stunde nach einem Schuss verschafft es einem weitgehend Erlösung von Gefühlen der Wertlosigkeit, der Schuld und allen Ängsten. Die Wirklichkeit löst sich auf, und an ihre Stelle tritt ein Empfinden unbeschreiblicher Ruhe. Dieses Gefühl hält jedoch nicht an, und auf längere Sicht gesehen verschlimmert Heroin sogar die negativen Empfindungen, sodass man mehr Ängste hat, sein Selbstvertrauen verliert, von Depressionen erstickt wird und sich vollkommen isoliert von der Welt fühlt. Wenn die Realität zurückkehrt, kann allein der Gedanke an Menschen, die man liebt, schon Schuldgefühle auslösen. Das erklärt vielleicht zum Teil, wieso Paul die Mitglieder seiner Familie so selten sah und es kein Anzeichen dafür gab, dass er sie vermisst hätte. Eingeschlossen in seinem Haus voller Erinnerungen, gab es Zeiten, in denen er tödlich misstrauisch wurde. Seine Zurückgezogenheit verstärkte sich noch, je größer seine Ängste und sein Misstrauen der Außenwelt gegenüber wurden.

Er hatte Bücher als Gesellschaft, und Bücher besitzen eine ganz eigene Magie, vor allem Bücher, die so selten und so wertvoll sind, wie die, die er sammelte – feine Einbände aus der Geschichte der Buchbinderei, illustrierte Handschriften aus dem Mittelalter bis in die heutige Zeit und kostbar gedruckte Bücher von Privatverlagen. Dies waren keine Bücher zum Lesen, sondern eher Talismane in Form von Büchern, Bücher, die Geschichte gemacht hatten, Bücher als individuelle Kunstwerke.

Seine Bücher waren einer der wenigen Auswege, die er hatte, denn sie gehörten der Vergangenheit an, und die Vergangenheit ist sicherer als die Gegenwart. Er konnte die Segnung der bedruckten Seite genießen, den Geruch des Leders und das sinnliche Gefühl bei der Berührung des Papiers. Bücher waren sein Trost geworden, die Geliebte, mit der er nicht mehr das Bett teilte, die Familie, die er nie sah. Er wurde immer belesener, und da er klug war und methodisch vorging, studierte er auch die Buchwissenschaft, er lernte alles über die verschiedenen Arten der Bindung und des Drucks und die esoterische Lehre von seltenen Ausgaben. Auf diese gelehrte Art und Weise wurde er in einem Bereich unverwundbar, der über Drogen und Geld hinausging.

Es war eine erstaunliche Leistung für jemanden in seinem Zustand, ein Beweis dafür, dass sein Geist so klar wie immer war, als er begann, seine Bibliothek aufzubauen. Es sollte die einzige Schöpfung werden, auf die er stolz war, und am glücklichsten war er in Rossettis altem Atelier, das er sich als Arbeitszimmer eingerichtet hatte: mit zugezogenen Vorhängen gegen das Tageslicht und umgeben von seinen Büchern. Er war inzwischen Mitte vierzig, sah aber älter aus – bärtig, mit Brille, einem runden Bauch, der dem Alkohol und den Schokoladenkeksen geschuldet war, sodass er hin und wieder seinem bärtigen, lange verstorbenen Helden ähnlich sah: dem Poeten Dante Gabriel Rossetti.

Einer seiner wenigen regelmäßigen Besucher war der freundliche Bryan Maggs, der König der Londoner Händler für seltene Bücher und ein virtuoser Buchbinder in seiner eigenen Werkstatt. (Seine prächtige Ausgabe von John Gays *Trivia or the Art of Walking the Streets of London* befindet sich im British Museum in London.) Da Maggs seltene Bücher für ihn kaufte, wuchs Pauls Bibliothek. Gleichzeitig schnupfte er Heroin, trank Rum und bekam seine Kinder kaum jemals zu Gesicht.

Da er intelligent und reich war, gab es noch andere Tätigkeiten, mit denen er sich die Zeit vertreiben konnte und die keine Ängste bei ihm auslösten. Eine davon war das Kino. Er hatte eine riesige Sammlung alter Filme und ein umfassendes Wissen über das goldene Zeitalter von Hollywood. Er mochte auch britische Filme aus der Zeit vor dem Krieg, die eine wichtige Quelle seiner Begeisterung für ein nostalgisch verklärtes England wurden, das er nie gekannt hatte, das er aber liebte und in dem er sich zu Hause fühlte. Filme waren für ihn wie ein Fenster zum Leben außerhalb des Gefängnisses, das er so sorgfältig um sich herum errichtet hatte.

Ein weiteres Fenster öffnete sich etwas unerwarteter. Bei dem Leben, das er führte, gab es immer wieder lange Phasen, in denen Schlaf unmöglich war; um die Zeit totzuschlagen, sah er unendlich lange fern. In einer solchen Phase kam Mick Jagger ihn besuchen und fragte ihn, wieso er sich nicht etwas Lohnenswerteres ansah.

»Und was?«, fragte er.

»Cricket«, sagte Jagger, schaltete auf einen Sender um, auf dem ein Test-Spiel lief, und fing an, ihm die Regeln zu erklären. Paul war sofort gefangen. Seit den Tagen, als er und Mario Lanza versucht hatten, Baseball in Rom einzuführen, hatte er sich immer für Sport interessiert, und die Feinheiten von Cricket gefielen ihm ebenso wie die Dramen und die Aufregung, die es für Menschen beinhaltet, die es ernst nehmen. Für ihn als zunehmend anglophilen Amerikaner hatte dieses merkwürdig englische Spiel zudem eine exotische Faszination. Schon bald behauptete er, dass sich Cricket zu Baseball verhielt wie Schach zum Damespiel.

Mit alten Filmen, alten Büchern und Cricket im Fernsehen konnte er sein ganzes einsames Leben füllen, und es schien so, als sei er bereit, das bis zu seinem Lebensende zu tun – das allem Anschein nach ziemlich bald kommen würde, da der Alkohol, die Drogen und der Mangel an Bewegung seine körperliche Verfassung aushöhlten.

Von Zeit zu Zeit begab er sich in ein privates Krankenhaus, die London Clinic, zur Therapie, doch das dauerte nie lange; gleichzeitig wurden seine Kreislaufprobleme und seine Leber behandelt. Es bestand zudem der Verdacht auf Diabetes, zusätzlich zu den anderen Symptomen seines prekären Zustands.

In der Zwischenzeit wurden seine Kinder erwachsen. Freunde der Familie sagten häufig, dass Aileen ihm von allen Kindern am ähnlichsten sei, sowohl äußerlich als auch in Bezug auf die Ungezügeltheit ihrer Persönlichkeit. Sie war von Natur aus klug und sehr hübsch mit großen braunen Augen und einem elfenhaften Charme, aufgrund dessen ihre Mutter sie ihren irischen Kobold nannte. Doch Aileen gefiel sich in der Rolle der Rebellin, und nachdem sie ihr Studium an der University of Southern California abgebrochen hatte, folgte sie dem Beispiel der anderen rebellischen Frauen im Los Angeles der Siebzigerjahre: Sie malte, protestierte gegen den Vietnamkrieg und konsumierte zur Entspannung Cannabis und Kokain. Ihren politischen Protest drückte sie unter anderem mit künstlerischen

Collagen aus wie einer, für die sie Eintausend-Dollar-Scheine fotokopierte und sie mit der Botschaft »Kampf dem Kapitalismus« versah. Eine Zeit lang lebte sie mit einem Jazzpianisten zusammen, dann mit einem Filmregisseur, und währenddessen versuchte sie zu verleugnen, dass sie eines Tages ein großes Vermögen erben würde, als erschreckte diese Vorstellung sie. Möglicherweise tat sie das wirklich.

Ihre Schwester Ariadne war weniger extrovertiert und zu traditionsbewusst, um zu rebellieren. Als Kind war sie jungenhaft gewesen, und nun war sie noch immer vergleichsweise wild mit der sprunghaften Persönlichkeit und dem emotionalen Auf und Ab ihres irischen Erbes. Nachdem sie ihr Studium am Bennington College in Vermont abgeschlossen hatte, verlegte sie sich auf die Fotografie, speziell auf Landschaften und Architektur. Sie war schon jetzt so vielversprechend, dass sie einen eigenen Galeristen in New York hatte.

Mark war das einzige Mitglied der Familie, das sich nicht den Verlockungen von Kalifornien ergab. Nach seiner englischen Ausbildung schien es, als sei er so entschieden anglophil wie sein Vater, doch sein englischer Akzent und sein Äußeres waren trügerisch. Er sprach ebenso fließend Italienisch wie Englisch, und da er in Rom geboren war, betrachtete er Italien als seine Heimat. Er war damals noch zu klein gewesen, als dass die Scheidung seiner Eltern und die folgenden Dramen ihn so schwer hätten treffen können wie Paul und Aileen – aber anders als seinen Bruder Paul ließ ihn die Abwesenheit seines Vaters manchmal erwachsener wirken, als er war, weil er tat, was in seiner Macht stand, um dessen Platz einzunehmen. Er war vernünftig, fürsorglich und verantwortungsbewusst, Qualitäten, die umso wertvoller waren, da sie bei den Gettys so selten vorkamen.

Mark war nicht das einzige Familienmitglied, das Italien vermisste. Nach dem Trauma der Entführung hatten sie alle sich ängstlich ferngehalten, aber ihre Mutter Gail neigte dazu, Los

301

Angeles als so etwas wie ihr Exil anzusehen. Sie besaß noch immer das Haus in Orgia – und hätte es gern wiedergesehen. Doch es war verschlossen, und der Gärtner Remo kümmerte sich für sie darum.

Schließlich fanden sie, dass sie nicht länger fortbleiben konnten, und Gail, Mark und Ariadne kehrten im Frühjahr 1980 zum ersten Mal seit der Entführung dorthin zurück. Sie brannten darauf, zu sehen, was aus dem Haus geworden war, deshalb blieben sie nicht in Rom, sondern mieteten sich am Flughafen ein Auto und fuhren sofort weiter in die Toskana. Als sie in Orgia ankamen, erfuhren sie, dass Remo kurz vor Weihnachten gestorben war. Da er vorher bereits eine Zeit lang krank gewesen war, hatte er sich nicht um das Haus kümmern können, und sie fanden es zerstört vor.

Es hätte ein Zeichen für die Familie sein können. Ungeachtet der Unordnung und des Schmutzes hatten sie jedoch das Gefühl, nach Hause zu kommen. Hier waren Gail und die Kinder am glücklichsten gewesen, und trotz der Erinnerungen an die Entführung waren sie entschlossen, das Gebäude wieder instand setzen zu lassen. Sie glaubten, dass sie hierhergehörten, und beschlossen zurückzukehren.

Sie fühlten sich in Orgia sicher, denn in dieser offenen Landschaft mit ihren Weinbergen und der dunkelroten Erde herrschte nicht die Gefängnisatmosphäre wie in Rom. Davon abgesehen konnten sie nicht ihr Leben lang allen Gefahren aus dem Weg gehen. Gail sagte, es sei besser, sich dem Risiko einer Entführung auszusetzen, als sich für immer zu verstecken.

Im März kamen Gail und die Kinder für Aileens Verlobungsfeier in Los Angeles aus Italien zurück. Nachdem sie ihren Filmregisseur satthatte – und er sie –, hatte Aileen viel Zeit mit Liz Taylors Sohn Michael Wilding junior verbracht, und durch ihn hatte sie seinen jüngeren Bruder Christopher kennengelernt. Sie hatten sich ineinander verliebt und waren jetzt quasi seit zwei Jahren zusammen, also wollten sie heiraten. Aber auch wenn Christopher bei allen beliebt war, er war gut aussehend, freundlich und charmant, war es doch nicht so einfach, ihn zu heiraten.

Von Anfang an war klar, dass jede Hochzeit, mit der eine Getty und ein Sohn von Elizabeth Taylor zu tun hatten, eine Furcht einflößende Angelegenheit werden musste. Das Hollywood-Protokoll war so kompliziert wie das bei einer königlichen Hochzeit; die Publicity sollte ein Albtraum werden, und beide Familien hatten ihre ganz eigenen Probleme, die alles noch schwieriger gestalteten. Christopher, der nach wie vor auf seinen früheren Stiefvater Richard Burton hörte, bestand darauf, dass der anwesend sein musste – ebenso wie seine Mutter, die mittlerweile mit dem US-Senator John Warner verheiratet war. Die Drehpläne von zwei großen Filmstars unter einen Hut zu bekommen machte die Sache schwierig – und auf der Seite der Gettys gab es kaum Aussichten darauf, alle Mitglieder der Familie einigermaßen harmonisch zusammenzubringen. Es war definitiv unmöglich, Paul junior dazu zu überreden, seine Tochter zum Altar zu führen.

Die organisatorischen Probleme bei dieser Hochzeit schienen unüberwindlich zu sein, deshalb schlug Gail vor, eine altmodische Verlobungsfeier für das Paar zu veranstalten – nach der sie »durchbrennen« und zu einem späteren Zeitpunkt heiraten konnten, wann es ihnen passte. Die beiden erklärten sich dankbar einverstanden, und am 17. März veranstaltete Gail ihnen zu Ehren in ihrem Haus in Brentwood eine förmliche Verlobungsfeier.

Elizabeth Taylor hatte einen königlichen Auftritt auf der Feier, um dem Paar ihren Segen zu geben, bei dem sie »vor Perlen glänzte«, und Aileen trug ein Brautkleid und Blumen im Haar und einen Verlobungsring im Hollywood-Stil, Kaiserjade umgeben von Brillanten.

Für die Gettys waren Paul, Mark und Ariadne dabei, Hollywood wurde von Sissy Spacek, Dudley Moore und Roddy McDowell vertreten. Timothy Leary vertrat sich selbst, und zum Abschluss dessen, was Aileen als »meine Ersatzhochzeitsfeier« bezeichnete, verschwand das Brautpaar und heiratete kurz darauf heimlich in einer Kapelle am Sunset Strip.

In diesem Sommer wurden weitere Verbindungen zwischen Italien und der Familie Getty etabliert, als Mark nach Rom zurückkehrte und Domitilla Harding kennenlernte. Sie war gerade zwanzig und hatte ein Gesicht wie eine Madonna aus Siena. Sie war die Tochter eines amerikanischen Geschäftsmannes und einer italienischen Mutter. Die Familie ihres Vaters stammte aus Boston, aber ihre Mutter Lavinia Lante della Rovere kam aus einer der ältesten Familien von Rom. Domitillas Onkel war derselbe Prinz Ladislao Odescalchi, dem die Posta Vecchia gehört hatte, ehe er sie Marks Großvater verkaufte, und die Lante della Roveres hatten einmal eins der schönsten Häuser von ganz Italien besessen, die Villa Lante in Bagnaia in der Nähe von Viterbo, die der Familie über Generationen gehörte, bis Domitillas italienische Großmutter sie in den Fünfzigerjahren verkaufte.

Zum Ende des Sommers kehrte Mark nach England zurück, um am St. Catherine's College in Oxford Philosophie, Politik und Wirtschaft zu studieren. Doch Domitilla zuliebe wollte er so schnell wie möglich nach Rom zurückkehren.

Während die Kinder langsam erwachsen wurden, schien sich sogar das ungeordnete Leben von Marks unglücklichem Bruder Paul ein wenig zu beruhigen. Zu Beginn des Jahres 1981, sechs Jahre nach der Entführung, war er noch immer schwer drogen- und alkoholabhängig; wenn er frustriert war oder jemand ihn provozierte, konnte er genauso unmöglich sein wie eh und je. Erstaunlicherweise war er nach wie vor mit Martine verheiratet, aber er sah sie kaum noch und hatte eine neue »Verlobte« gefunden – ein elegantes italienisches Mädchen aus einer sehr eleganten italienischen Familie, Emmanuela Stucchi-Prinetti. Es war ein gutes Zeichen, dass er endlich wieder anfing zu arbeiten, und zwar in der Branche, von der er immer geträumt hatte: dem Filmgeschäft. Seit 1978 arbeitete er als Assistent des Filmregisseurs John Schlesinger, dann als Schauspieler mit einem alten Freund von Martine, dem deutschen Avantgarderegisseur Wim Wenders.

Wenders' frühe Filme mit ihren unheimlichen Themen wie Entfremdung und männliches Fernweh waren Paul wie auf den Leib geschrieben. Er hatte keine Probleme, sich mit Wenders' Figuren zu identifizieren, und nachdem er einige kleinere Rollen gespielt hatte, bot Wenders ihm im Frühjahr 1981 eine große Rolle an – die des Autors in seinem neuesten Film *Der Stand der Dinge*.

Durch die Schauspielerei schien Paul endlich einen Weg zu finden, um mit dem Leben zurechtzukommen. In der Vergangenheit hatte er den unreifen Traum gehabt, seinen Vater zu beeindrucken, indem er eine einflussreiche Gestalt der Subkultur wurde. Das hatte nie funktioniert, trotz seines Hippielebens und seiner Versuche, die Freundschaft von Helden der Beat Generation zu gewinnen. Doch jetzt, als er es am wenigsten erwartete, hatte er plötzlich Erfolg im Avantgardekino. Die ersten Aufnahmen des Films, die sie in Portugal gedreht hatten, gefielen Wenders. Es folgten weitere Aufnahmen in Paris, und Paul genoss seine Zeit dort sogar. Emmanuela war bei ihm, und er schien mit ihr glücklicher zu sein als mit all seinen anderen Frauen. Er war zwar noch immer von seiner täglichen Flasche *Wild Turkey Bourbon* abhängig, war aber beinahe clean von Drogen.

Im März kehrte er mit der sanften, dunkelhaarigen Emmanuela nach Los Angeles zurück, um in Hollywood die letzten Aufnahmen für *Der Stand der Dinge* zu machen. Sie wohnten bei Freunden, und Paul wirkte froh darüber, wieder in seinem vertrauten Los Angeles zu sein. Doch bald darauf stand er vor einer neuen Krise. Es war nicht so einfach für ihn, in einem Studio in Hollywood zu arbeiten, und nachdem sie mit den Aufnahmen begonnen hatten, fand er heraus, dass er nicht gleichzeitig arbeiten und trinken konnte – also hörte er mit dem Trinken auf. Für den Körper eines Alkoholikers ist das ein ziemlicher Schock, und seine Ärzte verschrieben ihm einen umfangreichen Medikamentencocktail, um die Symptome des Entzugs abzumildern. Darunter war Methadon, das ihm beim Einschlafen helfen sollte, dazu Placidyl, Valium und Flurazepam, um seine Nerven zu beruhigen.

Obwohl er all diese Pillen nahm, hatte er nach wie vor Probleme mit dem Einschlafen, und er wachte meist früh auf, was der Grund dafür war, dass Emmanuela sich so große Sorgen machte, als sie ihn am Morgen des 5. April nicht aus dem Tiefschlaf wecken konnte. Er war bewegungslos und atmete kaum noch. Sie erschrak fürchterlich, war aber so vernünftig, einen Krankenwagen zu rufen.

Alle dachten, dass es am Alkohol oder an den Drogen läge. In Wirklichkeit kam Pauls mitgenommene Leber jedoch nicht mit dem Medikamentencocktail zurecht, den die Ärzte ihm verschrieben hatten, sodass sie versagte, was eine zeitweise Unterbrechung der Sauerstoffversorgung seines Gehirns zur Folge hatte. Als sie das Cedars-of-Lebanon-Krankenhaus in Hollywood erreichten, war er in ein tiefes Koma gefallen.

Jemand hatte Gail angerufen, ehe der Krankenwagen kam, aber da sie sich draußen in Santa Barbara aufhielt, dauerte es eineinhalb Stunden, bis sie im Krankenhaus war. Als sie endlich zu ihrem Sohn kam, war er nur noch knapp am Leben, man hatte ihn an die Herz-Lungen-Maschine angeschlossen, und sein Gehirn zeigte Symptome einer Schädigung wegen des Sauerstoffmangels. Als Gail die Ärzte fragte, was sie für ihn tun könne, konnten sie ihr nur sagen: »Warten.« Also wartete Gail wieder einmal.

Die Ärzte taten, was ihnen möglich war, damit Paul das Bewusstsein wiedererlangte, aber sie konnten ihre Befürchtungen nicht verbergen, weil er nicht reagierte. Ein paar Tage später kam ein weiterer Grund zur Besorgnis hinzu: Röntgenaufnahmen zeigten Wassereinlagerungen im Gehirn, die eine besorgniserregende Schwellung zur Folge hatten. Als letzten Ausweg entschieden sich die Ärzte für ein revolutionäres Verfahren, eine Art künstlichen Winterschlaf, das zuvor nie an Menschen getestet worden war. Man schickte den Patienten mithilfe von Medikamenten in ein noch tieferes Koma und stellte dann Schritt für Schritt seinen Ausgangszustand wieder her.

Nach drei Tagen in diesem tiefen Koma war die Schwellung seines Gehirns abgeklungen, doch Paul war noch immer bewusstlos und zeigte nur schwache Anzeichen von Atmung.

»Er war am Leben«, sagt Gail, »aber nur knapp – im tiefsten Tiefschlaf wie Schneewittchen. Man hätte Nadeln in seine Füße stechen können, und er hätte weder reagiert noch irgendwelche Anstalten gemacht aufzuwachen.«

Inzwischen wussten die Ärzte auch keinen Rat mehr – abgesehen von weiterem Warten. Doch dann erkannte Gail, so wie sie es damals erkannt hatte, als Paul entführt worden war, dass es ihre Aufgabe war, ihn zu retten.

Ihr war klar, dass sie keinerlei Ahnung hatte, was ein Koma überhaupt bedeutete, deshalb ging sie in die Universitätsbuchhandlung und kaufte in der Abteilung für Medizin jedes Buch, das sich mit diesem Thema befasste. Das waren nicht besonders viele. Seit 1981 hat sich das Wissen um und die Behandlung von Komata deutlich verbessert, aber zur damaligen Zeit fand sie nur in einer einzigen medizinischen Fachzeitschrift das, was sie gesucht hatte – einen Artikel darüber, wie man die Hirnaktivität bei Komapatienten aufrechterhalten kann. Darin wurde eine Methode vorgeschlagen – ständige Gespräche mit dem Patienten, ihm ein Buch vorlesen oder ihm seine Lieblingsmusik vorspielen. In der Theorie konnte der Patient, auch wenn er nicht in der Lage war zu reagieren, viel von dem wahrnehmen, was er hörte. Die geistige Aktivität aufrechtzuerhalten ist das Wichtigste, wenn es darum geht, zu verhindern, dass Komapatienten in eine stille, absolute Inaktivität verfallen.

Seitdem hat sich diese Behandlung allgemein durchgesetzt, aber zur damaligen Zeit fanden die Ärzte sie in der Regel nicht sehr überzeugend. Gail fand sie jedoch überzeugend. Noch wichtiger war vielleicht, dass sie und die Familie so die Gelegenheit bekamen, aktiv etwas für Paul zu tun, anstatt ihm hoffnungslos dabei zuzusehen, wie er sich immer weiter in Gemüse verwandelte.

Sie kümmerte sich darum, dass die Familienmitglieder rund um die Uhr für ihn da waren. »Das Ziel war, dafür zu sorgen, dass ständig jemand bei ihm war, entweder um ihm vorzulesen, mit ihm zu reden oder um ihm seine Lieblingsmusik vorzuspielen.« Es war ein hartes Stück Arbeit, aber die Wächter am Krankenbett entdeckten plötzlich, dass sie noch einen Helfer hatten.

Mark war gerade in Oxford, als die Nachricht vom Zusammenbruch seines Bruders ihn erreichte. Er wusste nicht, dass er wahrscheinlich seine Chance auf einen Abschluss aufgab, indem er die Universität verließ. Doch wie bei der Entführung hielt er es für seine Pflicht, Gail und seinem Bruder in Krisenzeiten beizustehen. Es musste ein Mann vor Ort sein, und da sein Vater dazu nicht in der Lage war, war es an ihm, dessen Platz einzunehmen. Am 8. April, drei Tage nachdem er von Pauls Katastrophe erfahren hatte, befand Mark sich auf dem zwölfstündigen Flug nach Los Angeles.

Von jetzt an übernahm er die Verantwortung für einen Teil der Nachtschicht bei Paul. Gail würde jeden Abend bis Mitternacht im Krankenhaus bleiben, dann würde Mark bis zum Morgengrauen übernehmen. Während des Tages wechselten sich Aileen und Ariadne mit Erzählen und Vorlesen ab. Martine schloss sich ihnen ebenfalls an. Trotz all der Probleme in ihrer Ehe bestand sie darauf, dass sie noch immer Pauls Frau war und dass sie und nicht Emmanuela bei ihm sein sollte. Wie stets, wenn es um die Frage ging, wer mehr Willensstärke hatte, gewann Martine.

Es ist beeindruckend, sich vorzustellen, wie eine Familie zusammenkommt, um eine Tragödie abzuwenden und durch die Aufbietung ihres gemeinsamen Willens dafür zu sorgen, dass ein schlafender geliebter Mensch wieder aufwacht. Doch als die Tage einer nach dem anderen verstrichen, sah es zunächst so als, als sollte es nicht funktionieren.

»Wenn Paul nur so dalag«, sagt Gail, »war es manchmal schwer zu sagen, ob er überhaupt noch atmete, aber wir haben versucht, uns nicht darum zu kümmern, die Hoffnung nicht aufzugeben und mit ihm zu reden und Witze zu machen, als ob nichts geschehen wäre«. In dem Bemühen, fröhlich zu bleiben, erzählte sie Paul von Begebenheiten, von denen sie dachte, dass er sie lustig finden würde. Manchmal spielten sie ihm seine Lieblingsschallplatten vor, und die ganze Zeit redeten sie mit ihm, ohne auch nur die leiseste Ahnung davon zu haben, ob er sie hören oder auch nur ein einziges Wort von dem verstehen konnte, was sie sagten. Manchmal erschienen ihnen all ihre Bemühungen sinnlos. Aber da es sonst nichts gab, was sie hätten tun können, machten sie Tag und Nacht weiter, mehr als fünf lange Wochen. Paul lag währenddessen ruhig und schweigend da wie eine Statue.

Eins der Probleme war, dass man nicht sagen konnte, wie groß der Schaden an seinem Gehirn war oder wie schwer seine Behinderung sein würde, falls und wenn er wieder aufwachte. Die Ärzte wussten nur – und die Familie vermutete es –, dass sich seine Chancen auf eine Genesung verschlechterten, je länger er bewusstlos blieb.

In der sechsten Woche gaben die Ärzte es auf, ihre Befürchtungen zu verbergen. Mit moderner Medizintechnik war es kein besonderes Problem, Paul auf unbegrenzte Zeit am Leben zu halten, aber jeder wusste, dass sich seine Hoffnung auf Genesung ab einem bestimmten Punkt dramatisch verschlechterte – und dieser Punkt kam mit riesengroßen Schritten näher.

Wie es ihre Art war, weigerte Gail sich, das zu akzeptieren. Sie bestand darauf, dass ihr Sohn sich wieder erholen würde – den anderen kam ihr ganzes Tun jedoch langsam wie ein trauriges und ziemlich hoffnungsloses Unterfangen vor. Dann, am 14. Mai, beinahe sechs Wochen nachdem Paul ins Koma gefallen war, gab es einen Hoffnungsschimmer.

Es war Mark, der den Vorfall bei einer seiner Nachtschichten am Bett seines Bruders beobachtete. Er konnte nicht mehr reden, deshalb spielte er Paul eine seiner Lieblingsplatten vor, Wagners *Ritt der Walküren*, und während die laute, romantische Musik über die bewegungslose Gestalt seines Bruders hinwegdonnerte, bemerkte Mark, dass etwas geschah. Tränen liefen die Wangen seines Bruders hinab. Nach sechs Wochen Koma fing Paul an zu weinen.

Zumindest sah es so aus – doch als Mark den diensthabenden Arzt kommen ließ, dämpfte der sofort seine Aufregung. Er hatte so etwas schon mehrfach bei Komapatienten gesehen, und meistens war es nur ein Staubkorn gewesen, das eine kleine Augenreizung ausgelöst hatte.

Mark und Gail waren jedoch überzeugt davon, dass Pauls Tränen eine Reaktion auf die Musik waren. Es war das Einzige, was ihnen noch Hoffnung für Pauls Zukunft gab. Mehrere Tage lang tat sich dann überhaupt nichts. Pauls Koma war so tief wie immer, und es schien so, als hätten die Ärzte recht gehabt.

Um sich die Zeit während der endlosen Stunden im Krankenhaus zu vertreiben, hatte Gail alte Freunde von Paul an sein

Krankenbett eingeladen, und es war einer von ihnen, der anfing, Geschichten von den Streichen zu erzählen, die er und Paul in der Schule zusammen ausgeheckt hatten. Einige der Streiche waren wirklich ungeheuerlich, und dieser Freund brachte Gail bald zum Lachen. Als sie einen Moment innehielten, bemerkten sie, dass noch jemand lachte. Von seinem Bett aus stimmte Paul leise, doch unverkennbar mit ein.

Hier war der Beweis dafür, dass Paul tatsächlich langsam aus dem Koma erwachte und dass er überleben würde. Gail schreibt: »Keiner von uns konnte es wirklich glauben, und natürlich sind wir alle in Tränen ausgebrochen und waren sehr emotional. Aber von diesem Moment an schien das Koma immer schwächer zu werden, ganz allmählich, als würde man in einem Zimmer langsam das Licht andrehen.« Mediziner reden in diesem Zusammenhang auch von Aufhellung.

Da Paul das Bewusstsein wiedererlangte, konnten die Ärzte endlich den Schaden abschätzen. Es war so schlimm wie ihre pessimistischsten Einschätzungen. Obwohl er wieder Gefühl in seinem Körper hatte, war er vom Hals abwärts so gut wie gelähmt. Mit Ausnahme eines sehr eingeschränkten peripheren Sehens war er blind. Seine Sprache war zwar hörbar, doch deutlich geschädigt. Angesichts dieser schrecklichen Behinderungen erscheint es wie reiner Hohn, dass seine geistigen Fähigkeiten überhaupt nicht betroffen waren.

Die Ärzte waren sehr mitfühlend zu Gail, als sie mit ihr über die Zukunft sprachen. Aber sie wollte die Wahrheit wissen und kein Mitgefühl, also sagten sie ihr ihre aufrichtige Meinung. Sie sagten ihr, dass das einzige Leben, das Paul noch vor sich hätte, auf dem Rücken liegend in einem Bett in einer Einrichtung stattfinden würde.

Nachdem sie über sechs Wochen lang gekämpft hatte, um ihre Hoffnung am Leben zu erhalten, war das mehr, als Gail ertragen konnte. Sie war erschöpft, und die Anspannung machte sich bemerkbar. Aber genauso, wie sie die Hoffnung nicht hatte aufgeben wollen, als Paul entführt worden war, so gab sie auch jetzt nicht auf.

Sie sagte, es stünde nicht zur Diskussion, ihren Sohn einem solchen Schicksal zu überlassen. Die Ärzte dagegen, die nach wie vor davon überzeugt waren, dass sie nur ihre Pflicht taten, bestanden darauf, dass Querschnittgelähmte mit einer so starken Behinderung wie Paul in den meisten Fällen in einem Heim besser aufgehoben waren, das über die notwendige Ausrüstung verfügte. Dort würde man sie richtig versorgen und hatte rund um die Uhr Schwesterndienste und spezielle Behandlungen zur Verfügung, falls es nötig wurde. Wenn Angehörige versuchten, sich um sie zu kümmern, endete das in der Regel in einer Katastrophe. Ganz gleich, wie engagiert Verwandte wie Gail auch sein mochten, die Anstrengungen einer solchen Aufgabe führten in der Regel dazu, dass sie das Privatleben von denen zerstörten, die so unvorsichtig waren, sie zu übernehmen.

»Dieses Risiko muss ich dann wohl eingehen«, sagte sie.

Falls Gail in dieser Angelegenheit irgendwelche Zweifel hegte, wurden sie von Paul selbst zerstreut. Wann immer er bemerkte, dass sie in sein Zimmer kam, fing er an zu weinen und brachte unter enormen Anstrengungen ein einziges Wort hervor.

»Nach Hause«, flüsterte er.

Dann, nur falls sie ihn nicht verstanden haben sollte, wiederholte er es noch einmal.

»Nach Hause! Nach Hause!«

Damit begann die Arbeit, die Gail viele Jahre ihres Lebens beschäftigen sollte. Zu ihrem Haus in Brentwood gehörte ein Gästehaus mit einem Swimmingpool. Nachdem es mit allem ausgestattet worden war, was man auch in einer Privatklinik hätte erwarten können, war es ideal für Paul, der dort mit seinen Hilfskräften wohnen würde.

In einem erwies sich die Meinung der Ärzte allerdings bald als richtig – in Bezug auf die Belastungen für ihr Privatleben, wenn sie sich selbst um Paul kümmern wollte. Emmanuela spürte es ebenfalls. Ihre Eltern hatten nicht allzu viele Schwierigkeiten, sie davon zu überzeugen, dass die Verlobung mit einem Querschnittgelähmten keine große Zukunft hatte, und so beschloss sie, nach Italien zurückzukehren. Martine war andererseits wieder einmal eine Quelle der Stärke, und die beiden Kinder Anna und Balthazar behandelten Paul so, wie sie ihn immer behandelt hatten. Sie kümmerten sich überhaupt nicht um seine Behinderung, sondern kletterten auf sein Bett. Sie liebten ihn genauso sehr wie vorher.

Zum Glück konnte Gail es sich leisten, Krankenschwestern zu beschäftigen, die ihren Sohn rund um die Uhr professionell versorgten, ebenso wie die klügsten Ärzte und erfahrensten Physiotherapeuten von ganz Kalifornien. Ohne das viele Geld wäre nichts davon möglich gewesen. Doch da Paul ein Getty war und Geld das Einzige, das die Familie Getty in einem solchen Überfluss besaß, nahm sie an, dass dies kein Problem darstellen sollte. Aber wie schon so oft, wenn es um das Geld und die Gettys ging, irrte sich Gail auch jetzt.

19. KAPITEL

GENESUNG

Als ihr Sohn Paul aus dem Krankenhaus entlassen wurde, bekam Gail finanzielle Hilfe von ihrem Vater und von Pauls Onkel Gordon, der das Haus gekauft hatte, in dem sie und ihre Familie wohnten, und der noch immer für alles sorgte, was sein Neffe brauchte. Auf längere Sicht gesehen war das jedoch nicht in Ordnung. Gordon war unermesslich reich, aber das galt auch für Pauls eigenen Vater, und es war dessen Aufgabe und nicht Gordons, für die Behandlung seines angeschlagenen Sohnes aufzukommen. Er hätte es sich sogar mehrfach leisten können, doch als Gail die Rechnungen zum Cheyne Walk schickte, bekam sie sie wieder zurück – unbezahlt. Wütende Telefongespräche wurden geführt, und Paul junior machte seine ungewöhnliche Position eindeutig klar. Obwohl er ein Multimillionär war, weigerte er sich standhaft, für die medizinische Versorgung seines Sohnes Paul aufzukommen.

Am Anfang wollte niemand es so richtig glauben, und Gails Anwalt schrieb ihm einen beschwichtigenden Brief, in dem er versuchte, ihm die Situation zu erklären – doch daraufhin bekam er nur eine weitere Ablehnung. Sie erklärt: »Einige von uns bezahlten mit Gordon zusammen für Pauls Behandlung, und nach einer Weile kam es uns einfach verrückt und ungerecht vor, so weiterzumachen. Das Letzte, was irgendjemand von uns gewollt hätte, war die Öffentlichkeit einer Klage, aber da Paul sich weigerte zuzuhören, hatten wir schließlich keine andere Wahl.«

Wie Gail bereits erwartet hatte, gab es jede Menge unvorteilhafte Presseberichte über Jean Paul Getty junior, als er im November 1981 seine Anwälte in Los Angeles anwies, Widerspruch gegen Gails gerichtlichen Antrag auf eine Zahlung von 25 000 Dollar im Monat für die Behandlungskosten ihres gemeinsamen Sohnes einzulegen. Der Vorsitzende Richter war so geschockt, dass er Paul im Gerichtssaal tadelte und sagte: »Mr. Getty sollte sich schämen, mehr Geld für Gerichtskosten auszugeben als dafür, seinen moralischen Verpflichtungen nachzukommen.«

Sogar ein so enger Freund wie Bill Newsom beschrieb sein Verhalten als »bizarr« und fügte hinzu, dass Paul »Bücher in seiner Bibliothek« hatte, »die mehr gekostet hatten, viel mehr, als es gekostet hätte, sich auf Jahre hinaus um seinen Sohn zu kümmern«.

Was war dort also los?

Die Wahrheit war, dass das Koma des jungen Paul zu einer sehr schlechten Zeit im Leben seines Vaters gekommen war. Victoria hatte während eines Kuraufenthalts in der Schweiz Mohammed Alatas kennengelernt, einen jungen saudischen Geschäftsmann, und sich in ihn verliebt. Sie hatte wieder einmal die Hoffnung auf ein erfülltes Eheleben mit Paul aufgegeben, also nahm sie an, als Alatas ihr einen Antrag machte.

Danach fühlte Paul sich zu Hause im Cheyne Walk einsamer als je zuvor. Sein Drogen- und Alkoholkonsum nahm zu, und je isolierter und drogenabhängiger er wurde, desto schlimmer wurden seine Ängste und seine Furcht. Während der junge Paul im Koma gelegen hatte, hatte sein Bruder Mark beinahe täglich zu Hause in England angerufen, um seinen Vater auf den neuesten Stand zu bringen, den das Leiden seines Sohnes genauso schmerzhaft traf wie damals in den ersten Tagen der Entführung. Und er versuchte wiederum, seine Ängste und seine schmerzhaften Gedanken zu betäuben.

Was als Nächstes geschah, ist ein gutes Beispiel dafür, wie Alkohol und Drogen die Wirklichkeit verzerren und damit zu einer emotionalen Spaltung und in eine persönliche Katastrophe führen können. Denn, ohne ungerechtfertigte Entschuldigungen für Paul junior vorbringen zu wollen, sein Verhalten in Bezug auf die Arztrechnungen hatte eine gewisse, seiner Abhängigkeit geschuldete Logik. Seine Weigerung, sie zu bezahlen, wurde allgemein als die Wiederkehr der Knauserigkeit seines Vaters betrachtet, aber das entsprach nicht den Tatsachen, und sein Handeln hatte im Grunde genommen gar nichts mit Geld zu tun.

Es war teilweise das Ergebnis der charakteristischen Neurose eines Abhängigen hinsichtlich dessen, was er glaubte, was hinter seinem Rücken geschah. Es war außerdem seine eigene, merkwürdige Art und Weise, herunterzuspielen, was mit seinem Sohn geschehen war. Denn nachdem er sich einmal eingeredet hatte, dass man ihn mit diesen Arztrechnungen betrügen wollte, konnte er seine eigenen Schuldgefühle für das Geschehene auf die übertragen, von denen er annahm, dass sie ihn betrügen wollten. Verschanzt in seiner Festung im Cheyne Walk, redete er sich sogar ein, dass die schrecklichen Behinderungen seines Sohnes gar nicht so schlimm waren, wie die betrügerischen Ärzte ihn glauben machen wollten. Sie übertrieben einfach, um ihm Geld zu entlocken; indem er sie zur Rede stellte, würde er die Lügner unter den Ärzten entlarven und beweisen, dass der Zustand seines Sohnes bei Weitem nicht so ernst war, wie sie behaupteten. Er war kein so großer Dummkopf, wie sie glaubten, und wenn er sich weigerte, auch nur einen Penny zu bezahlen, konnte er sie vielleicht sogar dazu bringen, zuzugeben, dass sein Sohn überhaupt nicht krank war.

Wie zu erwarten fühlte sich Paul noch stärker zurückgewiesen und hatte noch mehr Schuldgefühle als zuvor, als sein Plan nicht aufging – woraufhin seine Drogensucht sich verschlimmerte. Nach den Bemerkungen des Richters im Gerichtssaal in Los Angeles flog sein Anwalt Vanni Treves extra nach Los Angeles, um im Auftrag seines Vaters den jungen Paul zu besuchen. Er konnte alles bestätigen, was Gail und die Ärzte gesagt hatten, ebenso den erbärmlichen Zustand, in dem Paul sich befand. Paul junior war endlich überzeugt und bezahlte, was er von Anfang an hätte bezahlen sollen. Es gab keine weiteren Auseinandersetzungen, aber der Schaden war angerichtet – vor allem für Paul junior selbst. Nach allem, was geschehen war, wandte sich seine Familie unweigerlich gegen ihn.

»Gordon ist das Licht und mein Vater die dunkle Seite«, vertraute Aileen einem Journalisten an. Paul junior wurde hinter den Mauern seines Hauses im Cheyne Walk immer verzweifelter und fasste den Entschluss, mit seiner Familie endgültig nichts mehr zu tun haben zu wollen.

Sogar Mark, der treuste seiner Söhne, stand fest auf der Seite von Paul und Gail, nachdem am Telefon von London aus so viele bitterböse Dinge gesagt worden waren.

Dieser aggressive Kontakt mit seiner Familie und ihrem Leid bedrohte die prekäre Stabilität von Paul junior noch stärker, und er reagierte darauf, wie er stets reagiert hatte: indem er sich mehr und mehr auf seine vertrauten Quellen der Erleichterung verließ. Die Folge war unweigerlich ein Rückfall, gefolgt von einem weiteren ausgedehnten Aufenthalt in der London Clinic, die immer mehr eine Art zweites Zuhause für ihn wurde.

Während das, was von seiner Gesundheit und seinem Selbstvertrauen noch übrig war, erneut einen schweren Schlag abbekam, waren Gail und die Kinder in Amerika zweifellos doppelt dankbar dafür, dass es ihren besonnenen Onkel Gordon gab, der, ganz im Gegensatz zu seinem Bruder, glücklicher als je zuvor war.

In einer Buchhandlung in Paris hatte Gordon im Jahr davor eine Ausgabe der Gedichte der geheimnisvollen amerikanischen

Einsiedlerin des 19. Jahrhunderts gefunden: Emily Dickinson. Einige ihrer Gedichte erschienen ihm ideal als Texte zu Musik. Diese Inspiration half ihm dabei, endlich zu überwinden, was auch immer ihn als Komponisten bisher behindert hatte, und er vertonte zweiunddreißig von ihnen in einer Phase fieberhaften Schaffens – aus der schließlich der Liederzyklus entstand, den er *The White Election* nannte.

The White Election markiert den Beginn eines ganz neuen Lebens für Gordon und den Anfang seiner wirklichen Berufung – ein ernst zu nehmender Komponist zu werden. Die gesamte Energie seiner Begeisterung floss in dieses Schaffen, und er behauptete immer, dass sein Leben erst da richtig begonnen hatte.

Er hatte ehrgeizige Ziele als Komponist. Er drückt es so aus: »An Komponisten erinnert sich die Nachwelt, Geschäftsleute hat sie schnell vergessen«, und er beschrieb seinen Anspruch auf sehr deutliche Art und Weise: »Ich möchte ein Komponist sein, an den man sich gemeinsam mit den Meistern früherer Jahrhunderte erinnert wie Bach, Beethoven, Schubert, Wagner, Mahler und Brahms. Vielleicht ist es anmaßend von mir, mich in einem Atemzug mit ihnen zu nennen, und vielleicht ist Anmaßung eine verdammt gute Sache.«

Gordons Selbstbewusstsein und sein neu erworbenes kreatives Glück bildeten den größten Gegensatz zu Pauls Elend der Abhängigkeit. Gordon war ein wahrhaft glücklicher Mann, der jetzt zusätzlich zum Geld alles hatte, was er wollte. Für Gail und die Kinder war er so, wie sie seinen Bruder gern gehabt hätten: Er unterstützte sie, war freundlich und behandelte sie alle mit ruhiger Fürsorge.

Paul junior hegte inzwischen den Verdacht, dass sein Bruder die Zuneigung für sich beanspruchte, die eigentlich ihm zustand, und er wurde eifersüchtig auf alles, was Gordon repräsentierte.

Es war typisch für Gordon, dass er der Einzige war, der nicht zu bemerken schien, dass die Haltung seines Bruders sich verändert hatte, und der niemals gekränkt war. Er behandelte ihn auch weiterhin so, als wäre nichts Schlimmes passiert. Die gemeinsame Leidenschaft der Brüder für die Oper wurde an dieser Stelle besonders wichtig als so etwas wie eine schmale Brücke zwischen ihnen. Gordon schickte Paul Informationen über die großen Sänger, die sie beide mochten.

»Domingo war besser als je zuvor in der Scala.«

»Pavarotti war noch besser«, antwortete Paul dann.

Nach all den Dramen im Jahr zuvor begann 1982 mit einer Phase der Ruhe in der gesamten Familie – und die teilweise Genesung des querschnittgelähmten jungen Jean Paul Getty III. setzte ein.

Zunächst schien es ihn so schwer getroffen zu haben, dass seine Großmutter Ann sagte, als sie ihn zum ersten Mal wiedersah: »Sie hätten ihn einschläfern sollen, um seine Leiden zu beenden.«

Muskelkrämpfe verursachten ihm unerträgliche Schmerzen, und sein Körper war so steif und starr, dass er nicht einmal die Bettwäsche auf seiner Haut ertragen konnte. Es folgten Qualen, Tränen und Phasen tiefer Depression, doch nach einer Weile setzte so etwas wie ein Wunder ein. Fast alle waren überrascht, aber Paul bewies immer mehr, über welch außerordentliche Willenskraft er verfügte, als er darum kämpfen musste, mit dem wenigen, was ihm noch geblieben war, etwas anzufangen.

Nun war das Geld der Gettys wirklich hilfreich. Wie es schon so viele Probleme verursacht hatte, half es jetzt dabei, diese entsetzliche Situation zu bewältigen; denn ohne dieses Geld wären die Spezialkrankenpflege und die Hilfsmittel, die er benötigte, nicht zu haben gewesen. Doch Gail betont, dass mehr nötig war als Geld, damit Paul erfolgreich behandelt werden und sich wieder erholen konnte. »Es bedeutete, dass wir nicht pessimis-

319

tisch sein oder Angst haben durften. Wir brauchten Mut und Durchhaltevermögen. Es ging darum, niemals aufzugeben.«

Dahinter lag der wichtigste Grund von allen – der verlorene Sohn hatte sich endlich selbst gefunden; dank der Katastrophe, die ihn ereilt hatte, war das selbstmörderische, selbstzerstörerische Verlangen, das ihn beinahe zerstört hätte, durch das Gegenteil ersetzt worden: Er klammerte sich ans Leben und entwickelte einen entschlossenen Lebenswillen.

Nachdem er vor dem Nichts gestanden hatte, war er dazu gezwungen, darum zu kämpfen, ein Mensch zu sein – was er mit immer mehr Kraft tat, je stärker seine Lebensgeister wurden. Er musste jetzt um alles kämpfen, das ihm im Leben vorher als langweilig, unnötig, selbstverständlich vorgekommen war. Seit der Entführung hatte es in seinem Leben kaum Herausforderungen gegeben. Jetzt war so gut wie alles eine Herausforderung.

Auch wenn er nichts sehen konnte, bat er darum, dass man ihn an einem Tag, an dem es eigentlich geschlossen war, in das Museum seines Großvaters nach Malibu brachte. Während er auf einer Trage durch die menschenleeren Ausstellungssäle geschoben wurde, ließ er sich die Gemälde beschreiben, und diese Gemälde wurden für ihn so wertvoll, wie Gemälde vorher nie gewesen waren, als er sie noch hatte sehen können.

Jeden Morgen trainierte er mit seinen Physiotherapeuten im Pool neben dem Haus – langweilige, sich immer wiederholende Übungen, aber er ertrug sie, und langsam kam seine Kraft zurück. Zu sprechen war nach wie vor problematisch, und im Bewegungszentrum seines Gehirns gab es einen Defekt, der zu einem Zustand führte, den man als Aphonie bezeichnet: Er hatte große Schwierigkeiten, Konsonanten richtig auszusprechen. Deshalb brachte Gail ihn während des nächsten Jahres zu einem Sprachtherapeuten im *Rusk Institute of Speech and Hearing* in New York, wodurch er langsam, aber sicher Fortschritte machte.

Er verspürte wieder Hunger auf Bücher, und seine Freunde lasen ihm abwechselnd vor. Martine war sein Rettungsanker, ebenso wie die Kinder, durch die er neue Kraft zum Weitermachen bekam. Gail kümmerte sich weiterhin aufopferungsvoll um ihn.

Einer seiner Helden der Vergangenheit, Dr. Timothy Leary, kam ihn besuchen.

»Er hat eine Willenskraft wie die Niagarafälle. Er ist ein Wunder«, sagte er.

1982 gab es eine weitere Hochzeit in der Familie.

Kurz vor Weihnachten heirateten Mark und Domitilla Harding in der mittelalterlichen Basilika Santi Apostoli. Damit war er die dritte Generation von Gettys, die in der Heiligen Stadt heiratete. Doch im Gegensatz zu den anderen Hochzeiten war seine eine glanzvolle Veranstaltung, die nicht nur dafür sorgte, dass die Italienverbindungen der Gettys nicht abrissen, sondern die Familie auch zu einem Teil der italienischen Geschichte machte. Die Kirche der Santi Apostoli beherbergt nämlich nicht nur die berühmten Reliquien von Simon Petrus und Sankt Paulus, sondern auch die Gräber einer ganzen Reihe von Kardinälen aus den Familien Riario und della Rovere, allesamt Vorfahren der Braut; darüber hinaus wurde ein Teil der Kirche vom berühmtesten Mitglied ihrer Familie gebaut: dem streitbaren Papst Julius II. aus der Familie della Rovere (Mäzen von Michelangelo, von Raphael gemalt und im Film *Michelangelo – Inferno und Ekstase* von Rex Harrison dargestellt).

Obwohl der Bräutigam in der Zwischenzeit mit seinem Vater Frieden geschlossen hatte, nahm Paul junior nicht teil, da er kaum laufen konnte und noch immer nicht nach Italien zurückkehren wollte. Am Tag der Hochzeit ging dann trotz der sorgfältigen Planung und Vorbereitung alles schief. Zunächst kam die Braut nicht rechtzeitig in der Kirche an. Ihr Großvater John Harding war den ganzen Weg von Boston nach Rom gekommen, um sie zum Altar zu führen, aber aufgrund eines typisch römischen Missverständnisses wurde er nicht zu ihrer Wohnung in Parioli gefahren, um sie abzuholen, sondern zum Sommerhaus der Familie an der Küste in Fregene. Als John Harding die richtige Adresse gefunden und seine Enkelin wohlbehalten in der Kirche abgeliefert hatte, warteten der Bräutigam und die Gemeinde bereits zwei Stunden lang, und man fragte sich ängstlich, was wohl mit der Braut passiert sein könnte.

Sie sah wunderschön aus, als sie ankam, und wirkte völlig ruhig, aber das änderte nichts an einem weiteren, noch verstörenderen Rätsel – wo war die Tante des Bräutigams, Gordons Frau Ann Getty? Da sie nicht auftauchte, musste der Gottesdienst ohne sie anfangen.

Als Mark und Domitilla verkündet hatten, dass sie in Rom heiraten wollten, hatte Onkel Gordon sich vehement dagegen ausgesprochen. Er machte sich noch immer Sorgen wegen der Entführung seines Neffen in Rom und hatte deshalb zögernd entschieden, dass es für ihn und seine Familie zu gefährlich war, der Trauung beizuwohnen. Doch Ann, die von Natur aus weniger ängstlich war als ihr Mann, war anderer Meinung. Sie befand sich zu dieser Zeit gerade auf einer Reise durch Europa und war nach Rom geflogen, ohne Gordon etwas davon zu sagen, um an der Hochzeit ihres Neffen teilzunehmen.

Sie wohnte im Excelsior Hotel in der Via Veneto, und Bill Newsom hatte alles vorbereitet, um sie abzuholen und sie in die Kirche zu bringen. Doch wieder einmal lief etwas schief. Sie hatten einander irgendwie verpasst, sodass Ann allein mit einem Taxi zur Kirche fuhr. Da sie jedoch kein Italienisch sprach und der Fahrer kein Englisch, musste sie feststellen, dass sie vergessen hatte, wie die Kirche genau hieß. Drei Stunden lang fuhren der Taxifahrer und sie durch Rom und hielten an jeder Kirche an, in der eine Hochzeitsfeier hätte stattfinden können.

Da die Erinnerung an Pauls Entführung noch frisch war, waren Bill Newsom, Gail und einige andere Mitglieder der Familie sehr besorgt, das Schlimmste könnte geschehen sein. Gordon könnte recht haben. Ann hätte niemals allein nach Rom kommen dürfen.

Ihr und ihrem Taxifahrer gelang es nicht, die Kirche zu finden, und so kehrte sie schließlich zum Hotel zurück, wo sie auch ihre Familie wiedertraf, nachdem die Trauung vollzogen war. Erst danach, als klar war, dass es keinen weiteren Albtraum durch eine Entführung in der Familie Getty geben würde, konnten alle Gäste das Fest genießen.

Am nächsten Tag, während Ann sicher im Flugzeug nach San Francisco saß, machten sich Mark und Domitilla auf den Weg in ihre Flitterwochen in der Schweiz. Elizabeth Taylor hatte Gail und die Familie eingeladen, Weihnachten mit ihr in ihrem Chalet in Gstaad zu verbringen, und die Frischvermählten schlossen sich ihnen an. Es lag eine dicke Schneedecke, die Bedrohung durch eine Entführung war vergessen, und trotz Elizabeth Taylor als Gastgeberin war es ein friedlicheres Weihnachtsfest in der Schweiz, als man es nach einer römischen Hochzeit hätte erwarten können.

20. KAPITEL

GORDON DER
FRIEDENSSTIFTER

Gordon Getty war ein Spätentwickler – und darauf war er durchaus stolz. »Wisst ihr, was mich angeht, stimmt es«, pflegte er zu sagen und dabei seine Mitmenschen strahlend anzusehen. »Mein Leben hat wirklich erst mit vierzig angefangen« – zu dem Zeitpunkt begann er nämlich erst, seine Schaffenskraft zu entfalten, als Komponist, als Intellektueller und auch als Geschäftsmann.

Im Gegensatz zu den meisten anderen Mitgliedern seiner Familie hatte Gordon immer dafür gesorgt, dass sein Vermögen ihn weder ständig beschäftigte noch ihn ablenkte, indem er es ignorierte. Er liebte sein riesengroßes Haus oben in Pacific Heights, er kümmerte sich hingebungsvoll um seine Familie, und ganz offensichtlich genoss er die Befreiung von der alltäglichen Tretmühle, die sein Geld ihm ermöglichte.

Er bestand jedoch darauf, dass es »kaum einen Unterschied für meinen Lebensstil machen würde, wenn ich mein Vermögen nicht hätte. Ich glaube, ich würde dasselbe Auto fahren, das ich jetzt fahre, ich würde dieselben Sendungen im Fernsehen anschauen, dieselben Filme. Ich hätte dann wohl nicht den Luxus, Komponist zu sein, wahrscheinlich würde ich irgendwo an einem College Literatur unterrichten und wäre genauso glücklich.«

Vielleicht hatte er recht, denn im Augenblick war es sein

324

größtes Problem, dass er abgesehen für sein Geld kaum ernst genommen wurde. Das Echo auf *The White Election* war geteilt gewesen, doch er kümmerte sich vorbildlich wenig um die Meinung der Kritiker. »Mein Prinzip war immer, dass der Geschmack von anderen genauso gut oder schlecht ist wie mein eigener, aber ich richte mich nicht nach ihm.« Es war schwer zu beurteilen, inwieweit die Meinung der Kritiker, sei sie nun gut oder schlecht, von der Tatsache beeinflusst wurde, dass er ein Multimillionär war.

»Ich würde sagen, Gordon Getty ist der beste in unserer Sprache dichtende Multimillionär«, sagte der irische Dichter Seamus Heaney zu Bill Newsom, nachdem er einige seiner außerordentlich flüssigen, extrem ausgefeilten romantischen Gedichte gelesen hatte. Für Gordons Kompositionen und seine ökonomischen Theorien galt im Grunde dasselbe. Er spielte in einer eigenen Liga, nur weil er ein Getty war.

Das war nicht wirklich fair, denn Gordon war ganz und gar kein wohlhabender Dilettant, sondern arbeitete ausgesprochen hart an allem, was er tat. Im Gegensatz zu seinem Bruder Paul war er immer schon ein Workaholic gewesen, ein Charakterzug, den er von seinem Vater geerbt hatte, ebenso wie sein Geld. Und genau wie sein Vater konnte Gordon mithilfe von riesigen Energieschüben arbeiten, wenn er in der richtigen Stimmung war. Er stand dann um 6.30 Uhr auf, schloss sich in seinem Arbeitszimmer ein und arbeitete den ganzen Tag lang ohne Pause, ohne Essen, ohne sich zu bewegen oder mit jemandem zu sprechen, bis er in seiner charakteristischen Ausdrucksweise formulierte: »Ich bin erledigt.«

Abgesehen von seiner Schallplattensammlung – in der Zwischenzeit war es wahrscheinlich die größte, die sich in Amerika in Privatbesitz befand – war er überhaupt nicht auf irgendwelchen Erwerb aus. Es war Ann, die kürzlich drei Gemälde von Degas, *Balletttänzerinnen im Schlafzimmer*, gekauft und die die Möbel für ihren spektakulären Salon ausgesucht hatte. Ann liebte Schmuck, vornehme Möbel und impressionistische Malerei. Gordon waren Ideen lieber.

In etwa zu dieser Zeit sah ein Freund von ihm ein Gemälde an einem Sofa lehnen, auf dem ein Hund zu sehen war, als er ihn zu Hause besuchte. Er erinnerte sich daran, dass Ann vor Kurzem ein Gemälde mit einem Hund gekauft hatte, das von Manet war, und fragte ihn, ob es dieses sei.

»Himmel, woher soll ich das wissen«, sagte Gordon. »Da musst du jemand anderen fragen als mich.«

Irgendjemand hat ihn einmal als undurchsichtig beschrieben, was einerseits an seiner offensichtlichen Unentschlossenheit lag, andererseits aber auch an seiner Größe, die ihm eine Art massiver Undurchdringlichkeit verlieh.

In den nächsten Monaten sollte sich jedoch zeigen, dass Gordon das Geld genauso wichtig sein konnte wie jedem anderen Multimillionär. Noch dazu wäre jeder schlecht beraten gewesen, der sich auf Gordons Naivität und seine Geistesabwesenheit verließ, wenn er versuchte, ihn herauszufordern. Er war vielleicht undurchsichtig – aber in einer Schlacht um Finanzen musste man Gordon ernst nehmen, trotz all seines Geredes darüber, wie wenig ihm sein Geld bedeutete.

Als Marks Hochzeit stattfand, braute sich bereits Ärger zwischen Gordon und dem Vorstand von Getty Oil zusammen. Einer der Gründe dafür war, dass ein paar Monate zuvor der einzige Treuhänder neben Gordon im Sarah C. Getty Trust gestorben war: der mächtige Anwalt Lansing Hays.

Da dem Trust vierzig Prozent des Kapitals von Getty Oil gehörten, hatte Hays seit dem Tod von Jean Paul Getty 1976 in der Unternehmensführung im Namen des Trusts den Ton angegeben. Hays machte kein Geheimnis aus seiner Verachtung für den Chef von Getty Oil, Sid Petersen. Jetzt, da Hays aus dem Weg war, fühlte Petersen sich frei, sich mehr Geltung zu verschaffen.

Doch es war unklug von Petersen, sich Gordon Getty gegenüber so taktlos zu verhalten. Nun, da er der einzige Treuhänder des Sarah C. Getty Trusts war, wollte Gordon mehr über den Stand der Dinge bei Getty Oil wissen, in das ihr ganzes Geld investiert war. Petersen hingegen hielt Gordon wie so viele andere zu dieser Zeit für so etwas wie einen Einfaltspinsel – und er behandelte ihn entsprechend.

Im Herbst desselben Jahres begann Petersens Verhalten, Gordon wirklich zu verärgern, gar nicht mal, weil er sich in seiner Ehre verletzt fühlte, sondern weil er fand, dass Petersen und der Vorstand von Getty Oil seine Intelligenz beleidigten. Da er im Grunde genommen den großen Trust der Familie allein kontrollierte, fand Gordon, dass er die Pflicht und das Recht hätte, zu erfahren, warum der Wert der Aktien von Getty Oil ein Rekordtief von unter fünfzig Dollar erreicht hatte. Aber, wie er sich bei Bill Newsom beklagte: »Immer, wenn ich danach frage, behandelt Petersen mich, als wäre ich Luft.«

Da er die Informationen, die er brauchte, nicht von Petersen bekam, wandte Gordon sich an andere Menschen, die ihm möglicherweise helfen konnten. Er flog nach New York, um sich dort mit einigen Wall-Street-Investmentbankern zu beraten. Er fragte sie, ob die Aktien von Getty Oil ernsthaft unterbewertet waren – und wenn ja, was dann dagegen zu tun sei.

Es war ein wenig naiv von ihm, sich so zu verhalten. Während Übernahmestrategen wie Ivan Boesky und T. Boone Pickens auf Beutezug waren, waren solche Erkundigungen von jemandem, der so unverwechselbar war wie Gordon Getty ein untrügliches Zeichen, dass Getty Oil reif dafür war, dass man der Firma mehr Aufmerksamkeit widmete. Als Petersen Wind davon bekam, war eine Auseinandersetzung zwischen ihm und Gordon unvermeidlich.

Es war ein seltsamer Streit, denn während Gordon mit einer Art robuster Unschuld weiterhin die Interessen des Sarah C. Getty Trusts verfolgte, wie er sie sah, gaben seine Gegner sich außerordentlich viel Mühe, ihm mit List und Tücke einen Strich durch die Rechnung zu machen. Sie verabredeten sich im Geheimen, einige Mitglieder der Familie Getty dazu zu überreden, in Los Angeles vor Gericht zu beantragen, die Bank of America als zusätzliche Treuhänderin des Sarah C. Getty Trusts einzusetzen, weil Gordon so inkompetent war.

Die Verschwörer gingen dabei nicht allzu klug vor. Abgesehen davon, dass sie Gordon unterschätzt hatten, entschieden sie sich schlecht bei ihrer ersten Wahl für einen möglichen Antragsteller aus der Familie. Im Oktober 1983 war Mark Getty von der Bitte, einen solchen Antrag gegen seinen Lieblingsonkel zu stellen, so überrascht, dass er nach San Francisco flog, um ihn zu fragen, was passiert war. Gordon selbst war ratlos – zumindest am Anfang. Doch Marks Nachfrage war eine Warnung für ihn, dass irgendetwas im Busch war. Als der entsprechende Antrag dann bei ihm einging, war Gordon darauf vorbereitet.

In der Zwischenzeit war es den Anwälten, die Getty Oil vertraten, nämlich gelungen, Gordons Bruder Paul junior dazu zu überreden, in Vertretung seines fünfzehnjährigen Sohnes Tara einen gerichtlichen Antrag zu stellen.

Die Tatsache, dass Paul junior das Kind, das er mit Talitha hatte, so gut wie nie sah, ließ dies als ein ziemlich zynisches Manöver erscheinen. Aus der Perspektive von Getty Oil gesehen war es außerdem besonders ungeschickt. Gordons Gegner hätten durchaus vorhersehen können, dass er eine Waffe besaß, gegen die sie nichts ausrichten konnten. Da er inzwischen wusste, was vor sich ging, setzte der linkische Gordon sie auch ein – damit war das Schicksal von Getty Oil besiegelt.

Gordons Stärke lag darin, dass das meiste Geld, das sein Vater dem Museum in Malibu hinterlassen hatte, in Form eines zwölfprozentigen Aktienanteils an Getty Oil vererbt worden war. Bis zu diesem Augenblick hatte sich Harold Williams, der Vorsitzende des Museums, absichtlich aus allem herausgehalten. Doch jetzt hatte Gordon aufgrund des Verhaltens des Vorstandes von Getty Oil keinerlei Schwierigkeiten, ihn davon zu überzeugen, dass es im Interesse – vor allem dem finanziellen – des Museums lag, dass er ihm dabei half, sie zu besiegen.

Gemeinsam hielten die Anteilseigner des Sarah C. Getty Trusts und das J. Paul Getty Museum eine Mehrheit, die dazu in der Lage war, den Vorstand von Getty Oil zu entlassen – und das taten sie ordnungsgemäß.

Von diesem Moment an war die Übernahme von Getty Oil unvermeidlich – und bald kam auch schon ein Barangebot von 110 Dollar pro Aktie von der mittelgroßen Pennzoil Company. Dieses Angebot gefiel Gordon, der sich mit dem Hauptgeschäftsführer von Pennzoil darauf einigte, dass er Vorsitzender der wiederhergestellten Firma werden sollte.

Doch der Abschluss des Vertrages mit Pennzoil wurde durch einen von den »Georgettes« (wie jemand Georges Töchter getauft hatte) angestrengten Prozess verzögert. Georges zweites Kind, Claire, hatte aus sentimentalen Gründen etwas gegen den pietätlosen Versuch, Großvater Gettys kostbares Unternehmen zu zerschlagen, und stellte vor Gericht die entsprechenden Anträge.

»Warum, Onkel Gordon, braucht ein Trust, der ohnehin schon 1,8 Millionen Dollar wert ist, noch mehr Kapital?«, hatte sie ihn gefragt.

»Das ist eine sehr interessante philosophische Frage, Claire«, sagte Onkel Gordon, kratzte sich den Lockenkopf und suchte nach einer Antwort. »Es ist meine treuhänderische Verantwortung«, sagte er schließlich, »das Vermögen und das Einkommen des Trusts zu vergrößern«.

Vergrößert hat er es, vor allem dank Claire. Denn während ihre Anwälte damit beschäftigt waren zu begründen, weshalb der Pennzoil-Deal nicht legal war, machte der Ölgigant Texaco ein besseres Angebot von 125 Dollar pro Aktie an Getty Oil. Im Januar 1984, als Gordon dann im Namen des Sarah C. Getty Trusts das Angebot annahm, verdoppelte sich der Wert des

Trusts über Nacht von 1,8 Milliarden Dollar auf beinahe vier Milliarden.

Selbst damit war die Geschichte aber noch nicht zu Ende. Um weiteren rechtlichen Einmischungen aus anderen Kreisen der Familie zuvorzukommen – dieses Mal von Ronalds Kindern, die fanden, dass der Preis noch immer nicht hoch genug sei –, erhöhte Texaco sein Angebot auf 128 Dollar pro Aktie, und damit war die Sache endgültig vom Tisch.

Falls das Wort fantastisch auf ein Finanzgeschäft überhaupt angewandt werden kann, dann war der Verkauf von Getty Oil fantastisch. Indem Texaco insgesamt zehn Milliarden Dollar für Getty Oil in seiner Gesamtheit bezahlte, vollzogen sie die größte Firmenübernahme in der amerikanischen Geschichte.

Das Ergebnis war nicht in jeder Hinsicht positiv. Nachdem Getty Oil von Texaco geschluckt worden war, verlor das Familienunternehmen seine Identität – und 20 000 Angestellte von Getty Oil ihre Jobs. Für Texaco sollte sich dieses monströse Geschäft letztendlich ebenfalls als katastrophal erweisen – Pennzoil verklagte Texaco mit Erfolg auf zehn Milliarden Dollar und sorgte so dafür, dass das Unternehmen Bankrott anmelden musste.

Auch innerhalb der Familie waren die wenigsten glücklich über dieses Ergebnis, und so gingen die gerichtlichen Auseinandersetzungen weiter. Ronald ergriff die Gelegenheit, die sich ihm durch den Verkauf bot, für einen neuen Versuch, das Unrecht wiedergutzumachen, das ihn sein Leben lang begleitet hatte – und beantragte vor Gericht, seinen Anteil am Sarah C. Getty Trust an den seiner drei Geschwister »anzugleichen«. (Zwei Jahre später sollte Julius M. Title, Richter eines Kammergerichts in Los Angeles, Ronald abschließend sein Mitgefühl aussprechen, aber trotzdem zögernd entscheiden, dass »es keinen rechtlich bindenden Beweis dafür gibt, dass sein Vater ihm tatsächlich versprochen hat, die Ungerechtigkeit auszugleichen«.)

»Die Georgettes« zogen ebenfalls vor Gericht – sie wollten Onkel Gordon für das bestrafen, was er Getty Oil angetan hatte, indem sie versuchten, ihn dazu zu zwingen, die gesamten Steuern zu übernehmen, die aus dem Verkauf resultierten. Zusätzlich wurde weiterhin versucht, in Taras Namen einen zweiten Treuhänder für den Trust zu ernennen. Doch trotz des ganzen Ärgers und der Unruhe, die nach diesem erdbebenhaften Verkauf noch immer nachhallten, war eins nicht zu leugnen. Während der Sarah C. Getty Trust ausschließlich von einem geistesabwesenden Möchtegerndichter, Komponisten und ökonomischen Theoretiker kontrolliert wurde, hatte sich sein Kapital mehr als verdoppelt und stand jetzt bei etwas über vier Milliarden Dollar.

Ob es seiner außerordentlichen Klugheit geschuldet war oder dem Glück, das auf der Seite der Unschuldigen steht, Gordon hatte in diesem einen traumatischen Verkauf beinahe ebenso viele Milliarden Dollar für den Sarah C. Getty Trust eingenommen wie sein Vater in seinem ganzen Leben. Dieses Mal rief die Zeitschrift *Forbes* einen Getty als reichsten Amerikaner aus.

Das war eigentlich nicht richtig, denn das Geld des Trusts gehörte nicht Gordon, er hatte nur die Kontrolle darüber und musste mit einem Jahreseinkommen von gerade einmal 200 Millionen Dollar als ihr Haupttreuhänder auskommen. Aber das hielt ihn und Ann nicht davon ab, den neu gewonnenen Zuwachs ein wenig zu genießen.

Wenn man es ihm allein überlassen hätte, wäre Gordon mit beinahe absoluter Sicherheit genau dort geblieben, wo er war, und hätte weiterhin seine Oper über die Shakespeare-Figur Falstaff komponiert, die der Globe Theatre Trust in London vor Kurzem bei ihm in Auftrag gegeben hatte. Abgesehen davon, dass er endlich Anerkennung als Komponist zu finden hoffte, gab es wenig Neuerungen im Leben, nach denen Gordon sich wirklich gesehnt hätte, und San Francisco war die richtige Umgebung für ihn. »Ich kann auf die Straße gehen und in mein eigenes Auto steigen und brauche keinen Chauffeur zu rufen wie in New York«, sagte er. Außerdem wohnten seine Freunde alle dort, und er hatte da seinen kostbaren Arbeitsraum mit seinen beiden Computern, seinen Macintosh-Lautsprechern und seinem Yamaha-Klavier.

Doch Ann ging es nicht so wie ihm. Nach den kalifornischen Gesetzen steht ihr theoretisch die Hälfte von Gordons Einkommen zu, und es war Ann, die in der Familie dafür sorgte, dass Dinge erledigt oder angeschafft wurden. Trotzdem hatte sie Schwierigkeiten zu entscheiden, was mit einer so riesigen Summe geschehen sollte. Denn sie hatte genau wie Gordon mehr als genug von allem, was sie brauchte.

Sie besaßen bereits ihre private Boeing 727, auf deren Heck ihre Initialen prangten und die über ein Badezimmer mit einer Dusche verfügte, was ihren Ehemann aus irgendeinem Grund zu faszinieren schien. Sie war bekannt dafür, dass sie das Flugzeug aus einer plötzlichen Laune nach Paris umleiten ließ, um einkaufen zu gehen, aber sie hatte inzwischen genügend Halstücher von Hermès, Handtaschen von Gucci, Schuhe von Ferragamo, um bis an ihr Lebensende versorgt zu sein.

Sie und Gordon spendeten für wohltätige Zwecke, wenn sie diese für sinnvoll hielten – es ging ihnen immer noch in erster Linie um den Umweltschutz. Sie unterstützten den Leakey Anthropological Trust in seiner Forschungsarbeit über die Ursprünge der Menschheit – ebenso wie Jane Goodall in ihrer Arbeit über das Verhalten von Schimpansen. Als Gordon fünf Millionen Dollar an den Leakey Trust spendete, sagte er: »Anthropologische Forschung hat eine Jetzt-oder-nie-Qualität, weil menschliche Eingriffe und Entwaldung die Quelle der fossilen Beweise bedrohen.«

Zur selben Zeit beschloss Ann, das Haus ihrer Familie im Sacramento Valley wiederaufzubauen. Obwohl sie ihre Mutter gern als »harte alte Fledermaus« bezeichnete, war Ann eine gute Tochter und hoffte, dass ihr dieses brandneue Zuhause im Stil einer toskanischen Villa mit Innenhöfen, Blumenbeeten und einem Turm gefallen würde. Aber die »harte alte Fledermaus« blieb ziemlich kühl bei alldem – und der Bau verschlang gerade einmal zwei Millionen von all dem Geld.

In etwa zur selben Zeit forderte die glamouröse Ann das Schicksal heraus, indem sie ihr augenblickliches Credo aussprach, als sie von Barbara Walters für das Fernsehen interviewt wurde: »Ganz und gar nicht«, antwortete sie auf die Frage, ob zu viel Geld notwendigerweise ins Unglück führen müsste. »Ich glaube, dass man sehr reich und gleichzeitig glücklich sein kann, und ich nehme an, dass man auch sehr arm und glücklich sein kann. Aber es ist einfacher, glücklich zu sein, wenn man sehr reich ist.«

Da sie eine so entschlossene Frau war, machte sie sich anschließend daran, dies zu ihrer persönlichen Zufriedenheit zu beweisen.

Ann ist die Art Frau, die Herausforderungen genauso gerne mag wie Geld, und da es in San Francisco kaum noch Herausforderungen für sie gab, beschloss sie, dass es an der Zeit war, den Blick nach New York zu richten. Sie hatte sich selbst zur unumstrittenen Gesellschaftskönigin von Pacific Heights gemacht und hatte nun vor, dasselbe von der großen Wohnung aus zu tun, die sie und Gordon in New York an der Fifth Avenue gekauft hatten.

Es war ein spektakuläres, teures Unternehmen, ein Abenteuer in das, was man den Geldadel nennt. Und Ann, wenn schon nicht Gordon, war offensichtlich darauf aus, etwas zu werden, was in Amerika dem Adel am nächsten kommt. Sie lud großzügig Gäste ein, kleidete sich elegant und war schon bald von Höflingen umgeben – wie Jerry Zipkin, der für seine Freundschaft mit den Reagans bekannt ist, oder dem griechischen Finanzier und Salonlöwen Alexander Papamarkou.

Papamarkou war es auch, der sie einem echten König vorstellte oder eher einem ehemaligen König, Konstantin von Griechenland, und als sie sich entschloss, zum griechisch-orthodoxen Glauben zu konvertieren, stand König Konstantin als Pate neben ihr.

Trotz dieser königlichen Verbindung blieb Ann im Herzen immer das Mädchen aus Wheatland, Kalifornien; und um ihr puritanisches Gewissen zu beruhigen, bemühte sie sich darum, eine »Reiche mit Arbeit« zu werden – indem sie dem Vorstand von Sotheby's und von Revlon beitrat, außerdem wurde sie Kuratorin für das Metropolitan Museum und für die New York Public Library.

Doch das reichte ihr nicht. Im Geheimen sehnte sie sich nämlich nicht nach einer Aufgabe, sondern nach kultureller Selbstverwirklichung – den subtilen Gesprächen von Philosophen, Abenden mit berühmten Schriftstellern, bereicherndem Austausch mit geistigen Riesen. All das war plötzlich zum Greifen nahe, dank der ungewöhnlichen Freundschaft mit einem stattlichen, mehrsprachigen Zigarrenliebhaber und Verleger von österreichisch-jüdischer Herkunft, der zufällig auch Mitglied des britischen Oberhauses war.

Seit den frühen Siebzigerjahren flogen Ann und Gordon in ihrer Boeing 727 regelmäßig nach Europa, um die großen Musikfestivals zu besuchen: Salzburg, Spoleto und Bayreuth, was ihnen viel Vergnügen bereitete. 1972 in Salzburg waren sie dem Baron Weidenfeld zum ersten Mal begegnet, und seitdem waren sie gute Freunde geworden.

Obwohl er von Beruf Verleger war, war George Weidenfeld im Grunde genommen ein mitteleuropäischer Kultur-Magier vom alten Schlag. Alles an ihm hatte einen Hauch von Magie, einschließlich seiner Freiherrnwürde, die ihm vom sozialistischen Premierminister Harold Wilson verliehen worden war, und dem ebenso magischen Überleben seines Londoner Verlags Weidenfeld & Nicolson. Als er Ann traf, um mit ihr über ihre Ambitionen zu sprechen, schlug er vor, die Lösung ihrer Probleme darin zu suchen, seinem Beispiel zu folgen und Verlegerin zu werden.

Es war ein origineller Vorschlag, aber nicht unmöglich für die Ehefrau des reichsten Mannes von ganz Amerika, vor allem, da Weidenfeld wusste, dass Barney Rosset vom Verlag Grove Press, der berühmte Herausgeber von Henry Miller, Jean Genet und dem Marquis de Sade, seine Firma dringend verkaufen wollte, um sich mit zwei Millionen Dollar endlich zur Ruhe zu setzen.

Ann war immer schon eine begeisterte Leserin gewesen – wenn auch vielleicht nicht gerade dessen, was Grove Press herausbrachte –, und der Gedanke ließ sie nicht wieder los.

»Ich würde zu gerne den ganzen Tag lang lesen«, sagte sie. »Aber da ich aus einer puritanischen Familie komme, bin ich in dem Glauben erzogen worden, dass man den ganzen Tag lang arbeiten sollte, und so habe ich das Lesen zu meiner Arbeit gemacht.«

Es gefiel ihr gut, Grove Press zu kaufen, denn abgesehen davon, dass sie so die Gelegenheit bekam, das Lesen zu ihrer Lebensaufgabe zu machen, konnte sie jetzt endlich diese merkwürdigen, sagenhaften Figuren persönlich kennenlernen: berühmte Schriftsteller. Sie ging sogar mit einer von ihnen auf Lesereise: Nien Cheng, Autorin des Bestsellers *Leben und Tod in Schanghai*.

Der Kauf gefiel George Weidenfeld ebenfalls, denn er hatte Ann dazu überredet, Partnerin bei Weidenfeld & Nicolson in London zu werden und bei der Finanzierung eines neuen, unabhängigen Zweiges von Weidenfeld & Nicolson zu helfen, der von New York aus in enger Zusammenarbeit mit Grove Press operieren sollte.

Für Ann und Weidenfeld wurde das Verlagsgeschäft ein Spiel mit zwei Spielern. Er würde mit der Concord nach New York fliegen, wo sie sich trafen, um die Schwierigkeiten des Verlagsgeschäfts in den Achtzigerjahren zu besprechen – durften sie Joseph Heller dazu überreden, eine echte Fortsetzung zu *Catch-22* zu schreiben, oder J.D. Salinger dazu, dasselbe für *Der Fänger im Roggen* zu tun? Durfte Ann den leicht zu beeinflussenden Norman Mailer oder den finsteren Philip Roth in ihren Verlag locken – oder sollten sie sich lieber auf billigere, weniger bekannte Autoren konzentrieren? Sie wollten sich außerdem ein Standbein im Filmgeschäft aufbauen und bereiteten sich darauf vor, Weidenfelds alte Heimatstadt Wien »in ihrer ganzen intellektuellen und kulturellen Pracht« auf die Leinwand zu bringen, wie ihre PR-Abteilung es ausdrückte. Es wurde auch über eine imposante Kulturzeitschrift gesprochen und eine Fernsehserie über 2 000 Jahre Archäologie in Auftrag gegeben.

»Alles, was ich tue, ist mit allem anderen verbunden, was ich tue«, sagte Ann, als sie die Wheatland Stiftung gründete, um ihre vielfältigen künstlerischen Interessen zu fördern. Die Stiftung flog nach Venedig, um über die Zukunft der Oper zu debattieren, und nach Jerusalem, um über die Symphonie zu sprechen. Autoren fuhren den Nil hinauf, um über Literatur zu diskutieren, und andere, um am Tajo über ihre Bücher zu reden.

Die ganze Zeit über zahlte Ann hohe Vorschüsse an ihre Autoren, was die beste und nobelste Methode ist, wenn man große Geldbeträge loswerden will.

Für Autoren und ihre Agenten gab es außerdem Einladungen zum Abendessen in der Wohnung der Gettys an der Fifth Avenue, wie man sie im Literaturgeschäft weder vorher noch nachher jemals wieder gesehen hat – ausgezeichnetes Essen, exotische Blumen, Essensgesellschaften mit vierundzwanzig Personen, und all das untermalt vom Aroma von George Weidenfelds Corona Corona und seinen Gesprächen, die er fließend in fünf europäischen Sprachen führen konnte.

Während dieser Abendgesellschaften saß Gordon, weil er

eben Gordon war, im Hintergrund, lächelte sein Gordon-Lächeln, sagte »Verdammt« oder »Meine Güte« und versuchte dabei, das neueste Rätsel zu lösen, das ihn gerade beschäftigte. Er war eben ein merkwürdiger Milliardär. Wie kann eine moderne kapitalistische Gesellschaft ohne Geld funktionieren? Geld verursacht so viele Probleme. Er war davon überzeugt, dass es einen besseren Weg geben musste.

Gordon konnte nicht allzu lange grübeln, denn die Nachwirkungen des Verkaufs von Getty Oil waren immer noch zu spüren. Insgesamt musste er sich fünfzehn einzelnen Gerichtsverfahren stellen. Bei den meisten waren Familienmitglieder die Gegenseite. Diese Tatsache beunruhigte ihn sehr. »Es gibt nichts, was bitterer und erschütternder wäre, als ein Prozess innerhalb der Familie«, sagte er traurig. Davon abgesehen wäre er lieber wieder zu seinen Kompositionen zurückgekehrt.

Da er die familiären Uneinigkeiten der Vergangenheit aus erster Hand miterlebt hatte, wünschte Gordon sich Frieden. Bill Newsom zufolge war er »erstaunt über die Art und Weise, wie der Verkauf von Getty Oil abgelaufen war«, und er vertraute ihm an: »Bill, ich *will* überhaupt gar keine vier Milliarden Dollar.« Den Ärger, den es mit sich brachte, wenn man der einzige Treuhänder des Sarah C. Getty Trusts war, wollte er auch nicht. Außerdem sah er keinen großen Nutzen darin, aus reiner Loyalität seinem Vater gegenüber die Existenz des Trusts künstlich fortzusetzen. Er hatte seine Aufgabe erledigt. Er hatte eine zentrale Rolle für den Aufbau und den Erhalt des sagenhaften Vermögens der Familie erfüllt. Jetzt war er nicht mehr länger nützlich.

Also tat er das, was ein philosophischer Milliardär tun muss: Gordon Getty beugte sich dem Unausweichlichen und sorgte dafür, dass der Sarah C. Getty Trust mausetot war. Zunächst zahlte er beinahe eine Milliarde Dollar an Steuern, dann teilte er – salomonisch – das noch verbliebene Vermögen in vier Teile.

Damit kam er auf eine Summe von jeweils etwa 750 Millionen Dollar. Ein Teil ging an seinen Bruder Paul, ein anderer an »die Georgettes«, die drei Töchter seines Halbbruders George, wiederum ein anderer an die Erben seines Halbbruders Ronald – und den vierten Teil behielt er für sich und seine Familie.

Da Ronald noch immer vom Ertrag des Trusts ausgeschlossen war, brachte dies eine Komplikation mit sich. Abgesehen von den Georgettes sollte keins der Enkelkinder von J. Paul Getty etwas erben, ehe der letzte seiner drei verbliebenen Söhne gestorben war – was versicherungsstatistisch berechnet wohl in siebenundzwanzig Jahren so weit gewesen wäre. Daher wurde das Geld, das an Ronalds Kinder gehen sollte, in drei separate Trusts aufgeteilt, deren Einkünfte an Paul, Gordon und die Georgettes gehen sollten, bis die nächste Generation in der Position war, es zu erben.

Die Zerschlagung des Sarah C. Getty Trusts war ein wichtiger Moment in der Geschichte der Familie Getty, denn sie bot der Familie endlich die Gelegenheit, Frieden zu schließen, indem jeder Zweig der »Dynastie« die Kontrolle über seine eigenen Finanzen erhielt. Der außerordentlich profitable Verkauf von Getty Oil hatte die Familie bereits von der Unsicherheit befreit, die mit der ungewissen Zukunft des Ölgeschäfts einherging. Nun besaß die Familie diesen weit ausgedehnten Reichtum, der, wenn man ihn angemessen investierte, für immer ausreichen würde, da sich das Kapital des Trusts weiterhin ständig vermehrte und die Begünstigten von den Zinsen ausgesprochen gut leben konnten.

Gleichzeitig trug Gordon noch auf andere Art und Weise zum zukünftigen Wohlergehen der Familie bei. Er hatte die Gefahr erkannt, die darin lag, große Summen Geld in getrennten Trusts auf Jahre hinaus festzulegen, sodass es erst nach dem Tod der älteren Generation in einem Zug ausgeschüttet wurde. Deshalb fand er einen Weg, dafür zu sorgen, dass die jüngeren Mitglieder der Familie zumindest ein für Getty-Verhältnisse

338

moderates Einkommen erhielten, wenn sie im Gegenzug an der Arbeit der verschiedenen Trusts mitwirkten.

Er verzichtete persönlich auf fünf Prozent der Treuhändervergütung, die ihm zustand, um jährliche Zahlungen an jüngere Mitglieder der Familie zu ermöglichen, die im Alter von fünfundzwanzig Jahren zu Mit-Treuhändern der Trusts der Familie ernannt wurden. Er hoffte, dass seine Kinder und deren Cousins und Cousinen auf diese Weise Erfahrung mit den Finanzgeschäften der Familie sammelten und früh einen Anteil an deren Wohlstand erhielten.

Er freute sich jetzt schon darauf, dass seine Kinder eine Zukunft ohne Katastrophen wie die erleben konnten, die die Gettys in der Vergangenheit verfolgt hatten. Er verarbeitete all seine Hoffnungen für sie in einem Gedicht, das er in etwa zu dieser Zeit geschrieben hat. Es heißt »Das Haus meines Onkels« und endet so:

Ich wünsch' meinen Söhnen keine höhere Geburt;
Ich wünsch' ihnen nur dies: verspürt
wie Geduld und die spendable Erde
Leben schafft, wie Arbeit, Geld und Werte
und ein Lied den Geist ziert.

21. KAPITEL

RITTERSCHLAG

Die 750 Millionen Dollar, die Paul junior aus der Aufteilung des Kapitals des Sarah C. Getty Trusts erhielt, machten ihn über Nacht zum sechstreichsten Mann in Großbritannien. Die Summe wurde seinem Cheyne Walk Trust gutgeschrieben, wo Vermögensverwalter es professionell in einer ganzen Reihe von Investitionen anlegten, um sicherzustellen, dass es nicht verloren ging und wuchs – was beim Zinsniveau auf Rekordhöhe Anfang der Achtzigerjahre bedeutete, dass das Kernkapital zum Wohl zukünftiger Generationen ständig weiter anwachsen sollte, während Paul ab sofort wöchentlich über eine Million Dollar an Zinsen erhielt.

Was das verfügbare Einkommen anging, war er reicher als die meisten Hyperreichen in Großbritannien. Da mit dem Kapital des Trusts für das Erbe seiner Kinder und Enkelkinder gesorgt war und es keine fremden Ansprüche auf sein Einkommen gab, konnte er es ausgeben, wie er wollte.

Es gibt wohl keine passendere Geschichte über die Nutzlosigkeit von übergroßem Reichtum. Was nützt eine Million Dollar in der Woche einem Menschen, der sich selbst verachtet, der sein Haus kaum verlässt, außer, um sich in die Klinik zu begeben, der sich weder etwas aus Familie noch aus Essen oder Reisen macht und der unter akuter Venenentzündung, drohendem Diabetes, Verdacht auf Leberzirrhose, eingeschränkter

Lungenfunktion, brüchigen Knochen und fürchterlichen Zähnen leidet?

Die Armut seiner Bedürfnisse machte den Umfang seiner Erbschaft eindeutig sinnlos. Doch durch eine unerwartete Wendung des Schicksals markierte ausgerechnet diese riesige Erbschaft den Beginn von Pauls Erlösung.

Der Erhalt des Geldes fiel zufällig mit einer persönlichen Krise zusammen. Paul war sehr krank, und da Victoria nach wie vor mit Mohammed Alatas verheiratet war – und mittlerweile Mutter von zwei Söhnen, Tariq und Zain –, war es besonders schwer für ihn, ohne sie im Cheyne Walk zu leben. Da seine Gesundheit ruiniert war, begab er sich noch einmal in der London Clinic in Behandlung und blieb dieses Mal für lange Zeit dort.

In etwa zur selben Zeit kehrten seine Gedanken zum Katholizismus zurück, zu dem er von den Jesuiten in St. Ignatius bekehrt worden war, als er sechzehn war. Er war zwischenzeitlich vom Glauben abgefallen, aber während seines Aufenthalts in der Klinik geriet er unter den Einfluss des jesuitischen Kaplans Vater Miles von der nahe gelegenen St.-James's-Kirche. Unter seiner Führung wandte Paul sich wieder der katholischen Kirche zu.

Da sein Glaube wiederhergestellt war und er die meisten seiner Verbindungen zu Besitz und der Außenwelt gekappt hatte, lebte er ein eher mönchisches Leben in der London Clinic. Hier hatte er keinerlei Verantwortung und war zum Glück frei von Angst und Sorgen.

Seine erste Reaktion auf das Geld war daher christlich. Ihm fiel Jesus' Feststellung ein, dass eher ein Kamel durch ein Nadelöhr passt, als dass ein reicher Mann in den Himmel kommt. Er war so weit, Christus' Rat zu folgen. Da er so viel Geld gar nicht gebrauchen konnte, war er schnell bereit, den größten Teil zu verschenken. Aber das war gar nicht so einfach. Als

341

ehemaligem Hippie waren ihm größere Geldbeträge ohnehin unheimlich, und er hatte kaum eine klare Vorstellung davon, was er damit machen sollte – außer dass er wollte, dass es für gute Zwecke verwendet wurde.

Seine erste Zuwendung ging an ein Unternehmen, an das er ganz persönlich glaubte. Als Filmliebhaber hatte er herausgefunden, dass das gesamte Erbe des frühen britischen Films in Gefahr war. Die einzigen Kopien von zahllosen britischen Kinofilmen im Archiv des British Film Institute waren auf leicht vergänglichem Nitrofilm aufgenommen, und das Institut verfügte nicht über die Mittel für die aufwendige Übertragung auf modernere Medien. Paul finanzierte diese Arbeiten – in aller Stille, da er kein Aufsehen erregen wollte – und trug damit letztendlich etwa zwanzig Millionen Pfund zum Institut bei. Es ist hauptsächlich ihm zu verdanken, dass die frühe Geschichte des britischen Kinos nicht für immer verloren gegangen ist.

Kurz darauf bot er der Manchester City Art Gallery 500 000 Pfund an, um zu verhindern, dass ein kleines Gemälde von Duccio, einem Meister aus Siena, das die Kreuzigung zeigte, vom J. Paul Getty Museum in Malibu gekauft wurde. Das führte zu Spekulationen in der Presse, ob er das Andenken an seinen Vater beschädigen wollte – oder ob er vielleicht seinem Bruder Gordon eins auswischen wollte, der Treuhänder des Museums war. Seine eigene Erklärung für dieses Geschenk war viel einfacher. Er stellte fest: »Ich habe es satt, dass alles immer nach Malibu geht. Es ist an der Zeit, dass jemand dem ein Ende macht.«

Unter dem Einfluss von Vater Miles fasste Paul jetzt ernsthaft den Vorsatz, endgültig mit den Drogen aufzuhören. Diese Entscheidung hatte er zuvor jedoch schon viele Male getroffen, und es war ihm schmerzhaft bewusst, wie schwer es war, sie auch umzusetzen. Deshalb wollte er seine Behandlung in der Sicherheit und Anonymität der London Clinic unter der Aufsicht seiner Ärzte so lange es ging weiter fortsetzen.

Er sollte fünfzehn Monate bleiben – doch sein Bedürfnis nach Anonymität wurde nicht respektiert.

Anfang 1985 stand die Regierung von Mrs. Margaret Thatcher vor Problemen im Bereich der Kulturförderung – kein zentraler Bereich, jedoch einer, der anfällig für Peinlichkeiten war, in dem die angebotsorientierte Wirtschaftstheorie, die ihrer monetaristischen Regierungsführung zugrunde lag, offenkundig fehlgeschlagen war. In der Theorie sollte der sogenannte Trickle-down-Effekt einsetzen, sobald der Staat die Steuern senkte und so die Reichen noch reicher machte, indem dankbare Multimillionäre ihren Kapitalüberschuss einsetzten, um die Künste zu fördern, wie es reiche Spender in Amerika schon seit Jahren taten.

Doch Englands Jahrzehnt der Gier war so außerordentlich gierig, dass es nicht so gekommen war. (Wahrscheinlich spielte es eine noch größere Rolle, dass Kunstförderung im Gegensatz zu den Vereinigten Staaten, wo dies seit Langem üblich war, nicht von der Steuer abgesetzt werden konnte.) Tatsache war, dass viele der großen Museen und Galerien des Landes, die in zivilisierteren Zeiten gestiftet worden waren, Mitte der Achtzigerjahre knapp bei Kasse waren, auch wenn der Rest der Welt in monetaristischem Überfluss lebte.

Ironischerweise machte das Getty Museum in Malibu – selbst das Produkt privater Wohltätigkeit und wie Gordon und Paul nach dem Verkauf seiner Aktien von Getty Oil mit größerem Wohlstand ausgestattet – die Lage noch schlimmer, indem es die Preise für wichtige Kunstwerke in die Höhe trieb und in der Lage war, jede andere Galerie auf der Welt zu überbieten. Ohne bedeutende Unterstützung durch die Regierung – was die Premierministerin und ihr Ausgabenlimit aus dem Gleichgewicht gebracht hätte – wäre die National Gallery verarmt und unfähig gewesen, bei Neuerwerbungen auf dem internationalen Kunstmarkt mitzuhalten.

Es gab einen Silberstreif am Horizont des Kunstmäzenatentums – eine Geldspende der Familie Sainsbury an die National Gallery in London, mit der auf einem Grundstück direkt nebenan ein brandneuer Flügel erbaut werden sollte, der schließlich ihren Namen trug. Hinter dieser Idee steckte Simon Sainsbury, der künstlerisch bewanderte Spross der Familie, der zufällig auch Geschäftspartner von Christopher Gibbs war. Während die letzten Vorkehrungen für die Spende der Sainsburys getroffen wurden, hatte einer der Kuratoren des Museums, der Marquis von Dufferin und Ava, gegenüber Gibbs erwähnt, dass das Museum dringend »eine gleichwertige große Stiftung« brauchte, die es so investieren konnte, dass ein jährlicher Betrag für Neuerwerbungen zur Verfügung stand.

Gibbs dachte darüber nach – aber er kann nicht besonders lange nachgedacht haben, denn schon kurze Zeit später interessierten sich einige einflussreiche Mitglieder der Regierung und der Kunstwelt außerordentlich für einen bis dahin nicht weiter beachteten Einsiedler und Milliardär, der im Augenblick in der London Clinic residierte.

Es war beinahe zwanzig Jahre her, dass Christopher Gibbs zum ersten Mal Paul getroffen hatte, und er war einer der wenigen, die ihn in den trostlosen Jahren nach Talithas Tod regelmäßig besucht hatten.

Während dieser Zeit war Gibbs selbst zu Wohlstand gekommen. Mit Simon Sainsbury als Partner war er zu einem erfolgreichen Kunsthändler im West End von London avanciert. Er hatte einen reichen Kundenstamm und ein faszinierendes Geschäft in Mayfair. Gleichzeitig hatte er sich vom Wunderkind der Sechzigerjahre in Chelsea in einen Mann mit gesellschaftlichem Einfluss verwandelt. Er hatte ein Haus an der Themse in Abingdon, eine Wohnung in Albany und einen großen Kreis einflussreicher Freunde.

Während seines eigenen Aufstieges hatte er kaum etwas gegen den Abstieg seines Freundes unternehmen können, aber jetzt sah er in der augenblicklichen Situation eine Chance für Paul, sich selbst zu helfen, indem er gleichzeitig der National Gallery dabei half, ihre Probleme zu lösen. Wenn er ihn dazu überreden konnte, eine Spende in der Größe an das Museum zu machen, die dieses dringend brauchte, geschah vielleicht sogar ein Wunder für Pauls Image in der Öffentlichkeit – und damit auch für sein persönliches Selbstvertrauen und seinen zerbrechlichen Durchhaltewillen.

Trotz seiner Spenden an die Manchester City Art Gallery und das BFI hatte Paul noch immer mehr Geld, als er ausgeben konnte. Als Gibbs ihm vom Schicksal der National Gallery erzählte, stimmte Paul daher ohne größere Bedenken einer Spende von fünfzig Millionen Pfund zu.

Gibbs wollte sicherstellen, dass Paul für seine Großzügigkeit angemessen gewürdigt wurde. Bei einer so enormen Summe – und einem so zweifelhaften Ruf aufgrund seiner Vergangenheit – konnte die Spende leicht ein Fehlschuss werden, wenn man die Sache nicht richtig anfing. Um das zu verhindern, bediente Gibbs sich einer ganzen Reihe von strategisch platzierten Verbündeten, denen die Lage bewusst war und die dazu in der Lage waren, dafür zu sorgen, dass die Spende für das Museum ein gelungener Streich wurde – und mehr als das für Jean Paul Getty junior.

Der wichtigste dieser Verbündeten war der frisch ernannte Vorsitzende der Treuhänder des Museums, der Finanzier und Kunstsammler Lord Rothschild. Er war nicht nur ein erfolgreicher Bänker, sondern auch ein aufmerksamer Mensch, und so war Jacob Rothschild schnell davon zu überzeugen, dass es sich bei dieser Spende um ein unwiderstehliches Geschenk handelte – und was sie beinhaltete.

»Es kommt sonst einfach nicht vor, dass einem fünfzig Millionen Pfund geboten werden, nicht einmal für die National Gallery«, sagt er. »Wenn es also doch vorkommt, dann tut man alles dafür, was in seiner Macht steht, und setzt alles auf eine Karte – Unterstützung von Politikern, vom Hochadel, von allen, die irgendwie helfen können. Die Aufgabe ist dann, opportunistisch zu sein und alles dafür zu tun, dass es funktioniert. Ich wusste, dass Christopher sich das als Teil von Pauls Rückkehr ins Leben vorgestellt und gehofft hat, dass es das Bild verändern würde, das die Leute von ihm hatten. Das war etwas, auf das ich selbstverständlich vorbereitet war und dem ich zustimmen konnte.«

Ein weiterer von Gibbs' einflussreichen Freunden, Mrs. Thatchers Kulturminister Lord Gowrie, dachte ebenso, als er hörte, welches Angebot auf dem Tisch lag. Als Mitglied der Regierung war es in seinem Interesse, dass die Spende gemacht wurde, und er war sich vollkommen bewusst, welche politische Bedeutung von einer so großen Geldsumme für die Kunst ausging. Also folgte er dem Beispiel von Lord Rothschild und besuchte Paul Getty junior in der London Clinic, um ihm seine Dankbarkeit auszusprechen und über die letzten Details der Spende zu reden.

Danach unterrichtete er umgehend »den Boss«, wie er Mrs. Thatcher nannte, die über diese Nachricht ebenso erfreut war. Die schönen Künste standen nicht gerade weit oben auf der thatcherschen Prioritätenliste, aber eine unaufgeforderte Spende von fünfzig Millionen Pfund an die ganze Nation brachte die freundliche Seite der Eisernen Lady zum Vorschein, und ihre unmittelbare Reaktion war, dass sie Paul Getty junior persönlich danken wolle.

In den USA wäre es undenkbar gewesen, dass das Staatsoberhaupt sich mit einem bekannten Drogensüchtigen mit einer Geschichte wie der von Paul einlässt, aber Mrs. Thatcher hätte es undenkbar gefunden, es nicht zu tun.

Sie mochte reiche Leute, und es bewegte sie, dass einer von ihnen in seiner Wahlheimat einen solchen Patriotismus bewies. Da er in der London Clinic war, musste eine fürsorgliche Premierministerin in dieser Situation ihren Florence-Nightingale-Umhang umlegen, sich ans Krankenbett des hinfälligen Milliardärs begeben und ihm voller Wärme für seine Großzügigkeit danken.

Ehe das geschehen konnte, fand Gowrie es angemessen, dass er Paul fragte, wie er über einen Besuch von Margaret Thatcher dachte. Er gibt zu Protokoll, Paul war »ziemlich aufgeregt angesichts dieser Aussichten, aber da er ein sehr schüchterner Mensch war, fürchtete er sich auch davor und bat mich darum, ihm zu erzählen, was genau passieren würde. Ich habe zu Paul gesagt: Mach dir einfach keine Sorgen. Du wirst sehen, sie ist sehr charmant, man kann leicht mit ihr reden, und wenn sie dich sieht, wird sie sagen: *Also, mein lieber Mr. Getty. Was um Himmels willen ist denn los?* Und ehe du weißt, wie dir geschieht, hat sie schon die medizinische Betreuung in deinem Fall übernommen.«

Als Lord Gowrie wenige Tage später mit Mrs. Thatcher in die London Clinic kam, war er verständlicherweise erleichtert, dass »Paul sich auf Vordermann gebracht hatte und auf der Bettkante saß wie ein Schuljunge, der auf die Hausmutter wartet«. Nachdem er sie einander vorgestellt hatte, behandelte die Premierministerin Paul beinahe wörtlich so, wie Gowrie es vorhergesagt hatte.

»Mein lieber Mr. Getty«, fing sie an. »Was um Himmels willen ist denn los? Wir dürfen uns von so etwas nicht herunterziehen lassen, nicht wahr? Wir müssen dafür sorgen, dass Sie so schnell wie möglich wieder hier herauskommen.«

Gowrie bemerkte, dass Paul besorgt wirkte, denn, wie er sagt: »Er war ganz offensichtlich glücklich und zufrieden in der London Clinic, wo man sich um ihn kümmerte, wo niemand in seine Privatsphäre eindrang und er auch sonst alles hatte, was er brauchte – seine Schallplatten, seine Bücher und das Fernsehen.«

Der Gedanke daran, dass er gezwungen sein könnte, all das

wieder zu verlassen, muss ihn sehr erschreckt haben. Aber davon abgesehen verlief der Besuch vorbildlich. Alle waren sehr charmant, und Paul selbst war wirklich berührt von der Sorge der Premierministerin. Als man ihm aus der Downing Street ein Foto mit Autogramm schickte, bekam es einen Ehrenplatz neben seinem Bett; und in den Monaten darauf trafen sich Paul und Mrs. Thatcher noch mehrmals und verstanden sich blendend. Als sie später Pauls Halbschwester Donna (geborene Wilson) in Amerika begegnete, erzählte Margaret Thatcher ihr, ihr Bruder sei einer der erstaunlichsten Geister in Europa.

Trotz des Anliegens der Premierministerin, ihn so schnell wie möglich wieder aus der London Clinic herauszubekommen, verbrachte Paul noch neun wunderbar glückliche Monate hinter ihren hochpreisigen Mauern. Seinem Anwalt Vanni Treves zufolge verhielt er sich »eher wie in einem Hotel als einem Krankenhaus« – aber das änderte nichts an der Tatsache, dass er schwer krank gewesen war und dass es seine Zeit braucht, um sich von einer so lang anhaltenden und tiefgehenden Suchterkrankung zu erholen.

Glücklicherweise musste er beim Preis von 250 Pfund pro Tag, den sein Zimmer zusätzlich zur Behandlung und gelegentlichen Extras kostete, nicht sparsam sein. Methadon nahm die Stelle des Heroins ein, und das Bier in der Kühlbox sollte ein akzeptabler Ersatz für Rum werden – aber es gab keine Abkürzungen, die ihm halfen, seinen verwundeten Geist zu heilen.

Da er noch immer entschlossen war, sein riesengroßes Einkommen nicht für sich selbst auszugeben, wurde in der Zwischenzeit verkündet, dass er das meiste davon einer wohltätigen Stiftung zugutekommen lassen und nur das behalten wollte, »was nötig ist, um ein relativ bescheidenes Leben zu finanzieren«.

Danach trug er zwanzig Millionen Pfund zur Gründung der J. Paul Getty Jr. Wohltätigkeitsstiftung bei. Ihre Treuhänder waren Christopher Gibbs, Vanni Treves und James Ramsden, ein ehemaliger konservativer Minister und Vorstand der London Clinic – und Paul wählte die Organisationen, für die ihr Jahreseinkommen aufgewendet werden durfte, sehr sorgfältig aus.

Zwei der Hauptgebiete waren Umwelt- und Naturschutz, aber der Rest des Geldes sollte an die, wie er es nannte, »unbeliebten Anliegen« gehen, bei denen es normalerweise um »Armut und Leid« geht. Die meisten Zuschüsse lagen zwischen 5 000 und 10 000 Pfund für kleine Gemeindeprojekte und lokale Aufgaben – wie die Arbeit mit psychisch Kranken, Drogenabhängigen, Minderheiten und Wohnungslosen. Die Stiftung sollte ebenfalls »Menschen unterstützen, die unter Belastungen stehen«, etwa verprügelte Ehefrauen, Opfer von sexueller Gewalt und Familien, die in Schwierigkeiten geraten waren. Das Leid, das Paul zu lindern hoffte, hatte meist eine direkte Verbindung zu seinen eigenen Erfahrungen. Er hatte nie unter Armut leiden müssen – aber davon abgesehen war er mit den meisten Formen des menschlichen Elends einigermaßen vertraut.

Nachdem diese Stiftung gegründet war, spendete er weiterhin so viel wie möglich, häufig aus einer Laune des Augenblicks heraus, weil er etwas im Fernsehen gesehen hatte. Er hatte etwa gehört, dass der Klaviervirtuose John Ogdon so knapp bei Kasse war, dass er dazu gezwungen war, sein Klavier zu verkaufen – daraufhin sagte er, er solle sich ein neues aussuchen und ihm die Rechnung schicken. (Das tat Ogdon auch, und es kostete 18 000 Pfund.) Das Schicksal einer Gruppe von abtrünnigen streikenden Bergarbeitern rührte ihn so sehr, dass er ihnen 50 000 Pfund schickte. 250 000 Pfund flossen in den Erhalt der Umgebung der Ely-Kathedrale, wo ein Neubau entstehen sollte, und 10 000 Pfund in die Konservierung einer mittelalterlichen Ausgrabungsstätte in Somerset.

(Seitdem hat er große Summen für die Hungerhilfe in Eritrea gespendet, für medizinische Güter für Polen, für den Special

Arts Service und das Imperial War Museum. Er zahlte außerdem eine Million Dollar für Claus von Bülows Anwaltsrechnungen nach dessen erfolgreicher Verteidigung gegen den Vorwurf, er habe versucht, seine Frau Sunny zu ermorden – »weil mein Vater es getan hätte«.)

Durch seine Spenden erwarb er sich eine Menge Wohlwollen. Großbritannien ist kein besonders großzügiges Land, und in seinem Umfeld war die Dankbarkeit mit Händen zu greifen. In der Zwischenzeit hielt er sich von seinem Zimmer in der London Clinic aus weiterhin an seinen Vorsatz, ein »ziemlich bescheidenes Leben« zu führen, das ihm offenbar gut gefiel. Seine einzige größere Ausgabe in diesem Jahr war der Kauf von Wormsley Park, einem heruntergekommenen Landhaus mit relativ verfallenen Ländereien sechzig Kilometer vor den Toren von London, das er für 3,4 Millionen Pfund erwarb.

Wormsley war 1720 erbaut worden und hatte über zwei Jahrhunderte die Familie Fane beherbergt, bis es ihnen zu teuer wurde, es zu erhalten. Das Haus musste mehr oder weniger neu gebaut – oder abgerissen – werden und sein größter Vorzug war seine romantische Lage in einem hochgelegenen Tal am Rande der Chilterns, umgeben von 3 000 Morgen Weideland und einem sehr vernachlässigten Wald aus Buchen.

Niemand wusste genau, wieso Paul das Haus gekauft hatte. Wenn er ein Landhaus gebraucht hätte (was er im Augenblick nicht tat), warum dann so ein verfallenes Bauwerk wie Wormsley, wo er sich beinahe jedes Herrenhaus in ganz Großbritannien hätte leisten können? Um seine Haltung diesem Kauf gegenüber deutlich zu machen, sagte ein Sprecher der Presse, dass das Haus und die Ländereien »ohne Rücksicht auf die Kosten« wieder instand gesetzt »und dann an eine gemeinnützige Stiftung für sozial benachteiligte Kinder übergeben« werden sollten.

Vielleicht sollte es das. Doch genau wie bei seiner Spende an die National Gallery kam die Initiative hinter dem Kauf von Wormsley von Christopher Gibbs, der bereitwillig zugibt, Paul

»unter Druck gesetzt« zu haben. Gibbs war ein Mann mit vielen Interessen, aber mit großem Kostenaufwand Heime für benachteiligte Kinder zu bauen gehörte nicht dazu.

Als Pauls Spende an die National Gallery öffentlich angekündigt wurde, kam das gesamte Establishment zusammen, um seiner Dankbarkeit Ausdruck zu verleihen.

»Gaius Maecenas ist unter uns«, jubilierte Gowries Stellvertreter William Waldegrave, als er vor einem ehrfürchtigen und dankbaren Unterhaus die Nachricht verkündete. Gleichzeitig erhielt Paul in der London Clinic ein Schreiben von ziemlicher Vornehmheit. Es kam vom Kabinettssekretär und enthielt die Mitteilung, dass »das Kabinett sich einig ist, dass der Status der Institution und die Großzügigkeit der Spende der Angelegenheit zusammengenommen nationale Bedeutung verleihen, und es möchte seiner herzlichen Wertschätzung und tief empfundenen Dankbarkeit für Ihre überwältigende Freigebigkeit Ausdruck verleihen«.

Aus Amerika kamen in der Zwischenzeit Glückwünsche, die sich eines weniger geschraubten Vokabulars bedienten. »Dreifaches Hoch für deine unschätzbare Unterstützung«, telegrafierte Gordon. »Wenn das bedeutet, dass Großbritannien Kunstwerke behalten kann, die sonst an das J. Paul Getty Museum gegangen wären, ist das in Ordnung. Und wenn du es wegen des Kapitalerhalts persönlich auf die Neuerwerbungen des Getty Museums abgesehen hättest und uns schikanieren wolltest, jedoch keine anderen Käufer, sehe ich nicht, wieso ich etwas dagegen haben sollte.«

Da Gordon einer der Kuratoren des Museums in Malibu war, war es sehr großzügig von ihm, so etwas zu schreiben. Vor dem Hintergrund von Pauls Verhalten ihm gegenüber bis zu diesem Zeitpunkt erscheint die Haltung, die in dieser Nachricht zum Ausdruck kommt, als geradezu heiligengleich. Aber Gordon wollte die Vergangenheit ruhen lassen. Genau wie Paul. Eine neue und noch ungewohnte Stimmung der Versöhnlichkeit hatte sich in der Familie breitgemacht.

Zur selben Zeit begann die öffentliche Anerkennung die Wirkung auf Paul zu entfalten, die seine Freunde sich erhofft hatten. Sie motivierte ihn dazu, sich von den Drogen fernzuhalten und sich als des glänzenden Rufs würdig zu erweisen, den er sich erworben hatte. Er hatte schon öfter versucht, seine Sucht in den Griff zu bekommen, aber er hatte es nie geschafft, seinen Entschluss auch durchzuhalten. Dieses Mal jedoch bewies er unerwartete Willensstärke.

Dennoch war es nicht einfach – und seine »Therapie« war bei Weitem noch nicht abgeschlossen. Er war seit beinahe zwanzig Jahren süchtig, und die psychische Abhängigkeit ist nach einer so langen Zeit häufig schwerer zu überwinden als die körperliche. Lang anhaltende Abhängigkeit kann die emotionale Entwicklung behindern, sodass ehemals Abhängige unter Rückfällen und Panikattacken leiden und ständig schmerzhaft gefährdet sind.

Ganz gleich, wie willensstark er war, Paul blieb verwundbar, und seine geschädigte Psyche musste ebenso wieder aufgebaut werden wie ein geschädigter Körper. Während dieses Prozesses wurde ein großer Teil seiner alten Persönlichkeit nach und nach durch etwas anderes ersetzt.

Das erklärt, wieso Jean Paul Getty junior, der ehemalige Hippie, der Heroinsüchtige, der arbeitslose Milliardär, sich so gut mit Mrs. Thatcher verstand, die als Mensch und als Politikerin für vieles stand, was er früher mit größter Sicherheit lächerlich gemacht hätte – Mittelschichtmoral, harte Arbeit und familiäre Werte.

Paul veränderte sich. Er war jetzt zweiundfünfzig und verwandelte sich vom präraffelitischen Hippie in seiner Anfangszeit im Cheyne Walk in einen zunehmend konservativen Engländer mittleren Alters.

Im Herbst stand er vor seiner größten Prüfung – dem Wiedersehen mit seinem Sohn Paul. Es war seit seinem Koma der erste Flug nach Europa für den jungen Paul. Er flog in Begleitung von zwei Krankenpflegern von Los Angeles aus ab, und das Erste, was er tun wollte, kaum dass er in London angekommen war, war, seinen lange verloren geglaubten Vater wiederzusehen. Vielmehr wollte er die Stimme seines Vaters hören, da der junge Paul beinahe blind war, wollte mit ihm zusammen sein, die Vergangenheit vergessen und mit seinem Segen ein neues Leben anfangen.

Es wäre für jeden Vater schwer gewesen, mit einer solchen Situation umzugehen. Es flossen unweigerlich Tränen, vor allem bei Paul junior, dessen Schrecken und Bedauern in dem Moment, als er seinem gebrochenen Sohn gegenüberstand, man sich vielleicht vorstellen kann. Es war eine erschütternde Quälerei für ihn, vor allem weil er seine Schuldgefühle nicht mehr mit Drogen oder Alkohol betäuben konnte. Aber es gab trotzdem auch Freude und die Gelegenheit, von nun an alles wiedergutzumachen. Er lernte seine erste Lektion im Umgang mit Schuldgefühlen ohne Hilfsmittel, und mit jedem Tag, der verging, erschien ihm die Zukunft hoffnungsvoller.

In der zweiten Märzwoche 1986 hatte sich Paul so weit erholt, dass er den Rat von Mrs. Thatcher annehmen und die London Clinic verlassen konnte. Er hatte sich hier so lange versteckt, dass er trotz des Ruhms, den ihm seine Großzügigkeit eingebracht hatte, von der allgemeinen Öffentlichkeit als so etwas wie ein Mysterium betrachtet wurde. Da es bizarre Gerüchte über seinen körperlichen Zustand gab, fühlte Vanni Treves sich veranlasst, Reportern zu versichern, dass »sein Gesundheitszustand jetzt wirklich sehr gut ist«.

Wie die meisten Beteuerungen von Anwälten war diese bis zu einem gewissen Grad wahr. Paul hatte es geschafft, vom Heroin und vom Alkohol loszukommen, sein Kreislauf war wieder stabiler, ebenso wie der Zustand seiner Leber. Sein allgemeiner Gesundheitszustand war sicherlich besser als achtzehn Monate zuvor, aber er blieb körperlich beeinträchtigt. Er war schnell erschöpft und fiel leicht hin. Dabei brach er sich die Knochen, wenn er nicht vorsichtig war. Lord Gowrie kam er so vor, »als ob er sich früher einmal eine schwere Verletzung zugezogen hatte, die nie richtig verheilt war«.

Paul traf endlich einmal eine kluge Entscheidung, indem er nicht in den Cheyne Walk zurückkehrte, um dort zu wohnen. Der offizielle Grund dafür war, dass das Haus so vernachlässigt war, dass es dringend renoviert werden musste. Aber die Wahrheit war, dass Cheyne Walk den ganzen Ballast seiner Vergangenheit beherbergte – Trauer um seine Kinder, Schuldgefühle wegen Talitha, Drogen, Alkohol, der Einfluss von Dante Gabriel Rossetti –; es jetzt zu verlassen markierte den Abschluss von allem, wofür es gestanden hatte.

Seine neue Bleibe hätte nicht gegensätzlicher sein können – eine Wohnung in einem modernen Wohnblock, der für die Reichen gleich hinter dem Ritz erbaut worden war. Hier gab es keine Geister. Hier war es ruhig und diskret und ein wenig klinisch, die hauptsächlichen Vorzüge waren der Blick von den großen Fensterfronten aus auf die unendlichen Bäume von Green Park und die gelegentliche flüchtige Anwesenheit von Rupert Murdoch als Nachbarn. Paul hatte die Wohnung eigentlich schon einige Monate vorher für seine Mutter gekauft, aber da ihre Ärzte in Amerika praktizierten und sie Krebs im Endstadium hatte, hatte sie kaum Verwendung dafür.

Die endgültige Anerkennung für Paul erreichte ihn Anfang Juni mit der Ehrenliste zum Geburtstag der Königin, als er, nicht ganz unerwartet, »wegen seiner Verdienste um die Künste« zum Ritter der britischen Krone geschlagen wurde.

Für einen Mann, der unter geringem Selbstvertrauen leidet, gibt es nichts Besseres als einen Ritterschlag. Es war berührend, seine offensichtliche Freude mit anzusehen, als es so weit war. Dies war das letzte Siegel der Akzeptanz durch das britische Establishment, der Beweis dafür, dass, soweit es Großbritannien betraf, die Vergangenheit ruhen konnte und ein Schlussstrich gezogen worden war. Als Ausländer durfte er sich jedoch nicht »Sir Paul« nennen – was ihm besser gefallen hätte –, denn Ausländer bekommen nur ehrenhalber einen Titel verliehen. Um die seltsamen Freuden eines Titels genießen zu können, musste er seine Staatsangehörigkeit wechseln, darüber hatte er durchaus bereits nachgedacht und war vor Jahren schon zu dem Schluss gekommen, dass »Großbritannien Utopia ist«.

Doch nun erklärte er zögerlich, dass »meine Berater mich gebeten haben, es nicht zu tun, wegen der erheblichen steuerlichen Folgen. [Es hätte bedeutet, dass er doppelt besteuert worden wäre, einmal in den USA und in Großbritannien.] Wenn ich britischer Staatsbürger werden würde, würde mich das daran hindern, mein Geld dort hinzugeben, wo es gebraucht wird.«

Man versteht seine Gründe. Der Ritterschlag hatte ihn bereits fünfzig Millionen Pfund gekostet. Noch mehr Geld an die britische Staatskasse zu zahlen, um den Titel auch tragen zu dürfen, wäre übertrieben gewesen. Deshalb blieb er einfach Mr. Getty, KBE – und reihte sich damit in eine Gruppe amerikanischer Landsleute ein, die sich ebenfalls hervorgetan hatten: Ronald Reagan, Gerald Ford, Henry Kissinger und Douglas Fairbanks junior.

Den Orden des britischen Empires im Rahmen der offiziellen Zeremonie im Buckingham Palace von der Königin entgegenzunehmen war Pauls erster Auftritt in der Öffentlichkeit seit seinem nervenaufreibenden Erscheinen mit Bianca Jagger zehn Jahre zuvor beim Gedenkgottesdienst für seinen Vater. In gewisser Weise war dies sogar eine größere Qual, wenn man bedenkt, wie Furcht einflößend der Palast ist, und dass er trotz allem nicht ganz gesund war und über die Jahre noch schüchterner und einsiedlerischer geworden war.

Aber er musste hingehen, nicht nur weil die Queen ihn dazu aufgerufen hatte, sondern weil seine Mutter und seine Halbschwester Donna aus Amerika gekommen waren, um bei diesem großen Ereignis dabei zu sein.

Ann glich nicht mehr länger der geschäftigen Auntie Mame, sie war inzwischen nur noch Haut und Knochen. Sie war so krank, dass ihre Tochter Donna sie begleiten musste. Ann war Zeugin aller Schwierigkeiten gewesen, die den Gettys widerfahren waren, genau wie des Schmerzes und der Enttäuschung, die Paul ihr zugefügt hatte. Doch jetzt konnte sie zum ersten Mal seit vielen Jahren stolz auf ihn sein und mit dem Wissen sterben, dass die Königin von England ihren »liebsten Pabby« geehrt hatte.

Paul war inzwischen gleich auf mehreren Wegen der Erlösung. Sein Katholizismus war einer davon, seine Wohltätigkeit ein anderer – und der dritte, der ihm am meisten Spaß machte, war Cricket.

Seitdem Mick Jagger ihm damals das Spiel erklärt hatte, hatte er den Sport immer im Fernsehen verfolgt; aufgrund seiner Suchtpersönlichkeit war er bald schon ein glühender Fan. Cricket hat manchmal eine extreme Wirkung auf erwachsene Männer. Harold Pinter hat einmal allen Ernstes behauptet: »Cricket ist das Großartigste, was Gott jemals auf Erden geschaffen hat, mit Sicherheit besser als Sex, obwohl Sex auch nicht schlecht ist.«

Paul hätte sicher zugestimmt, und als Gelehrter begann er sofort, die Geschichte des Spiels von dem Tag in den 1790er-Jahren an zu studieren, an dem die Mitglieder des Marylebone Cricket Club sich in einem Raum der Lord's Tavern versammelt haben, um die »Gesetze« des Spiels niederzuschreiben. Da er in England verliebt war, liebte er die »Englishness« von Cricket und die Art und Weise, wie es von der Aristokratie gefördert worden war, während sie es zusammen mit jedem Arbeiter auf ihrem Besitz spielten, der einen Ball hart genug schlagen konnte. Er eignete sich so viel Wissen über die berühmten Cricket-Spieler an, wie er konnte, aus der Vergangenheit wie aus der Gegenwart, genau, wie er sich früher einmal alles Wissen über die größten Opernsänger angeeignet hatte.

So kam es, dass er genau wusste, wer der Mann war, als James Ramsden, der Vorstand der London Clinic, ihm einen vornehm aussehenden Mitpatienten vorstellte, der sich von einer Operation erholte, und es war ihm eine Ehre, ihn kennenzulernen.

Sir George »Gubby« Allen war einer der größten unter den großen alten Männern im englischen Cricket. Er war der Sohn eines früheren Polizeipräsidenten, war in Eton zur Schule gegangen und hatte dann am Trinity College in Cambridge studiert. Und er war einer der letzten großen Amateure und Allroundspieler. Er war Kapitän der englischen Nationalmannschaft im Spiel gegen Australien 1936, und man erinnert sich vor allem deshalb noch an ihn, weil er sich weigerte, Douglas Jardines rücksichtslose »Bodyline bowling«-Taktik gegen die Australier 1932 mitzuspielen, weil er fand, das »war kein Cricket«.

Gubby wurde Pauls Idealbild des Engländers, und nach dessen Tod 1989 hat jemand angedeutet, dass er wie ein älterer Bruder für ihn gewesen sei.

»Eher wie ein Vater«, antwortete er.

Das war eine aufschlussreiche Bemerkung für jemanden, der, was Väter betraf, stets den Kürzeren gezogen hatte. Gubby wurde für Paul zu etwas, das er sich immer gewünscht hatte – die Art Vaterfigur, welche die Werte verkörperte, die er dringend brauchte, vor allem Selbstdisziplin und Mut.

Die Aufnahme in den Marylebone Cricket Club ist im Leben jedes Cricket-Liebhabers ein goldener Höhepunkt. Um ihn zu erreichen, braucht es viel Zeit und Einfluss. Wenn man sehr viel Glück hat, wird man bei seiner Geburt für eine Mitgliedschaft im MCC registriert und wird dann vielleicht ausgewählt, wenn man die dreißig überschritten hat. Doch da Gubby Präsident des MCC war und Gibbs' Bruder Roger Mitglied des Vorstandes, wurde mit der Auswahl von Paul bewiesen, was ohnehin jeder weiß: In England öffnen sich die meisten Türen, wenn man ausreichend Geld und die richtigen Verbindungen hat.

Für Paul glich die Aufnahme in den MCC einem Eintritt ins Paradies. Er war nicht mehr länger ein Außenseiter, denn er durfte nun eins der Abzeichen der Akzeptanz durch die englische Oberschicht tragen: den rot und golden gestreiften Schlips des MCC (unter Cricket-Spielern auch »Rhabarber mit Vanillesoße« genannt). Zudem bekam er Zugang zu einer der letzten Männerbastionen in England: dem historischen »Long Room« im Pavillon des MCC.

Wenn er neben seinem Freund, dem großen Gubby Allen, in diesem Walhall des Cricket saß, konnte Paul am Ritual des Nationalsports teilnehmen, zusehen, wie die Schlagmänner durch den Long Room schritten, wenn sie aufs Feld gingen, um zu schlagen, und dann bei ihrer Rückkehr applaudieren – oder auch mitfühlend schweigen.

Das Erlebnis Long Room leistete einen nicht zu unterschätzenden Beitrag dazu, Paul aus der Isolation zu reißen, in der er so lange gelebt hatte. Alte Cricket-Spieler reden in der Regel über zwei Dinge: über Cricket und über sich selbst. Für Paul jedoch war es unvorstellbar, sich beim Cricket zu langweilen. Nach kurzer Zeit zählte er einige der größten Namen im Cricket zu seinen Freunden – den ausgezeichneten australischen Allroundspieler Keith Miller, Denis Compton und den ältesten noch lebenden englischen Test-Kapitän R. E. S. »Bob« Wyatt. Diese großen Männer behandelten Paul gelassen kameradschaftlich, wie Experten es häufig mit wohlhabenden Wahrheitssuchenden tun; seine angeborene Schüchternheit schien hier keine Rolle zu spielen.

Gubby war auch weiterhin sehr freundlich zu Paul, aber es hätte keinen Sinn, so zu tun, als hätte er damit nicht auch einen Plan verfolgt. Er war zu seiner Zeit ein geschickter Werfer gewesen, und als erfolgreicher Börsenmakler und früherer Schatzmeister des MCC war er in finanziellen Angelegenheiten alles andere als naiv. Cricket war ernsthaft unterfinanziert, und Gubby hegte seit Langem den Plan, die Spielbedingungen und die Einrichtungen im Lord's Cricket Ground zu verbessern.

Paul war bald derselben Meinung, und mit Gubby als Berater war es ihm eine Ehre, der selbst ernannte Pate des englischen Cricket zu werden. Schon bald überwies er anonyme Spenden an Kreisverbände, die knapp bei Kasse waren, stiftete Schulen für junge Cricket-Spieler und half einer Gruppe der verdientesten Empfänger in ganz Großbritannien – alten und bedürftigen Cricket-Spielern – mit Pensionszahlungen. 1986 krönte Paul dann seine Wohltätigkeitsaktivitäten im Cricket, indem er drei Millionen Pfund für den Bau einer dringend benötigten neuen Zuschauertribüne im Lord's Cricket Ground spendete.

Seine Spende von fünfzig Millionen Pfund an die National Gallery hatte Paul den Ritterschlag und die Akzeptanz durch das britische Establishment eingebracht – dass er Cricket förderte, brachte ihm noch etwas anderes ein: echte und dauerhafte Beliebtheit. Und paradoxerweise machte ihn Cricket auch bei der englischen Oberschicht beliebt, während er sich gleichzeitig Popularität bei der breiten Masse aufbaute.

Er verstand das Spiel und liebte es von ganzem Herzen, und von seiner privaten Loge auf der neuen Tribüne aus, die er finanziert hatte, konnte er dieses obskure Ritual verfolgen, in seiner ganzen Pracht dasitzen, seinen Freunden in der Cricket-Bruderschaft exzellenten Champagner anbieten und so die Langeweile eines Sommers in England erträglicher machen. Doch soweit es Pauls Zukunft betraf, geschah gerade etwas noch viel Wichtigeres unter den Buchen eines Waldes in einem längst vergessenen Tal in den Chilterns.

22. KAPITEL

WORMSLEY

Selbst in den verlorenen Jahren von Pauls Abhängigkeit, als Christopher Gibbs jede Woche zu Besuch in den Cheyne Walk kam, hatte er seinen Freund immer für »einen sehr klugen, witzigen, gebildeten Mann« gehalten, und trotz all dessen Ängsten und des Heroins besteht Gibbs darauf, dass Paul ihm in eben diesen Jahren das »meiste« beigebracht hat, »was ich über Bücher und die Buchkunst weiß, und alles, was ich über Filme weiß, und davon abgesehen noch viel, viel mehr«.

Da sie einander seit vielen Jahren so gut kannten, hatten sich zwischen ihnen viele Gemeinsamkeiten entwickelt – Interessen, Geschmack, ein geteilter Sinn für Humor –, deshalb wusste Gibbs besser als jeder andere, wie sein Freund, nachdem er durch den Verkauf von Getty Oil ein monströses Vermögen zur Verfügung hatte, diese ungeheure Menge Geld nutzen konnte, um sich selbst zu retten und sein Leben immer reicher zu machen.

Eine von Gibbs' vielen Leidenschaften war seine Liebe zum englischen Landleben, und selbst als Paul auf ewig in der London Clinic festzusitzen schien, plante er bereits, wie er ihn in die seriösen Genüsse des Landlebens einführen konnte.

Als Paul die Klinik verließ, war offensichtlich, dass er trotz allen Geredes über ein »ziemlich bescheidenes Leben« nicht für immer ausschließlich in seiner Wohnung in der Nähe des

Parks leben würde. Gibbs kannte Paul jedoch gut genug, um zu wissen, dass er in seiner augenblicklichen Stimmung kein Interesse daran hatte, ein hochherrschaftliches Anwesen wie Sutton Place zu kaufen, denn das hätte ihm Sorgen bereitet und ihn eingeschränkt. Aus diesem Grunde hatte er ihn dazu gedrängt, Wormsley zu kaufen.

Zum Zeitpunkt dieses Kaufs sah Gibbs in Wormsley wenig mehr als »ein eher langweiliges Haus in romantischer Lage«, aber er konnte sich ebenfalls vorstellen, dass sich etwas Außergewöhnliches daraus machen ließ. Die »romantische Lage« konnte die ideale Kulisse für das werden, was er sich für Paul vorstellte, ein Ort, der so perfekt war, dass er alle seine Bedürfnisse und seine Launen befriedigte und damit seine Genesung beschleunigte.

Tatsächlich verfolgte der Gedanke an ein solches Haus Gibbs bereits seit Jahren. Er hatte sich immer schon sehr für Architektur interessiert, und eine wiederkehrende architektonische Fantasie beschäftigte ihn besonders – ein Paradies auf Erden, in dem die Bewohner ohne große Mühe wirkliches Glück finden konnten. Die sogenannten Paradiese der Superreichen hatten in der Vergangenheit verschiedene Namen: Xanadu, Shangri-La, Schifanoia, Sanssouci. Gibbs interessierte sich jedoch mehr für die englische Version dieses Traums, die Wiedererrichtung von Adams Haus im Paradies auf dem Land in England.

Die Idee stand in engem Zusammenhang mit einer historischen Figur, die wegen ihrer Beziehung mit Rossetti und den Präraffaeliten sowohl Paul als auch Gibbs faszinierte – William Morris, der Künstler, Typograf und Frühsozialist, in dessen Ehefrau Rossetti verliebt gewesen war.

Gibbs sagt, dass er immer »eine Vision (die kommt und geht wie alles, was mystisch ist) von einem englischen Paradies hatte, wie dem in William Morris' Roman *Neues aus Nirgendland*«. Paul kannte diese Vision ebenfalls. Und hier in diesem hoch gelegenen Tal in den Chilterns, einer Gegend, die ihm seit seiner

Kindheit vertraut war, bemerkte Gibbs, dass Wormsley eine Art ländliches Paradies auf Erden werden konnte. Es könnte Pauls Lebenshunger zurückbringen, ihn wieder mit seiner Familie zusammenbringen und ihn glücklich machen.

Nachdem das Haus gekauft war, reichten einige wenige Besuche aus, damit Paul ebenso begeistert war und seinem Einsiedlerleben für immer ein Ende setzte.

Sobald sie einmal begonnen hatten, entwickelten die Arbeiten auf Wormsley ihre eigene Dynamik, die über sieben Jahre lang anhalten sollte, mehr als einhundert Männer über die gesamte Zeit in Arbeit hielt und etwa sechzig Millionen Pfund kostete. Es sollte ein so außerordentliches Werk werden, dass ein Autor vor Kurzem schrieb, dass »Wormsley als Ausdruck des Geschmacks eines einzelnen Mannes in ganz Großbritannien seinesgleichen sucht«, nachdem er es gesehen hatte.

Es war von Beginn an klar, dass die Aufgabe nicht allein darin bestand, das »eher langweilige« Wormsley in das »hübsche Landhaus« zu verwandeln, das Gibbs sich für seinen Freund vorstellte. Man musste das Haus gleichsam neu aufbauen – aber vor allem machte Paul sich Gedanken darüber, was aus seiner kostbaren Büchersammlung werden sollte. Er hatte in der Zwischenzeit so viele Bücher gekauft, dass er den größten Teil in Londoner Lagerhäusern unterbringen musste, und er konnte es kaum erwarten, sie alle unter einem Dach zu versammeln, um mit ihnen die perfekte Bibliothek zu erstellen. Doch was war eine perfekte Bibliothek?

Die einfachste Lösung wäre ein Anbau im gleichen Stil des 18. Jahrhunderts gewesen. Wie Gibbs sagt: »Dann hätte es am Ende ausgesehen wie ein Pflegeheim.« Stattdessen erinnerte er sich an die Häuser aus dem 18. Jahrhundert, die in unmittelbarer Nähe von viel älteren Burgen errichtet worden waren und die er in Irland und in der Nähe der schottischen Grenze gesehen hatte. Eine Burg bedeutete zudem genau den Hauch von Fantastischem, den Wormsley brauchte, und irgendjemand schlug vor, sie aus Flintsteinen aus der Gegend errichten zu lassen. Seit der Zeit der Normannen hatte niemand in England mehr eine Burg aus Flintsteinen gebaut – Paul stimmte trotzdem zu.

Er wünschte sich außerdem ein Kino mit modernster Vorführtechnik, unauffällige Garagen, einen atombombensicheren Schutzraum, ein Hallenschwimmbecken, einen Wildpark und einen vier Morgen großen See. Auf Wormsley gab es keinen See, aber Gibbs war der Meinung, dass jedes anständige Landhaus einen haben sollte. Also musste man einen künstlichen See anlegen. Und da es dafür nicht genug fließendes Wasser gab, mussten Tiefbrunnen gegraben werden, sodass man das Wasser, um ihn zu füllen, aus über 120 Metern Tiefe durch die Kalksteinschicht heraufpumpen konnte.

Die 1500 Morgen Wald mussten sorgfältig aufgeforstet werden. Die Felder brauchten neue Hecken, da die gesamten Ländereien schrecklich vernachlässigt worden waren und Paul unbedingt eine Herde English Longhorns, seine Lieblingsrinder, auf Wormsley haben wollte. Doch die oberste Priorität war, das Herrenhaus und die kleineren Häuser, die zum Besitz gehörten, in Ordnung zu bringen. Paul wünschte sich einen Ort für seine Familie, denn jetzt, da die Beziehung zu ihnen sich langsam verbesserte, stellte er sich bereits vor, wie er mit all seinen Kindern auf seinem Landsitz zusammen war. Das malerische New Gardens Cottage wurde dringend für den Besuch des jungen Paul im Dezember gebraucht, was bedeutete, dass ein beheizbares Schwimmbecken gebaut werden musste, in dem er seine Übungen machen konnte.

Für die Zukunft blieb vor allem eine Angelegenheit zu bedenken, die besonders wichtig war – die Anlage eines Cricket-Feldes, das Paul sich ebenfalls wünschte. Er war begeistert von dem, was er über die großen Tage des Crickets auf englischen Landsitzen gelesen hatte – heiße Sommernachmittage, Menschen am Kreis in weißem Flanell und das mühelose Spiel des besten Sports der Welt. Ehe Wormsley fertiggestellt werden konnte, brauchte es einen passenden, perfekten Cricket-Platz.

Der Bau eines Shangri-La in den Chilterns für einen Milliardär hätte leicht zu einem Albtraum oder einem Witz werden können; für Paul wäre beides eine persönliche Katastrophe gewesen. Es war Gibbs, der dies verhinderte, indem er ihn beriet und die Experten auftrieb, die an dem Projekt arbeiten sollten. Ebenso wie er Paul mithilfe seiner Freunde den Ritterschlag verschafft hatte, wandte er sich nun an andere Freunde, um dessen Träume für Wormsley wahr werden zu lassen.

In den Händen des falschen Architekten hätte die Bibliotheksburg leicht zu etwas wie in Disneyland werden können, aber Gibbs kannte einen Architekten, dem er vertraute: Nicholas Johnston, ein Mann, der das Talent hatte, die Launen seiner reichen Kunden zu interpretieren. Gibbs kannte ihn noch aus der Zeit, bevor Johnston sich dadurch einen Namen machte, dass er einen pseudogeorgianischen Anbau für Ian Flemings Haus in der Nähe von Swindon entwarf, und er bewunderte seinen Geschmack und seinen Einfallsreichtum. Wie Gibbs vermutet hatte, verstand sich Johnston gut mit Paul, und die Bibliothek von Wormsley ist einer seiner erfolgreichsten Entwürfe. Von außen betrachtet sieht sie aus wie eine Spielzeugburg, die gut zu ihrem direkten Nachbarn passt, aber wenn man sie betreten hat, erkennt man, was für einen ausgeklügelten Bau Johnston und sein Mitarbeiter Chester Jones für die sagenumwobene Büchersammlung seines Besitzers entworfen haben.

Seit dem Verkauf von Getty Oil hatte Paul mehr und mehr Geld für unbezahlbare Bücher und Handschriften ausgegeben. Abgesehen vom Kauf von Wormsley blieb dies sein einziger echter Luxus, aber selbst mit praktisch unbegrenzten Mitteln und einem Experten wie Bryan Maggs an seiner Seite, der ihn beriet und Käufe für ihn abwickelte, waren die Zeiten vorbei, in denen ein einziger Mensch, und sei er noch so reich, eine umfassende, bedeutende Bibliothek aufbauen konnte. Die Bücher sind heute einfach nicht mehr verfügbar.

Doch es gibt immer einzelne Schätze, die man kaufen kann – und Paul hatte sich eine Sammlung von Bänden aufgebaut, die er »Meilenstein-Bücher« für die Geschichte der Buchbinderei nannte, um mit ihnen seine Bibliothek zu bereichern; darunter war ein unbezahlbares Evangelium aus dem Kloster Ottobeuren in Deutschland, flämische illustrierte Stundenbücher und aufwendige französische *livre d'artiste* aus dem 19. Jahrhundert, luxuriös gedruckte und produzierte Ausgaben, die Originalillustrationen von zeitgenössischen Künstlern enthielten. Die Stärke dieser Bibliothek liegt in hervorragender Buchbinderei (eine von Pauls Leidenschaften), englischen Tuschätzungen und wunderbaren Exemplaren der Privatverlagsbewegung.

Solche Bücher repräsentieren eine erlesene Methode, große Summen auszugeben, und sie müssen ihrem Besitzer ein sehr privates Vergnügen bereitet haben. Wenn man es in Büchern anlegt, bekommt Kapital eine beinahe geheiligte Aura, und Johnstons Bibliothek mit ihrer akademischen Inneneinrichtung und der sorgfältig überwachten Luftfeuchtigkeit und der Temperatur hat eine Atmosphäre wie eine weltliche Kapelle im Dienste des Hauses nebenan. Das Deckengemälde zeigt den Sternenhimmel über dem Ligurischen Meer in der Nacht des 7. September 1932, in der Paul geboren wurde. Wenn die Schätze der Bibliothek aus ihren Gewölben geholt und ausgestellt werden, ist das ein großartiger Anblick.

Nachdem sie fertiggestellt war und die kostbaren Bücher ehrfürchtig in die mit Barathea-Seide bezogenen Regale gestellt worden waren, schlenderte Paul durch das mit Büchern übersäte Wohnzimmer, wo er fernsah, durch den Wintergarten in die nach Leder duftende Stille seiner Bibliothek hinüber – die schon bald sein Lieblingsplatz zum Lesen wurde.

Johnston entwarf jedoch nicht nur die Bibliothek, sondern er überwachte auch die Umwandlung des heruntergewirtschafteten Landsitzes in eine modernisierte Vision vom perfekten Landhaus aus dem 18. Jahrhundert.

Hier bestand ebenfalls die Gefahr, dass Wormsley erhielt, was Gibbs einmal »schreckliche Eintönigkeit des Reichtums, wo alles schreit, dass hier dem Mammon gehuldigt wird«, genannt hat. Um zu vermeiden, dass dies auf Wormsley passierte, brachte er einen weiteren Freund ins Spiel, dem er vertraute: den Innenarchitekten David Mlinaric. Mlinaric, ein leutseliger Charmeur, ist im Grunde genommen ein Gelehrter, der sich selbst zum Papst der klassisch-englischen Innenarchitektur gemacht hat – und wie der Papst neigt auch er zu Unfehlbarkeit, wie er mit seiner Arbeit für die Rothschilds in Warwick House, in der National Gallery in London und in der britischen Botschaft in Paris bewiesen hat.

Das Ergebnis seiner umfassenden Bemühungen auf Wormsley ist eine sehr altmodische, gentlemanlike Mischung von Bequemlichkeit und unaufdringlicher Opulenz, kombiniert mit einem Hauch Atmosphäre, die man so sonst nur in großen historischen Häusern findet. Die unbezahlbaren Teppiche auf dem Boden sind ein wenig abgenutzt. Die neuen Eichenholzböden haben künstliche Gebrauchsspuren, als wären Generationen eines Adelsgeschlechts über sie hinweggeschritten. Die Möbel, die zum größten Teil Gibbs aufgetrieben hat, sehen aus, als wären sie über die letzten 250 Jahre nach und nach auf Wormsley gelandet.

Das Interessanteste an dieser merkwürdigen Phase, in der Wormsley und Paul junior neu erfunden worden sind, ist vielleicht, wie mühelos er von der englischen Oberschicht akzeptiert wurde. Das war etwas, das sein Vater sich dringend gewünscht hatte, weil er sich so sehr vom englischen Adel angezogen fühlte, der bereitwillig nach Sutton Place kam, sich sein Essen schmecken ließ und seine Gastfreundschaft genoss. Doch auch wenn der alte Mann und sein Geld sie fasziniert hatten, betrachtete die englische Oberschicht ihn nie auch nur im Entferntesten als einen Vertreter ihrer eignen Unterart der Menschheit.

Bei Paul junior war das jedoch anders. Die Zeiten hatten sich geändert, und frühere Sünden konnten leicht vergessen werden. Auf gewisse Weise ist das vielleicht ungerecht, denn bis vor Kurzem hatte er ein viel größeres Spektrum an menschlichen Mängeln gezeigt als sein Vater. Aber man darf nicht vergessen, dass keins von Pauls Lastern für die britische Oberschicht besonders erschreckend war, während sein Vater für eine gesellschaftlich ausgesprochen inakzeptable Form der Knausrigkeit berüchtigt war. Alkohol, Drogen, eheliche Nachlässigkeit und sich seinen Kindern gegenüber abscheulich zu verhalten ist der englischen Aristokratie weitgehend angeboren und wird gewöhnlich als exzentrisches Verhalten angesehen.

Dass Paul akzeptiert wurde, lag auch an seiner Liebe zum Cricket, die weithin als unzweifelhafter Beweis für Liebe zu England betrachtet wird. In einer Zeit des schwankenden nationalen Selbstbewusstseins liegt vielmehr eine gewisse Beruhigung in der Vorstellung, dass ein so wohlhabender Kalifornier England durchaus ernst nimmt. Seine Wohltätigkeit bewies zudem, wie viel ihm an seiner Wahlheimat lag, und seine Großzügigkeit beinhaltete zudem so etwas wie Würde. In einer Zeit, in der sich die eigene Aristokratie im Großen und Ganzen nicht mal mehr entfernt für wohltätige Zwecke interessierte, zeigte er ein so enormes Interesse daran, wie es traditionell für Prinzen reserviert ist.

Ein weiterer Grund für Pauls Aufnahme in die Gesellschaft war Wormsley. Wenn das Haus den fatalen Hauch von Mammon verströmt hätte, wie Sutton Place es getan hatte, hätte er keine Chance gehabt. Aber da Wormsley so unauffällig und romantisch war und Möbel und Inneneinrichtung über die richtigen Zeichen der Klassenzugehörigkeit verfügten, gab es an dem Haus nichts auszusetzen und damit auch nicht an seinem Besitzer.

Man muss ebenfalls bedenken, dass er mit Wormsley im großen Stil der reinen Nostalgie frönte und etwas zu tun versuchte, das die englische Aristokratie schon seit der Reformation getan hatte, wozu sie aber aufgrund der Kosten nicht länger in der Lage war – den klassischen Besitz eines Edelmannes mit allem, was dazugehört, zu errichten, einschließlich einer Burg, eines Anwesens mit Säulengängen, eigener Landwirtschaft, eines Wildparks, eines Sees und eines Cricket-Platzes. Nicht zu vergessen mit einer der reichsten Bibliotheken des Landes, die mit Schätzen vollgestopft war, die sie für zukünftige Generationen bewahrte.

Schließlich beruhte die Akzeptanz Paul gegenüber außerdem auch darauf, dass die Mitglieder der königlichen Familie ihm das Siegel ihrer persönlichen Zustimmung gaben. Das hatte angefangen, als die Queen ihm den KBE verlieh. 1987 gab es jedoch einen Rückschritt in Bezug auf seine Akzeptanz durch die königliche Familie, an dem man ablesen kann, wie zerbrechlich seine Genesung noch immer war.

Anfang Mai sollte er von Prinz Charles im Rahmen eines Abendessens im *Dorchester* den prestigeträchtigen Kunstförderungspreis »Art Benefactor of the Year Award« des National Arts Collection Fund verliehen bekommen. Paul hatte bereits bewiesen, dass er nichts gegen solche Ehrungen hatte, aber sie in der Öffentlichkeit entgegenzunehmen war eine Qual für ihn. In diesem Fall war er nicht dazu in der Lage und sagte ab. Kurz bevor er hätte erscheinen sollen, behauptete er, er habe Zahnschmerzen. Zum Glück war der achtzehnjährige Tara gerade bei ihm und konnte, da er in solchen Dingen lobenswert gelassen ist, den Preis für seinen Vater entgegennehmen.

Drei Wochen später wäre eine neue Gelegenheit, ein anderes Mitglied der königlichen Familie kennenzulernen, beinahe ebenfalls fehlgeschlagen. Eine von Gibbs' Freundinnen und

Nachbarinnen war Lady Katherine Farrell. Sie hatte ihn, Paul und Victoria zu einem kleinen Mittagessen für ihre Freundin Queen Elizabeth, die Königinmutter, eingeladen. Deren Neugier war geweckt nach allem, was sie über diesen seltsamen amerikanischen Wohltäter gehört hatte. Während Paul auf das Eintreffen der Königinmutter wartete, überkam ihn jedoch Panik, und er fühlte sich so unwohl, dass er sich in einem Zimmer im obersten Stockwerk hinlegen musste.

»Das ist ja sehr schade«, sagte die Königinmutter, als man sie über Mr. Gettys Unwohlsein informierte, aber sie fügte pragmatisch wie immer hinzu: »Ich denke, wir sollten lieber eine Kleinigkeit essen und ohne ihn anfangen.«

Zum Glück erholte Paul sich, nachdem das Essen vorüber war, und so konnte er die Königinmutter begleiten und ihr Wormsley zeigen. Ihre Majestät war begeistert – sowohl von Paul als auch vom Haus –, und sie haben sich später noch bei mehreren Gelegenheiten getroffen.

Wie alle anderen verliebte auch Victoria sich in Wormsley, ebenso wie ihre beiden Kinder Tariq und Zain. Es ist wenig überraschend, dass ihre Ehe mit Mohammed Alatas nicht hielt, nachdem sie sich wieder mit Paul traf. Sein Gesundheitszustand verbesserte sich weiter, und je kräftiger und selbstbewusster er wurde, desto glücklicher schien er mit Victoria zu sein.

Sie war in ihren Vierzigern eine elegante, ein wenig nervöse englische Schönheit. Da ihn die Erinnerung an Talitha noch immer verfolgte, war ihre Rolle in Pauls Leben nie besonders leicht gewesen und wurde durch die Ehen und Romanzen, mit denen sie sich ablenkte, noch komplizierter. Aber inzwischen kannte und verstand sie ihn besser als irgendjemand sonst, und er fühlte sich in ihrer Gesellschaft wohl. Er kaufte ein komfortables Haus in Chelsea für sie, doch für Victoria war Wormsley das Haus, auf das es wirklich ankam, und sie wurde unweigerlich zur Kastellanin des Anwesens.

369

Rossetti war abgehakt – abgesehen von seinem berühmten Gemälde *Proserpine*, das in Pauls Londoner Wohnung wie ein Souvenir aus dem Cheyne Walk hing. Talithas Porträt von Willem Pol hing noch immer in seinem Ankleidezimmer. Queen's House sollte bald verkauft werden – an Gibbs' Partner Simon Sainsbury und dessen Freund Stewart Grimshaw.

Gelegentlich wagte Paul sich inkognito hinaus in die Welt, manchmal mit einem Bart, manchmal ohne, und offensichtlich gefiel ihm die neue Freiheit seiner Anonymität.

In jenem Herbst investierte er vier Millionen Pfund in den Kauf der *Jezebel* – einer wunderbar eleganten Motorjacht, die vor dem Krieg in Deutschland für den Chef von Chrysler gebaut worden war. Er sollte zweimal so viel Geld brauchen, um das Schiff zu restaurieren, und auch wenn sie einige Jahre lang in einsamem Luxus am River Dart lag, blieb ihre Gegenwart ein Versprechen auf fremde Länder, weite Reisen und auf ein aufregenderes Leben hinter der nächsten Ecke.

Es war, als ob das Leben nach einer langen Unterbrechung in Schwung kam. Paul baute sich einen kleinen Kreis extrem treuer Freunde auf. Er entdeckte auch seine eigene Vergangenheit wieder, indem er ein paar der alten Mitglieder aus der »Getty-Gang« wie James Halligan und John Mallen aus San Francisco einlud, auf Wormsley zu übernachten.

Unter seinen Kindern scheint erstaunlich wenig Verbitterung über die Vergangenheit geherrscht zu haben. Tara war besonders gelassen und schien die fröhliche Natur seiner Mutter geerbt zu haben. Er hing an den Pols und verbrachte viel Zeit bei ihnen in Frankreich, doch er sah seinen Vater jetzt häufiger. Er verstand sich gut mit ihm und mit Victoria, so wie er mit beinahe jedem gut auskam. Die beiden Mädchen waren in Kalifornien geblieben (Ariadne sollte 1992 den Schauspieler Justin Williams heiraten). Paul hoffte, dass er seine Töchter schon bald auf Wormsley wiedersehen würde.

Für die Zukunft der Familie erwies sich sein zweiter Sohn Mark als das wichtigste seiner Kinder. Nachdem er erkannt hatte, wie wichtig Kontrolle und Steuerung der Familienfinanzen unweigerlich einmal werden würde, hatte Mark beschlossen, die Hochfinanz zu seinem Beruf zu machen. Aus diesem Grund war er mit Domitilla nach New York gezogen und hatte einen Job beim Bankhaus Kidder Peabody und Co. gefunden. Er räumt ein, dass »die Tatsache, dass er vor Kurzem fünfzehn Millionen Dollar durch den Verkauf von Getty Oil eingenommen hatte, vielleicht geholfen hat«.

1982 bekamen Mark und Domitilla einen Sohn und suchten nach einem Namen, der auf Englisch genauso gut klang wie auf Italienisch, und sie waren der Meinung, dass es wahrscheinlich bereits genügend Pauls in der Familie gegeben hatte – daher nannten sie ihn Alexander. Da ihnen der Gedanke nicht gefiel, in New York eine Familie großzuziehen, und sie gern näher an Italien sein wollten, zogen sie nach London, wo Mark wiederum keine Schwierigkeiten hatte, Arbeit zu finden – dieses Mal bei der einflussreichen Handelsbank Hambros.

Der einzige Mensch, der davon nicht unbedingt begeistert war, war sein Vater, der wollte, dass er nach Oxford zurückkehrte, um dort seinen Abschluss zu machen (was er selbst nie getan hatte). »Für jemanden, der selbst ein so unkonventionelles Leben geführt hat, hat er sich in diesem Punkt ganz schön konventionell verhalten«, sagt Mark, der als verheirateter Mann nicht gerade begeistert von dem Gedanken war, noch einmal Student zu sein. Hauptsächlich, um seinem Vater einen Gefallen zu tun, ging er trotzdem nach Oxford, machte seinen Abschluss in Philosophie – und fing dann bei Hambros an.

Doch je mehr er über das Bank- und Finanzgeschäft erfuhr, desto besorgter war er um die Zukunft der Familie. Es war eindeutig von größter Wichtigkeit, wie ihre Finanzen zukünftig verwaltet wurden, während der Rest seiner Generation erwachsen wurde. Besonders viele Sorgen bereitete ihm die Frage, wie man die menschlichen Probleme mit Elend und Verschwendung vermeiden konnte, deren Zeuge er in der Vergangenheit geworden war.

Er war schon jetzt so etwas wie ein Vermittler zwischen den verschiedenen Seiten und Generationen der Familie. Er stand seinem Onkel Gordon und seinen Cousins in San Francisco extrem nahe, genau wie Onkel Ronalds ältestem Sohn Christopher. Er liebte seine Mutter so sehr wie immer. Er bekam zwei weitere Söhne – Joseph 1986 und Julius zwei Jahre später –, und Mark war am zufriedensten, wenn er mit seiner eigenen kleinen Familie im Haus seiner Kindheit in Orgia war.

Nach der Verbitterung und den Schlachten in der Vergangenheit wollte er Frieden zwischen den Gettys schaffen, sodass seine Kinder aufwachsen konnten, ohne von der Vergangenheit verletzt und in ihrer Lebensgestaltung beeinträchtigt zu werden – und die Freiheit hatten, das Beste aus dem zu machen, was sie eines Tages erben würden.

Für ihn war das Weihnachtsfest 1987 ein ganz besonderes. Auf Wormsley war der überdachte Swimmingpool neben dem New Gardens Cottage inzwischen fertiggestellt worden, sodass alles bereit war, als sein Bruder Paul und dessen Krankenpfleger aus Kalifornien eingeflogen kamen, um mit der Familie gemeinsam Weihnachten zu feiern. Paul war noch immer gelähmt, und sein Sprach- und das Sehvermögen blieben eingeschränkt, aber er war nicht mehr länger ein hoffnungsloser, vollkommen von anderen abhängiger Invalide wie in der ersten Zeit nach seinem Koma. Mark hatte ihn seit vielen Jahren schon nicht mehr so optimistisch und voller Leben erlebt.

Paul hatte sich entschlossen, so zu leben, als ob seine Behinderungen keine Rolle spielten – und das hatte er auch in außerordentlichem Maße geschafft. Er hatte vor Kurzem Universitätsseminare über Literatur an der Pepperdine University besucht, derselben Hochschule, von der er vor seinem Koma geflogen war. Einmal in der Woche kam er für seine Seminare in die Universität, dabei nahm einer seiner Krankenpfleger für ihn die Texte auf Kassette auf und übersetzte seine Antworten für den Dozenten.

Er liebte Konzerte und das Kino und war inzwischen so etwas wie ein Experte für die Restaurants in San Francisco geworden. Er hatte sogar wieder mit dem Skilaufen angefangen – auf einen Metallrahmen auf Skiern geschnallt mit einem Skilehrer vor und einem hinter ihm. Er träumte davon, eines Tages nach Orgia zurückzukehren.

In der Zwischenzeit war Gail zu den Weihnachtsvorbereitungen auf Wormsley angekommen, und sie war begeistert darüber, dass sie mit ihrem Sohn und ihrem Enkelsohn Alexander zusammen sein konnte. Sie erinnerte sich noch gut daran, wie hoffnungslos Paul nach dem Koma gewirkt hatte, und es gab noch immer Momente, in denen sie kaum glauben konnte, was er alles erreicht hatte. Die Genesung ihres Exmannes Paul junior war auf andere Weise beinahe ebenso unglaublich, und sie freute sich, ihn so fröhlich und entspannt anzutreffen – und darüber, dass er ein traditionelles englisches Weihnachtsfest in seinem eigenen Haus feierte. Er war inzwischen fünfundfünfzig, und es schien so, als wären die Schwierigkeiten der Familie endlich überwunden. Doch auch jetzt konnten sie der Vergangenheit nicht so einfach ausweichen.

23. KAPITEL

AILEEN

Gegen Ende des Jahres 1985 war Elizabeth Taylor in ihrer Eigenschaft als Präsidentin der American Foundation for Aids Research auf einer kurzen Spendensammeltour in Paris. Früher im selben Jahr hatte ihre Schwiegertochter Aileen endlich einen Sohn mit Namen Andrew zur Welt gebracht. Nach der Geburt litt sie an schweren Depressionen, und weil sie glaubte, dass ein Urlaub in Frankreich ihr guttun würde, entschloss sich Elizabeth, sie mitzunehmen.

Doch für Aileen wurde dieser Urlaub eher zu einem Albtraum als zu einem Vergnügen. Durch die ständigen Gespräche über Aids wurden ihr plötzlich all die Risiken bewusst, die sie in der Vergangenheit eingegangen war. Es gab einiges, das sie lieber wieder vergessen hätte – und nach einer schlaflosen Nacht in ihrem Hotelzimmer gestand sie Elizabeth, dass es gut sein konnte, dass sie selbst HIV-positiv war.

Elizabeth, die eine Art Expertin für diese furchtbare Krankheit war, tat, was sie konnte, um sie zu beruhigen, aber die Ergebnisse der Blutuntersuchung, die Aileen nach ihrer Rückkehr nach Amerika machen ließ, waren positiv. Es war so etwas wie ein geschmackloser Scherz. Offensichtlich war die Schwiegertochter der Präsidentin der American Foundation for Aids Research in Gefahr, selbst an Aids zu erkranken.

Nach dem ersten Schrecken über diese Enthüllung war

374

Elizabeth der einzige Mensch, der die verängstigte Aileen beschwichtigen konnte. Die schien sich davor, dass andere Menschen von ihrer Krankheit erfahren könnten, ebenso zu fürchten wie vor dem Tod. Sie klammerte sich mitleiderregend an Elizabeth. Um ihr dabei zu helfen, sich auf die Situation einzustellen, ließ Elizabeth sie in der Abgeschlossenheit ihres Anwesens in Bel Air wohnen. Aileens Ängste waren in der Nacht am schlimmsten, und der Star versuchte, sie zu beruhigen, indem sie sie in ihrem Bett schlafen ließ.

Für Elizabeth wurde die Lage dadurch kompliziert, dass Aileen die Mutter ihrer beider Enkelkinder war (Aileen und Christopher hatten bereits einen Adoptivsohn, bevor Andrew geboren wurde, den sie Caleb genannt hatten) und dass ihre Probleme nicht allein darin bestanden, dass sie HIV-positiv war. Die Krankheit war der Höhepunkt einer ganzen Reihe von Dramen und Katastrophen in ihrem Privatleben. Eine ganze Zeit lang war Aileen genauso in Gefahr gewesen wie ihr Bruder Paul vor seinem Koma.

Aileen war zum letzten geopferten Kind geworden, der letzten Leidtragenden des großen Vermögens. Sie war sehr hübsch – mit einem herzförmigen Gesicht, ihrem nervösen Benehmen und riesengroßen dunkelbraunen Augen –, aber sie war auch unbeständig. Diese Kombination ließ sie wirken wie ein nervöses Tier, das sich gleich aus dem Staub machen will wie ein Faun auf Speed. Seit Jahren schon war sie ständig verzweifelter und deprimierter geworden und steuerte augenscheinlich auf eine Katastrophe zu.

Ihr Schicksal gibt ihrem Bruder Mark noch immer Rätsel auf, denn, wie er sagt: »Es war zu erwarten, dass Paul zusammenbricht, aber nicht Aileen, die von uns Kindern am lebhaftesten und am besten angepasst war. Sie war immer so voller Leben, und es gab so viel, was für sie sprach. Vielleicht wollte sie einfach alles zu schnell und ist deshalb viel zu schnell erwachsen geworden.«

Wie stets in solchen Situationen ist es schwer, genau zu wissen, wann ihre Schwierigkeiten angefangen haben. Aileen hat behauptet, dass ihre Unsicherheiten begonnen haben, als ihre Eltern sich getrennt hatten. Sie hat außerdem gesagt, dass ihre rebellische Ader zum Vorschein gekommen ist, nachdem ihr Bruder entführt worden war, als sie gelernt hatte, dass sie den Gettys nicht trauen durfte, und fürchten musste, dass die Familie sie zerstören und von der wirklichen Welt isolieren würde.

»Ich sehe das Geld als Gift an«, sagte sie. »Ich glaube, es hält die, die es haben, davon ab, zu erfahren, wie es ohne ist. Das nimmt so vieles, was wichtig ist.« Noch wichtiger war vielleicht, dass sie die Schwierigkeiten durchschaute, die das Geld der Gettys denen gebracht hatte, die sie liebte – den Ärger, den ihre Eltern miteinander hatten, den Schrecken der Entführung ihres Bruders und das Misstrauen und das Unbehagen, mit dem sie, wie viele Kinder der Superreichen, gelernt hatte, der Welt um sie herum zu begegnen.

Sogar in England, schon während ihrer Zeit in Hatchlands, begann sie das abzulehnen, was sie als die Verpflichtungen betrachtete, die es mit sich brachte, »eine Getty zu sein«. Aber erst als sie nach Kalifornien zurückkehrte, wurde sie zu einer wirklichen Rebellin. Als Rebellin konnte sie in unpassender Gesellschaft ausgehen, wenn ihr danach war, schlafen, trinken und Drogen nehmen, mit wem sie wollte. Vor allem konnte sie sich das eine nehmen, was das Getty-Sein ihr verwehrte: ihre Freiheit.

Es herrschte kein Mangel an Drogen – oder Sex – in Kalifornien in der zweiten Hälfte der Siebzigerjahre, und Aileen benutzte beides als Waffe in ihrem Kampf um Freiheit. Sie suchte sich die Droge aus, die allen Reichen und Berühmtheiten eine Hilfe ist und die die heimtückischste von allen sein kann: Kokain.

Sie hatte offensichtlich eine starke Suchtpersönlichkeit geerbt. Sie schnupfte Kokain in solchen Mengen, dass ihre Nase eine medizinische Behandlung brauchte, als sie Anfang zwanzig war. Inzwischen bekam sie von den Drogen das, was sie »Gefühlsüberlastung« nannte – vorwiegend abscheuliche Panikattacken und Schlaflosigkeit. Zu der Zeit, als sie mit Christopher »durchgebrannt« war, hatte sie bereits den ersten von vielen Nervenzusammenbrüchen hinter sich.

Die Ehe mit Christopher trug nicht zur Lösung ihrer Probleme bei, sondern verschlimmerte sie noch. Die Gutmütigkeit ihres Ehemannes war dabei Teil des Problems. Er war ein ruhiger Mann, der sich zufällig in sie verliebt hatte. Kokainsüchtige können sich denen gegenüber, die sie lieben, grausam verhalten, und ihre Stimmungsumschwünge machten ihr gemeinsames Leben zu einer Qual – und eine normale Ehe unmöglich.

Seit seiner Kindheit stand Christopher im Schatten seiner Mutter, die eine der berühmtesten Frauen in ganz Amerika war, deshalb war er kaum in der Lage, sich einem so starken Charakter wie Aileen entgegenzustellen. Da sie mit ihrem Leben nichts Besonderes anzufangen wussten, verlegten sie sich als Erstes aufs Goldschürfen, dann auf die Fotografie, aber sie hatten weder mit dem einen noch mit dem anderen Erfolg.

Aileen hatte mehrere Fehlgeburten, gefolgt von weiteren Phasen tiefer Depressionen; während einer verschwand sie für mehrere Wochen nach New York. Bei ihrer Rückkehr hatte sie einen kompletten Nervenzusammenbruch, der mit einer Elektroschocktherapie behandelt werden musste.

Schon bald, so erinnert sich ein Freund, »hatte Christopher es satt, für Aileen die Krankenschwester zu spielen« – und ihr Verschwinden und ihre Untreue zu übersehen. In einem letzten Versuch, ihre Ehe zu retten, adoptierten sie Caleb; und wie es so oft der Fall ist, war Aileen mit ihrem eigenen Kind schwanger, sobald sie das getan hatten. Ihr Sohn Andrew kam im Frühjahr 1985 zur Welt. Acht Monate später schluchzte Aileen ihre Angst bei Elizabeth Taylor in Paris heraus.

Aileen ist von Natur aus sehr dramatisch, und nach dem ersten Schrecken darüber, dass sie HIV-positiv war, und da sie wusste, dass sie nicht für immer bei Elizabeth bleiben konnte, floh sie wieder einmal nach New York – wo sie versuchte, sich in den Nachtklubs von Manhattan in Alkohol und Drogen zu verlieren. Es war gefährlich selbstzerstörerisch, als sie unternahm, was sie »extreme Maßnahmen, um mit einer extremen Situation zurechtzukommen« nennt. Und sie fügt hinzu: »Lustigerweise dachte ich, dass es leichter hinzunehmen wäre – das zeigt, wie schwer das Virus zu akzeptieren ist –, wenn ich jetzt an einer Überdosis sterben würde.«

Doch Aileen ist nicht gestorben. Stattdessen kehrte sie nach Los Angeles zurück, wo die beiden Kinder auf sie warteten. Christopher fing an, von Scheidung zu reden. Und dann gab es natürlich noch ein weiteres Problem. Ihre größte Sorge galt dem Neugeborenen Andrew, aber zum Glück zeigte sich nach einer Blutuntersuchung, dass er nicht mit dem Virus infiziert war.

Eine Zeit lang versuchte sie, das Wissen über ihre Krankheit auf Christopher, Elizabeth und sich selbst zu beschränken, und erzählte dem Rest ihrer Familie nichts davon. Sie fanden es immer schwieriger, ihr zu helfen, wenn sie auf Kokain war, und hofften, dass sie an einem Tiefpunkt ankommen würde, nach dem sie endlich von ihrer Sucht geheilt werden konnte.

Sie unterzog sich mehreren Therapien – ohne Erfolg. Und schließlich, als ihre Familie langsam an ihr verzweifelte, eröffnete sie ihnen, dass es gut sein konnte, dass sie auch noch Aids bekam.

Was sie besonders aus der Fassung brachte, war der Kontrast zwischen der spontanen Wärme, mit der Elizabeth Taylor auf ihr Schicksal reagiert hatte, und dem, was sie als kühle Gleichgültigkeit von den Menschen empfand, die sie doch eigentlich lieben sollten.

»Als ich es Elizabeth gesagt habe, hat sie nur geweint und geweint – und als sie mich dann umarmt hat, konnte ich fühlen, dass sie mir etwas ganz Besonderes geben wollte.«

Von der Familie hingegen gab es keine Umarmungen für Aileen, und sie beklagte sich bitter darüber, dass »Niemand in meiner Familie auch nur eine einzige Träne für mich vergossen hat«.

Sie übertrieb wie so oft. Gail machte sich verzweifelte Sorgen um sie – genau wie ihre Schwester Ariadne. Aber Tatsache war, dass es dem größten Teil der Familie nach all den Tragödien in der jüngsten Vergangenheit schwerfiel, wieder einer Katastrophe ins Auge zu sehen – vor allem, wenn es dabei um Aileen ging. Sie hatten in der Vergangenheit bereits viel zu viel von ihren Schwierigkeiten erfahren. Martine sagt: »Aileen hatte schon lange Probleme mit Drogenmissbrauch. Also dachten wir alle anfangs, dass sie sich das nur ausgedacht hätte – oder wir wollten es einfach nicht glauben.«

Davon abgesehen war Aids so Furcht einflößend, dass Gail zugibt, dass sie zuerst nur »zurückweichen« wollte, als Aileen ihr zum ersten Mal erzählte, dass sie HIV-positiv war. Doch das eigentliche Problem war, dass in dieser Zeit beinahe alles, was mit Aids zu tun hatte, so etwas wie ein Mysterium war – vor allem soweit es Frauen betraf, die damals noch eine kleine Minderheit unter den Opfern der Krankheit waren, über die es so gut wie keine wissenschaftlichen Erkenntnisse gab.

Gail fragte ihre Ärzte, um herauszufinden, was mit Aileen los war; aber keiner von ihnen wollte ihr Auskunft geben, um Aileens Recht auf Privatsphäre nicht zu verletzen, und sie weigerten sich sogar, ganz allgemein mit ihr über Aids zu sprechen.

»Es kann wirklich fürchterlich sein, wenn man versucht, jemanden zu trösten, der glaubt, dass er sterben muss, obwohl man selbst keine Ahnung hat, woran er eigentlich leidet«, sagt Gail.

Elizabeth Taylor andererseits, als Vorsitzende einer Aids-hilfe-Organisation und da sie vor Kurzem hatte zusehen müssen, wie ihr Freund Rock Hudson daran gestorben war, wusste hingegen genau, wie sie mit dieser Situation umgehen musste; außerdem war sie als Schauspielerin dazu in der Lage, Aileen die Art von emotionaler Rückmeldung zu geben, die sie sich wünschte. Die Gettys konnten das nicht.

Erst als Gail einen mitfühlenden Arzt fand, der ihr ruhig und sachlich die Fakten zur Krankheit ihrer Tochter erklärte, verstanden sie und die anderen Familienmitglieder allmählich, was eigentlich passiert war.

Die Neuigkeit wurde Paul junior so lange wie möglich verschwiegen, aber irgendwann musste er es doch erfahren. Als es so weit war, war er untröstlich, genau wie die, die ihn kannten, es vorhergesehen hatten. All die alten Tragödien lebten wieder auf, zusammen mit den unausweichlichen Schuldgefühlen und der Verbitterung, die auf die Scheidung und sogar noch auf die Zeit davor zurückging. Sollte das Unglück denn niemals aufhören?

Er hatte das Gefühl, dass er mit seinem ältesten Freund über alles reden müsse, deshalb bat er Bill Newsom, ihn zu besuchen und mit ihm über Aileen zu sprechen, aber eigentlich brauchte er Trost und Bestätigung.

Das Schlimmste war, dass es kaum etwas gab, das man tun konnte – außer abzuwarten. Im Gegensatz zur Situation des jungen Paul machte das Geld der Gettys bei Aileen so gut wie keinen Unterschied. Wieder einmal hatte er zudem das ungute Gefühl, dass diese Katastrophe mit einem grundlegenden Fehler in der Familie zusammenhing und damit auch mit der fortlaufenden Verkettung von Unglück, die sie zu verfolgen schien.

Eins konnte er jedoch tun. Er konnte sich mit Aileen treffen, er musste sie wiedersehen. Kurze Zeit darauf brachte Bill sie mit über den Atlantik. Auf diese Weise führten Krankheit und Lebensgefahr wieder einmal einen Teil der Familie zusammen.

Es war schwer zu benennen, wofür Aileen eigentlich noch weiterleben sollte, nachdem Christopher Wilding sich 1987 von ihr scheiden ließ, erneut heiratete und die Kinder mitnahm. Elizabeth Taylor, die sie »Mom« nannte (Gail war »Mummy«), bot ihr weiterhin ihre persönliche Unterstützung an, weigerte sich aber klugerweise, sich einzumischen, als Christopher das Sorgerecht für die Kinder zugesprochen bekam.

Der Verlust ihrer Kinder war ein harter Schlag für Aileen. Sie war verzweifelt, und es war schwer zu sagen, was ihr Schicksal besiegeln würde – Aids oder ihre Drogensucht. Sie hatte einen Klinikaufenthalt nach dem anderen, versuchte, sich therapieren zu lassen, jedoch ohne Erfolg. Dann, Ende 1988, teilte sie ihrer Familie plötzlich mit, dass sie einen Mann kennengelernt hatte, den sie heiraten wollte.

Er war ein gut aussehender junger Mann, den sie in der Entzugsklinik getroffen hatte. Gail riet ihr, vorsichtig zu sein. »Warum denn die Eile, und warum wollt ihr sofort heiraten? Lass dir doch Zeit.«

Aber Aileen war ungestüm wie immer und bestand darauf, dass sie drogenfrei war und sich aus tiefstem Herzen eine Hochzeit wünschte – die kurze Zeit später auch auf der Monte Cedro Ranch in der Nähe von Gails Haus in Santa Barbara stattfand. Gail, Ariadne und Martine waren dabei, zusammen mit Patienten aus der Entzugsklinik. Danach fuhren Aileen und ihr Mann für drei Wochen auf Hochzeitsreise.

Am Tag nach ihrer Rückkehr von der Hochzeitsreise besuchte eine Freundin Aileen in ihrer Wohnung und fand sie zu ihrem großen Schrecken bewusstlos auf dem Bett liegend vor. Sie wurde so schnell es ging mit dem Krankenwagen in ein Krankenhaus gebracht, und die Ärzte ließen ihr den Magen auspumpen, weil sie den Verdacht auf eine hohe Überdosis Drogen hatten.

Gail kam ins Krankenhaus, als Aileen gerade wieder zu sich gekommen war, aber der Arzt musste ihr mitteilen, dass er entsetzt über die reine Menge an Drogen war, die sie genommen hatte.

Kurz darauf endete Aileens zweite Ehe.

Im Gegensatz zu Paul juniors Familie hatten Gordon und Ann weitgehend problemlose Beziehungen zu ihren Kindern – wofür sie von ganzem Herzen dankbar waren. Peter war soeben mit dem College fertig, wo er einen Preis für ein Theaterstück gewonnen hatte, das er geschrieben hatte. Er hatte es geschafft, es zu veröffentlichen, und er hoffte, dass er Theaterschriftsteller werden könne. Sein Bruder Bill war für ein Jahr auf der Universität in Florenz.

Gordon war ein gelassener Vater, und alle seine Söhne waren echte *California boys* – entspannt und amüsant. Sie wollten nicht wirklich irgendwo anders wohnen als in San Francisco. Das passte Gordon gut.

Er hat immer gesagt, dass er gern noch einmal so viel Aufregung gehabt hätte wie bei seinen großen Geschäftsabschlüssen. In der Rückschau hatte er das Gefühl, das Drama um den Verkauf von Getty Oil genossen zu haben – sogar die unruhigen Nächte, die Gerichtsverfahren und dass er sich auf alle möglichen Katastrophen einstellen musste. Es war das erste Mal gewesen, dass er gefährlich gelebt hatte.

Als er sich dann in ein großes Geschäft verwickelt fand, schien es nicht richtig gut zu funktionieren, und ihm wurde klar, dass sein Coup mit Getty Oil niemals wiederholt werden konnte. Auf der anderen Seite blühte seine künstlerische Arbeit auf. Aus dem Liederzyklus über das Thema Falstaff, den der Globe Theatre Trust bei ihm in Auftrag gegeben hatte, war eine vollständige Oper mit dem Titel *Plump Jack* geworden, die 1989 uraufgeführt wurde. Einigen Kritikern gefiel sie, anderen nicht, und wie bei allen seinen Arbeiten wurden die Besprechungen mit Sicherheit davon beeinflusst, dass er so extrem reich war.

Gordons Begeisterung kannte jedoch keine Grenzen, und manchmal konnte er kaum glauben, dass er es tatsächlich geschafft hatte. Seine eigene Musik professionell aufgeführt zu hören war noch aufregender für ihn als der Verkauf von Getty Oil. Vielleicht sollte man sich eines Tages an den Namen Getty wirklich mehr der Musik als des Geldes wegen erinnern.

Ebenso begeistert war er von den ökonomischen Theorien, an denen er schon lange vor dem Verkauf von Getty Oil gearbeitet hatte. Genau wie Gordon selbst konnte man sie entweder als exzentrisch oder als ausgesprochen originell ansehen, je nach persönlichem Blickwinkel. Die erste, an der er mehrere Jahre lang gearbeitet hatte, war ein mutiger Versuch, sein Interesse an der Biologie auf die Wirtschaftstheorie zu übertragen. Die Grundannahme war, dass der Markt auf ein Wirtschaftssystem ähnlich wirkt wie natürliche Auslese auf eine Tierart. Ausgehend davon hatte er eine komplexe Theorie über die Mechanismen ausgearbeitet, nach denen das ablief.

Das Ergebnis veröffentlichte er 1988 unter dem Titel *The Hunt for R* (zu Deutsch »Die Jagd nach R«, wobei R für »rate of return of investment« steht, also die Kapitalertragsrate). Das Buch ist eine sehr esoterische Übung in Wirtschaftstheorie, die alle außer den qualifiziertesten Ökonomen wegen der Komplexität ihrer Mathematik abschreckt. Möglicherweise ist das der Grund dafür, dass es in der exklusiven Welt der höheren Wirtschaftstheorie bislang keinen großen Einfluss hatte.

Gordon versuchte außerdem, eine Lösung für ein noch viel dringenderes ökonomisches Problem zu finden – Inflation. Ausgehend von der naheliegenden Tatsache, dass Inflation in der Regel der Erhöhung der Geldmenge folgt, fing er an, darüber nachzudenken, ob man nicht irgendeine andere Form von »Geld« erfinden könnte, die Inflation nicht automatisch auf diese Weise befeuerte.

Er vertrat den Standpunkt, dass eine Erhöhung der Geldmenge nicht automatisch zu Inflation führen würde, wenn man nur dafür sorgen könnte, dass Geld dieselbe Kapitalertragsrate hätte wie andere Investitionen, weil die Menschen es dann eher horten als ausgeben würden. Schon als er diesen Gedanken formulierte, hat Gordon erkannt, dass es bereits eine Art zinstragendes »Geld« gab – in Form von Anteilen an Investmentfonds; und sein Vorschlag, den er in dem Aufsatz »Fertile Money« von 1992 ausführlich entwickelte, war, dass diese Art von Fonds leicht eine Form der Währung werden könnte und dass es keine Inflation mehr geben würde, wenn Regierungen seine Ratschläge befolgten.

Im Gegensatz zur Welt der Oper und der Wirtschaftstheorie hatte der einzige echte Rückschlag, den der dreifach gesegnete Gordon Getty zu dieser Zeit in der realen Welt einstecken musste, mit Anns New Yorker Unternehmung nach dem Verkauf von Getty Oil zu tun. Es wurde immer deutlicher, dass sie keinen Erfolg hatte – und dass sich das auch nicht ändern würde. Die unvermeidlichen Gerüchte kursierten bereits, ebenso wie Verleumdungen und Vorwürfe, da Anns Verlegerkarriere offensichtlich zum Scheitern verurteilt war.

Sie hatte ursprünglich gedacht, dass ihr Sohn Peter vielleicht Interesse hätte und eines Tages das Unternehmen übernehmen würde. Aber auch wenn er wie seine Brüder schriftstellerische Ambitionen hatte, hatte Peter keinen Ehrgeiz.

Es war nicht gut, dass das Unternehmen Grove-Weidenfeld erste Anzeichen einer bevorstehenden Katastrophe zeigte. Katastrophen machen die Reichen nervös, weil sie durch sie die Zerbrechlichkeit ihres enormen Reichtums zu spüren bekommen.

Die Lage des Verlages bedeutete das unausweichliche Ende

aller aufregenden Ideen, die Ann und Weidenfeld so gern besprachen, die aber Ideen bleiben mussten – ihre kostbare Wheatland Foundation, das Luxuskunstmagazin, das sie geplant hatten, die großen Opernaufführungen, die sie sponsern wollten, und die Konferenzen für Schriftsteller und Intellektuelle – alles Luftschlösser, genau wie die Rolle der einflussreichen Persönlichkeit in der Welt der Kunst und Literatur, die sie sich dabei zugedacht hatte.

Die traurige Wahrheit war, dass der Verlag trotz all der Abendessen, bei denen sie Gastgeberin gewesen war, all der Vorschüsse, die sie ausbezahlt hatte, all der Diskussionsrunden, Konferenzen, Versammlungen, die sie früher besucht hatte, noch keinen einzigen echten Bestseller herausgebracht hatte.

Barney Rosset, der seit Jahren mit dem literarischen Äquivalent von ein paar Groschen arbeitete, hatte einen nicht zu verleugnenden Erfolg nach dem anderen veröffentlicht. Er war wie ein virtuoser Gärtner gewesen und hatte das, was im Verlagswesen dem grünsten aller grünen Daumen entspricht. Barney hatte Talent gehabt. Ann hatte nur das Geld.

Ann schien nun die Wahrheit am eigenen Leib zu spüren, die in Scott Fitzgeralds berühmtem Satz darüber liegt, dass die Reichen anders sind – aber auf eine Weise, die er nicht hätte voraussehen können. Die Superreichen wie Ann sind deshalb anders, weil das Geld ihnen nicht gestattet, eine Funktion zu übernehmen – abgesehen von der Funktion, superreich zu sein, was wiederum dazu führt, dass sie in keinem anderen Bereich ernst genommen werden. Vielleicht wird ihnen geschmeichelt und ihnen ein Gefallen getan, aber was sie anfassen, nimmt selten ein gutes Ende.

Nachdem sie mit Grove-Weidenfeld geschätzte fünfzehn Millionen Dollar verloren hatten, versuchten die Gettys, den Verlag zu verkaufen. Sie erhielten jedoch kein angemessenes Angebot, deshalb beließen sie es bei seinem scheintoten Zustand. Die ganze Sache hat trotzdem einen schlechten Nachgeschmack bei vielen Menschen hinterlassen, die Ann eigentlich hatte beeindrucken wollen.

Harry Evans, der frühere Herausgeber der Londoner *Sunday Times*, war als Berater für den Verlag tätig gewesen, ehe er Präsident von Random House wurde. Er war verbittert wegen der Art und Weise, wie die ganze Sache gehandhabt worden war.

»Ich fand es nicht gut, dass die Reichen einen Verlag in die Hand nehmen wie ein Spielzeug und ihn dann wieder fallen lassen, wenn er ihnen langweilig geworden ist. Das gehört alles zu der unglaublichen Gedankenlosigkeit der Reichen. Vielleicht ist es das, was Geld aus den Menschen macht. Sie werden einfach ein bisschen fahrlässig.«

Fahrlässig oder nicht, Ann kehrte dankbar nach San Francisco zurück, wo sie ihre Wunden leckte und an der University of California als ordentliche Studentin ein Chemiestudium begann. Weidenfeld hat sie einmal als »ewige Studentin« bezeichnet – wie auf seine eigene Weise auch Gordon einer war. (Er hat aus reinem Interesse einmal eine paar Wochen damit verbracht, das Universitätslehrbuch Physik von Halliday und Resnick zu lesen. Anschließend hat er die Klausurprüfung für das erste Studienjahr in Berkeley mitgeschrieben und bestanden.)

Ann begeisterte sich ebenfalls für Vorgeschichte, seit Gordon die Forschungen von Richard Leakey über den Ursprung der Menschheit in Kenia finanziert hatte. Also studierte sie nicht nur Chemie, sondern befasste sich bald auch mit Feldforschung in Äthiopien unter der Leitung des anthropologischen Archäologen Professor Tim White. White war ein Kollege von Dr. Donald Johanson, der 1974 auf einem Ausgrabungsfeld 160 Kilometer nordöstlich von Addis Abeba die fossilen Überreste von »Lucy« fand, einer 3,2 Millionen Jahre alten Hominidenfrau, von der er annahm, sie sei die älteste bekannte nicht-affenähnliche Vorfahrin der Menschen, die je gefunden wurde, und damit zu Ruhm kam. Gordon hatte Johanson danach mit einem Stipendium über fünfzehn Millionen Dollar geholfen, das berühmte Institute of Human Origins (»Forschungsinstitut für den Ursprung der Menschheit«) in Berkeley zu gründen. Ann war zu der Zeit fasziniert von Äthiopien und von der Vorstellung, noch ältere fossile Überreste zu finden.

Schon bald war ihr Leben geprägt von bizarren Kontrasten – zwischen dem großen Haus in Pacific Heights und ihrer privaten Boeing, die gerade mit außerordentlichem Kostenaufwand umgerüstet wurde – und dem trostlosen Tal im äthiopischen Hinterland, wo sie sich auf der Suche nach fossilen Überresten von Hominiden durch endlose Felder von Fels und Schiefer kratzte. Das Leben in Äthiopien war hart, es gab keinerlei Annehmlichkeiten, das Klima war fürchterlich, aber Ann war lieber dort als in New York.

Während all dieser Zeit blieben die drei Töchter von Gordons Bruder George konsequent bei ihrem ursprünglichen Entschluss, das Scheinwerferlicht zu meiden. Wenn man bedenkt, wer sie waren und wie reich sie geworden waren, war dies eine erstaunliche Leistung. Sie weigerten sich, Interviews zu geben oder sich in der Öffentlichkeit fotografieren zu lassen. Sie vermieden Klatsch, und sie vermieden Skandale. »Wenn Sie eine Story wollen, wenden Sie sich an meinen Onkel Gordon. Er steht gern im Rampenlicht. Wir nicht«, sagte die zweite Tochter Claire zu einem der wenigen Reporter, dem es gelungen war, sie ans Telefon zu bekommen. Selbst als Claire 1979 nach einer Affäre mit einem Italiener, den sie bei einem Seminar für Ausländer an der Universität von Perugia kennengelernt hatte, unerwartet einen Sohn zur Welt brachte – auf den Namen Beau Maurizio Getty-Mazzota getauft –, drangen keine weiteren Einzelheiten bis zu den Medien vor.

Die drei Mädchen hielten sich auch von anderen Zweigen der Familie fern. Es schien vielmehr so, als könnten sie ihnen nie-

mals vergeben, was sie als Betrug an der Leistung ihres Groß-
vaters verstanden: die Zustimmung zum Verkauf von Getty
Oil. Sie hielten Kontakt mit Menschen aus dem Gefolge ihres
Großvaters wie Penelope Kitson oder Barbara Wallace, aber als
Georges Töchter zur Hochzeit von Mark und Domitilla einge-
laden wurden, blieben die Einladungen unbeantwortet.

Ronalds Leben wurde nach wie vor von seinem Ausschluss
vom ständig weiter anwachsenden Vermögen der Gettys bestimmt, und man kann jetzt erst das ganze Ausmaß des Scha-
dens erkennen, den dieser bei ihm angerichtet hatte. Sein Vater
hatte ihn gleichermaßen ins Exil geschickt, indem er ihn enterbte – von der Familie und auch vom Leben selbst –, und er
verbrachte immer mehr Zeit mit seiner Frau Karin und seinen
vier Kindern in ihrem Haus in Südafrika. Ronald und seine Familie genossen das Leben in Kapstadt. Er liebte das Klima, die
Landschaft um das Kap herum war wunderschön und frei von
allen Erinnerungen an die Vergangenheit, die ihn verfolgte. In
Südafrika wurde er nicht ständig daran erinnert, was er in Kalifornien verloren hatte.

Die Kinder gingen dort zur Schule, aber sogar in Bezug auf
seine Kinder wirkte Ronalds Ausschluss aus dem Kreis der Erben sich aus. Es gab stets einen feinen Unterschied zwischen
ihm selbst und ihnen. Seine Kinder waren dazu bestimmt, Teil
der erweiterten Familie Getty zu werden, von der er für immer
ausgeschlossen sein sollte.

Trotz seiner Anstrengungen, das zu übersehen, bemerkte
er, wie sich ihre Einstellung veränderte – vor allem an Christopher, seinem Ältesten. Er war ein robuster Junge, kleiner
und weniger feingliedrig als sein Vater, und er strahlte bereits
etwas von dem Selbstvertrauen aus, das mit sicherem Geld ein-
hergeht. Im Alter von fünfundzwanzig Jahren sollte Christopher ein bezahlter Treuhänder für das Geld werden, das er und
seine Schwestern eines Tages erben würden – und das recht-

mäßig eigentlich Ronald beim Tode seines Vaters zugestanden hätte.

Aber Ronald hatte noch nicht aufgegeben und hatte beschlossen, zu versuchen, sich selbst das zu verdienen, was ihm nach seinem Empfinden moralisch zustand, wenn er es schon nicht erben konnte. Er hatte große Pläne, wie sein Vater sie immer gehabt hatte, und ein Teil des Plans, mit dem er sein schwer zu fassendes Vermögen machen wollte, war eine Investition in die Firma, die ein Luxushotel nahe des Flughafens von Los Angeles baute: das *Radisson Manhattan Beach*. Ein Freund von ihm war persönlich haftender Gesellschafter und leitete das Unternehmen, und Ronald schloss sich ihm als Partner ohne Geschäftsbereich an.

Es war ein vielversprechendes Projekt, doch in den frühen Achtzigerjahren gab es Probleme damit. Der kalifornische Bauboom hatte einige andere Hotels in dieser ehemals exklusiven Gegend hervorgebracht, und als die Rezession einsetzte, gingen einige von ihnen Bankrott. Um zu verhindern, dass dies auch mit dem *Manhattan Beach* geschah, tat Ronald es den drei Partnern gleich, indem er für eventuelle Schulden bürgte – aber das Unternehmen brach am Ende trotzdem zusammen.

Weder Ronald noch die anderen Partner konnten für ihre Bürgschaften aufkommen. Da sein Name Getty war, waren die Geldgeber jedoch in erster Linie hinter ihm her. Als er entdeckte, für welch astronomische Summen er gebürgt hatte, begann Ronald Gettys ganz persönlicher Albtraum.

24. KAPITEL

ÜBERLEBENDE

Falls auf den Gettys wirklich ein Fluch lastete, schien er mit dem neuen Jahrzehnt, das 1990 begann, langsam schwächer zu werden. Endlich ließ der Einfluss des alten Mannes nach, der in der Vergangenheit so viel Ärger gebracht hatte, und es wurde deutlich, dass Gordon – der am wenigsten praktisch veranlagte, aber trotzdem erfolgreichste seiner Söhne – den Konflikt und die Streitigkeiten in der Familie für immer beendet hatte, indem er den Sarah C. Getty Trust aufteilte. Der Verkauf von Getty Oil hatte die finanziellen Mittel aller Gettys mehr als verdoppelt, und da er sein Geld für die jüngeren Treuhänder beiseitelegte, stellte Gordon sicher, dass sie ebenfalls genügend hatten, um glücklich zu leben. Sie sollten sich außerdem um die Arbeit des Trusts der jeweiligen Familie kümmern, während sie auf ihr Erbe warteten, wahrscheinlich bis in ihre zweite Lebenshälfte hinein.

Zur gleichen Zeit machte das große Vermögen, das Jean Paul Getty sein Leben lang zusammengetragen hatte, nicht den Eindruck, als würde es verschwinden wie so viele andere berühmte Vermögen in der Vergangenheit. Vielmehr stellte die Art und Weise, wie die verschiedenen Trusts aufgebaut waren, sicher, dass sich das Kapital ungestört weiter vermehrte, da ständig Zinseinnahmen dazukamen – vorausgesetzt natürlich, es gäbe keine unvorhergesehenen Unglücke oder Revolutionen. Da die jüngeren Mitglieder der Familie inzwischen selbst Kinder bekommen, nimmt die Zahl der Getty-Erben ebenfalls stetig zu. Es ist jedoch kaum vorstellbar, dass es eines Tages so weit kommen wird, dass die Familie nicht länger extrem wohlhabend ist.

Daher sah die Zukunft 1990 zumindest finanziell rosig für die jüngere Generation der Familie Getty aus, aber was war mit denen, die noch immer unter den Folgen früherer Katastrophen zu leiden hatten?

Ausgerechnet Aileen, wahrscheinlich die Maßloseste unter den Opfern in der Familie Getty, fand die mutigste Antwort auf ihre Lage, gerade als sie besonders aussichtslos schien.

Im Frühjahr 1990 trat das erste Symptom – in ihrem Fall schmerzhafte Blasen im Mund – für einen vollständigen Ausbruch von Aids auf. Das Urteil der Ärzte lautete, dass sie vermutlich nur noch sechs Monate zu leben hatte.

Aileen reagierte darauf in einer Art und Weise, die nur wenige von ihr erwartet hätten. Sie fürchtete sich noch immer vor dem Tod, und sie wusste, dass sie ihrem Schicksal nicht entgehen konnte, aber die rebellische Aileen wehrte sich jetzt dagegen, wie man sie behandelte. Es war alles schon schlimm genug, auch ohne dass man sie bemitleidete; noch schlimmer war nur, dass die Menschen um sie herum sich weigerten, über ihre Krankheit zu sprechen, und ihr wurde klar, dass sie sich ihretwegen schämten.

Das machte sie wütend, und aus ihrer Wut erwuchs etwas, das ihr Leben veränderte. Sie sagt, Aids hat ihr etwas Positives gegeben, für das es sich zu leben lohnte.

Eine Zeit lang war sie sehr krank; ihr Nervensystem war in Mitleidenschaft gezogen worden, und sie hatte Schwierigkeiten beim Gehen. Körperlich und emotional war sie schon immer eher zerbrechlich gewesen. Sie fiel häufig hin und verletzte sich dabei, sodass sie manchmal tagelang das Bett hüten musste.

Doch an einem fehlte es Aileen nicht: an Mut. Und sie weigerte sich, sich hinter irgendeiner faden Leugnung ihrer Situation zu verstecken. »Ich wollte meine Würde wiedergewinnen und gleichzeitig der Krankheit Würde geben.«

Mit diesem Gedanken gab sie vor der Presse offen zu, dass sie an Aids erkrankt war. Ihre Familie unterstützte sie, und durch den Namen Getty – und mit Elizabeth Taylor im Hintergrund – bekam sie maximale Publicity für ihren Kampf, »der Seuche Aids in einer Welt, die sie nicht sehen will, ein menschliches Gesicht zu geben«.

Sie war insbesondere über das Schicksal anderer erkrankter Frauen in den Vereinigten Staaten erzürnt, wo Frauen und Kinder vor Kurzem zur Bevölkerungsgruppe mit der höchsten Neuinfektionsrate bei HIV geworden waren.

Deshalb hielt sie den wahren Grund für ihre eigene Infektion nicht länger geheim – sie sprach nicht mehr von einer Bluttransfusion, wie sie es ursprünglich getan hatte, sondern nannte »ungeschützten Sex, aus Angst vor Ablehnung« mit jemandem, von dem sie später erfuhr, dass er HIV-positiv war, als Ursache. Aileen ging es vor allem darum, dass es irrelevant war, wie jemand sich mit Aids angesteckt hatte und dass alle Opfer der Krankheit behandelt werden sollten wie jeder andere, der unter einer schweren Erkrankung litt – mit Fürsorge und Würde. Vor allem dank ihres Namens – sowie ihres angeborenen Sinns für das Dramatische – wurde Aileen eine starke Fürsprecherin für weibliche Aidskranke auf der ganzen Welt.

Schon bald war sie im Fernsehen, um ihr Anliegen zu vertreten. Sie arbeitete mit Aidskranken in Los Angeles. Sie besuchte sie und leitete Kampagnen für sie, und sie plante ein Hospiz speziell für betroffene Frauen. Mit ihrem Namen und ihrem Aussehen wurde sie etwas, das sie vorher nie gewesen war – eine landesweite Berühmtheit.

Damit stand sie vor der Herausforderung, ihr Privatleben in Ordnung zu bringen. Sie gab sich große Mühe, von den Drogen loszukommen. Nachdem sie ihr gutes Verhältnis zu Christopher wieder aufgebaut hatte, der inzwischen erneut verheiratet war und in der Nähe von Los Angeles lebte, bekam sie für vier Tage in der Woche das Sorgerecht für ihre Kinder.

Caleb war acht und Andrew sieben, sie waren also beide alt genug, um zu verstehen, was vor sich ging; also ging sie offen mit ihnen um und beantwortete ihre Fragen so wahrheitsgemäß, wie sie konnte. Sie erzählte ihnen von ihrer Krankheit und brachte ihnen bei, wie man sich in einem Notfall verhalten muss. Schon bald erwachte unter dem Einfluss von Caleb und Andrew der Überlebenswille ihrer Mutter – und wie durch ein Wunder hat sie das auch bis heute geschafft.

Heute hat sie ein erfülltes Leben – mit ihren Kindern und ihrer Arbeit. Dank des Geldes der Gettys bekommt sie die bestmögliche Behandlung – in ihrem Fall eine sogenannte »aggressive Therapie« mit den wirksamsten Medikamenten, die es gibt, das Aidsmedikament AZT, und gleichzeitig antivirale Medikamente.

Zusätzlich hat sie ihre Selbstachtung wiedergewonnen, weil sie ein Anliegen hat, an das sie wirklich glaubt. Zusammen mit ihrer Willenskraft und ihrer Entschlossenheit hat dies sicherlich zu ihrem Überleben beigetragen.

Sie hat Rückfälle gehabt, aber an guten Tagen ist sie ungewöhnlich hübsch und gelassen. Sie berät andere erkrankte Frauen, arbeitet für sie und tut, was immer sie kann, um ihr Schicksal bekannter zu machen und ihnen zu helfen. Sie sagt, dass sie sich jetzt kaum noch vor dem Tod fürchtet und dass sie zum ersten Mal seit Jahren glücklich ist.

Aileens Lage führt zu einer Lösung, wenn auch zu einer verzweifelten, für das Problem, das sie schon seit langer Zeit in Bezug auf große Geldsummen sieht – die Tendenz des Geldes, die Superreichen vom normalen Leben und gewöhnlichen Menschen abzuschneiden. In ihrem Fall, als Aidserkrankte, erschlossen sich ihr echte Gemeinsamkeiten mit anderen Erkrankten.

Praktisch gesehen hat ihre Krankheit dazu geführt, dass sie ärmer wurde – indem sie ihre Freiheit einschränkte und drohte, ihr Leben zu verkürzen. Aber da sie alle ihre Gedanken und ihre Kraft darauf konzentrieren muss zu überleben, hat die Krankheit ihr im Gegenzug auch etwas gegeben – überwältigende Zielstrebigkeit und das dringende Bedürfnis, am Leben zu bleiben.

Eine Katastrophe hatte einen ähnlichen Effekt auf ein anderes Opfer aus den Reihen der Gettys: Aileens Bruder Paul, der sich nach der Entführung durch Leid und Alkohol beinahe selbst zerstört hätte. Doch jetzt glauben die Menschen, die ihm nahestehen, dass die Nachwirkungen seines Komas, auch wenn sie grausam sein mögen, vielleicht sein Leben gerettet haben. Vor diesem Schicksalsschlag war er in einem unendlichen Kreislauf von Katastrophen, verursacht von Alkohol und Drogen, gefangen: »Er hing die ganze Zeit«, sagt Gail, »über dem Abgrund«.

Doch jetzt betont Paul, genau wie Aileen, dass er glücklich ist, und seine Freunde bestätigen das. Wie bei Aileen hat ihm der Kampf gegen seine Behinderungen absolute Zielstrebigkeit verliehen. Seine Tage sind zwar mit dem Geld der Gettys gepolstert, aber alles, was er tun möchte, erfordert außerordentliche Anstrengungen, sodass er gezwungen ist, etwas zu tun, das den Superreichen normalerweise erspart bleibt – hart um sein Leben zu kämpfen.

Seine Willenskraft treibt ihn an. Jeden Tag muss er die ständige Mühe der Physiotherapie auf sich nehmen, ebenso wie die der Übungen, die seine Sprachfähigkeiten verbessern sollen. Diese Arbeit ist hart und schmerzhaft, aber Paul ist langsam immer stärker geworden. Vierzehn Jahre nach seinem Koma macht er beim Sprechen nach wie vor Fortschritte. Seine Ausdauer hat sich verbessert, und er hat sich sogar selbst beigebracht, mithilfe seiner Krankenpfleger aufzustehen.

Die wahre Leistung liegt in seinem Entschluss, so zu leben, als würde seine Behinderung nicht existieren. Er besucht regelmäßig seine Lieblingsrockkonzerte; er geht gern in Restaurants; er ist auf dem Laufenden, was Filme und Gemäldegalerien betrifft; und da er viele Freunde hat, die ihm etwas vorlesen, ist er auch bei zeitgenössischer Literatur und den Klassikern auf dem Laufenden. Gemeinsam mit seinem Team von Krankenpflegern hat er Routinen für seine Reisen entwickelt. Das Haus auf Wormsley ist dabei sein Stützpunkt in England, und er ist zweimal im Jahr dort, einschließlich des Weihnachtsfests, das er normalerweise mit seinem Vater und der Familie verbringt. Er will noch immer nach Italien und nach Orgia zurückkehren, wo Gail das Haus so hat umbauen lassen, dass er dort unterkommen kann; aber er hat bereits zu ihr gesagt, dass er lieber im Dorf wohnen möchte, wo er, wie er sagt, »Zeit mit meinen alten italienischen Freunden verbringen kann«.

Seine Ehe mit Martine (oder Gisela, wie sie sich inzwischen nennt) endete 1993, offensichtlich in gegenseitigem Einvernehmen. Sie ist nach Deutschland zurückgekehrt und leitete dort eine Münchner Filmfirma. Die beiden sind nach wie vor eng befreundet und telefonieren regelmäßig miteinander. Er verliebt sich noch genauso leicht wie immer, und es mangelt ihm nicht an Freundinnen, die ihn bewundern.

Paul pflegt auch eine enge Beziehung zu seinem Sohn Balthazar, der in seiner Nähe in Los Angeles lebt. Balthazar hat den früheren Ehrgeiz seines Vaters geerbt, Schauspieler und am Ende Filmregisseur zu werden – und er hat einigen Erfolg gehabt, nachdem er in der Verfilmung von William Goldings Roman *Herr der Fliegen* einen Schuljungen gespielt hat. Außerdem hatte er Rollen in *Blaze of Glory – Flammender Ruhm*, *Ein Papst zum Küssen* und *Red Hot*. Seine Halbschwester Ann studiert an der Sorbonne, will danach aber ebenfalls Schauspielerin werden. Vor Kurzem hat ihr Stiefvater Paul sie adoptiert, damit sie eines Tages wie Balthazar einen Anspruch auf einen Teil des Geldes der Gettys hat.

Doch trotz allen Mutes und aller Entschlossenheit der Opfer wie Paul und Aileen bleibt es eine Tatsache, dass es sich hier um menschliche Tragödien handelt – zerstörte Leben, die auch mit allem Geld der Welt höchstens ein wenig abgefedert werden können. Falls der Rest der Familie das vergessen sollte, dann auf eigene Gefahr.

Ein weiteres der Opfer in der Familie – in ganz anderer Hinsicht – war ihr Onkel Ronald, der in den frühen Neunzigerjahren vor dem vollkommenen Ruin stand, weil er beim Bau des Hotels in Los Angeles so viele Schulden gemacht hatte. Er war naiv gewesen und viel zu gutgläubig; jetzt hatte er darunter entsprechend zu leiden. Die Kreditgeber der Baufirma verfolgten ihn unbarmherzig, aber niemand war offenbar in der Lage, irgendetwas zu klären – vor allem die Anwälte nicht, die zu glauben schienen, dass er aus Geld gemacht sei, nur weil er Getty hieß. In Wirklichkeit hatte der glücklose Ronald in der Zwischenzeit sein Haus in Südafrika verloren, er hatte nur noch wenige Freunde und keinerlei Mittel mehr.

Der einzige Silberstreif an einem ziemlich düsteren Horizont war seine älteste Tochter Stephanie, die demnächst Alexander Waibel heiraten würde, den Sohn eines erfolgreichen österreichischen Textilfabrikanten. Sowohl Ronald als auch seine Frau sollten ein wenig Trost in all ihren Schwierigkeiten finden, indem sie bei den gastfreundlichen Waibels in deren Haus in Österreich unterkamen.

1993 sollte ihr Sohn Christopher eine Ehe eingehen, die ein noch größeres Echo nach sich zog – mit Pia Miller, einer der reichsten Erbinnen in Amerika, deren Vater Robert Miller ein Vermögen mit Duty-free-Geschäften gemacht hatte. Weder Ronald noch seine Frau oder ihre Tochter waren auf dieser Hochzeit.

In dieser Zeit blieb der größte Überlebensheld der Familie weiterhin ihr unwahrscheinlichster Anwärter auf Erlösung: Paul junior, der seine Verwandlung vom kranken, zurückgezogen lebenden Opfer der Subkultur in eine respektierte, cricketbesessene, seltsam konventionelle Stütze des Establishments beinahe abgeschlossen hatte.

Was er geschafft hatte, war außerordentlich. Es kommt schon selten genug vor, dass man in seinen mittleren Jahren ein so großes Vermögen wie seins erbt. Aber es kommt noch seltener vor, dass das geschieht, wenn man ein drogensüchtiger Büchernarr mit einer Leidenschaft für das Kino und für hochromantische Literatur und Kunst aus dem 19. Jahrhundert ist. Wie ein kluger Filmregisseur hat Paul mithilfe seiner gemeinnützigen Spenden eine komplexe neue Rolle für sich geschaffen und anschließend diese wunderbar romantische Kulisse für sich, seine Familie und seine Freunde auf Wormsley erbaut.

Wenn man wirklich alles kaufen kann, kauft man am Ende Träume, und Pauls Traum erinnert auf merkwürdige Art und Weise an eine ganze Reihe wiederkehrender romantischer Episoden aus dem 19. Jahrhundert, in denen reiche, unglückliche Männer große Summen aufgewendet haben, um einem Gefühl von Verdammnis zu entkommen und sich in die magischen Welten ihrer persönlichen Fantasie zu flüchten.

Die offensichtlichste Parallele ist die mit dem reichen, zurückgezogen lebenden Schriftsteller William Beckford, der in den 1820ern vor Unglück und Skandalen floh, indem er sich gar nicht weit weg von Wormsley einen pseudomittelalterlichen Palast, Fonthill Abbey, baute, oder mit dem dem Untergang geweihten König Ludwig von Bayern, der nach Erlösung suchte, indem er in den Bergen um München herum in den 1890ern seine Traumschlösser baute. Ein interessanteres Vorbild wäre der Held aus Jules Vernes Roman *20 000 Meilen unter dem Meer* gewesen: der geheimnisvolle, unendlich reiche Kapitän Nemo. Genau wie Paul junior liebte Nemo die Musik, lebte zurückgezogen und war ein Möchtegern-Ozeanograf, der sein Vermögen dazu verwendete, ein riesiges U-Boot zu bauen, die *Nautilus*, mit dem er vor der Welt und seinen Sorgen abtauchte und seine Ruhe fand, indem er sich in den unendlichen Tiefen des Meeres Musikstücke auf der Orgel vorspielte.

Von Anfang an hatte Wormsley etwas von einer surrealistischen Fluchtfantasie, aber vor allem dank seiner Familie, seiner praktisch veranlagten Freunde wie Gibbs und der treuen Victoria konnte das Gefühl des Untergangs um Paul junior herum in Schach gehalten werden. Das merkwürdige Multimillionen-Dollar-Unternehmen funktionierte. Paul junior fing endlich an, sein Leben zu genießen.

Er war nicht mehr ganz so reich wie zu dem Zeitpunkt, als die Zinsraten in den Achtzigerjahren durch die Decke schossen, und da er annähernd hundert Millionen Pfund verschenkt hatte, brauchte er jetzt sein gesamtes Einkommen, um seine Bauprojekte und seinen Lebensstil weiterführen zu können.

Das bedeutete, dass die Zeit spektakulärer Spendenaktionen für ihn vorbei war und der größte Teil dessen, was er noch geben konnte, aus dem Einkommen der gemeinnützigen Stiftung über zwanzig Millionen Pfund kommen musste, die er 1985 ins Leben gerufen hatte. Diese Gelder wurden sorgfältig ausgegeben und sparsam verwaltet.

Paul genoss sein Leben immer öfter in seiner Wohnung in London, wo er die Arbeitswoche verbrachte. Victoria kam jeden Morgen aus ihrer Wohnung in Chelsea dorthin, begleitete ihn hingebungsvoll durch den Tag und blieb so lange, wie sie gebraucht wurde, ehe sie nach Chelsea und zu ihren Kindern zurückkehrte. Sie war eine hervorragende Gastgeberin, und es ist vor allem ihr zu verdanken, dass sich in Pauls ständig größer werdendem Freundeskreis Filmstars wie Michael Caine,

Schriftsteller wie John Mortimer und der Dichter Christopher Logue befanden, ebenso wie der reiche Kunstkenner und -sammler Lord Rothschild. Paul ließ sich sogar von Zeit zu Zeit in einem von Londons exklusivsten Klubs sehen – Pratt's (Eigentümer war der Herzog von Devonshire), in dem er kürzlich Mitglied geworden war.

Doch auf Wormsley entspannte Paul sich und wurde geradezu gütig. Hier wandelte sich der frühere Einsiedler, der seine eigenen Kinder sonst kaum zu Gesicht bekommen hatte, zu einer vorbildlichen Vaterfigur für Tariq und Zain, die beiden Söhne von Victoria. Er liebte das Landleben, war besonders stolz auf seine Herde English Longhorns und konnte sich sogar noch gut genug an seine an William Morris angelehnten Ideale erinnern, sodass er versprach, eines Tages eine ganze Kolonie glücklicher Buchbinder auf das Anwesen zu holen. Oft zeigte er seinen Freunden Teile seiner großen Sammlung historischer Filme in seinem Privatkino – oder spielte ihnen seltene Aufnahmen aus seiner genauso großen Sammlung von historischen Schallplatten vor (wie die von Robert Browning, der seine Gedichte vorlas, oder von Oscar Wilde, der deklamierte). Auf Wormsley war schwer vorstellbar, dass er sich überhaupt langweilen könnte.

Und doch, trotz all seiner jetzigen Segnungen, schien es Paul juniors Schicksal zu sein, dass er, wie ein echter romantischer Held, niemals dauerhaftes Glück finden sollte. Sein persönlicher Höllenritt war vorbei, aber die Brandmale grenzten ihn sichtbar von den Menschen um ihn herum ab – seine mittleren Jahre hatte er vergeudet, für immer im Drogennebel verloren, zwei seiner Kinder waren vom gleichen Schicksal fast zerstört worden, und er würde immer ein halber Invalide bleiben, zu einem Leben verdammt, das einen Schritt hinter der alltäglichen Wirklichkeit zurückblieb.

Es sah außerdem auch nicht so aus, als würde er den Tod von Talitha jemals völlig verkraften. Die treue Victoria konnte nicht ihren Platz einnehmen, denn Talithas Schönheit blieb für ewig unverändert – genau wie die Wahrheit dessen, was 1971 tatsächlich in einer Julinacht in Rom passiert war. All das waren Bereiche, in die sein Geld nicht vorzudringen vermochte, und es schien so, als ob Talitha ihn weiterhin verfolgen sollte, unerreichbar und schön und jung für immer.

In der Zwischenzeit bot Gordon der Familie von seinem pseudoitalienischen Anwesen in Pacific Heights in San Francisco aus ein Beispiel, wie man mit einem Vermögen von einer Milliarde Dollar geistig gesund und glücklich bleibt.

Im Gegensatz zu seinem Bruder Paul schienen Gordon seltsamerweise weder Zeit noch Sorgen zu berühren. Er war nun in seinen späten Fünfzigern und sah im Alter besser aus als früher, aber er war im Grunde genommen noch immer derselbe schlaksige Möchtegernprofessor, der vergaß, wo er sein Auto abgestellt hatte, derselbe Künstler, der lieber eine Oper hinterlassen wollte als ein Riesenvermögen.

Doch obwohl es oberflächlich betrachtet den Anschein hatte, als behandle er sein Geld wie eine etwas nervtötende Kleinigkeit, war es in Wirklichkeit ganz anders. Gordon besaß ein tief gehendes Verständnis dafür und vor allem für die Vorteile, die sich daraus ziehen ließen.

An erster Stelle stand das Privileg, Gordon Getty zu sein. Denn einer der echten Vorteile von sehr viel Geld liegt darin, dass man das Recht hat, sich selbst in allem eine Freude zu machen – und Gordon tat genau das. Er konnte mithilfe der Familien-Boeing-727 reisen, wie, wann und wohin er wollte. (Als er ein neues Flugzeug kaufte, stellte der Mann, der die Inneneinrichtung gestaltet hatte, fest: »So wie es benutzt wird, ist das die Familienkutsche.«)

Er konnte sich außerdem immer mit dem beschäftigen, was er gerade wollte. Als Workaholic war die Arbeit Gordons größter Luxus, und erst durch das viele Geld hatte er die Möglichkeit, sich so vollkommen hineinzustürzen, wie er wollte. Er verbrachte noch immer die meisten Tage in seinem Arbeitszimmer und schuftete für seine Kompositionen oder seine neueste Wirtschaftstheorie.

»Was die Arbeit angeht, geht es meistens von Sonnenaufgang bis -untergang«, sagte Gordon.

Aber das Wichtigste an Gordons Reichtum war dessen Wirkung auf seine Persönlichkeit. Denn er bedeutete für ihn, dass ihn absolut nichts aus der Ruhe brachte. Er war schon immer ein Mensch gewesen, der getan hatte, was er wollte, und sein Vermögen schien ihm die Freiheit von Eifersucht und Unsicherheit zu geben, die so viele Menschen aus einem schlichten Mangel an Geld befallen.

Als ein Journalist einmal so unhöflich war, zu sagen, er sei »nur ein Walter Mitty mit künstlerischen Ambitionen«, lachte Gordon und stimmte ihm fröhlich zu.

»Natürlich bin ich das. Ich bin Don Quixote.«

Und wenn andere Wirtschaftswissenschaftler seine Theorien ignorierten, lachte er ebenfalls darüber.

»Am Ende überlegen sie es sich noch und nehmen sie an«, sagte er nur. »Sie können gar nicht anders.«

Als Geschäftsmann musste er sich mit dem Ruf zufriedengeben, den er sich erworben hatte, indem er das Vermögen der Gettys verdoppelte, denn von seinen späteren Unternehmen waren nur wenige erfolgreich. Im März 1990 lehnte die Firma Emhart Industrial Products Corporation of Connecticut ein Übernahmeangebot in Höhe von zwei Milliarden Dollar ab, die Gordon zusammenzubekommen versucht hatte, und einen Monat später versuchte Avon Kosmetik ihn wegen einer weiteren feindlichen Übernahme zu verklagen.

Doch die Rückschläge im Geschäftsleben sorgten nur dafür, dass er als Komponist noch ehrgeiziger wurde. Den größten Teil seiner Zeit verwandte er darauf, seine Oper *Plump Jack* »aufzupolieren und zu verfeinern«, denn er fand das Komponieren anstrengender als das Geldverdienen. Wie er sagt: »So

401

etwas wie einen faulen Komponisten gibt es nicht«, und seine
Oper zu schreiben war ein echter Vollzeitjob.

Gordon war inzwischen ein seltsam liebenswerter Exzentri-
ker geworden, und sein echter Beitrag zur Familiengeschichte
der Gettys war etwas, das sie dringend gebraucht hatten: Sorgfalt und einen Hauch von gelassenem gesundem Menschenver-
stand von einem älteren Mitglied der Familie. Immer wenn er in
Los Angeles war, stellte Gordon sicher, dass er den jungen Paul
und Aileen besuchte. Und Mark wohnte bei seinen Cousins in
San Francisco, wenn er nach Kalifornien kam.

Damit eine Familie richtig funktioniert, müssen ihre Mitglieder einander mögen – und Onkel Gordon mit seinem außergewöhnlichen Lachen, seiner neuesten Leidenschaft und seinem
etwas zerknautschen Sinn für Humor wurde immer mehr zu
einer wichtigen Quelle familiärer Zuneigung und Zugehörig-
keitsgefühl.

Es ist nicht weiter überraschend, dass sich dies am deutlichsten
bei seiner engeren Familie zeigte – und darin, dass seine Söhne
ihm jeder auf seine eigene Weise ähnlich wurden. Sie waren alle
intelligente, originelle und eher verschlossene Menschen. Obwohl sie typische Kalifornier waren und das Leben insgesamt
gelassen sahen, waren alle vier immun gegen den für die Gettys
typischen Hang zur Selbstzerstörung, der die anderen Mitglieder der Familie so in Bedrängnis gebracht hatte. Bis jetzt lebten
sie das anspruchslose Leben von intelligenten jungen Männern,
die finanziell unabhängig waren. Sie konnten mit ihrer Zukunft
machen, was immer ihnen einfiel.

Der Älteste, Peter, war seinem Vater ganz besonders ähnlich. Das ging so weit, dass er ihm sogar äußerlich ähnelte und
versuchte, sich einen Ruf als Komponist zu erarbeiten – auch
wenn es schwer ist, sich vorzustellen, dass Gordon Musik für
die Popband schreibt, die sein Sohn gegründet hatte und die er
The Virgin Whore Complex nannte.

Peters Bruder Andrew versuchte, Drehbuchautor in Hollywood zu werden, und Bill war dabei, Experte für Altgriechisch zu werden, und wollte an der University of California in Berkeley seine Doktorarbeit über Homer schreiben. Nur John, der Lauteste der Familie, gab seinen Eltern Grund zur Sorge, als er nach San Diego zog, sich tätowieren ließ und einer Heavy-Metal-Band beitrat. Doch selbst er schrieb sich an der University of California in Berkeley ein und forschte schließlich über Emily Dickinson, die Heldin seines Vaters.

Alle vier Brüder gingen gemeinsam einem Hobby für reiche Jungen nach, indem sie einen gehobenen Weinladen in San Francisco finanzierten – und als Zeichen der familiären Solidarität baten sie ihren Vater, ihn nach dessen Oper benennen zu dürfen.

»Nun, ich werde euch nicht verklagen, wenn ihr das tut«, sagte Gordon.

Also nannten sie das Geschäft *Plump Jack*, und unter der Leitung von Bill Newsoms Sohn Gavin entwickelte *Plump Jack* eins der interessantesten Weinsortimente mit dem besten Preis-Leistungs-Verhältnis an der ganzen Küste. Das sorgte dafür, dass der bis dahin abstinente Gordon eine neue Leidenschaft entdeckte – für Jahrgangsweine. Da er belesen und reich und überraschend durstig war, wurde Gordon schon bald zu einem sehr kenntnisreichen Weinexperten.

Auf längere Sicht gesehen wird es jedoch mehr brauchen als ihr Interesse am Wein und ein Weingeschäft, damit die jüngeren Gettys sich in Vollzeit engagieren – genau das ist der Grund dafür, dass Paul juniors Sohn Mark für eine wichtige Aufgabe innerhalb der Familie vorbestimmt zu sein scheint. Nachdem er in der Vergangenheit selbst so viel Unglück miterlebt hat und da er selbst drei kleine Kinder hat, ist er still entschlossen, zu tun, was in seiner Macht steht, damit sich die Katastrophen der Vergangenheit nicht wiederholen.

Es ist nicht so, dass er viel darüber sprechen würde. Jetzt, mit Mitte dreißig, lässt er gewisse Vorsicht walten. Und trotz all des leisen Charmes und seiner ruhigen Zurückhaltung ist es schwer, ihn einzuordnen. Dass er in Oxford Philosophie studiert hat, hat ihm vielleicht sein eher kühl distanziertes Auftreten verschafft.

Tatsächlich ist diese Nüchternheit trügerisch, denn er nimmt die Familie sehr ernst. Das lässt sich an seinem Verhalten ablesen, wenn sein Bruder Paul nach London kommt. Mark ist dann stets da, um ihm zu helfen, sich um ihn zu kümmern und nach Lokalen und Veranstaltungen zu suchen, von denen er glaubt, dass sie ihm vielleicht Spaß machen. Mark hat sich außerdem zum inoffiziellen Friedensstifter und Wiedervereiniger gemacht. Er hat ein enges Verhältnis mit seinem Vater und hängt so sehr an seinem Onkel Gordon wie immer, der ihn als »praktisch ein weiterer Sohn« bezeichnet.

Wenn es einen Schlüssel zu Marks Charakter gibt, dann liegt er wahrscheinlich eher in Italien als bei den Gettys. Die Leute vergessen oft, dass er in Rom zur Welt gekommen ist, und seine Ehe mit Domitilla hat seine Verbindung mit Italien verstärkt. Er hat einige Jahre lang ein Haus in der Nähe von Orgia besessen, und er verbringt seine Ferien in der Toskana. Dort züchtet er die Pferde, mit denen er am Palio di Siena teilnimmt (dem historischen Pferderennen, das zweimal im Jahr auf dem Marktplatz von Siena ausgetragen wird), und er mag es gern, wenn seine Söhne Italienisch sprechen und in dem Dorf spielen, in dem er selbst als Kind gespielt hat.

Er hat noch immer viele Freunde dort. Lastwagenfahrer Francesco, der Sohn von Remo, ist Pate seines ältesten Jungen Alexander, und Mark räumt ein, dass die Leute aus dem Dorf stets einen großen Einfluss auf ihn gehabt haben. Über die Jahre hinweg haben sie ihm einige Male dabei geholfen, Schlüsse zu ziehen, die für die Gettys nicht offensichtlich waren.

Einer betrifft die Bedeutung, die die die Leute aus dem Dorf handwerklichem Können und gut gemachter Arbeit beimessen. »Am Ende«, sagt Mark, »ist die Arbeit das Wichtigste, was man tut, ganz gleich, wer man ist. Sie hilft dabei, sich zu definieren, und macht einen zu dem, was man ist.«

Die zweite Überzeugung, die er von den Leuten aus dem Dorf übernommen hat, betrifft die Bedeutung der Familie. Zur Zeit der Entführung, als Marks Familie trotz all ihres Reichtums praktisch auseinanderfiel, erlebte er, wie italienische Familien einander Trost zu spenden schienen und alle ihre Mitglieder unterstützten. Später, als es um die Wirtschaft ging, erkannte er außerdem, wie die italienische Familie Italien noch immer mit seiner grundlegenden und ausgesprochen dynamischen Geschäftsstruktur versorgt. Nachdem er geheiratet hatte und der erste Getty seiner Generation wurde, der sich seinen Lebensunterhalt außerhalb der Familie verdienen musste, dachte er viel darüber nach, was er in Italien gelernt hatte.

Als er fünfundzwanzig war, als bezahlter Treuhänder im Cheyne Walk Trust seines Vaters, war er bereits in die Investitionspolitik eines Fonds eingebunden, der derzeit bei 1,2 Milliarden Dollar steht; und in seinen frühen Dreißigern verschaffte ihm seine Erfahrung im Bankgeschäft eine wichtige Funktion in der Familie. Seitdem hat er in Fragen der familiären Finanzpolitik eng mit seinem Onkel Gordon zusammengearbeitet, und mittlerweile führt er die Getty Investment Holdings. Sein Cousin Christopher ist vor Kurzem dem Vorstand beigetreten.

Doch Mark machte sich noch immer Sorgen, dass ein Niedergang der Familie drohen könnte, und Bedenken wegen ihrer Zukunft brachten ihn dazu, genau zu studieren, wie einige von Amerikas reichsten Dynastien überlebt hatten und gediehen. Was er dabei erfuhr, bestätigte viel von dem, was er in seinem Dorf in Italien gelernt hatte.

Die Rockefellers beeindruckten ihn besonders mit der Art und Weise, wie sie es geschafft hatten, »eine blühende, dynamische Einheit« zu bleiben, in der die verschiedenen Mitglieder

der Familie offenbar alle ihren Platz gefunden hatten. Um ihr Geheimnis zu ergründen, verbrachte er einige Zeit im Rockefeller Center in New York, wo er die Organisation studierte, die die Rockefellers nach dem Verkauf von Standard Oil aufgebaut hatten, um ihre Investitionen und Geschäftsinteressen zu verwalten und denjenigen Familienmitgliedern eine Nische zu bieten, die sich eine wünschten. David Rockefeller, der Kopf der Familie, hat ihm einmal von seiner eigenen Erfahrung berichtet, dass jedes Mitglied der Familie, das zum Außenseiter wurde, »dazu neigte, zu einem Problem zu werden«.

Die Art und Weise, wie die Rockefellers sich selbst organisiert hatten, half dabei, Mark davon zu überzeugen, dass es keinen unvermeidlichen Niedergang und Fall seiner eigenen Familie geben musste. Ganz im Gegenteil, es schien so, als ob die jüngeren Gettys durchaus von einigen derselben Vorteile profitieren konnten wie die Rockefellers, vorausgesetzt, die Elterngeneration war bereit, ihnen zu helfen. Er hatte das Gefühl, dass sie eine gemeinsame Identität und ein Ziel als Familie brauchten – und natürlich die magische Aktivität, die für die Reichen genauso wichtig ist wie für die Armen: die Gelegenheit, zusammenzuarbeiten.

1990, noch während er bei Hambros arbeitete, organisierte er eine Investition der Familie in Südafrika als Versuch, sie alle zum ersten Mal gemeinsam in ein Unternehmen einzubinden. Er überredete die Verantwortlichen der drei Trusts der Familie dazu, die für die Verhältnisse der Gettys moderate Summe von fünf Millionen Dollar in die Conservation Corporation in Südafrika zu investieren, der das berühmte Londolozi-Wildreservat in Natal und das Phinda-Reservat in Zululand gehört. Es war ein aufsehenerregendes Projekt, das der visionäre Umweltschützer David Varty initiiert hatte. Er wollte aus Londolozi das schönste Wildreservat in ganz Afrika machen.

Da es zu dieser Zeit kaum ausländische Investitionen in Südafrika gab, stellte Mark sicher, dass er die volle Unterstützung des Afrikanischen Nationalkongresses hatte, ebenso wie die der südafrikanischen Regierung. Da eine Mehrheitsregierung noch immer in weiter Ferne lag, wurde die Investition der Gettys als riskante und idealistische Geste betrachtet. Später wurde das Unternehmen jedoch von Präsident Mandela persönlich als Modell dafür herangezogen, wie man internationalen Tourismus mit den Bedürfnissen der Tierwelt und der lokalen Bevölkerung in Einklang bringen kann. (Mandela ist mehrere Male in Londolozi gewesen.)

Mark streitet ab, dass die Entscheidung für diese Investition in Afrika viel mit Idealismus zu tun gehabt hatte. Er sagt, sein eigentliches Ziel sei es gewesen, dafür zu sorgen, dass die Familie wieder zueinanderfinden konnte, indem er ihre Talente und Möglichkeiten nutzte und ihre Begeisterung weckte.

Als sein Onkel Gordon zusammen mit Bill Newsom, seinem Sohn Peter und Ronalds Sohn Christopher nach Londolozi kam, waren sie schon bald begeistert und vor allem beeindruckt von Varty und den verschiedenen Standorten der Conservation Corporation. Später sollte Marks Halbbruder, Talithas Sohn Tara, dort arbeiten. Aber für Mark selbst ist die Beteiligung an einem Wildreservat, egal, wie aufregend sie auch war, als Herausforderung nicht groß genug, um die Energie und Begeisterung der Gettys zutage zu fördern.

»Offen gesagt«, sagt er, »sehe ich für uns keine Zukunft im Hotel- und Tourismusgeschäft«.

Er war auf der Suche nach etwas wesentlich Anspruchsvollerem, und mit Unterstützung seines Vaters und seines Onkels Gordon hat er etwas entwickelt, das er »eine schlüssige Strategie« nennt, in der die Mehrheiten der Trusts dreißig bis vierzig Millionen Pfund dafür aufwenden, eine Reihe von miteinander verwandten Firmen mit langfristiger Wachstumsperspektive aufzukaufen. Die erste dieser Übernahmen war der dreißig Millionen Dollar teure Erwerb von achtzig Prozent der Anteile an Tony Stone Images, einer der führenden nicht auf

407

Nachrichten spezialisierten Fotobibliotheken mit dreißigtausend Farbbildern, die von Zeitschriften und Werbeagenturen für einen durchschnittlichen Preis von 400 Pfund pro Verkauf verwendet werden. Mark und sein Partner Jonathan Klein sind gemeinsam Vorsitzende von TSI. Obwohl er zuversichtlich ist, dass die Firma weiter expandieren wird, stellt er fest, dass es das Hauptziel dieser Strategie ist, »die Familieninteressen und unsere Expertise in einem Investitionsgebiet zusammenzubringen wie damals, als Getty Oil uns noch gehört hat«, und nicht notwendigerweise, Beschäftigung für zukünftige Familienmitglieder zu schaffen. Er fügt jedoch schnell hinzu, dass er sich nur »wenige Dinge« vorstellen kann, »die aufregender sind, als für das eigene Familienunternehmen zu arbeiten«, und er bleibt bei seiner Überzeugung, dass »ein Familienunternehmen das meiste Potenzial dazu hat, eine dynamische Organisation zu werden – vorausgesetzt, die Familie hat begeisterte Mitglieder, die für sie arbeiten wollen, eine verlässliche Kapitalquelle und ein gemeinsames Ziel und eine gemeinsame Identität«.

Indem er eine langfristige Perspektive einnahm, will Mark die finanziellen Mittel der Getty-Trusts gemeinsam nutzen und auf diese Weise eine wirkliche Getty-Dynastie aufbauen, von der J. Paul Getty so viel geredet und so wenig verstanden hat.

Er sagt: »Die meisten unserer Schwierigkeiten rühren daher, dass mein Großvater nichts von Familie verstand und nicht wusste, was sie zusammenhält. Man könnte sogar sagen, dass er nichts von Menschen verstand. Es ist an der Zeit, dass sich das ändert.«

1992 war ein wichtiges Jahr für die Gettys und speziell für Paul junior. Im September sollte er sechzig werden, und als die neue Cricket-Saison begann, beschloss er zu feiern, indem er auf seinem neu errichteten Spielfeld etwas veranstaltete, das ihm ganz besonders am Herzen lag: das perfekte Cricket-Spiel.

Country House Cricket erlebte zu dieser Zeit gerade ein Comeback. Prinz Philip schickte in Windsor ein Team aufs Feld, und der Herzog von Norfolk tat dasselbe auf seinem privaten Platz in Arundel. Ende Mai beschloss Paul, dem auf Wormsley in keiner Weise nachzustehen, und man kann sagen, dass kein traditionelles englisches Sportereignis mehr mit einer solchen Präzision und solch beängstigender Hingabe inszeniert worden ist, seit Cecil Beaton die Ascot-Szene von *My Fair Lady* ausstattete.

Der Schauplatz war idyllisch. Der Platz war seit Monaten von Harry Brind, dem Chef-Platzwart eines der Heiligtümer des Crickets, dem Kennington Oval, gehegt und gepflegt worden. Die Buchen waren grün, und da W. G. Grace mittlerweile Kapitän des großen Spiels im Himmel war, war eine andere Legende des Crickets dort, der zweiundneunzigjährige »Bob« Wyatt, Englands ältester noch lebender Test-Kapitän, um die Glocke zu läuten, die den Beginn des Spiels signalisierte.

Der berühmteste Cricket-Spieler dieser Zeit, Imran Khan, der Kapitän der pakistanischen Nationalmannschaft, war Kapitän von Pauls Team; und die Besucher waren von keiner geringeren Organisation ausgewählt worden als dem MCC selbst.

Paul genoss eins der beneidenswertesten Privilegien der Superreichen: die Fähigkeit, einen komplizierten Traum Wirklichkeit werden zu lassen, und da ein Traum perfekt sein muss, hatte er sich unendliche Mühe gegeben, hatte sogar andauernd seinen Freund, den Wortführer unter den Cricket-Kommentatoren, den inzwischen verstorbenen und schmerzlich vermissten Brian Johnston, um Rat gefragt. Alles musste in einer Welt, die stolz auf ihre Authentizität ist, absolut authentisch sein: von den Punktrichtern und den Sichtschirmen neben dem Platz bis hin zum sauber mit Reet gedeckten Pavillon und der richtigen Sorte süßer Brötchen zum Tee. Es versteht sich von selbst, dass das Mittagessen tadellos war – kalt geräucherter Lachs und neue Kartoffeln, gefolgt von Fruchtpudding mit Pimm's oder kaltem Bier vom Fass oder sehr gutem Champagner. Das Ergebnis des Spiels war ebenfalls tadellos – die Gäste gewannen mit einem Schlag über die Spielfeldgrenze im letzten Over.

Ein perfektes Mittagessen, ein perfekter Tag – aber der Mann des Spiels war keiner der Cricket-Spieler, sondern Paul selbst, der die Katastrophen überlebt hatte, die untrennbar mit dem Erbe der Gettys verbunden zu sein schienen und dieses Ereignis möglich gemacht hatten, sodass er seine eigene Rettung feierte.

Er tat dies mit sehr viel Stil und ohne ein Wort zu sagen, wie es seiner Persönlichkeit entsprach. Während er in seinem Blazer und dem Schlips vom MCC dasaß und sich von seinem privaten Pavillon aus das Spiel ansah, wurde er von seinen beiden Ehrengästen flankiert. Links von ihm saß nach eigenem Bekunden ein Cricket-Fanatiker – Premierminister John Major. Rechts von ihm genoss Queen Elizabeth, die Königinmutter, jede Minute des Spiels.

Es wurde ein wunderbarer Sommer für Paul. Das Wetter war durchwachsen, aber die Cricket-Saison dauerte bis Ende August. Dann erzählte er dem Cricket-Reporter E.W.Swanton, 1992 sei sein »glücklichster Sommer seit meiner Kindheit« gewesen. Und der Sommer war noch nicht vorbei.

Als die Saison zu Ende ging, ordnete er an, dass der Pavillon abgebaut werden sollte, aber niemand kümmerte sich darum. Da er es gewohnt war, dass man seine Anordnungen befolgte, beschwerte er sich darüber bei Victoria, doch es passierte weiterhin nichts, und als er an seinem Geburtstag am 7. September aus London zurückkam, bemerkte er zu seinem Ärger, dass der Pavillon noch immer dort stand. Es war auch so schon schlimm genug, sechzig zu werden, ohne dass man seine Anordnungen absichtlich missachtete.

Was Paul nicht wissen konnte, war, dass Mark seit beinahe einem Jahr eine Geburtstagsparty für ihn organisiert hatte und dass er anstelle der kleinen Familienfeier, die Paul erwartete, heimlich über sechzig Gäste mit Bussen aus London hergebracht hatte.

Victoria, die in das Geheimnis eingeweiht war, sorgte dafür, dass Paul den ganzen Vormittag über im Haus blieb. Er sah erst, was vor sich ging, als sie ihn um die Mittagszeit zu einem Spaziergang am Pavillon vorbei mitnahm. Darin befanden sich viele seiner engsten Freunde und Verwandten und warteten darauf, ihm zum Geburtstag zu gratulieren. Einige von ihnen hatte er seit Jahren nicht gesehen. Sie waren aus der ganzen Welt angereist. Es waren Freunde aus Kalifornien dabei und aus Rom. Ein Paar war gekommen, das einmal die Themse hinaufgesegelt war und mit seiner Jacht gegenüber von seinem Haus am Cheyne Walk geankert hatte. Es waren Schulfreunde aus St. Ignatius gekommen. Rechts von ihm saß beim Mittagessen sogar die Frau, die seinem Vater am nächsten gestanden hatte, die elegante Penelope Kitson.

Der Anblick so vieler lange verlorener Freunde rührte Paul zu Tränen. »Ich wusste ja gar nicht«, sagte er, »dass sich so viele Menschen für mich interessieren«.

Diese Veranstaltung hatte jedoch noch einen weiteren Zweck. Es war typisch für Mark, dass er die Party in seinem Eifer, die Familie wieder zusammenzubringen, in ein ausgedehntes Familientreffen verwandelte.

Abgesehen von Georges Töchtern, die weiterhin Distanz zu den anderen wahrten, war beinahe die ganze Familie gekommen. Aileen ging es so gut, dass sie zusammen mit Gail mit dem Flugzeug von Los Angeles angereist war. Der junge Paul hatte die Reise ebenfalls auf sich genommen, gemeinsam mit seinen Krankenpflegern und seiner Schwester Ariadne und deren Ehemann, dem Schauspieler Justin Williams. Ann hatte das Gefühl, dass sie unmöglich ihr steiniges Tal in Äthiopien verlassen konnte, wo sie noch immer auf der Suche nach den fossilen Überresten ihres ältesten Vorfahren war, aber Gordon war mit der privaten Boeing gekommen und hatte ihre vier Söhne Peter, Andrew, John und William mitgebracht.

Auch das enterbte Familienmitglied war nicht vergessen worden; denn Mark hatte sich besondere Mühe gegeben, seinen Onkel Ronald und dessen Familie einzuladen. Ronald steckte mittlerweile so tief in den roten Zahlen, dass er, wenn er ehrlich war, keine Ahnung hatte, was aus ihm werden sollte. Aber die Party lenkte ihn von seinen Sorgen ab, und nach so vielen Jahren voller Verbitterung und Zurückweisung war er nun wieder mit seinen Brüdern vereint. Es war daher für ihn ein ebenso emotionaler Augenblick wie für seinen Bruder Paul.

»Es kam mir so vor«, sagt er, »als wäre ich endlich Teil der Familie geworden«.

Was schenkt man einem Milliardär, der schon alles hat? Gail hatte in Siena einen antiken Brieföffner aus Silber und Elfenbein entdeckt, dessen Griff wie eine Schildkröte geformt war und von dem sie glaubte, dass er ihm gefallen würde. Bill Newsom hatte ihm die gelbe Schirmmütze eines Taxifahrers aus San Francisco mitgebracht. Penelope hatte eine Emailledose mit dem Bild eines Cricket-Spielers auf dem Deckel gefunden und Christopher Gibbs ein seltenes Buch vom großen Politiker der Whigs, Charles James Fox. Es hieß *On Wind* und trug den Untertitel *A Treatise on Farting* (»Über den Wind – Eine Abhandlung über das Furzen«).

Das wichtigste Geschenk des Tages bekam Paul jedoch erst, nachdem das Geschirr vom Mittagessen abgeräumt war und die Geburtstagsreden gehalten waren. Es war hinter einem Vorhang an einer Seite des Pavillons versteckt gewesen, und als der Vorhang zurückgezogen wurde, sah er etwas, von dem er nicht glauben konnte, dass es noch existierte – seinen roten MG aus Rom, den er Jahre zuvor an seine Halbschwester Donna verkauft hatte. Die Kinder hatten den Wagen aufgetrieben und ihn sorgfältig wieder restaurieren und neu lackieren lassen. Es war ein Geschenk von der jüngeren Generation an ihren Vater.

Dieses Geschenk bedeutete Paul mehr als alles andere, denn es war auch ein Omen für die Zukunft. Alte Automobile geben einem ein Gefühl der Nostalgie, und der MG war Teil eines Lebens, das er seit langer Zeit als für immer verloren betrachtet hatte. Es gehörte zu seiner Jugend und zu glücklicheren Zeiten in Rom, bevor der ganze Ärger angefangen hatte. Indem sie es ihm zurückgaben, bewiesen die Kinder, dass man sogar die Vergangenheit wiederfinden und dass man vergeben kann.

Wie durch ein Wunder hatte Pauls Auto entgegen jeder Wahrscheinlichkeit überlebt. Dank der Fürsorge derer, die ihn liebten, und dem Einsatz einer Menge Geld war der MG auf wunderbare Weise wiederhergestellt. Genau wie er.

25. KAPITEL

DER KREIS SCHLIESST SICH

Immer wenn man über die Gettys spricht, kommt man irgendwann auf den wahren Vater ihrer Geschichte zurück, den unberechenbaren alten Mann, der gleichzeitig den größten Teil des enormen Vermögens der Familie aufgebaut und die meisten ihrer Schwierigkeiten verursacht hat – Einzelgänger, Finanzgenie und außerordentlicher Geizhals J. Paul Getty. Das Bild, das von ihm bleibt, ist das eines Mannes mit beinahe übernatürlichen geschäftlichen Fähigkeiten, riesengroßer Finanzkraft und einem Privatleben völliger Leere.

Er hat ein seltsames Leben geführt, in dem Geld den Platz von fast allem anderen einnahm. Er war ein Alchemist des Geldes. Von irgendeinem Hotelzimmer aus mit nichts anderem ausgestattet als einem Telefon verfügte er die meiste Zeit seines Lebens über die Fähigkeit, Geld aufzutreiben, das er auf magische Weise in Ölfelder, Raffinerien und Tankerflotten verwandelte – und das in der Regel auf weit entfernten Kontinenten. Er ging dabei so geschickt und so klug vor, dass beinahe alles, was er schuf, noch mehr Geld mit sich brachte, womit dann das Vermögen der Gettys und das steuerfreie Einkommen des Sarah C. Getty Trusts vergrößert wurden.

So funktionierte sein Geschäft, und der wichtigste Punkt war, dass sich für J. Paul Getty das meiste, was im Leben geschieht – möglicherweise mit Ausnahme von Sex –, in seinem wirklich außergewöhnlichen Geist abspielte. Er sah kaum einmal die Wunder in fernen Ländern, die er und sein Geld geschaffen hatten; er machte sich nichts daraus. Er gab auch nichts von dem Geld aus, das er in solchem Überfluss im Sarah C. Getty Trust gehortet hatte; das wagte er nicht. Es war absolut typisch für ihn, dass er sein merkwürdiges Museum draußen in Malibu baute, es jedoch nie zu Gesicht bekam. Ebenso typisch war es, wie er mit seinen in aller Welt verstreuten Nachkommen umging, die er so beiläufig gezeugt hatte, um die er sich aber manchmal jahrelang nicht kümmerte.

Es ist also nicht überraschend, dass es Probleme gab, als er beschloss, seine erwachsenen Söhne sollten das Familienunternehmen weiterführen und die von ihm so bezeichnete »Getty-Dynastie« gründen. Um eine Dynastie aufzubauen, braucht man zuerst eine Familie, und J. Paul Getty, der sein gesamtes Erwachsenenleben damit verbracht hatte, vor seinen Ehefrauen und Kindern wegzulaufen, hatte keine Ahnung davon, was eine Familie bedeutete. Daher war es wenig überraschend, dass alle seine Nachkommen aus ihren Begegnungen mit ihrem Vater Narben davontrugen – dass George sich selbst zerstörte, dass Paul junior beinahe dasselbe getan hätte, dass Ronald seine Enterbung so sehr quälte und dass sogar Gordon dazu gezwungen war, sich seine persönliche Welt des Geistes zu schaffen, die den Platz von allem einnahm, was in seiner Kindheit gefehlt hatte.

Gegenseitige Zuneigung, Verständnis, Großzügigkeit – die Grundlagen jeder glücklichen Familie – waren nicht Teil von J. Paul Gettys Gefühlsvokabular. Stattdessen schien es so, als wäre die Gefühlsarmut des alten Mannes an ihre Stelle getreten. Zusammen mit den riesengroßen Summen, die er anhäufte, theoretisch zum Wohl seiner Familie, half dies dabei, das Problem zu vergrößern, Eifersucht und Misstrauen unter den Kindern zu erzeugen. Hinzu kam noch die fatale Schwäche, die irgendwo an der Wurzel der merkwürdigen psychischen Verfassung des alten Mannes zu stecken schien: Furcht.

Da er um seinen Besitz fürchtete, um seine persönliche Sicherheit und am Ende auch um sein Leben, bot Jean Paul Getty dieses ungehörige Schauspiel: den ängstlichen Milliardär; da Furcht ansteckend ist, hatte er bis zur Entführung des jungen Paul aus den Gettys ebenfalls eine ängstliche Familie gemacht. Viel von Paul juniors Zurückgezogenheit hatte mit Furcht zu tun, genau wie Georges Tod und das Verhalten der Familie während und nach der Entführung. Gail war wichtig für die Familie, weil sie als Einzige nicht ängstlich war.

Doch nun, da einige Familienmitglieder aus dem Schatten des alten Mannes traten, verblasste die Furcht. Aileen hatte sie in ihrem persönlichen Golgatha überwunden, genau wie ihr Bruder Paul mit seiner Entschlossenheit, am Leben zu bleiben, und auch ihr Vater, als er von den Drogen loskam und sich wieder der Welt stellte. Jetzt, da die Angst verschwunden war, konnten die Gettys damit beginnen, ein Leben wie eine einigermaßen normale Familie zu führen.

Damals, 1960, als der alte Mann auf Sutton Place die ungeheure Geburtstagsfeier für die Tochter eines Freundes, einen Herzog, den er kaum kannte, veranstaltet hatte, verspürte er nicht das geringste Bedürfnis, ein einziges Mitglied seiner Familie einzuladen. Doch nun, als Mark auf Wormsley die Party für seinen Vater ausrichtete, gab er sich große Mühe, alle Gettys einzubeziehen, die er auftreiben konnte. Und die Gettys verhielten sich immer mehr wie eine Familie, die zusammenhält und sich gegenseitig unterstützt.

Am 18. Dezember 1992 berichtete die *London Times* unter Berufung auf eine Meldung der Nachrichtenagentur *Associated Press* aus San Juan, Puerto Rico, dass ein Sohn des verstorbenen Ölmilliardärs J. Paul Getty Konkurs beantragt und dabei keinerlei Vermögen, aber Schulden in Höhe von 43,2 Millionen Dollar angegeben hatte. »Der Antrag von J. Ronald und Karin Getty wurde letzten Monat in San Juan gestellt.«

Auch wenn sie von einer örtlichen Regierung verwaltet wird, ist die Karibikinsel Puerto Rico Teil der Vereinigten Staaten und teilt damit ihr Rechtssystem und ihre Währung. Ronald und seine Frau hatten sich dort niedergelassen, nachdem sie Südafrika verlassen hatten. Am 18. Dezember 1992 standen sie beide vor einem Richter des US-Konkursgerichts für den Bezirk Puerto Rico, um eine Fristverlängerung für das Einreichen ihrer Zeitpläne und ihres Sachverhaltsstatements zu beantragen. Das war verständlich, denn Ronald hatte im Namen seiner Firma Schulden bei einer Ehrfurcht gebietenden Liste von Gläubigern. Darunter waren Merrill Lynch Private Capital, die Société Générale, die First National Bank of Colorado Springs, die Crédit Suisse und die Security Pacific National Bank.

Ronald haftete persönlich für diese Schulden, und seit seine Firma auseinandergebrochen war, hatte er Albträume wegen der größten Gläubiger, von denen einige versucht hatten, sich Vermögen zu sichern, das er nicht besaß, indem sie das Konkursverfahren verzögerten. Er war zweiundsechzig, eine ungünstige Zeit im Leben, um sich mit einer solchen Krise herumzuschlagen – und in der Vergangenheit hätte er sich der Sache allein stellen müssen. Doch nach dem Wiedersehen mit der Familie hatte sich einiges verändert. Gordon und Paul waren auf seiner Seite und halfen ihm, so gut es ging. Sie gaben ihm Ratschläge, bezahlten seine Anwälte und gründeten schließlich einen Fonds, um einen Teil seiner Schulden zu begleichen und zu einem Vergleich zu gelangen. Danach konnte Ronalds Konkurs aufgehoben werden.

Indem sie das taten und dafür sorgten, dass er ein Einkommen (in einer ungenannten Höhe) als Berater des Trusts seiner Familie hatte, halfen sie ihrem unglücklichen Bruder dabei, seinen Seelenfrieden und ein gewisses Maß an Selbstachtung wiederzugewinnen. Sie halfen ihm und Karin außerdem, ein Haus in Deutschland zu kaufen.

Auf diese Weise gab die Familie stillschweigend zu, dass Ronald all die Jahre zuvor tatsächlich ungerecht behandelt worden war, indem man ihn vom Sarah C. Getty Trust ausgeschlossen hatte. Daran konnten sie nichts mehr ändern, ebenso wenig wie sie Jean Paul Gettys Verhalten wirklich wiedergutmachen konnten. Aber nach einem Leben, das Ronalds Versuchen, sich gegen seinen Vater zu beweisen, zum Opfer gefallen war, sorgten sie zumindest dafür, dass Ronald seinen Lebensabend dort verbringen konnte, wo alles begonnen hatte und wo er sich immer zu Hause gefühlt hatte – bei der Familie seiner Mutter in Deutschland.

Ganz im Gegensatz zu Ronald blieb Gordon der Glückspilz der Familie. Er war auf dem Höhepunkt seines persönlichen Erfolges angelangt, vor allem was seine Musik betraf. Im Frühjahr 1994, nachdem er Aufführungen seiner Werke in Newark, New Jersey und Austin, Texas, besucht hatte, erlebte er einen einzigartigen Triumph für einen Komponisten: Er flog in seiner eigenen Maschine nach Moskau, um bei einem Konzert dabei zu sein, das seiner Musik gewidmet war. Das Russische Staatsorchester spielte *Plump Jack*, seine »Three Victorian Scenes« und »Three Waltzes for Orchestra«.

Es war die Art der Auszeichnung, von der Gordon immer geträumt hatte, und er wirkte so, als wäre er von diesem Ereignis ein wenig überwältigt. So sagte er: »Es ist etwas ganz Besonderes, wenn man einem großen Orchester wie diesem zuhört, das die eigene Musik spielt.«

In seiner Rolle als neuzeitlicher Mann der späten Renaissance erhielt er ebenfalls öffentliche Anerkennung für seine Wirtschaftstheorien, indem der Nobelpreisträger Franco Modigliani öffentlich die Originalität der Wirtschaftstheorie in seinem Aufsatz »Fertile Money« lobte.

Zur gleichen Zeit schien auch Ann zum Erfolg der Familie beitragen zu können, denn das Geld und die Arbeit, die sie in die Suche nach den ältesten Überresten der Menschheit in Äthiopien gesteckt hatte, zahlten sich endlich aus. Im September wurde bestätigt, dass das Team, mit dem sie arbeitete, gefunden hatte, wonach sie gesucht hatten. Es wurde festgestellt, dass die fossilen Überreste, die sie einige Monate zuvor ausgegraben hatten, 4,5 Millionen Jahre alt waren und zu einem affenartigen Hominiden gehörten. Das Geschöpf erhielt den Namen *Australopithecus ramidus,* und es wurde zuversichtlich behauptet, dass es das lang gesuchte fehlende Bindeglied zwischen der Familie der Affen und der des Menschen sei.

Diese Entdeckung war tatsächlich ein Triumph für den Leiter des Forschungsteams, Anns Dozenten an der University of California, Professor Tim White. Sie war ebenfalls ein Triumph ganz anderer Art für Ann und Gordon, deren finanzielle Unterstützung dabei geholfen hatte, dass Professor Whites Forschungen durchgeführt werden konnten. Doch sie platzte auch in eine erbitterte akademische Auseinandersetzung, in die Ann und Gordon aufgrund ihrer finanziellen Unterstützung ungewollt hineingezogen wurden.

Im Gegensatz zu seinem Bruder Paul junior, der ohne weitere Bedingungen für die unterschiedlichsten Zwecke gespendet hat, neigte Gordon immer schon dazu, sich persönlich in die Angelegenheiten einzumischen, für die er Geld gab. Er behandelt sie, wie er sagt, »mit der gleichen Sorgfalt wie meine geschäftlichen Investitionen«. Das war durchaus auch der Fall, als er dabei half, das Institute of Human Origins in Berkeley unter Leitung des umstrittenen Dr. Johanson zu gründen. Seitdem hatte es ein Zerwürfnis zwischen Johanson und seinem früheren Kollegen Professor White gegeben, während Ann und Gordon den Professor immer mehr unterstützten. Für Gordon bestätigte Whites Erfolg die Relevanz seiner Forschung, und er hielt sein Wort, indem er beschloss, von nun an nicht mehr in Dr. Johansons Institut zu »investieren«. Da damit die Existenz des Instituts auf dem Spiel stand, erntete er für sein Handeln unweigerlich Kritik von allen Seiten. Aber er glaubte fest daran, dass er im Recht war. Außerdem war Gordon der Geldgeber, was bedeutete, dass es mehr als Kritik brauchte, um seine Meinung zu ändern.

Ähnlich wie seine Spendenbereitschaft Gordon in eine Kontroverse verwickelte, verursachte ein Anfall von unerwarteter Großzügigkeit ironischerweise eine Peinlichkeit für seinen Bruder, Paul junior, da das öffentliche Interesse wieder auf dessen längst vergessen geglaubte Beziehung zu seinem Vater gelenkt wurde.

Nach einer langen und im Ergebnis enttäuschenden Kampagne, mit der die Mittel aufgebracht werden sollten, um Canovas neoklassizistische Skulpturengruppe »Die drei Grazien« für eine britische Galerie zu kaufen, sah es so aus, als ob das J. Paul Getty Museum in Malibu den Zuschlag für die drei lebensgroßen Marmornymphen zum Preis von 7,4 Millionen Pfund bekommen sollte. Sie befanden sich in Großbritannien, seit einer der Herzöge von Bedford sie 1820 dem italienischen Bildhauer abgekauft hatte, und es war noch immer über eine Million Pfund nötig, um sie im Land behalten zu können. In der letzten Minute verkündete Paul junior, dass er persönlich die Million spenden würde, vorausgesetzt, dass der Rest der Summe aus anderen Quellen beigesteuert wurde.

Timothy Clifford, Chef der National Galleries of Scotland, der die Kampagne leitete, drückte seine Freude darüber aus, als er live für das Fernsehen interviewt wurde – und als er gefragt wurde, warum Getty eine britische Galerie gegen das Museum seines Vaters in Malibu unterstützte, antwortete er gut gelaunt: »Ich glaube, dass Mr. Getty nie besonders gut mit seinem Vater ausgekommen ist.«

Obwohl das im Großen und Ganzen der Wahrheit entsprach, war es unter den gegebenen Umständen keine taktvolle Bemerkung, und es ist leicht einzusehen, wieso Paul junior verärgert war, als er davon hörte. Wenn man gerade im Begriff ist, eine Million zu spenden, will man nicht daran erinnert werden, dass man seinen Vater nicht gemocht hat, vor allem dann nicht, wenn das wenig mit dem zu tun hat, weshalb man spenden möchte. Paul juniors Grund für diese Spende war nämlich, wie so häufig, vielmehr seine Liebe zu seiner Wahlheimat.

Es folgte ein Aufruhr, als er seinem Unmut Luft machte und hinzufügte, dass er darüber nachdachte, sein Angebot zurückzuziehen. Da die volle Verantwortung für den drohenden Verlust von Canovas »Drei Grazien« im Raum stand, tat der unglückliche Mr. Clifford alles, was in seiner Macht stand, um seinem Bedauern Ausdruck zu verleihen.

Er sagte, dass es ihm außerordentlich leidtue. Er schrieb einen Brief an Paul, in dem er einräumte, dass er einen schrecklichen Fehler begangen habe. »Ich weiß gar nichts«, klagte er öffentlich, »über Mr. Gettys Beziehung zu seinem Vater«.

Und damit war diese Angelegenheit zumindest erledigt. Paul junior war besänftigt und bestätigte sein Angebot, und zur Erleichterung von Mr. Clifford und zur großen Verärgerung von John Walsh, dem Direktor des Museums in Malibu, durften Canovas drei junge Damen in Großbritannien bleiben.

Der Lärm um diese relativ unbedeutende Angelegenheit verdeutlichte, wie ungewohnt ruhig es ansonsten um die Familie geworden war, und man musste sich fragen, ob das wohl so bleiben würde. War der Kreislauf von Katastrophen wirklich vorbei? Konnten die Gettys ihn in Zukunft vermeiden, nachdem sie den Fluch des Reichtums in allen seinen Varianten durchlebt hatten?

In jeder Familie können und werden Dinge für Einzelne schieflaufen, aber es scheint sicher zu sein, dass die Epidemie von Unglück, die die Familie beinahe vier Jahrzehnte lang geplagt hatte, vorbei war, da sie in so erheblichem Maße vom Zusammenspiel zwischen Jean Paul Getty und seinen Kindern abhing, den Umständen, unter denen er sein Vermögen aufgebaut hatte und der Existenz des Sarah C. Getty Trusts.

Außerdem lernen Familien, genauso wie einzelne Menschen, aus ihren Fehlern, und die Gettys waren dazu gezwungen worden, eine Menge dazuzulernen. Es lag eine gewisse Unschuld in der Art und Weise, in der Paul junior und Talitha in den Sechzigerjahren zum ersten Mal mit Drogen in Berührung kamen – und ebenso in der Art und Weise, wie Paul juniors Sohn, der junge Paul, auf so tragische Art und Weise versuchte, es seinem Hippievater gleichzutun. Aber die jüngeren Gettys sind nicht so unschuldig. Durch die Umstände dazu gezwungen, sind sie kultivierte und unnachgiebige Erben geworden, geschult durch die Disziplin von Familientragödien.

Balthazar, der Sohn des jungen Paul zum Beispiel, hat sich immer standhaft geweigert, Alkohol oder Drogen anzurühren, und er geht weiterhin seinem Ehrgeiz nach, als Schauspieler und Filmregisseur Erfolg zu haben.

Talithas Sohn Tara ist ebenso entschlossen, sein Leben auf seine ganz eigene, extrem ruhige Art und Weise zu genießen; er hält sich sehr bestimmt von Drogen fern, lebt lieber in Frankreich als in England und hat noch immer ein enges Verhältnis zu dem Menschen, der ihn zum größten Teil aufgezogen hat, seiner Stiefgroßmutter Poppet Pol. Er behandelt sie sehr gut, er hat den Charme seiner Mutter geerbt und kommt auch mit dem Rest der Familie gut aus.

Ronalds Sohn Christopher hat sich entschieden, die Art von geschäftlichem Erfolg zu erzielen, die sein Vater nie erreicht hat, und mit seiner Erfahrung im Bankgeschäft und den Verbindungen zum Trust der Familie sieht es so aus, als ob er es schaffen könnte.

Paul juniors jüngste Tochter Ariadne lebt für ihren Ehemann und für ihre beiden kleinen Kinder. Sie vermisst Italien, aber nach der Erfahrung mit der Entführung ist sie noch immer dankbar dafür, in Amerika zu sein und ein sicheres Privatleben mit ihrer eigenen kleinen Familie zu haben.

Die Kinder von Ann und Gordon sind alle hoch motivierte, selbstbewusste, von Natur aus zurückhaltende Menschen, die sich in dem, was sie tun, sehr sicher sind.

Was Mark angeht, muss die Zeit zeigen, ob seine Pläne für eine Getty-Dynastie im Geschäftsleben aufgehen, aber egal, was passiert, er hat sein eigenes Leben gut organisiert, und er scheint sich sicher zu sein, dass er als Bänker reich werden kann, noch bevor er sein Erbe ausgezahlt bekommt.

Mark sagt in Anlehnung an den chinesischen Fluch: »Mögest du in interessanten Zeiten leben«, dass er das Gefühl hat, die Gettys seien lange genug »interessant« gewesen. »Ich hoffe, dass wir von jetzt an alle ein bisschen langweilig werden können.«

An der Lage der jüngeren Gettys ist jedoch nichts langweilig. Dank Sarah Getty sieht es so aus, als ob das Geld aus ihrem Trust die Leben ihrer Enkelkinder und Urenkelkinder bereichern wird, wie sie es sich gewünscht hat. Für die Interessen der Kinder ist gesorgt; das Kapital liegt sicher in getrennten Trusts, und nach den Unruhen der Vergangenheit sind die jüngeren Mitglieder der Familie vom Glück begünstigt. Sie haben Gewinnerlose in der Lotterie des Lebens gezogen und können sich auf das Beste von allem freuen, ohne sich um die Sorgen und Ängste kümmern zu müssen, die die große Mehrheit der leidenden Menschheit befällt, weil ihr das Geld fehlt.

Doch für sie kann es im Gegensatz zu ihren Vorfahren keine Entschuldigungen geben, wenn etwas schiefgeht, und deshalb sollten sie die Lektionen nicht ignorieren, die das Leiden und die Fehler ihrer Vorgänger ihnen bieten – oder jemals ihr eigenes sagenhaftes Glück übersehen.

NACHSCHRIFT

Da das Schicksal offensichtlich auf die Gettys herablächelt, hatte es noch einen letzten Segen, den es dem mitgab, der am meisten gelitten hatte – Paul junior.

Jon Bannenberg, der australische Schiffbauer, der die *Queen Elizabeth II* entworfen hat, war beauftragt worden, Paul juniors sechzig Jahre alte Jacht, die *Jezebel,* zu restaurieren, und im Frühjahr 1994 waren die Arbeiten abgeschlossen. Das strahlende Schiff lag jetzt am River Dart vor Anker und wartete auf seinen Besitzer.

Wie bei seinem »Paradies« auf Wormsley hatte Paul bei der Jacht seiner teuren Leidenschaft für Perfektion nachgegeben. Mit einer neunzehn Mann starken Besatzung, die sich um maximal zwölf Passagiere in einem luxuriösen Umfeld kümmern konnte, gehörte die Neunzig-Meter-Jacht nun zu den spektakulärsten Schiffen ihrer Klasse – und sollte schon bald eine ganz spezielle Rolle für den letzten Schritt von Pauls Genesung spielen.

Bis jetzt war Talithas Name ausschließlich mit Bedauern gefallen, doch das änderte sich auf geheimnisvolle Weise, nachdem Paul entschieden hatte, seine Jacht in *Talitha Getty* umzutaufen. Seeleute sind abergläubisch, wenn es darum geht, die Namen von Schiffen zu ändern, aber es war, als ob Talithas Geist in einem der schönsten Schiffe auf allen Meeren wiedergeboren worden wäre – und sie bot Paul etwas, das er seit Jahren nicht erlebt hatte: die Freiheit der Meere.

Da er selbst am Meer in Italien zur Welt gekommen war, hatte er Seereisen immer geliebt, doch der Schaden, den die akute Venenentzündung an seinen Füßen und seinen Beinen verursacht hatte, hatte sie unmöglich gemacht. Mit einer spektakulären, seetüchtigen Jacht unter seinem Kommando und der Möglichkeit, seinen privaten Arzt stets bei sich zu haben, änderte sich das jetzt.

Anfang April flogen er und Victoria mit der Concorde nach New York und dann weiter in die Karibik, wo die *Talitha Getty* auf sie wartete und ihnen einen beinahe königlichen Empfang bereitete. Für Paul war dies, nachdem er zwanzig Jahre lang ans Land gefesselt gewesen war, die ultimative Freiheit – und in Barbados erlebte er sogar das wunderbare Schauspiel, wie Großbritanniens Test-Mannschaft beim Cricket die West Indian XI zum ersten Mal seit neunundfünfzig Jahren schlug.

Dank der *Talitha Getty* war Paul ebenfalls in der Lage, im Sommer gemeinsam mit Victoria und ein paar engen Freunden, die ihm Gesellschaft leisteten, sein geliebtes Mittelmeer wiederzusehen. Kurz nach Weihnachten dann, das sie mit der Familie zusammen auf Wormsley verbrachten, flogen die beiden noch einmal nach Barbados, wo die Jacht auf sie wartete. Am 30. Dezember, im Hafen von Bridgetown, an Deck der *Talitha Getty*, machte Paul die Liebesaffäre komplett, die so viele mit Problemen belastete Jahre zuvor in Rom begonnen hatte. Er heiratete Victoria vor einem örtlichen Geistlichen.

Sie hatten vor ihrer Abreise nach Barbados niemandem verraten, was sie vorhatten, aber das Resultat ihrer Reise hatte eine gewisse Richtigkeit. Ihre Liebe zu ihm hatte Zurückweisung, Drogen, Krankheit und unzählige Schwierigkeiten überlebt – und seine zu ihr war von den Schwierigkeiten mit seinem Vater verfolgt gewesen, von Trauer um Talitha und von körperlichen Übeln. Irgendwie waren sie einander trotz all ihrer Probleme über die Jahre nähergekommen. Sie liebte ihn aufopferungsvoll, und er war vollkommen von ihr abhängig.

»Victoria ist mein Vorbild«, sagte er immer wieder, was auf gewisse Weise wahr war, denn sie war mehr als irgendjemand sonst durch all seine Schwierigkeiten hindurch eine Konstante in seinem Leben geblieben und hatte ihn aus den Tiefen totaler Katastrophen gerettet. Jetzt, da sie nicht länger jung war, war ihr Traum endlich wahr geworden.

Die Unsicherheit war vorüber, die Vergangenheit war vergangen, wenn auch nicht völlig vergessen, und wie die Familie selbst hatten Paul und Victoria die Chance verdient, ihr Vermögen und ihre gemeinsamen Tage zu genießen.

NACHSCHRIFT
ZUR NEUAUSGABE

»Wir sehen aus wie du, aber wir sind nicht wie du«, sagt John Paul Getty III., von Charlie Plummer gespielt, im Trailer zu *Alles Geld der Welt*, dem ersten Blick, den Kinogänger auf Ridley Scotts Film werfen durften. Das Drehbuch stammt von David Scarpa und war inspiriert von der Entführung und der Lösegeldzahlung von Paul Getty, wie sie in diesem Buch vorkommen.

Seine Worte sind sehr wahr. Wenn man sich die Welt der Gettys ansieht, ist es, als würde man eine außerirdische Spezies durch einen Spiegel hindurch beobachten. Die Wahrnehmung ist verzerrt. Die Figuren sind überlebensgroß.

Der unermessliche Reichtum dieser Dynastie hat Möglichkeiten geschaffen, die einzigartig auf der Welt waren. Und trotzdem hat das Familienvermögen eine Spur der Verwüstung hinterlassen, die uns noch immer fasziniert.

In den Jahren nach der ersten Veröffentlichung dieses Buches hätte man sich kaum ausmalen können, welche Enthüllungen über J. Paul Getty und die Dynastie, die er erschuf, noch bevorstanden. Die Memoiren seiner fünften und letzten Ehefrau Teddy brachten 2013 seinen Ekel über die Menge an Geld ans Licht, die sie für die Behandlung von Timmys Krankheiten ausgegeben hatte, und trugen so zu seinem Ruf als Geizhals bei. Aber die Zuneigung, die sie ihm trotz einer weiteren gescheiterten Ehe eindeutig entgegenbrachte, verstärkte das Gefühl, dass dies eine unerfüllte Familie war. J. Paul Getty hat sein eigenes Bedauern einmal zusammengefasst, indem er sagte: »Ich würde mit Freude alle meine Millionen für eine einzige dauerhaft erfolgreiche Ehe geben.« Wie viele Mitglieder seiner Familie empfinden wohl so ähnlich und würden ihren Reichtum gegen eine zweite Chance auf Glück eintauschen?

Die Ehe war nicht gerade eine Stärke der Gettys. Selbst Gordon, der es geschafft hatte, den schlimmsten Problemen seiner Verwandten zu entgehen, und dessen Verwaltung des Familienvermögens sie einige der größten Gewinne zu verdanken hatten, hatte, wie inzwischen enthüllt wurde, eine zweite, geheime Familie. Es heißt, dass Ann von der Existenz seiner drei Töchter mit Cynthia Beck in Los Angeles schon zwei Jahre lang gewusst hatte, ehe die Nachricht 1999 an die Öffentlichkeit kam. Doch die Enthüllung erschütterte Gordon, der sich einen beachtlichen Ruf als Komponist und Kunstmäzen aufgebaut hatte. Als Gordon und Anns Sohn Andrew im Alter von gerade mal siebenundvierzig Jahren von der Taille abwärts nackt nach einer Art »Schlag mit einem stumpfen Gegenstand« tot in seinem Haus aufgefunden wurde, entstand noch einmal das ungute Gefühl, dass diese Familie verflucht war.

Geld, so hat der englische Philosoph Sir Francis Bacon gesagt, ist wie Mist – es nützt nur etwas, wenn man es verteilt.

Genau so war es auch bei den Gettys. Erst nachdem sie ihren riesengroßen Reichtum aufgeteilt oder für einen anderen Zweck verwendet hatten als dazu, immer noch mehr Geld zu verdienen, rückte wirkliches Glück für sie in Reichweite.

Das größte Vermächtnis von J. Paul Gettys Reichtum ist das Museum gewesen, das seinen Namen trägt und von dem er hoffte, dass es an ihn erinnern würde, solange unsere Zivilisation Bestand hat. »Das Getty«, wie man das Museum nennt, hält noch immer seine Position als reichste Kunstsammlung der Welt. Seine Aktivitäten müssen beschränkt werden, um zu verhindern, dass es alle unbezahlbaren Kunstwerke auf der Welt schluckt. 1997, nach dem Umzug des Museums nach Brentwood in Los Angeles, wurde die ursprüngliche Villa restauriert und 2006 wiedereröffnet. Heute besuchen beinahe zwei Millionen Menschen im Jahr die beiden Anlagen, was das Museum zu einem der beliebtesten Museen in den Vereinigten Staaten macht. Trotz der Kontroverse um einige seiner Kunstwerke und nachdem mehrere Stücke nach aufsehenerregenden Prozessen an Italien und Griechenland zurückgegeben werden mussten, rühmt sich das Museum mit einem weltbekannten Bildungsprogramm und mit Ausstellungen, die nach dem neuesten Stand der Kunstgeschichte konzipiert wurden.

Die Vorteile von Wohltätigkeitsaktivitäten gingen an Paul junior ebenfalls nicht spurlos vorbei. Bis zu seinem Tod im Jahre 2003, nach einer immer wieder aufflammenden Atemwegsinfektion, hatte Paul junior geschätzte 120 Millionen Pfund an die National Gallery, das British Film Institute und an andere Kultureinrichtungen in seiner Wahlheimat gespendet. Mindestens fünf Jahre seines Lebens lang trug er voller Stolz den Titel Sir, nachdem er 1997 die britische Staatsbürgerschaft erhalten hatte. Er verriet, dass die Queen, nachdem sie ihn zum Ritter geschlagen hatte, zu ihm sagte: »Jetzt können Sie Ihren Titel auch tragen. Ist das nicht schön?«

Für Paul junior war es das. »Es bedeutet mir sehr viel«, sagte er. »Ich bin stolz darauf, Untertan Ihrer Majestät sein zu dürfen.«

Paul juniors Selbstlosigkeit lebt heute in seinem Sohn Mark weiter, der 2015 für seine Verdienste um die Kunst, ganz besonders um die National Gallery, ebenfalls ehrenhalber zum Ritter geschlagen wurde. Wie bei seinen einflussreicheren Verwandten vor ihm hat sich der Name Getty für Mark als Geldmagnet erwiesen. Getty Images, ein Unternehmen, das er als Beschäftigung für sich und seine Söhne gegründet hat, ist zu einem der weltweit größten Lieferanten für Archivfotos herangewachsen.

Mark hat einen Weg aus dem Elend gefunden, das viele seiner Namensvetter gequält hat, doch sein Bruder, der junge Paul, hatte weit weniger Glück. Nicht einmal acht Jahre nach dem Tod ihres Vaters starb der junge Paul im Alter von vierundfünfzig Jahren. Das war in mehrfacher Hinsicht eine Gnade. Er war endlich frei von Schmerzen.

Einer der letzten Auftritte des jungen Paul in der Öffentlichkeit war der Gedenkgottesdienst zu Ehren seines Vaters in der Kathedrale von Westminster fünf Monate nach dessen Tod. Da Paul junior zum katholischen Glauben seiner Kindheit zurückgekehrt war und großzügig für die Kathedrale und andere kirchliche Zwecke gespendet hatte, hatte er sich einen beeindruckenden Gottesdienst verdient, den kein geringerer als der Primas von England hielt, Kardinal Cormac Murphy-O'Connor.

So viele der Figuren in diesem Buch waren anwesend: Pauls Witwe Victoria, der junge Paul in seinem Rollstuhl, der von seinem Bruder Mark geschoben wurde; Christopher Gibbs, der die Idee für Wormsley entwickelt hatte, und Mrs. Thatcher, durch die er den Ritterschlag erhalten hatte. Was den Gottesdienst unvergesslich machte, war etwas vollkommen Unerwartetes – die Stimme Gottes zum Thema Reichtum. Als er die Predigt hielt, las der Kardinal die Worte von Jesus Christus aus dem Matthäusevangelium vor: »›Eher geht ein Kamel durch ein Nadelöhr, als dass ein Reicher in das Reich Gottes gelangt.‹

Als die Jünger das hörten, waren sie entsetzt und fragten: ›Wer kann dann überhaupt gerettet werden?‹ Jesus sah sie an und sagte: ›Wenn es auf die Menschen ankommt, ist es unmöglich, aber für Gott ist alles möglich.‹«

Dem fügte der Kardinal hinzu: »Und ich bin sicher, dass Gott sich an unseren Bruder Paul erinnern wird und dafür sorgt, dass er im Reich Gottes einen Platz bekommt.«

Er muss damit gemeint haben, dass es zumindest für einige Mitglieder der Gemeinde noch Hoffnung gab.

Mit Sicherheit ist für die Gettys alles möglich.

DANKSAGUNG

Wenn man ein Buch über eine Geschichte schreibt, die so komplex ist wie die der Familie Getty, steht man danach bei unzähligen Menschen in der Schuld. Die Großzügigkeit dieser Menschen, sowohl was ihre Zeit als auch ihre Erinnerungen betrifft, hat dieses Buch überhaupt erst möglich gemacht. Ich danke Gordon Getty dafür, dass er mir die Erlaubnis gab, auf Seite 339 aus seinem Gedicht »My Uncle's House« zu zitieren - Danke! -, und E. L. Doctorow dafür, dass ich auf Seite 120 aus »Ragtime« zitieren durfte. Außerdem möchte ich mich bei allen bedanken, die mir ihre Zeit für ein Gespräch geschenkt haben: Aaron Asher, Adam Alvarez, Brinsley Black, Michael Brown, Lady Jean Campbell, Josephine Champsoeur, Craig Copetas, Penelope de Laszlo, Douglas and Martha Duncan, Harry Evans, Malcolm Forbes, Adam Frankland, Lady Freyberg, Stephen Garrett, Gail Getty, Gordon Getty, Mark Getty, Ronald Getty, Christopher Gibbs, Judith Goodman, Lord Gowrie, Dan Green, Priscilla Higham, James Halligan, Dr. Timothy Leary, Robert Lenzner, Donna Long, Duff Hart Davis, John Mallen, Russell Miller, Jonathan Meades, David Mlinaric, Judge William Newsom, Juliet Nicolson, Geraldine Norman, Edmund Purdom, John Richardson, John Semepolis, June Sherman, Mark Steinbrink, Claire Sterling, Alexis Teissier, Lord Christopher Thynne, Briget O'Brien Twohig, Vivienne Ventura und Jacqueline Williams.

Paul Shrimpton, der wohlwollendste aller Banker, behandelte meinen Überziehungskredit mit außergewöhnlichem Mitgefühl; Julie Powell, mein Computergenie vor Ort, rettete mich, wenn WordPerfect mich im Stich ließ; Oscar Turnhill überprüfte die historischen Tatsachen und meine Zeichensetzung und Edda Tasiemka vom wunderbaren Hans-Tasiemka-Archiv trieb Zeitungsartikel für mich auf, von denen sonst niemand wusste, dass es sie überhaupt gibt. Ted Green war wie immer da, wenn ich ihn brauchte, meine perfekte Ehefrau Lynette inspirierte und tröstete mich und arrangierte sich so gut damit, quälend arm zu sein, während ich über quälenden Reichtum schrieb.

J. P. 1995